SPIEGEL Edition

HANS MAGNUS ENZENSBERGER

Einzelheiten I & II

Bewußtseins-Industrie

und

Poesie und Politik

SPIEGEL-Verlag

Mit einem Nachwort von Matthias Matussek

Ungekürzte Lizenzausgabe des SPIEGEL-Verlags
Rudolf Augstein GmbH & Co. KG, Hamburg
für die SPIEGEL-Edition 2006/2007

Typografie, Ausstattung, Herstellung
Farnschläder & Mahlstedt Typografie, Hamburg
Gesamtherstellung Clausen & Bosse, Leck
Printed in Germany
ISBN-10: 3-87763-024-3
ISBN-13: 978-3-87763-024-2

Inhalt

EINZELHEITEN I

Bewußtseins-Industrie

Bewußtseins-Industrie

IN SEINEM EIGNEN Bewußtsein dünkt ein jeder, und noch der unselbständigste Kopf, sich souverän. Seitdem von der Seele nur noch die Rede ist, wenn nach dem Beichtvater oder nach dem Psychoanalytiker gerufen wird, gilt es als die letzte Zuflucht, die das Subjekt vor der katastrophalen Welt bei sich selber sucht und zu finden meint, so als wäre es eine Zitadelle, die der alltäglichen Belagerung zu widerstehen vermöchte. Auch unter den extremen Bedingungen der totalitären Herrschaft, gerade dort mag keiner sich eingestehen, daß sie vielleicht längst gefallen ist[1]. Keine Illusion wird zäher verteidigt. So breit und tief wirkt Philosophie, auch auf ihre Verächter. Denn der Aberglaube, als könnte der einzelne im eigenen Bewußtsein, wenn schon nirgends sonst, Herr im Hause bleiben, ist heruntergekommene Philosophie von Descartes bis Husserl, bürgerliche Philosophie zumal, Idealismus in Hausschuhen, reduziert aufs Augenmaß des Privaten.

Dagegen kann man in einem alten Buch lesen: »Das Bewußtsein ist von vornherein schon ein gesellschaftliches Produkt und bleibt es, so lange überhaupt Menschen existieren«[2]. Nicht von vornherein und jederzeit konnte sich aussprechen, was an diesem Satz wahr ist. Er datiert sich selbst. Zwar daß wenige für die meisten dachten, urteilten und entschieden, war mit dem Anfang al-

1 Die »innere Emigration« während der Hitler-Herrschaft in Deutschland bietet Beispiele dieser Selbsttäuschung. Eine sehr scharfsinnige Darstellung ähnlicher Erscheinungen im Kommunismus gibt Czeslaw Milosz, *Verführtes Denken.* Köln 1953.

2 Karl Marx, *Die deutsche Ideologie.* I. Teil (1845/46).

ler Arbeitsteilung schon gesetzt; solange aber seine Vermittlung für einen jeden durchsichtig geschah, solange der Lehrer deutlich vor den Schüler, der Sprecher vor den Hörer, der Meister vor den Jünger, der Priester vor die Gemeinde hintrat, blieb das vermittelte Bewußtsein, als etwas Selbstverständliches, unsichtbar. Sichtbar ist nur das Undurchsichtige: erst wenn sie industrielle Maße annimmt, wird die gesellschaftliche Induktion und Vermittlung von Bewußtsein zum Problem.

Die Bewußtseins-Industrie ist ein Kind der letzten hundert Jahre. Sie hat sich so rapide, so vielfältig entwickelt, daß ihr Dasein, als Ganzes, heute noch unbegriffen und schier unbegreiflich ist. Zwar zeigt sich die Gegenwart von ihren Erscheinungen fasziniert und beunruhigt; doch scheint die landläufige Diskussion ihrem Gegenstand schon deshalb nicht gewachsen, weil sie ihn im Ganzen kaum wahrnimmt. Jede seiner Branchen fordert neue Erörterungen, neue Kritik heraus, so als wäre mit dem Tonfilm oder dem Fernsehen jedesmal etwas schlechthin Neues auf den Plan getreten. Die Natur der sogenannten Massenmedien kann aber von ihren technologischen Voraussetzungen und Bedingungen her nicht erschlossen werden.

Ebensowenig deckt der Name Kulturindustrie, mit dem man sich bislang beholfen hat, die Sache. Er ist einer Augentäuschung ihrer Kritiker zuzuschreiben, die sich's haben gefallen lassen, daß die Gesellschaft sie kurzerhand dem sogenannten Kulturleben zurechnet, daher sie den fatalen Namen Kulturkritiker tragen; nicht selten auch noch vergnügt und stolz darauf, daß ihnen derart ihre Harmlosigkeit bescheinigt, ihr Geschäft zur Sparte gemacht wird. Immerhin weist der Name, wenn auch undeutlich, auf den Ursprung jenes »gesellschaftlichen Produktes«, des Bewußtseins hin. Er liegt außerhalb aller Industrie. Daran möchte das ohnmächtige Wort Kultur erinnern: daß Bewußtsein, und wäre es auch nur falsches, industriell zwar reproduziert und induziert, jedoch nicht produziert werden kann. Wie aber dann? Im Dialog des einzelnen mit den andern. Dieser einzelne handelt also gesellschaftlich, aber er ist durch Teamwork oder Kollektiv nicht zu ersetzen, und erst recht nicht durchs industrielle Verfahren. Diese Binsenwahrheit gehört zum paradoxalen Wesen der Bewußtseins-Industrie und macht ihre Unbegreiflichkeit zum guten Teil aus. Sie ist monströs, weil es ihr nie aufs Produktive ankommt, immer nur auf dessen Vermittlung, auf ihre sekundären, tertiären Ableitungen, auf Sickerwirkung, auf die fungible Seite dessen, was sie vervielfältigt und an den Mann bringt. So gerät ihr das Lied zum Schlager und der Gedanke eines Karl Marx zum blechernen Slogan. Damit ist allerdings auch die Stelle bezeichnet, an der sie verletzbar ist, ihrer Übermacht zum Trotz. Von ihr will sie nichts wissen. Philosophie und Musik, Kunst und Literatur, das, wovon sie, wenn auch nur allerletzten Endes, lebt – das drängt sie ab, stellt es »untern Strich« und weist ihm Reservate an, in denen es in Schutzhaft gehalten werden soll. Solcher Verdrängung dessen, wovon sie zehrt, springt der Name Kulturindustrie bei. Er verharmlost die Erscheinung und verdunkelt die gesellschaftlichen und politischen Konsequenzen, die sich aus der industriellen Vermittlung und Veränderung von Bewußtsein ergeben.

Umgekehrt verkennt die Kritik der Ideologien und die Kritik der politischen Propaganda die Tragweite der Bewußtseins-Industrie, indem sie ihre Wirkungen auf die politische Theorie und Praxis im engen Sinn beschränkt sieht; so als würden uns allein Losungen industriell vermittelt, so als ließe sich vom öffentlichen ein privates Bewußtsein abscheiden, das seine Urteile aus sich selber zu schöpfen vermöchte.

Während die neuen technischen Instrumente Funk, Film, Fernsehen und Schallplatten-Industrie, die Mächte der Propaganda, der Reklame, der *public relations* eifrig und isoliert diskutiert werden, bleibt also die Bewußtseins-Industrie im Ganzen außer Betracht. Der Journalismus zum Beispiel, ihre älteste und in vieler Hinsicht heute noch lehrreichste Branche, wird in diesem Zusammenhang kaum genannt: vermutlich, weil er als kulturelle Novität, als technische Sensation nicht länger gelten kann. Mode und »Gestaltung«, religiöse Unterweisung und Tourismus sind als Sparten der Bewußtseins-Industrie noch kaum erkannt und erforscht; auch wie »wissenschaftliches« Bewußtsein industriell induziert wird, wäre am Beispiel der neueren Physik, der Psychoanalyse, der Soziologie, der Demoskopie und anderer Disziplinen erst zu studieren. Vor allem aber sind wir uns nicht hinreichend darüber im klaren, daß der Bewußtseins-Industrie ihre volle Entfaltung noch bevorsteht; ja daß sie sich ihres Kernstücks, der Erziehung, bis heute nicht hat bemächtigen können. Die Industrialisierung des Unterrichts hat in unsern Tagen erst begonnen, während wir uns noch beim Streit um Lehrpläne, Schulsysteme, Lehrermangel und Schichtunterricht aufhalten, werden bereits die technischen Mittel bereitgestellt, die jedes Gespräch über die Schulreform zum Anachronismus machen.

Die Bewußtseins-Industrie wird uns schon in der allernächsten Zukunft nötigen, von ihr als einer radikal neuen, mit den Maßen ihrer Anfänge nicht mehr zu bestimmenden, rapide zunehmenden Macht Notiz zu nehmen. Sie ist die eigentliche Schlüsselindustrie des zwanzigsten Jahrhunderts. Wo immer heute ein hochentwickeltes Land okkupiert oder befreit wird, wo immer es zu einem Staatsstreich, einer Revolution, einem Umsturz kommt, bemächtigt sich das neue Regime nicht mehr zuallererst der Straße und der schwerindustriellen Zentren, sondern der Sender, der Druckereien und der Fernmeldeämter. Während die Manager und Experten der Schwer- und der Konsumgüterindustrien sowie der öffentlichen Dienste ihre Positionen im allgemeinen behaupten können, werden die Funktionäre der Bewußtseins-Industrie unverzüglich ausgewechselt. In diesen extremen Lagen wird ihre Schlüsselstellung sichtbar.

Vier Bedingungen ihrer Existenz lassen sich auf den ersten Blick ausfindig und abgekürzt namhaft machen:

1. Aufklärung, im weitesten Sinn, ist die philosophische Voraussetzung aller Bewußtseins-Industrie. Sie ist auf den mündigen Menschen auch dort noch angewiesen, wo sie seine Entmün-

digung betreibt. Ihr Monopol kann sie erst errichten, wenn das der Theokratie gebrochen ist und mit ihr der Glaube an Offenbarung und Erleuchtung, an den durch die Priesterschaft vermittelten heiligen Geist. Diese philosophische Voraussetzung ist, seit dem Erlöschen der tibetanischen Theokratie, überall auf der Welt gegeben.

2. Die politische Voraussetzung der Bewußtseins-Industrie ist die Proklamation (nicht die Verwirklichung) der Menschenrechte, insbesondere der Gleichheit und der Freiheit. Der historische Modellfall ist, für Europa, die Französische Revolution, für die kommunistischen Länder die Oktoberrevolution und für die amerikanischen, asiatischen und afrikanischen Länder die Befreiung vom Kolonialismus. Erst die Fiktion, als habe jeder Mensch das Recht, über die Geschicke des Gemeinwesens und über sein eigenes zu verfügen, macht das Bewußtsein, das der einzelne sowie die Gesellschaft von sich selber hat, zum Politikum und dessen industrielle Induktion zur Bedingung einer jeden künftigen Herrschaft.

3. ökonomisch geht ihrer Entwicklung die primäre Akkumulation voraus. Unter frühkapitalistischen (oder analogen) Bedingungen, das heißt, solange Arbeiter und Bauern vom Ertrag ihrer Arbeit nur das nackte Dasein fristen können, ist Bewußtseins-Industrie nicht möglich, auch nicht erforderlich. In diesem Stadium setzt der unverhüllte ökonomische Zwang die Fiktion, als hätte das Proletariat über seine eigene Verfassung zu entscheiden, völlig außer Kraft; zur Unterhaltung der herrschenden Minorität genügen aber vorindustrielle Verfahren der Bewußtseinsvermittlung. Erst wenn die Grundstoffindustrie aufgebaut und die massenhafte Herstellung von Konsumgütern gesichert ist, kann sich die Bewußtseins-Industrie entfalten. Die Verfeinerung der Produktionsmethoden erzwingt einen immer höheren Ausbildungsgrad nicht nur der dirigierenden Schicht, sondern der Mehrheit aller Bürger. Ihr steigender Lebensstandard bei sinkender Arbeitszeit erlaubt ihnen erst, Bewußtsein in einem andern als dem dumpfsten Sinn zu haben. Dabei werden Energien frei,

die für die Herrschenden nicht ungefährlich sind. Der Vorgang ist heute in manchen Entwicklungsländern zu beobachten, wo er lange Zeit künstlich retardiert worden war; über Nacht ist dort wohl die politische, nicht aber die ökonomische Voraussetzung der Bewußtseins-Industrie zu erfüllen.

4. Der ökonomische Prozeß der Industrialisierung bringt die letzten, nämlich die technologischen Voraussetzungen, ohne die Bewußtsein industriell nicht induziert werden kann, gleichsam von selber mit. Die Grundlagen der Funk-, Film-, Phono- und Fernsehtechnik wurden erst gegen Ende des neunzehnten Jahrhunderts, also zu einem Zeitpunkt gelegt, da die Elektrotechnik in die industrielle Güterproduktion längst Eingang gefunden hatte. Dynamo und Elektromotor gingen der Verstärkerröhre und der Filmkamera voraus. Diese historische Verspätung entspricht der ökonomischen Entwicklung. Allerdings müssen die technischen Voraussetzungen der Bewußtseins-Industrie nicht überall von neuem erkämpft werden; sie sind überall und ein für allemal vorhanden.

Dagegen sind ihre politischen und ökonomischen Bedingungen bis heute nur in den mächtigsten Teilen der Welt voll erfüllt. Aber ihre Verwirklichung steht überall bevor. Es handelt sich um einen irreversiblen Prozeß. Daraus folgt: jede Kritik an der Bewußtseins-Industrie, die deren Abschaffung fordert, ist hilf- und sinnlos. Sie läuft auf den selbstmörderischen Vorschlag hinaus, Industrialisierung überhaupt rückgängig zu machen, zu liquidieren. Daß eine solche Liquidierung unserer Zivilisation durch sie selber technisch möglich ist, verhilft den Vorschlägen ihrer reaktionären Kritiker zu einer makabren Ironie. So hatten sie ihre Forderungen nicht gemeint: verschwinden sollten nur die Neuzeit, der Massenmensch und das Fernsehen. Ihre Kritiker gedachten übrigzubleiben.

Immerhin sind die Wirkungen der Bewußtseins-Industrie im einzelnen immer wieder, und zuweilen mit großem Scharfsinn, beschrieben worden. Im Hinblick auf die kapitalistischen Länder hat sich die Kritik besonders mit den »Massenmedien« und mit der Reklame beschäftigt. Allzu leicht haben sich Konservative und Marxisten darauf geeinigt, deren kommerziellen Charakter zu beklagen. Solche Beschwerden treffen nicht den Kern der Sache. Abgesehen davon, daß es kaum unmoralischer ist, an der Vervielfältigung von Nachrichten oder Symphonien als an der von Autoreifen zu verdienen: abgesehen davon übersieht eine solche Kritik gerade das, was die Bewußtseins-Industrie von allen anderen unterscheidet. In ihren fortgeschrittensten Branchen handelt sie nämlich überhaupt nicht mehr mit Waren: Bücher und Zeitungen, Bilder und Tonträger sind nur ihre materiellen Substrate, die sich mit zunehmender technischer Reife immer mehr verflüchtigen und nur in ihren altertümlichen Zweigen, wie dem Verlagswesen, eine ökonomisch erhebliche Rolle spielen. Schon der Rundfunk ist mit einer Zündholzfabrik gar nicht mehr zu vergleichen. Sein Produkt ist durchaus immateriell. Hergestellt und unter die Leute gebracht werden nicht Güter, sondern Meinungen, Urteile und Vorurteile, Bewußtseins-Inhalte aller Art. Je mehr deren materieller Träger zurücktritt, je abstrakter und reiner sie geliefert werden, desto weniger lebt die Industrie von ihrem Verkauf. Entrichtet schon der Käufer einer illustrierten Zeitung nur einen Bruchteil ihres Herstellungspreises, so werden dem Empfänger die Sendungen des Rundfunks und des Fernsehens nahezu oder ganz umsonst geliefert, ja aufgedrängt und nachgeworfen – ganz zu schweigen von der reinen Reklame und der politischen Propaganda. Sie haben überhaupt keinen Preis und sind mit dem Begriff des Kommerziellen nicht mehr zu fassen. Jede Kritik der Bewußtseins-Industrie, die nur auf ihre kapitalistische Variante gemünzt ist, zielt zu kurz und verfehlt, was an ihr radikal neu und eigentümlich, was ihre eigentliche Leistung ist. Darüber entscheidet nicht oder nicht in erster Linie das gesellschaftliche System, das sich ihrer bedient; auch nicht, ob sie in staatlicher, öffentlicher oder privater Regie betrieben wird, sondern ihr gesellschaftlicher Auftrag. Er ist heute, mehr oder weniger ausschließlich, überall derselbe: die existierenden Herrschaftsverhältnisse, gleich welcher Art sie sind, zu verewigen. Sie soll Bewußtsein nur induzieren, um es auszubeuten.

Verständigen wir uns zunächst über den Begriff der immateriellen Ausbeutung. Während der Periode der Primärakkumulation steht in allen Ländern die materielle Ausbeutung des Proletariats im Vordergrund; dies gilt, wie am Beispiel des stalinistischen Rußlands und Rotchinas ersichtlich, auch für kommunistische Gesellschaften. Kaum aber geht diese Periode ihrem Ende zu, so wird offenbar, daß Ausbeutung nicht nur eine ökonomische, sondern auch eine Bewußtseinstatsache ist. Wer Herr und wer Knecht ist, das entscheidet sich nicht nur daran, wer über Kapital, Fabriken und Waffen, sondern auch, je länger je deutlicher, daran, wer über das Bewußtsein der anderen verfügen kann. Sobald sich die Produktion materieller Güter genügend ausgedehnt hat, erweisen die alten Proklamationen, selbst nach jahrzehntelanger Verdunklung durch ökonomischen Zwang, durch Krisen und durch Terror, ihre Kraft. Sie sind durch nichts zu widerrufen. Seitdem sie ergangen sind, ist jede Herrschaft prinzipiell ungesichert, von der Zustimmung ihrer Subjekte abhängig; nach dieser Zustimmung muß sie trachten, unablässig muß sie sich selbst rechtfertigen, selbst dort noch, wo sie sich allein auf die Gewalt der Waffen stützt[3]. Materielle Ausbeutung muß hinter der immateriellen Deckung suchen und die Zustimmung der Beherrschten mit neuen Mitteln erwirken. Die Akkumulation von politischer Macht läuft der von Reichtümern den Rang ab. Gepfändet wird nicht mehr bloß Arbeitskraft, sondern die Fähigkeit, zu urteilen und sich zu entscheiden. Abgeschafft wird nicht Ausbeutung, sondern deren Bewußtsein. Es beginnt die Elimination von Alternativen im industriellen Maßstab, einerseits durch Verbot, Zensur, Staatsmonopol auf alle Produktionsmittel der Bewußtseins-Industrie, andererseits durch »Selbstkontrolle«

3 Nirgends wird die »Bewußtseinsbildung«, das »Bewußtsein der Massen« und seine Manipulation ernster genommen als in den kommunistischen Ländern.

und ökonomischen Druck. An die Stelle der materiellen tritt eine immaterielle Verelendung, die sich am deutlichsten im Schwinden der politischen Möglichkeiten des einzelnen ausdrückt: einer Masse von politischen Habenichtsen, über deren Köpfe hinweg sogar der kollektive Selbstmord beschlossen werden kann, steht eine immer kleinere Anzahl von politisch Allmächtigen gegenüber. Daß dieser Zustand von der Majorität hingenommen und freiwillig ertragen wird, ist heute die wichtigste Leistung der Bewußtseins-Industrie.

Mit ihren gegenwärtigen Wirkungen ist aber ihr Wesen nicht beschrieben. Sowenig sich von der Existenz einer Textil- oder Stahlindustrie auf Kinderarbeit und Deportation schließen läßt, sowenig folgt aus dem Vorhandensein der Bewußtseins-Industrie die immaterielle Ausbeutung, mit der wir heute allenthalben zu rechnen haben. Bewußtsein, Urteil, Fähigkeit zur Entscheidung setzt sie nicht nur als abstraktes Recht bei jedem einzelnen voraus; sie bringt sie, als ihren eigenen Widerspruch, immerfort neu hervor. Ausbeuten lassen sich nur Kräfte, die vorhanden sind; um sie, im Dienste der Herrschaft, zu domestizieren, müssen sie erst erweckt werden. Daß es nicht möglich ist, sich dem Zugriff der Bewußtseins-Industrie zu entziehen, ist oft bemerkt und stets als Beweis für ihre bedrohliche Natur gedeutet worden; daß sie aber die Teilnahme aller einzelnen am Ganzen erwirkt, kann sehr wohl auf jene zurückschlagen, in deren Dienst das geschieht. Ihre eigene Bewegung kann sie nicht sistieren, und es kommen darin notwendige Momente zum Vorschein, die ihrem gegenwärtigen Auftrag, der Stabilisierung der jeweils gegebenen Herrschaftsverhältnisse, zuwiderlaufen. Es hängt mit dieser Bewegung zusammen, daß die Bewußtseins-Industrie nie total kontrollierbar ist. Zum geschlossenen System läßt sie sich nur um den Preis ihres Absterbens machen, das heißt dadurch, daß man sie selber gewaltsam bewußtlos macht und sich ihrer tieferen Wirkungen begibt. Auf diese Wirkungen aber kann heute schon keine Macht mehr verzichten.

Die Zweideutigkeit, die darin liegt, daß die Bewußtseins-Industrie ihren Konsumenten immer erst einräumen muß, was sie ihnen abnehmen will, wiederholt und verschärft sich, wenn man ihre Produzenten, die Intellektuellen, ins Auge faßt. Zwar verfügen nicht sie über den industriellen Apparat, sondern der Apparat verfügt über die Intellektuellen; aber auch diese Beziehung ist keineswegs eindeutig. Oft genug hat man der Bewußtseins-Industrie vorgeworfen, sie betreibe den Ausverkauf von »Kulturwerten«. Der Vorgang weist darauf hin, in welchem Maß sie auf die eigentlich produktiven Minoritäten angewiesen ist; soweit sie deren aktuelle Arbeit, als mit ihrem politischen Auftrag unvereinbar, zurückweist, sieht sie sich auf die Dienste opportunistischer Intellektueller und auf die Adaption des Alten verwiesen, das diesen freilich unter den Händen verrottet[4]. Ihre primären Energien können der Bewußtseins-Industrie ihre Beherrscher, wer sie auch seien, nicht mitteilen; sie verdanken sie eben jenen Minderheiten, zu deren Elimination sie beauftragt ist: den Urhebern, die sie als Randfiguren verachtet oder als Stars petrifiziert und deren Ausbeutung die Ausbeutung der Konsumenten erst ermöglicht. Was für die Abnehmer der Industrie gilt, gilt erst recht für ihre Produzenten: sie sind ihr Partner und ihr Feind zugleich. Beschäftigt mit der Vervielfältigung von Bewußtsein, vervielfältigt sie ihre eigenen Widersprüche und vergrößert die Differenz zwischen dem, was ihr aufgetragen ist, und dem, was sie ausrichtet.

Jede Kritik an der Bewußtseins-Industrie ist unnütz oder gefährlich, die diese Zweideutigkeit nicht erkennt. Wieviel Torheit hier im Spiel ist, geht schon aus der Tatsache hervor, daß die meisten unter ihren Betrachtern auf ihre eigene Position gar nicht reflektieren: als wäre nicht Kulturkritik selbst ein Teil dessen, was sie kritisiert, als könnte sie sich überhaupt äußern, ohne der Bewußtseinsindustrie sich zu bedienen, oder vielmehr: ohne daß

4 Vergleiche, beispielsweise, in der DDR die dort so genannte »Pflege des nationalen Kulturerbes«.

diese sich ihrer bediente[5]. Alles undialektische Denken hat hier sein Recht verloren, und jeder Rückzug ist ausgeschlossen. Verloren wäre auch, wer sich aus Widerwillen vor den industriellen Apparaten ins vermeintlich Exklusive zurückzöge, da die industriellen Muster längst bis in die Veranstaltungen der Konventikel durchschlagen. Überhaupt bleibt zwischen Unbestechlichkeit und Defaitismus zu unterscheiden. Es handelt sich nicht darum, die Bewußtseins-Industrie ohnmächtig zu verwerfen, sondern darum, sich auf ihr gefährliches Spiel einzulassen. Dazu gehören neue Kenntnisse, dazu gehört eine Wachsamkeit, die auf jegliche Form der Pression gefaßt ist.

Die rapide Entwicklung der Bewußtseins-Industrie, ihr Aufstieg zu einer Schlüsselinstanz der modernen Gesellschaft, verändert die soziale Rolle des Intellektuellen. Er sieht sich neuen Gefahren und neuen Möglichkeiten ausgesetzt. Er hat mit Bestechungs- und Erpressungsversuchen neuer und subtiler Art zu rechnen. Freiwillig oder unfreiwillig, bewußt oder unbewußt, wird er zum Komplizen einer Industrie, deren Los von ihm abhängt wie er von dem ihren, und deren heutiger Auftrag, die Zementierung der etablierten Herrschaft, mit dem seinen unvereinbar ist. Wie er sich auch verhält, er setzt auf dieses Spiel nicht nur, was ihm gehört.

5 Besonders auffällige Beispiele derart unreflektierter Kulturkritik finden sich bei Friedrich Georg Jünger, Romano Guardini und Max Picard.

Journalismus als Eiertanz

Beschreibung einer Allgemeinen Zeitung für Deutschland

SIE TRAT SO SCHARF und so sicher zwischen die Eier hinein, bei den Eiern nieder, daß man jeden Augenblick dachte, sie müsse eines zertreten oder bei schnellen Wendungen das andre fortschleudern. Mit nichten! Sie berührte keines, ... beschädigte keines, und stellte sich dazu, indem sie die Binde von den Augen nahm, und ihr Kunststück mit einem Bücklinge endigte.«

Wilhelm Meisters Lehrjahre, II, 8.

»Der *Frankfurter Allgemeinen Zeitung* ist die Wahrheit der Tatsachen heilig. Sie befleißigt sich der strengen Sachlichkeit in der Berichterstattung. Die *Frankfurter Allgemeine Zeitung* läßt auch den Andersmeinenden gegenüber immer Gerechtigkeit walten ... Daher ist heute für die Gebildeten aller Stände die *Frankfurter Allgemeine Zeitung* das gleiche, was die *New York Times* für die Vereinigten Staaten, die *Times* für Großbritannien, *Le Monde* für Frankreich sind.«

Werbeschrift aus dem Jahre 1960

Vorerinnerung

Die Herrschaft Hitlers hat der deutschen Presse das Rückgrat gebrochen. Nicht eine der Zeitungen, die heute ihr Bild bestimmen, ist älter als zwölf Jahre. Die großen Blätter des Landes, von der *Vossischen* bis zur *Deutschen Allgemeinen*, vom *Berliner Bör-*

sen-Courier bis zur *Frankfurter Zeitung*, existieren nicht mehr. Keine von ihnen ist nach dem Zweiten Weltkrieg wieder auferstanden. Unsere großen bürgerlichen Zeitungen sind tot.

Wer von dieser einfachen und evidenten Wahrheit nichts wissen will, wird zu einem kritischen Urteil über das Pressewesen in der Bundesrepublik nicht leicht imstande sein. Was sie besagt, ist aber ohne einen Rückblick auf die Geschichte der Zeitung nicht zu ermessen.

Unstrittig ist die Presse ein Kind des bürgerlichen Zeitalters. Gewiß verfolgen die Historiker ihre Ursprünge bis ins fünfzehnte Jahrhundert oder gar bis auf die *cursus publici* und *acta diurna* der römischen Antike zurück; doch kamen diesen Bekanntmachungen, so wenig wie den Flugblättern, Korrespondenzen, Relationen und Hinkenden Boten der beginnenden Neuzeit die Rechte und die Pflichten zu, die das Wesen der Presse eigentlich ausmachen; erst das aufsteigende und schließlich siegreiche Bürgertum hat ihnen Geltung verschafft. Seitdem ist die Presse verpflichtet, alle Bürger über alle öffentlichen Angelegenheiten vollständig zu unterrichten, und berechtigt, auf solche Nachrichten gegründet, ihre kritische Meinung offen zu äußern. Daß es diese Forderungen durchgesetzt hat, gehört zu den größten historischen Leistungen des Bürgertums; hervorragenden Anteil daran haben die alten Blätter Europas und Amerikas, die soweit sie noch existieren, auch heute tonangebend und unentbehrlich sind. Es ist kein Zufall, daß sie allesamt im Laufe eines Jahrhunderts, der Spanne zwischen 1780 und 1880, gegründet worden sind: die *Neue Zürcher Zeitung* (1780), *The Times* (1785), die *New York Herald Tribune* (als *New York Herald*, 1835), *die Deutsche Allgemeine Zeitung* (1843), *The Guardian* (als *Manchester Guardian*, 1850), *The New York Times* (1851), die *Frankfurter Zeitung* (als *Frankfurter Handelszeitung*, 1856), *Dagens Nyheter (1864)* und *der Berliner Börsen-Courier* (1867). Auch die wenigen Blätter, die noch älter sind, haben erst in diesem Zeitraum ihre spätere Geltung erlangt (z. B. die *Vossische Zeitung*, 1722, und die *Berlingske Tidende*, 1749 begründet). Die politische Geschichte des Okzidents im späteren achtzehnten und im ganzen neunzehnten Jahrhundert spiegelt sich bis aufs lokale Detail in den zähen Kämpfen, die damals um die Preßfreiheit ausgetragen wurden. Die Vorstöße und Rückschläge der bürgerlichen Demokratie sind an den wechselnden Gepflogenheiten der offenen oder versteckten Zensur sowie an der späteren Pressegesetzgebung aufs genaueste abzulesen. Die klassische Epoche des Bürgertums ist versunken; die heutige Industriegesellschaft in ihren höchst verschiedenen, bald undurchsichtigen, bald bedrohlichen Modifikationen läßt sich auch dort mit ihren Maßen nicht mehr messen, wo eine neue *upper class* sich mit den Resten der alten Bourgeoisie in die Herrschaft teilt. Auch heute noch ist der Zustand, in dem sich ihre Presse befindet, ein zuverlässiges Indiz für das Maß an innerer Freiheit, das sich eine Gesellschaft bewahrt hat. Die großen Errungenschaften des bürgerlichen Jahrhunderts überleben, als unverrückbare Postulate, das Zeitalter ihrer ersten Verwirklichung. Sie werden zur Bedingung einer jeden künftigen Demokratie. Wo sie offen verraten werden, wie in Spanien oder in der DDR, ist nicht nur eine Klasse der Gesellschaft der Verlierer; das Gemeinwesen im Ganzen verrottet. Die Grundsätze und Freiheiten der bürgerlichen Presse transzendieren die Interessen der Klasse, die sie hervorgebracht und erkämpft hat; auch wo sie sich gegen diese Interessen wenden, behalten sie recht; sie können nicht zurückgenommen werden.

Es gehört zu den folgenschwersten Versäumnissen des demokratischen Sozialismus, daß er diesen Sachverhalt nicht begriffen hat. Bis auf den heutigen Tag gibt es nirgends in der Welt, auch nicht in den alten Demokratien des nördlichen und westlichen Europa, eine sozialistische Tagespresse, die sich mit ihren liberalen und konservativen Gegenspielern messen könnte. Dafür lassen sich ökonomische und historische Gründe anführen. Solange die Existenz einer Zeitung von ihrem Anzeigenaufkommen abhängt, wird ein Organ, das die Interessen seiner Inserenten vertritt, es leichter haben als eines, das sie bekämpft. Als Geldgeber eines oppositionellen Blattes wird daher gemeinhin nicht ein Kapitalist, sondern eine Partei einspringen, die aus ihrer Vorgeschichte die fixe Idee einer Disziplin mitbringt, wie sie allenfalls Funktionären, nicht aber Journalisten abverlangt werden kann.

Solange dieser Zustand anhält (und sein Ende ist nicht abzusehen), ist jeder kritische Leser auf die bürgerlichen Zeitungen der demokratischen Länder angewiesen; solange bleiben die wenigen Blätter, die diesen Namen verdienen, das Maß dessen, was Journalismus gegenwärtig überhaupt leisten kann. Eine Zeitung, die den Anspruch erhebt, zu diesen Blättern zu gehören, setzt sich mithin der schärfsten Kritik und dem strengsten Urteil aus.

Methode

Unter allen deutschen Journalen pocht keines nachdrücklicher auf den Titel einer bürgerlichen Zeitung von Weltgeltung als die *Frankfurter Allgemeine.* Sie möchte »drinnen und draußen für das ganze Deutschland wirken und sprechen« und sieht diesen Anspruch durch ihren eigenen »verlegerischen Erfolg« vollstreckt. Die Zeitung konstatiert, sie sei »in einer geradezu unwahrscheinlich anmutenden Gleichmäßigkeit ... über ganz Deutschland verbreitet«; daß sie »auch im Ausland für Deutschland spricht, lehrt die Verbreitung in allen Ländern der Welt« [1].

Unter diesen Umständen muß es wundernehmen, daß sich zu einer eingehenden Überprüfung dieses publizistischen Unternehmens noch niemand bereitgefunden hat. Wenn die *Frankfurter Allgemeine Zeitung* auch nur halb soviel Einfluß und Ansehen im In- und Ausland genießt, wie sie selber glaubt, dann ist eine kritische Analyse ihres »Wirkens und Sprechens« dringend angezeigt; denn es gehört zu den Grundvoraussetzungen der Demokratie, daß mächtige publizistische Instrumente jederzeit einer öffentlichen Kontrolle ausgesetzt werden. Die Presse er-

1 »Die Kunst des Zeitunglesens«, *Frankfurter Allgemeine Zeitung* vom 18. Juni 1960.

freut sich in dieser Beziehung bei uns einer paradoxen Sonderstellung. Während sie selbst, mit vollem Recht, alle öffentlichen Angelegenheiten ständig beobachtet, kommentiert und kritisiert, bleibt sie selbst im großen und ganzen ungeschoren. Alle anderen Positionen innerhalb der Bewußtseinsindustrie haben ihr kritisches Gegenüber; es gibt eine etablierte, wenn auch oft nicht zureichende Rundfunk-, Fernseh- und Filmkritik, ganz zu schweigen von den alteingesessenen Künsten, die von jeher ihre Richter gefunden haben. Einzig und allein der Presse gegenüber fehlt eine solche Instanz; sie hat kein anderes Korrektiv als die unartikulierte Konkurrenz der Zeitungen untereinander, das Votum der Abonnenten und das Ventil des Leserbriefs, mit dem die Redaktion nach Gutdünken verfahren kann. Ein offeneres Forum der Kritik an ihr selber hat sich, in ihren besseren Zeiten, die Presse verschafft, indem sie ihr die eigenen Spalten öffnete und Meinungsverschiedenheiten und Fehden von Blatt zu Blatt *coram publico* austrug. In andern Ländern wird dieser nützliche Brauch heute noch geübt; es gibt sogar Journale, die der Pressekritik einen festen Platz einräumen. Die führenden Zeitungen der Bundesrepublik nehmen dagegen voneinander keine Notiz; das kritische Gespräch beschränkt sich auf höfliche Zitate und versteckte Angriffe, bei denen der Gegner nicht beim Namen genannt wird. Eine Art von Stillhalte-Abkommen hat sich eingebürgert, das den Wettstreit der Zeitungen untereinander den Anzeigen-Akquisiteuren und Vertriebsfachleuten überläßt. Jede Redaktion vermeidet es, die Kreise der andern zu stören. Als vornehme Zurückhaltung gibt sich aus, was einem kritischen Ärger erspart und die windstille Bequemlichkeit sichert, die das Klima der heutigen deutschen Tagespresse bestimmt.

Die kritische Analyse einer Zeitung hat aber nicht nur mit institutionellen, sondern auch mit methodischen Schwierigkeiten zu rechnen. Das tagtäglich aufquellende, maßlose Material ist unübersichtlich. Seine genaue Beobachtung ist überaus mühselig. Die Stoffmengen sind so groß, daß sie durch ihre Quantität bereits verschleiern, worauf es ankommt. Der Betrachter sieht sich einer konturlosen und diffusen Wolke von einzelnen Informationen gegenüber, deren innere Struktur nicht leicht auszumachen ist. Dazu kommt, daß er nicht in der Lage ist, diese Informationen nachzuprüfen, weil er über die Hilfsmittel der Zeitung, über Korrespondenten, Agenturen und Archive nicht verfügt. Auch entzieht sich der Vorgang der Nachrichtenauswahl seiner Kontrolle: die Redaktion siebt das Material, das ihr zukommt, hinter verschlossenen Türen. Der Kritiker ist also, wenn er die Arbeitsweise einer Zeitung überprüfen will, auf die Zeitung selbst und auf ihre Konkurrenten angewiesen. Aus dieser methodischen Not läßt sich eine Tugend machen. Die folgende Untersuchung verzichtet durchwegs darauf, ihrerseits Fakten einzusammeln; sie bringt keinerlei Informationen mit, die nicht jedem Zeitungsleser zugänglich wären; sie enthält sich aller »Enthüllungen« von Personen, die für die untersuchte Zeitung verantwortlich sind, und lehnt jeden Blick »hinter die Kulissen« der Redaktion ab. Sie hält sich an das, was für jedermann verifizierbar ist, an den Vergleich und die Interpretation von Texten.

Dabei werden, außer der *Frankfurter Allgemeinen*[2] selbst, in der Hauptsache, aber nicht ausschließlich, die folgenden Zeitungen benutzt: *Die Welt*, die *Süddeutsche Zeitung, The Times, The Guardian*, die *Neue Zürcher Zeitung, Le Monde, The New York Times* (International Edition), die *New York Herald Tribune* (European Edition), die *Berlingske Tidende, Politiken* und *Dagens Nyheter*. Kommunistische Quellen werden nirgends, auch nicht zu Vergleichszwecken, herangezogen. Nur zwei der genannten Zeitungen sind mehr oder minder sozialdemokratisch eingestellt; alle übrigen vertreten bürgerliche Meinungen, vom entschieden liberalen *Guardian* bis zur erzkonservativen *Neuen Zürcher Zeitung*. Ein besonders wichtiges Moment zu ihrer Be-

2 Die Zeitung wird in dieser Untersuchung stets nach ihrer D-Ausgabe zitiert, und zwar nach deren erster Auflage. Die Zitate wurden jedoch mit der Stadtausgabe für Frankfurt am Main, der sogenannten S-Ausgabe, die als letzte ausgedruckt wird, verglichen. Wesentliche Abweichungen sind in den Anmerkungen verzeichnet.

urteilung bringt die *Frankfurter Allgemeine* selbst bei. In der Artikelserie »Die Kunst des Zeitunglesens« hat sie ein Selbstporträt entworfen, das Programm und Anspruch des Blattes formuliert und bis ins redaktionelle Detail hinein erörtert[3]. Die Serie ist bemerkenswert, weil sie nicht ein Produkt der Werbeabteilung, sondern der Redaktion selber ist. Sie ermöglicht es deshalb, die Arbeit dieser Redaktion an ihren eigenen Forderungen und Maßstäben, nicht nur an denen des Kritikers, zu messen.

Die großen Textmengen, mit denen die Analyse es zu tun hat, erfordern schließlich gewisse zeitliche und sachliche Begrenzungen. Über längere Zeiträume hinweg »Material gegen« oder »Material für« die untersuchte Zeitung zu sammeln, wäre wenig fair und könnte das Ergebnis verfälschen. Sie wird deshalb hier nur über einen kurzen, willkürlich gewählten Zeitraum hinweg betrachtet und (abgesehen von der erwähnten Anzeigenserie) nur mit neun aufeinanderfolgenden Nummern zitiert, nämlich mit den Nummern 284 bis 292 vom 7. bis 16. Dezember 1961.

Ferner wird aus methodischen Gründen und in der Erwägung, daß die politische Redaktion den Kurs des Blattes bestimmt, auf die Erörterung des Wirtschaftsteils, der Auto-, Sport-, Feuilleton-, Literatur- und Frauenseiten verzichtet. Die Analyse beschränkt sich also auf den politischen Teil. Sie richtet sich nach der klassischen Scheidung von Nachricht und Kommentar. Untersucht wird zunächst die *Aufmachung* und ihre Schlagzeile, sodann die *Nachrichtenpolitik* des Blattes im ganzen. Es folgt eine Erörterung des Kommentars. Dabei wird, aus Gründen der räumlichen Beschränkung, der *Glosse* der Vorzug vor dem Leitartikel gegeben. Schließlich soll an einem größeren *Beispiel* das Zusammenspiel von Nachricht und Kommentar analysiert werden.

3 Begonnen in der *Frankfurter Allgemeinen Zeitung* vom 12. März 1960. Die Serie erscheint jeden Samstag und war Ende 1961 noch nicht abgeschlossen.

Aufmachung

Aufmachung heißt, was die Zeitung ihren Lesern zuvörderst anbietet: der erste Text auf der ersten Seite, samt seiner Überschrift. Über ihren Charakter und ihre Absichten besagt allein die Schlagzeile der Aufmachung viel, weil mit ihr die Redaktion zu erkennen gibt, was sie für das Wichtigste hält. Dieser Ansicht ist auch die *Frankfurter Allgemeine Zeitung*. »Aus der Fülle der Meldungen, die der F. A. Z. Stunde um Stunde aus vielen Quellen zuströmen, greift die Redaktion täglich die wichtigste, die interessanteste Nachricht heraus und setzt sie an die Spitze des Blattes … Sie will das Klischee nicht. Ihr Ehrgeiz ist, Maßarbeit, nicht Konfektion zu bieten. Das macht ihren spezifischen Wert aus. Und das läßt sie sich etwas kosten. Die guten, eigenen Nachrichten sind teuer; und deren bestes, kostbarstes Stück soll die Aufmachung der F. A. Z. sein«[4].

Zwischen dem 7. und dem 16. Dezember 1961 war die *Frankfurter Allgemeine* mit den folgenden Schlagzeilen aufgemacht:

»Der Bundestag besteht auf der Freiheit Berlins«
»Dänemark weist sowjetische Angriffe gegen Bonn zurück«
»Soldaten müssen jetzt 18 Monate dienen«
»Adenauer kann de Gaulle nicht umstimmen«[5]
»Die Außenminister eröffnen die Pariser Konferenzserie«[6]
»Brandt berichtet in Paris den westlichen Außenministern«[7]
»Weihnachtsgeld nur für aktive Beamte und Soldaten«
»Strauß verwendet sich für die Nato als Atommacht«

4 »Die Kunst des Zeitunglesens«, *Frankfurter Allgemeine Zeitung* vom 12. März 1960.

5 In der letzten Ausgabe erfährt diese Schlagzeile eine aufschlußreiche Variation. Sie lautet dort: »Adenauer und de Gaulle bekennen sich zur Einheit des Westens«.

6 In der letzten Ausgabe: »Annäherung Washingtons an die französische Haltung«.

7 In der letzten Ausgabe: »Versteifte Haltung Frankreichs gegen Sondierungen im Kreml«.

»Die Nato über Atompläne weithin einig«[8].

Schon der erste Blick auf diese Überschriften zeigt, daß ihr Informationswert äußerst gering ist. Daß der Bundestag auf der Freiheit Berlins besteht, daß Adenauer sich zur Einheit des Westens bekennt, das sind keine Nachrichten, sondern Gemeinplätze der deutschen Politik, die seit Jahren unaufhörlich verkündet worden sind. Daß sich der Verteidigungsminister Strauß für die Nato als Atommacht verwendet, war am 15. Dezember 1961 ebenfalls keine Neuigkeit mehr, sondern eine Tatsache, mit der seit geraumer Zeit jeder Zeitungsleser vertraut war. Ähnlich verhält es sich mit der »Maßarbeit«, welche die Redaktion am 11., 12. und 13. Dezember geleistet hat. Was sie am 11. Dezember als »die wichtigste, die interessanteste Nachricht« herausgreift und an die Spitze des Blattes setzt, »Adenauer kann de Gaulle nicht umstimmen«, war schon am 9. desselben Monats auf der ersten Seite derselben Zeitung zu lesen (»Adenauer bei de Gaulle in Paris / Frankreich bleibt unnachgiebig«); daß die Außenminister die Pariser Konferenzserie eröffnet haben, daß Brandt dort den westlichen Außenministern berichtet hat, mag der *Frankfurter Allgemeinen* zu den Schlagzeilen der beiden folgenden Ausgaben verhelfen: dem Leser aber teilen diese Feststellungen nichts mit, was er nicht schon wüßte. Was ihm als das Neueste verkauft werden soll, hat er derselben Zeitung schon Tage vorher entnehmen können. Die einzige unter den zitierten Schlagzeilen, die mit einer soliden und wesentlichen Nachricht aufwartet, ist die vom 9. Dezember. Sie unterrichtet den Leser von dem Beschluß des Kabinetts, den Wehrdienst um sechs Monate zu verlängern. Auch diese Maßnahme konnte ihm freilich nichts Neues sein; aus mancherlei Andeutungen und Dementis war sie bereits vor den Bundestagswahlen zu erschließen. Nun besteht die Aufmachung allerdings nicht nur aus ihrer Überschrift, und es wäre immerhin denkbar, daß der Ehrgeiz der Redaktion, »Maßarbeit, nicht Konfektion zu bieten«, wenn er sich schon in den Schlagzeilen stand-

8 In der letzten Ausgabe: »Die Nato steht zu den Freiheiten Berlins«.

haft verleugnet, im darauffolgenden Text seine Früchte trüge. Die Probe aufs Exempel ist leicht gemacht. Der Text der Aufmachung vom 11. Dezember beginnt folgendermaßen: »Der Bundeskanzler und Staatspräsident de Gaulle haben am Samstag bei der Erörterung des Berlin-Problems festgestellt, daß über die zu erreichenden Ziele ebenso Übereinstimmung bestehe wie über die Notwendigkeit, die Solidarität zwischen den verbündeten Mächten aufrechtzuerhalten. Bei der Diskussion über Probleme der europäischen Einigung haben sie eine ›völlige Einheit‹ der Ansichten erreicht.«

Bewundernswert an derartigen redaktionellen Leistungen bleibt allein die Tollkühnheit, mit der die Leute, die dafür verantwortlich sind, sie selbst lobpreisen: »Die Frankfurter Allgemeine Zeitung«, so heißt es in der Selbstanzeige, die sie ihrer Aufmachung widmet, »legt entscheidenden Wert auf individualisierte Nachrichtengebung. Sie will das Klischee nicht.«[9] Es ist wohl überflüssig zu bemerken, daß die zitierte Probe leerer, nichtssagender, phrasenhafter gar nicht formuliert werden könnte. Sie verläßt mit keiner Silbe den fahlen Stil der offiziellen Communiqués, die bekanntlich nicht dazu dienen, die Öffentlichkeit über das Vorgefallene zu unterrichten, sondern im Gegenteil dazu, es mit einer Staubwolke von Redensarten zu verhüllen.

Nicht ohne Interesse ist es, wie die Redaktion selber das Zustandekommen ihrer Aufmachung schildert. »Das ist ein aufregendes, die Leidenschaften erhitzendes und die Köpfe auslaugendes Geschäft. Mancherlei Mühen und vielerlei Fertigkeiten sind vonnöten, vor allem: Urteilsvermögen, Jägerinstinkt, Fingerspitzengefühl für Gewicht und Wirkung einer Nachricht.

In der Frankfurter Allgemeinen Zeitung haben viele Redakteure an dieser Jagd teil – in stetem, oft hektischen Wechsel zwischen Versenkung in die gerade eingetroffene Meldung und rascher, abgekürzter Verständigung mit dem Nebenmann über

9 »Die Kunst des Zeitunglesens«, *Frankfurter Allgemeine* Zeitung vom 12. März 1960.

die Zusammenhänge. Schließlich – nach Stunden der Aufbereitung und der Auswahl, telefonischer Rückfragen und bohrender Nachforschungen – versammelt sich der größere Teil der politischen Redaktion im Hauptzimmer des Nachrichtenstabes. Nun muß der Grundriß skizziert, der Aufmacher gefunden werden. Eile ist geboten ... Auch an flauen Tagen warten die Züge nicht.«[10] Wir haben gesehen, was der Jägerinstinkt der Frankfurter Schützengilde tagtäglich zur Strecke bringt, und dürfen die atemberaubende Schilderung der Treibjagd als ein Zeugnis unfreiwilligen Humors zur Kenntnis nehmen.

Nun liegt es nahe, sich nach einer rationalen Erklärung für das Waidmannspech der Redaktion umzusehen. Fast wäre man geneigt, sie in einem bösen Spiel des Zufalls zu suchen. Könnte es nicht sein, daß wir, ganz wider unsere Absieht, der Analyse einen Zeitraum zugrunde gelegt hätten, der aus lauter »flauen Tagen« bestünde? Um der Redaktion nicht Unrecht zu tun, ist ein Vergleich ihrer Beute mit den Aufmachungen der Weltpresse angezeigt. Dabei stellt sich bald heraus, daß die Welt in jenen zehn Tagen keineswegs eine historische Windstille zu verzeichnen hatte.

Am 7. Dezember überrascht, wie wir gesehen haben, die *Frankfurter Allgemeine* ihre Leser mit der Nachricht, der Bundestag bestehe auf der Freiheit Berlins. Die großen Blätter der westlichen Welt melden am gleichen Tag eine Wendung in der amerikanischen Politik, deren Folgen unabsehbar sind: »U.S. President Urges Trade Initiative« *(The Times)*; »US Alliance With Common Market« *(The Guardian)*; »Kennedy Bids U.S. Industry Back ›Bold‹ Tariff Policy Geared To European Bloc« *(The New York Times)*; »Kennedy Hints Tariff Cut To Breach European Wall« *(New York Herald Tribune)*; »Kennedy opfordrer USA til Fællesmarkeds-samarbejde« *(Berlingske Tidende)*; »Kennedy vil økonomisk samordning med Europa« *(Politiken)*. Alle diese Titel sind Aufmacher. Den zweiten Platz in der Welt-

10 »Die Kunst des Zeitunglesens«, *Frankfurter Allgemeine* Zeitung vom 12. März 1960.

presse nehmen die Nachrichten aus dem Kongo ein; es finden sich die folgenden Schlagzeilen an erster Stelle: »De violents combats se poursuivent à Elisabethville« *(Le Monde)*; »UN Planes Attack Katangese« *(New York Herald Tribune)*; »U. N. Fighter-Bombers Strike at Katanga Force« *(The Times)*; »Kritisk situation i Congo-FN går til luftangreb« *(Berlingske Tidende)*; »Svensk-indisk luftangreb lammer Katangas flyvevåber« *(Politiken)*; »Flyg stoppar uppmarsch i Katanga« *(Dagens Nyheter)*[11].

Ein ähnliches Bild ergibt sich am 14. Dezember. Die Aufmachungen der Weltpresse werden von der offenen Meinungsverschiedenheit zwischen der amerikanischen und der englischen Regierung im Hinblick auf die Kongoaktion der Vereinten Nationen, vom bevorstehenden Eichmann-Urteil und von dem drohenden Konflikt um Goa beherrscht. An diesem Tag weiß die *Frankfurter Allgemeine* als »die wichtigste, die interessanteste Nachricht« zu verkünden: »Weihnachtsgeld nur für aktive Beamte und Soldaten.«

Nun könnte man in dieser schönen Beschränkung ein Zeichen von Patriotismus sehen und meinen, die Redaktion kümmere sich lieber um das deutsche Hemd als um den internationalen Rock. Auch diese Hypothese hält einer Nachprüfung nicht stand. Zwischen dem 7. und dem 16. Dezember haben die folgenden Zeitungen den Wahrspruch und das Urteil im Eichmann-Prozeß für »die wichtigste, die interessanteste Nachricht« des Tages gehalten und dementsprechend an den ersten Platz gerückt: die *Neue*

11 Einige der zitierten Zeitungen machen von der Möglichkeit der »doppelten Aufmachung« Gebrauch; sie stellen zwei Nachrichten zugleich an ihre Spitze. Die dänischen und schwedischen Überschriften lauten, in deutscher Übersetzung, und in der Reihenfolge ihres Erscheinens im Text, wie folgt: »Kennedy fordert die USA zur Zusammenarbeit mit dem Gemeinsamen Markt auf«; »Kennedy wünscht ökonomische Zusammenarbeit mit Europa«; Kritische Situation im Kongo – Luftangriff der UN-Streitkräfte«; »Schwedisch-indischer Luftangriff lähmt Katangas Luftwaffe«; »Flugzeuge gebieten dem Aufmarsch in Katanga Einhalt«.

Zürcher Zeitung (dreimal), *Politiken* (zweimal), die *New York Herald Tribune* (zweimal), *Le Monde, The Times, The New York Times* und die *Berlingske Tidende* (einmal). Die *Frankfurter Allgemeine* hat sich, obschon sie »drinnen und draußen für das ganze Deutschland wirken und sprechen« möchte, zu einem solchen Schritt nicht entschließen können. Das mag mit dem »Fingerspitzengefühl für Gewicht und Wirkung einer Nachricht« zusammenhängen, dessen sich die Redaktion zu rühmen weiß.

Zusammenfassend läßt sich sagen, daß von den fünf dominierenden Ereignissen des Zeitraums, von dem hier die Rede ist (dem Kongo-Krieg und seinen politischen Folgen, dem Bruch zwischen der Sowjetunion und Albanien, dem Ende des Eichmann-Prozesses, dem Goa-Konflikt und Kennedys Plan einer engen Zusammenarbeit zwischen den Vereinigten Staaten und dem Gemeinsamen Markt), kein einziges in der Aufmachung der *Frankfurter Allgemeinen* erschienen ist. (Eines davon, nämlich die sensationelle Rede Kennedys vom 6. Dezember, schlägt sich im politischen Teil des Blattes überhaupt nicht nieder, sondern wird aus unerfindlichen Gründen in den Wirtschaftsteil verbannt; selbst dort nimmt es, als Notiz von fünfundzwanzig Zeilen, nur einen untergeordneten Platz ein.)

Der Informationswert der Aufmachung und ihrer Überschrift ist also nicht nur absolut betrachtet geringfügig; er bleibt es auch, wenn man die *Frankfurter Allgemeine* an anderen Blättern und an den Ereignissen mißt, die sie melden. Aus dieser Tatsache könnte man auf die Fähigkeiten der Redakteure ungünstige Rückschlüsse ziehen; aber diese Erklärung reicht nicht aus. Keinem erfahrenen Journalisten wäre ein derartiges Maß von Dilettantismus zuzutrauen. Es empfiehlt sich deshalb, den Text der Überschriften und nicht ihre Urheber ins Auge zu fassen. Da diese Texte offenbar nicht der Vermittlung der wichtigsten Tagesnachrichten dienen, wozu sind sie dann bestimmt?

Was die zitierten Überschriften von denen der Weltpresse unterscheidet, ist nicht nur ihr geringer Informationswert, sondern auch ihr enger Horizont. Zwei von neun Titeln (und die einzigen, die überhaupt im engeren Sinn den Charakter von Nachrichten haben) beziehen sich auf die deutsche Innenpolitik (9. und 14. Dezember). Fünf weitere nennen deutsche Namen: Berlin, Bonn, Adenauer, Brandt und Strauß. Die beiden übrigen Aufmachungen sprechen wenigstens im Untertitel von Berlin. (Dagegen erscheint, wie gesagt, der Name Eichmann nicht an der Spitze des Blattes, obschon er zweifellos deutscher Herkunft ist.) In dieser Auswahl drückt sich ein Provinzialismus aus, dessen keine anspruchsvolle Zeitung des Auslandes fähig wäre. Auffallend das Bedürfnis, sich unablässig der eigenen Wichtigkeit zu versichern, die Neigung, das eigene Land für den Nabel der Welt zu halten; auffallend die freiwillige Beschränkung des Gesichtskreises und die wunderliche Selbstbezogenheit der Perspektive. Man könnte sich damit abfinden, daß die Überschriften unergiebig sind, wären sie wenigstens neutral formuliert[12]. Das ist keineswegs der Fall. Vielen von ihnen ist ein rhetorischer, emotional gefärbter Unterton eigen, der sich anhört, als hätten sie nicht Mitteilung, sondern Überredung im Sinn. Daß die Bundesrepublik, daß ihre Verbündeten, daß Berlin selbst »auf der Freiheit Berlins besteht«, ist ein durchaus richtiger Satz. Daß dieser richtige Satz aber unaufhörlich, in allen möglichen Abwandlungen wiederholt wird, daß diese ständigen Wiederholungen als Nach-

12 So verfährt, als einzige Zeitung von Weltgeltung, die *Neue Zürcher.* Sie setzt die äußeren Ereignisse als bekannt voraus und ist eher um Gründlichkeit als um rasche Information bemüht. Dem entspricht die Formulierung ihrer Überschriften, die über den Kapiteln einer Chronik stehen könnten: sie sagen über die beschriebenen Vorgänge nichts aus, sondern nennen sie lediglich beim Namen. Beispiele: »Wahrspruch im Eichmann-Prozeß«; »Der erste Tag der Pariser Viererkonferenz«; »Die Militäraktion der UN in Katanga«. Es handelt sich nicht um Schlagzeilen, sondern um Inhaltsangaben, die das Auffinden der Information ermöglichen, aber selbst nichts mitteilen sollen. Dem entspricht der kleine Schriftgrad, in dem sie gesetzt sind. Der Begriff der Aufmachung, wie ihn die *Frankfurter Allgemeine* und andere Zeitungen verstehen, ist der *Neuen Zürcher* überhaupt fremd. Es versteht sich, daß ihre Überschriften keineswegs auf den Horizont der Schweiz beschränkt, und daß sie strikt neutral abgefaßt sind.

richten ausgegeben werden, läßt keine rationale Erklärung mehr zu. (Allein in den hier analysierten neun Nummern enthält die *Frankfurter Allgemeine*, abgesehen von der angegebenen Aufmachungs-Schlagzeile, die folgenden Überschriften: »Schröder fordert die Beseitigung der Mauer«; »Lemmer und Brandt warnen vor Nachgeben«; »Kräftige Bindung Berlins zum Bund befürwortet«; »Der Westen hält an den Freiheiten Berlins fest«.) Es handelt sich hier nicht um Nachrichten, sondern um Beteuerungen[13]. Die Technik der unablässigen Wiederholung politischer Parolen ist aus der totalitären Propaganda wohl bekannt; ihre Wirksamkeit unter demokratischen Verhältnissen darf jedoch in Zweifel gezogen werden. Die staatsbürgerliche Moral des Lesers wird sich auf diese Weise kaum heben lassen; verhält er sich unkritisch, so wird ihn die Monotonie und Langeweile der als Nachrichten verbrämten Losungen einschläfern; liest er sie kritisch, so wird er einer Beteuerung um so weniger Glauben schenken, je öfter sie wiederholt wird.

Allerdings pflegen Parolen, wenn sie freiwillig geäußert werden, nicht nur auf ihre Leser, sondern auch auf ihre Urheber einzuwirken. Insofern sind die Redakteure der *Frankfurter Allgemeinen Zeitung* vermutlich die ersten Opfer ihres eigenen Rituals. Das Geschäft der Überredung rächt sich, als Autosuggestion, an denen, die es betreiben. Leicht genug, sich einzureden, daß gelte, was immer man sich oft genug vorgesagt hat. Von da aber ist es nicht mehr weit bis zum Aberglauben an die Macht des gedruckten Wortes; zuweilen scheint es, als glaube die Redaktion der Zeitung im Ernst, die Wirklichkeit richte sich nach dem Bild, das sie von ihr entwirft.

In diesem Verdacht bestärken uns die beiden Schlagzeilen, die bisher noch nicht zu ihrem Recht gekommen sind. Sie entfernen sich so weit von den Sachverhalten, auf die sie anspielen, daß sie einer ausführlichen Erörterung bedürfen. Die erste (»Die Nato

13 Ähnlich die als Nachricht verkappte Beschwörung der »Einheit des Westens«, die gerade an jenem 11. Dezember keine Tatsache, sondern ein Wunschtraum der Redaktion war.

über die Atompläne weithin einig«) kommt einer Falschmeldung nahe; wie nahe, wird sich gegen Ende des nächsten Kapitels zeigen, das sich mit der Nachrichtenpolitik des Blattes befaßt. Die zweite Schlagzeile steht an der Spitze der Nummer vom 8. Dezember 1961 und lautet: »Dänemark weist die sowjetischen Angriffe gegen Bonn zurück.« Die Formulierung ist so unsachlich, daß sie auf eine Irreführung hinausläuft. Der arglose Leser muß aus ihr, sowie aus dem ersten Satz des Textes, auf eine Welle der Deutschfreundlichkeit schließen, die unversehens in Dänemark ausgebrochen wäre. Darin bestärkt ihn auch noch der erste Untertitel (»Außenminister Krag würdigt Friedenswillen der Bundesrepublik«). In Wirklichkeit überwiegen im dänischen Parlament, dem Ort der Handlung, wie jeder Kenner der Sache weiß, die kritischen Stimmen über Deutschland. Sie erfreuen sich allerdings nicht der Aufmerksamkeit der deutschen Presse; und die *Frankfurter Allgemeine* würde nicht im Traum daran denken, ihnen auch nur eine Fünf-Zeilen-Notiz einzuräumen. Dazu besteht auch kein Anlaß. Ebensowenig Anlaß freilich, eine taktisch bedingte Äußerung des dänischen Außenministers derart hochzuspielen, daß dem unbefangenen Leser ein durchaus falsches Bild von der Stimmung in jenem liebenswürdigen, aber nicht vergeßlichen Nachbarland suggeriert wird. Was in Kopenhagen am 7. Dezember 1961 wirklich vorgefallen ist, erfährt der Leser der *Frankfurter Allgemeinen* erst aus dem zweiten Untertitel der Aufmachung, also in kleiner Schrift: »Nato-Kommando Ostsee vom Parlament gebilligt.« Das ist die Nachricht, um die es geht, und in dieser oder ähnlicher Form hat die ganze Weltpresse darüber berichtet. Für die Redaktion *der Frankfurter Allgemeinen* ist sie nichts weiter als ein Vorwand dafür, dem eigenen Land, und letzten Endes sich selber, auf die Schulter zu klopfen. Das ist kein graziöser Anblick; die Geste nimmt sich peinlich aus, wenn sie in aller Öffentlichkeit vorgeführt wird. Auch hier gilt, daß das Manöver nicht sonderlich überzeugend wirkt. Ein Blatt, das derart die Sache selbst in den Hintergrund schiebt, um aus ihren Begleiterscheinungen politisches Kapital zu schlagen, muß mit solchem Kapital nicht eben reich versehen sein. Auf Selbstbestätigung ist nur aus, wer sie nötig hat. Allein in dieser Hinsicht ist die Aufmachung der *Frankfurter Allgemeinen Zeitung* Maßarbeit: der offiziellen deutschen Politik auf den Leib geschneidert, um ihre Blößen zu bedecken.

Nachrichtenpolitik

Die Untersuchung ihrer Aufmachung hat bereits einige Hinweise auf die Nachrichtenpolitik der *Frankfurter Allgemeinen* zutage gefördert. Freilich ist die Aufmachung nur ein Stück der Zeitung, wenn auch, wie die Redaktion mit Recht bemerkt, ihr »bestes, kostbarstes Stück«. Es ist deshalb nötig, die Nachrichtenpolitik des Blattes im ganzen zu überprüfen. Dabei wird man am besten von einer Diskussion der Grundsätze ausgehen, welche die Redaktion selber lauthals verkündet, und ihre Praxis an diesen Grundsätzen messen.

Sie sind einfach und lobenswert. »je besser die Nachricht, desto besser die Zeitung« [14] »Darüber, daß die Zeitung die Aufgabe hat, alle wesentlichen Nachrichten zu veröffentlichen, gibt es keine Meinungsverschiedenheit zwischen den Lesern und der Redaktion ... Gibt es auch Ereignisse, die nicht in der F.A.Z. ihren Niederschlag finden? ... Unterdrückt sie Nachrichten, oder gibt sie diese vielleicht nur in homöopathisch abgemessenen Dosen? Ein solches Unterdrücken gibt es nicht« [15]. Das ist wohlgesprochen und läßt an Eindeutigkeit nichts zu wünschen übrig.

Weniger eindeutig äußert sich die Redaktion an anderer Stelle zu der Frage: »Gibt es Rücksichten?« [16] Zwar auch hier werden kräftige prinzipielle Töne angeschlagen: »Die Wahrheit, die ganze Wahrheit soll man aus der Zeitung erfahren, ohne Ein-

14 »Die Kunst des Zeitunglesens«, *Frankfurter Allgemeine Zeitung* vom 11. Juni 1960.
15 Ibid. 25. Februar 1961.
16 Ibid. 4. März 1961.

schränkung durch falsche Rücksichten – auch nicht durch Rücksichten auf die Regierung, auf ›Bonn‹.« Erst beim genaueren Abklopfen dieses Satzes wird klar, daß es mit der Entschlossenheit zur »ganzen Wahrheit« nicht soweit her ist, wie es den Anschein hat. Sie wird durch das Adjektiv »falsch« nämlich zurückgenommen. Es besagt nicht mehr und nicht weniger, als daß es zweierlei Rücksichten gibt, echte oder richtige auf der einen, falsche auf der anderen Seite. Damit wird die »ganze Wahrheit« säuberlich in zwei Stücke geteilt, und es steht ganz im Belieben der Redaktion, zu welcher der beiden ganzen Wahrheiten ein Sachverhalt gerechnet werden soll. Immerhin erklärt sie sich in der Folge genauer, wenn auch nur durch eine rhetorische Frage: »Ist nicht die Gemeinschaft eines Volkes, sind nicht Staat und sonstige gesellschaftliche Institutionen etwas, was erhalten und geschützt werden muß?« Wer möchte sich diesem Appell an die Volksgemeinschaft versagen, wer wäre herzlos genug, sich danach zu erkundigen, was mit den »sonstigen gesellschaftlichen Institutionen« gemeint sein soll, zu deren Erhaltung sich die *Frankfurter Allgemeine* berufen fühlt? Wir wollen uns nicht dazu versteigen, den feinen Unterschied zwischen echter und falscher Rücksichtnahme dahin zu deuten, daß der Redaktion für wahr gelte, was dem Volke nütze, obschon der Text eine solche Interpretation nicht ausschließt.

Übrigens beschränkt sich die echte (im Gegensatz zur »falschen«) Rücksicht der Zeitung nicht allein aufs eigene Land. »Gibt es auch außenpolitische Rücksichten?« fragt die Redaktion, und auch diese Frage ist rhetorisch gemeint. »Man hat zum Beispiel die Meinung gehört, die *Frankfurter Allgemeine Zeitung* habe die Foltermethoden, die von französischer Seite in Algerien bei Verhören gegen Aufständische angewendet wurden und mit denen die französische Presse sich eingehend beschäftigt hat, nicht genügend angeprangert … Gilt nicht auch unter Nationen der Grundsatz, daß zunächst jeder vor seiner eigenen Tür kehren soll? … Und kann nicht eine gewisse Zurückhaltung in heiklen Augenblicken gegenüber einem Nachbarland, in dem ein

Name wie Oradour nicht vergessen ist, angebracht sein? Auch hier gibt es Verantwortung«[17]. Hierzu ist zweierlei zu sagen. Zuvörderst dies: Wer den Terror, die Folter, die Methoden der Gestapo und die Konzentrationslager in der Vergangenheit verurteilt, kann sie in der Gegenwart nicht gutheißen oder auch nur »eine gewisse Zurückhaltung« in dieser Hinsicht üben. Allerdings »gibt es« den Opfern von Oradour gegenüber »eine Verantwortung«; sie dürfte aber nicht dort zu suchen sein, wo man ein Oradour von heute mit dem Mantel »außenpolitischer Rücksichten« zudeckt. Wie ernst das gerngeübte Bekenntnis zu den Menschenrechten gemeint ist, was von der rituellen »Bewältigung« vergangener Verbrechen zu halten ist, zeigt sich allemal angesichts der Verbrechen, die heute begangen werden.

Der Verdacht, daß die Toten von Oradour hier zur Rechtfertigung politischer Manöver herhalten müssen, verstärkt sich noch, wenn man bedenkt, daß die *Frankfurter Allgemeine Zeitung* die Gefühle anderer Nachbarländer durchaus nicht mit demselben Zartgefühl zu schonen gesonnen ist. »Eine gewisse Zurückhaltung in heiklen Augenblicken« war ihr jedenfalls nie anzumerken, wo es sich um polnische, tschechische und sowjetrussische Verhältnisse gehandelt hat; obgleich es der Redaktion des Blattes bekannt sein dürfte, daß die deutschen Okkupatoren in jenen Ländern noch weit ärgere Verbrechen angerichtet haben als in Frankreich.

Der Begriff der doppelten Moral reicht nicht hin, um eine solche Haltung zu charakterisieren; denn die an sich schon höchst fragwürdige Unterscheidung von »echten« und »falschen« Rücksichten wird, wie sich nun herausstellt, durch eine weitere subtile Unterscheidung kompliziert: auch eine »falsche« Rücksicht kann zur »echten« werden, wenn sie außenpolitisch opportun ist, und umgekehrt.

»Die Wahrheit, die ganze Wahrheit«, die »man aus der Zeitung erfahren« soll, sie ist also schon in der Deutung, welche die *Frank-*

17 Ibid. 4. März 1961.

furter Allgemeine ihrer eigenen Arbeit gibt, kaum mehr wiederzuerkennen. Das soll uns nicht der Mühe entheben, ihre Nachrichtenpolitik *in praxi* zu beobachten. Auch hierbei beschränken wir uns auf die neun Nummern, die zwischen dem 7. und dem 16. Dezember erschienen sind. Das einfachste, ja das methodisch einzig mögliche Verfahren ist die Untersuchung ihres Nachrichten-Defizits. So gut wie jede Tageszeitung wird ein solches Defizit aufweisen. Die bloße Tatsache, daß sie nicht jede Meldung veröffentlicht, kann man ihr nicht zur Last legen; allein die äußeren Beschränkungen, aber auch das Fassungsvermögen des Lesers, verbieten absolute Vollständigkeit in der Berichterstattung. Daraus folgt, daß eine Auswahl getroffen werden muß. Geschieht sie objektiv und vorurteilslos, so wird das Nachrichtendefizit amorph sein und keine eindeutige Interessenstruktur erkennen lassen. Wo dieses Defizit dagegen keine ungeordnete Menge ist, sondern ein Muster zeigt, wird man auf eine irreführende, unsachliche und tendenziöse Nachrichtenpolitik schließen dürfen. Im einzelnen sind an die Berichterstattung der Zeitung folgende Fragen zu richten: 1. Was erfährt der Leser überhaupt nicht? 2. Was erfährt er verstümmelt oder retouchiert? 3. Was muß er aus Andeutungen und Anspielungen erschließen?

1. Aus naheliegenden Gründen werden gewichtige Nachrichten verhältnismäßig selten verschwiegen. »Der Versuch, eine Information, die an die Öffentlichkeit muß, zu unterdrücken, wäre bei der Fülle der Nachrichtenorgane, die es glücklicherweise bei uns gibt, lächerlich« [18]. Und: »Nicht anders als bei einer Geschäftskasse (werden) Unterschlagungen früher oder später aufgedeckt« [19]. Immerhin sind, allein in den neun untersuchten Nummern, nicht wenige Fälle zu verzeichnen, in denen die *Frankfurter Allgemeine* Nachrichten, die auf allgemeines Interesse wohl rechnen können, unerwähnt läßt. Die wichtigsten unter ihnen seien hier summarisch aufgeführt:

18 Ibid. 25. Februar 1961.
19 Ibid. 4. März 1961.

a) Die Staatsanwältin Dr. Barbara Just-Dahlmann von der Zentralstelle zur Ermittlung von Nazi-Verbrechen hält in Loccum ein Referat, in dem sie erklärt, daß diese Ermittlungsarbeit auf Hindernisse in der Kriminalpolizei und bei den Staatsanwaltschaften selber stoße; diese Behörden seien heute noch mit Männern durchsetzt, die in die Verbrechen, die es zu ermitteln gibt, selbst verwickelt seien. Die *Süddeutsche Zeitung* berichtet hierüber am 13. Dezember. Die Angelegenheit zieht weitere Kreise und wird in der ausländischen Presse stark beachtet. Am 15. Dezember kommt die gleiche Zeitung darauf zurück und berichtet von offiziellen Protesten gegen den Vortrag. Die *Frankfurter Allgemeine* nimmt von der Sache drei Tage lang keinerlei Notiz. Erst als am 15. Dezember andere Blätter darauf zurückkommen, erst als es zu offiziellen Protesten und Dementis kommt, erscheint am 16. Dezember eine Notiz von zweiunddreißig Zeilen Umfang unter der Überschrift »Haussmann verteidigt die Polizei«. Gemeldet wird also nicht das Ereignis selbst, sondern die amtliche Reaktion auf das Ereignis. Hier liegt ein Grenzfall zwischen der glatten Unterschlagung und der Technik des Rösselsprungs vor, die weiter unten genauer beschrieben werden soll.

b) Am 8. Dezember 1961 meldet die *Süddeutsche Zeitung* die Verurteilung eines ehemaligen SS-Standartenführers zu einer Zuchthausstrafe. Das Urteil wurde durch ein Frankfurter Schwurgericht gefällt. Die überregionalen Ausgaben *der Frankfurter Allgemeinen* enthalten keinen Hinweis auf dieses Ereignis.

c) Am 12. Dezember veröffentlicht die *Süddeutsche Zeitung* unter der Überschrift »Der linke CDU-Flügel wird aktiv« einen zweispaltigen Bericht aus Bonn über »14 Forderungen für eine gerechte Beteiligung der Arbeitnehmer am Volkseinkommen«, die von 55 Abgeordneten der CDU-Fraktion erhoben worden seien. In der *Frankfurter Allgemeinen* sind diese Forderungen nicht zu finden.

d) »Lebensmittellager für den Ernstfall« und »Im Krisenfall wieder Ernährungsämter« kündigen am 8. Dezember die *Süd-*

deutsche Zeitung und *Die Welt* auf Grund einer Agenturmeldung aus Bonn an. Auch ausländische Blätter, zum Beispiel *Dagens Nyheter*, berichten am selben Tag über diese Maßnahmen, über die im Ernährungs- und im Wirtschaftsministerium bereits Beschlüsse gefaßt worden seien. Die Leser der *Frankfurter Allgemeinen* erfahren darüber nichts.

e) Am 8. Dezember meldet der *Parlamentarisch-Politische Pressedienst*, die Bundesregierung bereite »den Bau eines Ausweichquartiers für die Bundesregierung außerhalb Bonns« vor; »mit dem Bau einer weiträumigen unterirdischen Bunkeranlage (sei) bereits begonnen worden«[20]. Am 12. Dezember bringt das *Hamburger Abendblatt* eine Reportage, aus der hervorgeht, wo diese Arbeiten betrieben werden. Aus Frankfurt verlautet über die ganze Angelegenheit nichts.

f) »Der westdeutsche Kanzler Konrad Adenauer hat im Lauf der letzten 72 Stunden dem Präsidenten Kennedy versichert, daß er den Wunsch des Weißen Hauses teile, mit der Sowjetunion Verhandlungen über Berlin aufzunehmen«, meldet am 9. Dezember die *New York Herald Tribune* aus Bonn. Von dieser Botschaft weiß die *Frankfurter Allgemeine* nichts; sie berichtet vielmehr, unter dem gleichen Datum, aus Paris, man glaube »Anzeichen dafür zu erkennen, daß die Meinungsunterschiede zwischen Frankreich und der Bundesrepublik (in der Frage, ob man über Berlin verhandeln solle) geringer sind als zwischen Franzosen und Angelsachsen«, was auf das Gegenteil hinausläuft.

2. Verstümmelte und retouchierte Nachrichten. Auch hier wird nur eine Auswahl derjenigen Fälle gegeben, die im Zeitraum der Untersuchung zu beobachten waren; eine erschöpfende Darstellung verbietet sich schon aus räumlichen Gründen.

a) Am 7. Dezember veröffentlicht die *Frankfurter Allgemeine* die folgende Meldung: »Bonn, 6. Dezember (UPI). Die Bundesregierung hat die jugoslawische Regierung auf diplomatischem

20 Zitiert nach *Der Spiegel*, 17. Januar 1962.

Wege darauf aufmerksam gemacht, daß gegen den jugoslawischen Konsul Grabovać am Generalkonsulat in München strafrechtliche Ermittlungen laufen. Nach diplomatischem Brauch ist dieser Hinweis gleichbedeutend mit der Aufforderung, den Konsul schnellstens abzuberufen.« Gleichzeitige Meldungen in anderen deutschen Zeitungen, zum Beispiel in der *Süddeutschen* und in der *Welt* beweisen, daß diese UPI-Meldung willkürlich verstümmelt worden ist, und zwar derart, daß der Leser außer Stand gesetzt wird, ihren eigentlichen Sinn zu erkennen. Erst aus ihrer Fortsetzung, welche die *Frankfurter Allgemeine* ihren Lesern erspart hat, wird klar, daß die Ermittlungen gegen Grabovać der Aufklärung eines Vorfalles aus dem Partisanenkrieg in Jugoslawien galten, und daß man in Bonn politische Weiterungen des Falles, im Zusammenhang mit der Affäre Vračarić, befürchte. Was die Redaktion zur Verstümmelung der UPI-Meldung veranlaßt hat, kann der Außenstehende nur vermuten. Es liegt nahe, daß sie sich die Bonner Befürchtungen zu eigen gemacht hat und deshalb »echte« Rücksichten walten ließ. Erst als diese Befürchtungen durch die Ausreise Grabovaćs gegenstandslos geworden sind, nämlich am 9. Dezember, kommt die Zeitung ausführlich auf den Fall zurück und gibt endlich, mit zweitägiger Verspätung, zu erkennen, wessen der Konsul beschuldigt worden war[21].

b) Am 14. Dezember findet zwischen dem SPD-Vorsitzenden Ollenhauer und dem Innenminister Höcherl eine Besprechung über die Notstandsgesetzgebung statt. Die deutsche Presse berichtet darüber am folgenden Tag, und zwar widmet *Die Welt* dieser interessanten Frage 140, die *Süddeutsche Zeitung* 70 Zeilen. Das Wort »Notstandsgesetz« taucht in den Überschriften beider Blätter auf. Die Leser der *Frankfurter Allgemeinen* müssen sich mit 24 Zeilen und der mageren Überschrift »Ollenhauer bei Höcherl« zufrieden geben. Vor allem aber wird ihnen verschwiegen, daß im Innenministerium »die Frage aufgeworfen

21 In der S-Ausgabe vom 8. Dezember findet sich eine achtzeilige Notiz, welche die Meldung vom Vortag notdürftig erläutert.

worden (ist), ob man nicht eine Polizeidienstpflicht einführen könne« *(Süddeutsche Zeitung).* Die Frankfurter Version beschränkt sich auf Gemeinplätze.

c) Am 9. Dezember beschäftigt sich die Weltpresse mit der Einführung eines neuen Zivilrechts und einer neuen Zivilprozeßordnung in der Sowjetunion. Das Gesetz garantiert, wie *The Times, die New York Herald Tribune,* die *Berlingske Tidende* übereinstimmend berichten, das Recht aller sowjetischen Staatsbürger auf privates Eigentum. Dieses Recht sei erforderlich, um die materiellen und kulturellen Bedürfnisse der Bürger zu befriedigen, doch dürfe es nicht dazu benutzt werden, daß der einzelne sich durch sein Eigentum Einkünfte verschaffe, die er nicht durch Arbeit verdient habe. Die westlichen Zeitungsberichte gehen im übrigen auf das Erbrecht und andere Details, sowie auf die Angriffe ein, die im Obersten Sowjet gegen die stalinistischen Verhör- und Foltermethoden sowie gegen die erzwungenen Geständnisse der Schauprozesse vorgebracht worden waren. Für diese Vorgänge vermag die *Frankfurter Allgemeine Zeitung* kein Interesse aufzubringen; sie begnügt sich mit einer zwölfzeiligen Notiz unter der inhaltsarmen Überschrift: »Oberster Sowjet beendet seine Sitzung«[22]. Darin heißt es: »Am Nachmittag wurden der dritte und vierte Punkt der Tagesordnung, die Einführung eines neuen Zivilrechts und einer neuen Zivilprozeßordnung sowie die Erlasse des Präsidiums des Obersten Sowjets, erörtert.« Damit ist der Chronistenpflicht offenbar Genüge getan. Man erfährt durchaus nicht, was sich ereignet hat; aber es wird einem doch, wenn auch im miserabelsten Akten-Deutsch, zu verstehen gegeben, *daß* sich etwas ereignet hat; und zwar etwas, das einen nichts angeht.

d) Die Grenze zwischen Verstümmelung und Retouche ist nicht immer leicht zu ziehen. Auf die unsachliche Aufmachungs-Schlagzeile vom 8. Dezember und auf das rhetorische Kapital, das die *Frankfurter Allgemeine* an diesem Tag aus einigen beiläufigen Äußerungen des dänischen Außenministeriums schlug, ha-

22 In der S-Ausgabe auf sechs Zeilen gekürzt.

ben wir bereits aufmerksam gemacht. Dem bleibt hinzuzufügen, daß die Nachricht über die Billigung des dänisch-deutschen Ostseekommandos, die der Anlaß jener Kunstübungen war, ihrerseits verstümmelt und retouchiert dargeboten worden ist. Die Kopenhagener Parlamentssitzung vom 7. Dezember hatte nämlich einen Schönheitsfehler, der zu den Absichten der Redaktion nicht passen wollte. Vor dem Parlamentsgebäude demonstrierten zwischen 1000 und 3000 Personen gegen die Vorlage, und während der Sitzung wurden von der Zuschauertribüne Flugblätter mit Protesten in den Saal geworfen. Selbstverständlich steht es ganz im Belieben der Redaktion, solche Kundgebungen für unerheblich zu halten. Sollte ihr Entschluß, nicht darüber zu berichten, sich nicht kosmetischer Rücksicht, sondern einem politischen Urteil verdanken, so muß jedoch gesagt werden, daß sie mit diesem Urteil allein dasteht: die anderen deutschen sowie die Zeitungen des westlichen Auslandes haben ausnahmslos über die Demonstrationen berichtet, und es ist zu vermuten, daß diese Haltung eine andere Auffassung von der Natur der Demokratie reflektiert als diejenige, die man in den Redaktionsstuben der *Frankfurter Allgemeinen Zeitung* antreffen dürfte: in Hamburg und München, in Paris und London, in Stockholm und nicht zuletzt in Kopenhagen wird offenbar die Meinung einer Minderheit auch dann respektiert, wenn sie nicht an der Macht ist.

Die Retouche, die das Blatt an der Nachricht vornimmt, bezieht sich auf die Kommandostruktur des vorgesehenen Einheitskommandos. Offenbar soll dem deutschen Leser die Erkenntnis erspart bleiben, daß sich die Dänen, vermutlich um den deutschen Friedenswillen zu »würdigen«, nicht nur ein solides Übergewicht in jenem Kommando, sondern auch dessen Oberbefehl gesichert haben. Die *Frankfurter Allgemeine* gibt zwar ganz korrekt an, wie die beiden Nationalitäten sich in die vier Unterkommandos verteilen, nämlich im Verhältnis 3:1, den weit wichtigeren Umstand hingegen, daß der Chef des Ganzen, ebenso wie sein Stabschef, jetzt wie auch in Zukunft, ein Däne sein wird, erwähnt die Zeitung mit keinem Wort.

Alle diese Manipulationen haben etwas Kleinliches, so sehr, daß man zögert, den von der Redaktion selber vorgeschlagenen Ausdruck »Unterschlagungen« auf sie anzuwenden. Immerhin ist zu bedenken, daß sich ihre Wirkung auf die Dauer wohl summiert, und daß das gezielte Informations-Defizit, das auf solche Weise entsteht, ansehnliche Summen erreichen kann.

3. Nachrichten, die nur aus Andeutungen und Anspielungen zu erschließen sind. Nicht selten setzt die Lektüre der *Frankfurter Allgemeinen* kombinatorische Fähigkeiten und detektivischen Scharfsinn voraus. Der Leser, der keine anderen Blätter zu Hilfe nimmt, sieht sich plötzlich Sachverhalten gegenüber, von denen er nichts weiß, und auf welche die Redaktion »zurückkommt«, ohne sie je erwähnt zu haben.

a) Am 15. Dezember verzeichnet die *Frankfurter Allgemeine Zeitung* eine Äußerung des bayerischen Justizministers über Ludwig Erhard: »Scharf kritisierte der Landesvorsitzende Justizminister Dr. Haas die kürzlich von Wirtschaftsminister Erhard gemachte Bemerkung über den Koalitionsvertrag, den er angeblich nicht kenne und von dem er auch nichts wisse.« Der Leser wird sich vergeblich auf Erhards Bemerkung besinnen: seine Zeitung hat sie ihm vorenthalten. Er hätte zwei Tage früher zur *Welt* oder zur *Süddeutschen* greifen müssen, um zu erfahren, was vorgefallen ist (»Erhard: Dieses Koalitionspapier interessiert mich nicht«). So muß er sich mit der Replik auf einen Text begnügen, den er nicht kennt.

b) Am 12. Dezember bringt die *Frankfurter Allgemeine* eine 17-Zeilen-Notiz; Überschrift: »Unter Spionageverdacht«[23]. Die Nachricht ist am ungünstigsten Platz zu finden, den die Redaktion für politische Meldungen zu vergeben hat: Seite 4, Spalte 5 ganz unten. Sie beginnt mit folgendem Satz: »Berichte, daß der vor kurzem unter dem Verdacht des vollendeten Landesverrats

23 Die S-Ausgabe vom Vortag bringt über den Vorfall eine 15-Zeilen-Meldung.

verhaftete 46 Jahre alte Oberregierungsrat Peter Fuhrmann aus Hannover im Militärischen Abschirmdienst (MAD) gearbeitet habe, hat die Bundesanwaltschaft am Montag nicht bestätigt.« Wiederum sieht sich der Leser dupiert. Die Bundesanwaltschaft hat Berichte nicht bestätigt, meldet der Hauptsatz. Aber was für Berichte? Keineswegs die der *Frankfurter Allgemeinen;* dieses Blatt hat nämlich bis dahin nichts dergleichen berichtet, und sie tut sich darauf noch etwas zugute; eine Spur von Tadel, gerichtet an die Adresse jener ungenannten Berichterstatter, deren Nachrichten zwar nicht dementiert, aber doch auch nicht bestätigt werden, ist dem Satz anzuhören[24]. Der Dumme bei diesem Versteckspiel mit den Tatsachen ist der Leser. Ausländischen Zeitungen, beispielsweise der *New York Herald Tribune* oder *Dagens Nyheter,* hätte er schon am Montag genauere und sachlichere Informationen entnehmen können, als sie ihm die *Frankfurter Allgemeine* am Dienstag offeriert.

Wozu diese Manöver? Sollte es die Frankfurter Redaktion am Vorabend des 11. Dezember mit einer solchen Nachrichtenflut zu tun gehabt haben, daß die Spionagemeldung einfach nicht mehr unterzubringen war? Wer die Nachrichtenpolitik einer Zeitung kritisiert, muß stets auf den Hinweis gefaßt sein, die Raumnot oder der frühe Redaktionsschluß sei an allem schuld. Was den Redaktionsschluß angeht, so kann er Verspätungen von 48 Stunden kaum rechtfertigen. Über Raumnot wird eine Zeitung nicht klagen dürfen, die sich ihre Zeit mit höchst überflüssigen Hofbulletins vertreibt und an eben jenem 11. Dezember eine halbe Spalte der ersten Seite mit der Schilderung der Ankunft eines Staatsmanns auf dem Flugplatz und mit der ehrerbietigen Darstellung seines Mittagessens füllt. Die Passage ist zu weitschweifig und nichtssagend, um hier zitiert zu werden. Im übrigen erspart uns die Redaktion der *Frankfurter Allgemeinen Zeitung* die

24 Zwei Tage später kommt dann auch die *Frankfurter Allgemeine Zeitung* zu dem Schluß, daß Fuhrmann doch für den MAD gearbeitet habe; dies ginge »nach den äußerst vorsichtigen Andeutungen unterrichteter Kreise« aus den Vernehmungen hervor.

weitere Suche nach den Motiven ihrer Verschleierungs- und Verzögerungstaktik durch einen Nebensatz in ihrer Nummer vom 13. Dezember. An diesem Tag konnte sich die Spionage-Angelegenheit endlich einen Platz auf der ersten Seite des Blattes verschaffen; nachdem sich das letzte Boulevardblatt ihrer angenommen hatte, überzeugte sich auch die Frankfurter Redaktion davon, daß die Rücksicht, die sie – wenn auch nicht gegen ihre Leser – hatte walten lassen, vergebens gewesen war. Sie zieht daraus aber nicht die Lehre, auf solche Vertuschungsversuche inskünftig zu verzichten; im Gegenteil: »In Bonn ... wollen seit einigen Tagen (!) die Gerüchte nicht verstummen, daß auf dem Gebiet des Nachrichtenwesens und der Abwehr einige weitere ernste Pannen passiert seien, doch gebietet es die Staatssicherheit, auf die Verbreitung von Einzelheiten zu verzichten.« Es erhebt sich die Frage, woher die Zeitung so genau darüber unterrichtet ist, was die Staatssicherheit gebietet. Entscheidet das die Redaktion allein, oder wird sie sich in Zweifelsfällen in Bonn Rates holen? Sollte das hartnäckige Stillschweigen der Zeitung auf solche Ratschläge zurückzuführen sein? Sofern sich aber die Sache so verhält, war die Zeitung gut beraten, sie zu beachten? Wenn uns nicht alles täuscht, so entscheidet hierzulande immer noch das Gesetz und nicht ein Telefongespräch zwischen Frankfurt und Bonn darüber, was unter Landes- und Geheimnisverrat zu verstehen ist. Sollten sich die Redaktionen anderer Presseorgane, die sowohl vor als auch nach dem 12. Dezember wesentlich eingehender über die Spionagefälle berichtet haben, dieser Verbrechen schuldig gemacht haben, so ist nicht einzusehen, weshalb bisher niemand gegen sie eingeschritten ist. Da dies nicht geschehen ist, scheinen die Besorgnisse der *Frankfurter Allgemeinen* überflüssig. Wir gestehen frei, daß wir eine Zeitung ungern in der Rolle eines Staatssicherheitsorgans sehen. Eine hinreichend große Zahl von Dienststellen ist mit dieser Aufgabe befaßt. Im übrigen kommen der Presse Hoheitsaufgaben nicht zu. Sie sollte sich lieber um die Verbreitung als um die Verheimlichung von Informationen kümmern. Die Freiheit der Information ist durch die Gesetze begrenzt; ein Journalist hat sie nicht einzuengen, sondern vollen Gebrauch von ihr zu machen.

In den beiden zitierten Fällen hat sich die Redaktion gezwungen gesehen, das Versäumte nachzuholen. Ihr Gesicht sucht sie durch den Rösselsprung zu bewahren: sie setzt beim Leser unverfroren voraus, was sie ihm überhaupt nicht mitgeteilt hat. Man wird sich fragen dürfen, wie sie sich verhielte, wenn sie nicht der Konkurrenz der ausländischen und inländischen Presse ausgesetzt wäre. Daß auch dieses Regulativ versagen kann, daß die *Frankfurter Allgemeine* auch im großen auf die angezeigte Art und Weise mit den Nachrichten des Tages schaltet, soll abschließend an einem schwerwiegenden Falle dargetan werden.

Am Mittwoch, dem 13. Dezember 1961 tritt der Ministerrat der NATO in Paris zu seiner Herbstsitzung zusammen. Am selben Tag schreibt die *Frankfurter Allgemeine Zeitung* in ihrem Bericht aus Paris: »Die Frage der Einschaltung der Nato in die Verfügungsgewalt über Atomwaffen wird angesichts der Meinungsverschiedenheiten zwischen den verschiedenen Mitgliedsstaaten aller Voraussicht nach erst im Frühjahr spruchreif werden.«

Am folgenden. Tag wendet sich das Blatt. »Schwieriges Mitsprache-Recht über Atomwaffen / Die Nato muß bald eine Entscheidung treffen« steht über einem Dreispalter, den der Militärexperte der Zeitung, Adalbert Weinstein, aus Paris eingesandt hat: Darin heißt es: »Soll auf der atlantischen Konferenz auch über die vierte Atommacht diskutiert werden? Es sind Überlegungen angestellt worden, diese Frage auszusparen ... Doch fordert der sowjetische Druck auf die Allianz die politische Gegenoffensive. Außerdem treffen sich die Minister nur zweimal im Jahr.« Weinstein rekapituliert dann ein Angebot, das der amerikanische Präsident im Frühjahr 1961 gemacht habe: »Die Vereinigten Staaten könnten sich bereit erklären, einen Teil ihrer Polaris-Unterseebootsflotte dem atlantischen Befehlshaber zuzuteilen.« Der Umstand, daß eine solche Maßnahme der Zustimmung des amerikanischen Kongresses bedarf und daß diese Zustimmung äußerst zweifelhaft ist, wird nicht erwähnt. Aber Weinstein geht über das Polaris-Angebot hinaus: »Das wirkliche politische Problem, ob und wie die Nato vierte Atommacht werden könnte, wäre damit noch nicht gelöst. Atomwaffen sind politische Waffen … Sie sind … eine neuartige technische Macht, die von der Wirkung her politisch ist. Sie wird auf die Dauer das Atommonopol und damit das politische Monopol des Handelns einer einzigen Nation in einer Allianz freier Völker nicht dulden … Die Nato ist in Gefahr, auseinanderzubrechen, wenn der ›nationalen Individualisierung‹ der Atomkraft nicht dadurch begegnet wird, daß die Vereinigten Staaten das Mitspracherecht über Atomwaffen auf eine vierte Atommacht ausdehnen.« Ein solches Mitspracherecht fordert Weinstein also nicht nur über die fünf Atom-U-Boote, von denen Kennedy sprach, sondern über Atomwaffen insgesamt; werde diese Forderung nicht erfüllt, so droht der Fachmann, die Nato werde »auseinanderbrechen«.

Der Zweck dieses Artikels bliebe unverständlich, wüßte man nicht, daß sich Adalbert Weinstein herzlicher Beziehungen zu dem Verteidigungsminister Strauß erfreut[25].

In der Tat kann die *Frankfurter Allgemeine* am nächsten Tag aus Paris melden, daß Franz-Josef Strauß die Frage, die vordem als noch nicht spruchreif galt, mit einiger Beschleunigung auf die Tagesordnung gebracht hat. Ihre Aufmachung verkündet: »Strauß verwendet sich für die Nato als Atommacht.« Der Text der Meldung beginnt folgendermaßen: »Der von den Vereinigten Staaten schon im Vorjahr angeregte Plan, die Nato zur eigenen Atommacht zu machen, ist seiner Verwirklichung etwas näher gerückt. Auf der Sitzung des Ministerrats des Atlantikpakts hat Bundesverteidigungsminister Strauß am Donnerstagvormittag in Paris zu dieser Frage ›konkrete Verfahrensvorschläge‹ gemacht … Der Bundesverteidigungsminister hat in diesem Zusammenhang Prinzipien für die künftige Politik der Nato umris-

25 Vergleiche dazu auch Weinsteins Leitartikel vom 5. Dezember 1961 über »Die Nato und die Vierte Atommacht«, mit dem die Zeitung ihre Kampagne begonnen hat.

sen. Sie haben im Atlantikrat zumindest weitgehende Zustimmung gefunden.« Von »Meinungsverschiedenheiten zwischen den verschiedenen Mitgliedsstaaten« ist in dem Bericht nicht mehr die Rede. In einem Kommentar vom gleichen Tag lobt Adalbert Weinstein Strauß zu wiederholten Malen für die »Zurückhaltung«, die er auf der Konferenz geübt habe.

Am 16. Dezember schließlich weiß die *Frankfurter Allgemeine Zeitung* auf der ersten Seite, in ihrer Aufmachung, zu melden: »Der Atlantikrat hat sich in seiner Militärdebatte weitgehend über den Plan geeinigt, die Nato zur vierten Atommacht zu erheben. Auch die von Bundesverteidigungsminister Strauß vorgetragenen konkreten Vorschläge für das geeignete Verfahren, um dieses Ziel zu erreichen, sind angenommen worden.« Die dreitägige Kampagne der *Frankfurter Allgemeinen* findet ihren krönenden Abschluß in der Schlagzeile: »Die Nato über Atompläne weithin einig«[26].

Wie diese Berichterstattung zu beurteilen ist, kann nur ein Vergleich lehren. Wir beschränken uns auf eine kleine Auswahl von Zitaten aus der Weltpresse; mit ihrer vollständigen Anführung könnte man Seiten über Seiten füllen.

Die Süddeutsche Zeitung meldete am 11. Dezember aus Paris (»Eine Woche der Konferenzen«): »Überraschenderweise soll ... die geplante Diskussion über das Militärprogramm der kommenden Jahre bis auf weiteres vertagt werden ... Verantwortlich für diese Vertagung sind die Vereinigten Staaten. Das jetzige Militärprogramm der NATO – unter der Bezeichnung MC 70 bekannt – läuft 1963 aus. Schon vor einem Jahr wurde eine neue

26 Die Stadt-Ausgabe der Zeitung vom 16. Dezember rückt die wenige Stunden zuvor groß herausgestellte Behauptung, die NATO sei »über die Atompläne weithin einig«, an die letzte Stelle des Untertitels. Sie wird durch die Schlagzeile »Die Nato steht zu den Freiheiten Berlins«, also durch eine der konventionellen Beschwörungsformeln ersetzt. Sollte die Redaktion erkannt haben, daß sie in ihrem Eifer diesmal zu weit gegangen war, so sah sie sich doch keineswegs veranlaßt, den Text ihrer Nachricht zu ändern: die zitierten Sätze finden sich in allen Ausgaben des Blattes.

Planung erwogen … Dann wurden die Vorschläge von den Vereinigten Staaten durch Stillschweigen blockiert. Schließlich gab das US-Verteidigungsministerium seine Zustimmung, und es wurde erwartet, daß das neue Militärprogramm … auf die Tagung des Atlantikrates gesetzt werde. Im letzten Augenblick ging jedoch ein amerikanisches Veto ein. Das neue Programm sieht die Verstärkung der europäischen Verteidigung durch Atomwaffen mit allen ihren politischen Folgen vor. Präsident Kennedy möchte daher, so wird vermutet, die bevorstehenden Verhandlungen mit den Sowjets abwarten. Er spiele mit dem Gedanken, die Atomrüstung der europäischen Truppen als Verhandlungstrumpf gegenüber den Sowjets zu betrachten.«

Am 12. Dezember heißt es in *der Welt:* »Einflußreiche politische und militärische Kreise glauben, daß die Vereinigten Staaten in der gegenwärtigen Situation kein Interesse daran haben, die Verwirklichung ihres Vorschlages (der NATO Polaris-U-Boote zu unterstellen) von sich aus zu beschleunigen. Vieles deutet eher darauf hin, daß sie besonders im Hinblick auf die möglichen Ost-West-Verhandlungen dieses Problem in den Hintergrund drängen möchten.«

Am 13. Dezember ist in der *New York Herald Tribune* und in vielen andern Zeitungen ein Bericht über Äußerungen des französischen Premierministers Debré vor dem Senat zu lesen: »Was eine integrierte westliche Atomstreitmacht angehe, so sagte Debré, sie werde von niemand gewünscht« (»no one wanted it«).

In der *Welt* vom selben Tag wird aus Paris berichtet: »In den Diskussionen der NATO-Minister soll die vereinfachend mit dem Begriff ›NATO als vierte Atommacht‹ umrissene Frage sehr wahrscheinlich nicht erörtert werden. Alle Teilnehmer sind überzeugt davon, daß die Vereinigten Staaten gegenwärtig keine Entscheidung in dieser Frage wünschen … (Es sei) den Amerikanern gelungen, alle Mitgliedsstaaten davon zu überzeugen, daß zum gegenwärtigen Zeitpunkt und wegen der Bemühungen, die ost-westlichen Spannungen abzubauen, eine Diskussion politisch nicht opportun wäre … Wie es heißt, soll der amerikanische

Verteidigungsminister McNamara am Montag in London mit seinem britischen Kollegen Watkinson übereingekommen sein, Probleme der Verfügungsgewalt über strategische Waffen, aber selbst auch über taktische Atomwaffen auf der Tagung in Paris nicht zu behandeln.«

An anderer Stelle des Blattes wird berichtet, »daß die Franzosen wenig Wert darauf legen, am Donnerstag eine Debatte im Atlantikrat über die politischen und militärischen Probleme der atomaren Verfügungsgewalt und einer nuklearen Partnerschaft in der Allianz zu eröffnen, die von Amerika und Großbritannien ohnehin nicht gewünscht wird«.

Am 14. Dezember veröffentlicht die *New York Times* einen Bericht ihres Pariser Korrespondenten, in dem »ein westdeutscher Schritt, um die NATO zu einer unabhängigen Atommacht zu machen«, angekündigt wird. »Herr Strauß hat gesagt, er habe die Unterstützung der amerikanischen Regierung für dieses Vorhaben. Weder bei den Vertretern der Vereinigten Staaten noch bei den Delegierten der kleineren europäischen NATO-Mitglieder waren Anzeichen für irgendeine stärkere Unterstützung eines derartigen Schrittes zu erkennen.«

Am 15. Dezember meldet die Weltpresse den »Vorstoß von Strauß in Paris« *(Die Welt)*. In der *Süddeutschen Zeitung* heißt es: »Die deutsche Initiative in der Atomfrage kam überraschend, da noch am Vortage der Eindruck erweckt worden war, als wolle die Bundesrepublik in dieser Frage zur Zeit nicht vorstellig werden, weil Engländer und Amerikaner dem Gedanken vorläufig mit einiger Reserve gegenüberstehen.« Auch läßt die Redaktion des Blattes ihre Leser nicht darüber im unklaren, daß Strauß, weit über die seinerzeitigen bedingten Angebote Kennedys hinaus, »Mittelstreckenraketen für die Streitkräfte des Mittelabschnitts der NATO fordert«.

The Times berichtet am selben Tag über die deutsche Initiative unter der Überschrift: »Herr Strauß tritt für Raketenstreitmacht ein / Britischer Widerspruch im Nato-Rat / Meinungsverschiedenheiten über strategische Fragen«.

Die *New York Herald Tribune* schildert den Verlauf der Beratungen folgendermaßen: »Ein Ergebnis der militärischen Diskussion war ein Vorschlag, den der westdeutsche Verteidigungsminister Franz-Josef Strauß zur Frage einer atomaren Abschrekkungs-Streitmacht der NATO machte – aber dieser Vorschlag fand so gut wie keine ernsthafte Beachtung und wurde rasch auf ein Abstellgeleise geschoben.« (»It was given an almost perfunctory reception and shunted swiftly to one side.«)

Schließlich der Bericht des *Guardian* vom selben Tag über dieselbe Sache: »Der Ministerrat der NATO hat heute beschlossen: jeder Versuch, die Frage der Aufstellung einer atomaren NATO-Streitmacht sofort zu klären, wird auch diesmal aufgeschoben. Ein deutscher Vorschlag, die Entscheidung darüber durch die Bildung eines Sonderausschusses zu beschleunigen, verfiel der Ablehnung; der ständige NATO-Rat soll die Sache weiterverfolgen ... Die Frage einer atomaren NATO-Streitmacht, das heißt die Frage eines NATO-Programms zur Herstellung oder zum Erwerb von Mittelstreckenraketen, ist das ganze vergangene Jahr hindurch hauptsächlich aus politischen Gründen vertagt worden ... Der Vorsitzende der Standing Group sagte, vom militärischen Standpunkt aus sei alles Nötige bereits getan worden; ob das Programm in Angriff genommen werde oder nicht, das hänge ausschließlich von politischen Entscheidungen ab.«

Die Konsequenz aus dem Vergleich, der hier vorgenommen worden ist, kann in wenigen Worten gezogen werden: Die Berichterstattung der *Frankfurter Allgemeinen Zeitung* läßt sich mit der anderer Presseorgane nicht vereinbaren. Jede Beschönigung des Sachverhaltes scheitert am Satz vom Widerspruch. Es ist ausgeschlossen, daß beide Teile recht haben. Da sich keine der zitierten Zeitungen zu Dementis oder Berichtigungen veranlaßt gesehen hat, stehen wir vor einer Wahl. Sofern wir uns nicht dazu entschließen können, alles für falsch zu halten, was in der *Welt*, der *Süddeutschen Zeitung, The Times, The New York Times,* der *New York Herald Tribune* und dem *Guardian,* zum größten Teil übereinstimmend, gemeldet worden ist – und wir können es nicht –, sind wir gezwungen, das Folgende festzustellen. Die Redaktion *der Frankfurter Allgemeinen Zeitung* hat im Verlauf von sechs Tagen und im Hinblick auf eine einzige Sache

1. verschwiegen die ablehnende Haltung Englands und der Vereinigten Staaten in der Frage einer atomaren NATO-Streitmacht;

2. verschwiegen den Zusammenhang dieser Haltung mit den in Aussicht genommenen Ost-West-Verhandlungen;

3. verschwiegen die Rede des französischen Ministerpräsidenten Debré, aus der hervorgeht, daß Frankreich eine solche Streitmacht nicht wünscht;

4. verschwiegen, daß Strauß seine Vorschläge gegen den Wunsch der Alliierten auf die Tagesordnung der Pariser Konferenz gesetzt hat;

5. verschwiegen die Differenz zwischen dem bedingten Angebot Kennedys, der NATO fünf Polaris-U-Boote zu unterstellen, und der Forderung von Strauß, die sich auf Mittelstreckenraketen für den Einsatz zu Lande bezog;

6. verschwiegen, daß der Ministerrat den von Strauß gemachten Verfahrensvorschlag abgelehnt hat.

Die folgenden Behauptungen der *Frankfurter Allgemeinen Zeitung* stehen im direkten Widerspruch zu der Darstellung der angesehensten Organe der internationalen Presse:

1. die Behauptung, der »Plan, die Nato zur eigenen Atommacht zu machen«, sei »seiner Verwirklichung etwas näher gerückt«;

2. die Behauptung, »die von Bundesverteidigungsminister Strauß vorgetragenen konkreten Vorschläge« seien »angenommen worden«;

3. die Behauptung, der Atlantikrat habe »sich in seiner Militärdebatte weitgehend über den Plan geeinigt, die NATO zur vierten Atommacht zu machen«.

Die Überschrift der Aufmachung vom 16. Dezember, »Die

Nato über Atompläne weithin einig« steht in der Weltpresse von selbem Datum gänzlich isoliert da. Die darin enthaltene Behauptung wird durch zahlreiche Meldungen voneinander unabhängiger und international hoch angesehener Zeitungen widerlegt. Sie ist unhaltbar.

Welche Gründe die Redaktion der *Frankfurter Allgemeinen Zeitung* zu ihrem Feldzug zugunsten des Verteidigungsministers Strauß veranlaßt haben, das zu erörtern kann nicht unsere Sache sein. Ausgeschlossen scheint, daß sie einem Irrtum, oder vielmehr einer ganzen Serie von Irrtümern zum Opfer gefallen sein sollte; denn in einem solchen Fall hätte ihr die Möglichkeit einer Berichtigung offengestanden, von der sie nicht Gebrauch gemacht hat. Auch stehen der Redaktion selbstverständlich die andern großen Zeitungen des In- und Auslandes zur Verfügung, und sie kann an ihrer Hand, wenn sie es wünscht, mögliche Irrtümer ihrer Korrespondenten erkennen und korrigieren. Der Eindruck, daß die Redaktion bewußt gehandelt habe, wird durch den logischen Zusammenhang ihrer Unterlassungen und Unwahrheiten gefestigt. Sie schießen zu einem propagandistischen Muster zusammen, das die hehren Grundsätze, mit denen die Redaktion sich in ihren Selbstanzeigen schmückt, vollends Lügen straft. »Vorurteilslose Darstellung der Tatsachen«; »aktuelle und präzise Berichterstattung das oberste Gesetz«, »je besser die Nachricht, desto besser die Zeitung« – mit solchen Maximen hat die *Frankfurter Allgemeine Zeitung* selber Kriterien aufgestellt, die ihrer Nachrichtenpolitik das Urteil sprechen.

Glosse

Vom Verfasser ihrer Leitglosse verlangt die Redaktion »Kenntnis der Zusammenhänge« und »ein vom Instinkt geleitetes Urteilsvermögen«. »Takt braucht nicht unbedingt zu schaden. Das Bewußtsein der Verantwortung gegenüber dem Gemeinwesen steht über allem ... Das Humane ist der Redaktion wesentlicher als die nackte Macht«[27]. Kaum kann sie der rühmenden Worte über ihre eigenen Mitglieder und über ihre eigene Tätigkeit ein Ende finden. Machen wir uns also die Mühe, zu untersuchen, was da, umstrahlt von allen journalistischen Tugenden, zu Papier gebracht wird, und zitieren wir das Werk der Verantwortung, des Taktes und der Humanität, das am 15. Dezember 1961 die Spalten der *Frankfurter Allgemeinen* schmückte, in seinem ganzen Wortlaut.

»In Titovo Uzice

Me. Über keine Art von Krieg wächst so mühsam das Gras wie über den Partisanenkrieg. Niemand weiß zu sagen, was bei solchen Waffengängen ›fair‹, was allenfalls erlaubt und was absolut unzulässig ist. Weil es aber keine Spielregeln gibt, die ihn begrenzen, muß die Welt an den unguten Folgen der Partisanenkriege kranken, bis der letzte Kämpfer hüben und drüben seinen Haß mit ins Grab nimmt. Bei den früheren Partisanen, die heute die Geschicke des kommunistischen Jugoslawien lenken, brennt der Stolz auf ihren Sieg und der Haß auf ihre ehemaligen jugoslawischen und deutschen Gegner heute fast so heiß wie 1945. Anfang November erregten sich die jugoslawischen Führer über jedes vernünftige Maß, weil ein ehemaliger jugoslawischer Partisanen-Hauptmann in Deutschland versehentlich zwei Tage inhaftiert wurde, und vor einigen Tagen mußten sie den Vertreter ihres Münchner Generalkonsulates wegen seiner blutigen Partisanen-Vergangenheit heimberufen.

Zum dritten Male innerhalb kurzer Zeit wird die blutige Saat am 20. Dezember aufgehen, wenn in der jugoslawischen Kreisstadt Titovo Uzice ein 51 jähriger Deutscher vor Gericht gestellt wird, der seinerzeit offenbar in untergeordneter Stellung am Krieg gegen die Partisanen beteiligt war und sich dabei – wir wissen es nicht – vielleicht von ihnen bis zu einem gewissen Grad die

27 »Die Kunst des Zeitunglesens«, *Frankfurter Allgemeine Zeitung* vom 19. März 1960.

Mittel vorschreiben ließ. Was immer ihm vorgeworfen oder ›nachgewiesen‹ werden wird, das Urteil wird weder der Gesetzlichkeit noch gar der Gerechtigkeit dienen. Der Begriff des ›Kriegsverbrechens‹, der sich schon schwierig genug definieren läßt, aber manchmal einen halbwegs brauchbaren Beurteilungsmaßstab geben kann, läßt sich auf Ausschreitungen im Partisanenkrieg nicht anwenden, weil in ihm oft jedes Angriffsmittel recht war und sich bei den Verteidigern ebenso ungute, oder sagen wir ebenso abscheuliche Formen entwickelten.

Was bleibt also zu tun? Wenn das Feuer eines Hasses sich nicht löschen läßt, dann sollten wenigstens keine neuen Scheite hineingeworfen werden. Wenn die Jugoslawen aus einer solchen Erwägung ihren Gefangenen über die nächste Grenze abschöben und ihm dringlich vom Wiederkommen abrieten, so wären sie weise. Und wenn sie wenigstens eingedenk wären, daß der Strom der deutschen Reisenden in ihr Land durch den Prozeß in Titovo Uzice zum Schaden ihrer Devisenbilanz verebben könnte, wären sie zwar keine Salomos, aber immerhin kluge Rechner.«

Mancher Leser dieser Glosse wird sie für ein Hohelied der Liebe halten. Redet sie nicht der Weisheit, der Versöhnung das Wort? Spricht sie sich nicht aufs Entschiedenste gegen den Haß und gegen den Krieg aus? Allerdings mit kleinen Unterschieden. Zu unterscheiden ist zwischen Krieg und Krieg: auf der einen Seite gibt es den regulären, auf der andern den Partisanenkrieg. Zwar auch im regulären Krieg scheint es nicht immer mit geraden Dingen zuzugehen; wie könnte man sonst von Kriegsverbrechen reden? Der Glossenschreiber tut's, wenn auch nicht ohne *reservatio mentalis*. Er setzt das Wort in Anführungszeichen, offenbar um sich davon zu distanzieren; es bereitet ihm Definitionsschwierigkeiten. Immerhin ist er großzügig genug, um zuzugeben, daß der Begriff, und wäre es auch nur »manchmal«, einen Beurteilungsmaßstab geben kann, und wäre er auch nur »halbwegs brauchbar«.

Ganz anders im Falle des Partisanenkrieges. Dieser Begriff

leuchtet dem Verfasser unmittelbar ein, so sehr, daß er sich bei Definitionsfragen gar nicht aufhalten mag. Auch wirft diese Form des Krieges für ihn keinerlei moralische oder rechtliche Fragen auf, und es bedarf gar keines Beweises für die Behauptung, »niemand« wisse in einem solchen Fall zu sagen, »was allenfalls erlaubt und was absolut unzulässig« sei. Im nächsten Satz taucht allerdings ein solcher »Niemand« auf, und zwar in der mythologischen Gestalt des »letzten Kämpfers«, der sich doch offenbar nur deshalb nicht beruhigen kann, weil er, ganz im Gegensatz zu dem Verfasser der Glosse, über die Frage, was unzulässig und was erlaubt sei, eine ganz bestimmte Meinung hegt. Daher der ganze Ärger. Würde sich alle Welt die moralische Neutralität des Verfassers zu eigen machen, so würde am Ende vielleicht »Gras« über die Sache »wachsen«.

Da liegt es nah, sich auf die Suche nach den Schuldigen zu machen. Das sollte dem »vom Instinkt geleiteten Urteilsvermögen« des Glossenschreibers nicht schwerfallen. Ist es doch einer der auffallendsten Züge des Partisanenkrieges, daß er gemeinhin nicht zwischen Partisanen und Partisanen, sondern zwischen Partisanen und regulären Soldaten ausgetragen wird. Auf der einen Seite also der wackere deutsche Landser, der sich an die »Spielregeln« hält und gar nicht daran denkt, einen Partisanenkrieg vom Zaun zu brechen; auf der andern Seite der Eingeborene, der rücksichtslos genug ist, diese besonders verwerfliche Form des Krieges mutwillig anzuzetteln, und der einer wohlwollenden Besatzungsmacht »die Mittel«, nämlich jene »unguten, oder sagen wir … abscheulichen Formen« »vorschreibt«, für die der Partisanenkampf so berüchtigt ist. Natürlich läßt sich der deutsche Landser solche Mittel »nur bis zu einem gewissen Grade« vorschreiben; das mustergültige und zurückhaltende Auftreten der deutschen Okkupatoren ist der Redaktion ja aus Oradour, wie sie selbst bezeugt, wohlbekannt.

»Das Bewußtsein der Verantwortung gegenüber dem Gemeinwesen steht über allem«; in ihrem Interesse soll es dem Autor der Glosse auch auf eine glatte Geschichtsfälschung nicht ankommen. Er erklärt kurzerhand die deutschen Invasoren Jugoslawiens zu »Verteidigern« und die Soldaten des jugoslawischen Widerstandes zu Angreifern. Was die großdeutsche Wehrmacht, abgesehen von ihrer zerstückelten Beute, auf dem Boden des überfallenen Landes zu verteidigen hatte, wird allerdings nicht näher erläutert; womöglich war es das »Humane«, das der Redaktion der *Frankfurter Allgemeinen Zeitung* »wesentlicher (ist) als die nackte Macht«.

Ihre Schuld kann es also wohl nicht sein, daß »die Welt an den unguten Folgen der Partisanenkriege kranken« muß. Die »Angreifer« von 1941–1944, also die Jugoslawen, sind dafür zu tadeln. In ihnen »brennt der Haß«, sie »erregen sich über jedes vernünftige Maß«, wenn in Deutschland im Jahre 1961 jugoslawische Partisanen von den deutschen Strafbehörden verfolgt werden. Dem Verfasser der Glosse liegt jede derartige Erregung, selbst innerhalb vernünftiger Grenzen, fern, solange »die blutige Saat« in der Bundesrepublik aufgeht. Daß dagegen in Jugoslawien ein Deutscher vor Gericht gestellt werden soll, das geht ihm entschieden zu weit. Was dieser Mann getan hat, »wir wissen es nicht«. Wir wollen es auch gar nicht wissen. Wir sind nicht neugierig. »Was immer ihm vorgeworfen oder ›nachgewiesen‹ wird, das Urteil wird weder der Gesetzlichkeit noch gar der Gerechtigkeit dienen.« Me., dem das Bewußtsein der Verantwortung gegenüber dem Gemeinwesen über allem steht, auch über der Wahrheit, Me. steht selber über allem. Er ist der Oberste Gerichtshof, der das Urteil von Titovo Uzice schon zu kassieren vermag, noch ehe es ergangen ist, und der dabei auf Tatsachen, Zeugen, Gründe nicht einmal angewiesen ist.

Seinen letzten, seinen gewichtigsten Trumpf hat er sich für den letzten Satz seiner Glosse aufgespart. »Takt braucht nicht unbedingt zu schaden«: der letzte Trumpf der *Frankfurter Allgemeinen* in Sachen Haß und Liebe ist die Devisenbilanz. Wir teilen inständig die Hoffnung des Herrn Me., »der Strom der deutschen Reisenden« möge, soweit er die Meinungen dieses humanen Journalisten teilt, ein für allemal »verebben«. Wenn das

Urteil von Titovo Uzice den Jugoslawen in Zukunft den Anblick von Herrn Me. und seinesgleichen erspart, dann hat es eine gute Wirkung getan, eine Wirkung, die auch unserm eigenen Land nur zum Vorteil gereichen kann, und die mit Devisen gar nicht aufzuwiegen ist.

Damit könnte man die Glosse auf sich beruhen lassen. Schließlich steht ihr Verfasser mit seiner Auffassung von Verteidigung und Aggression bei uns zu Lande nicht ganz vereinzelt da, und in einer Demokratie, die sich eine *Deutsche Soldaten Zeitung* und einen *Reichsruf* leisten kann, muß es ihm unbenommen bleiben, diese Auffassung öffentlich zu vertreten. Auch steht es jedermann frei, geschichtliche Tatsachen nach seinem Belieben zu korrigieren; und wer der Meinung ist, daß es die Okkupierten waren, die der deutschen Okkupation ihre Methoden »vorgeschrieben« haben, der kann sich sogar auf eine landläufige Tradition berufen, die zu berichten weiß, daß uns der Zweite Weltkrieg insgesamt nur »aufgezwungen« worden sei.

Was das Studium der Glosse so lohnend macht, sind aber weniger die Meinungen, die darin kundgetan werden: es ist ihre Schreibweise. Sie ist, im strengsten Sinn des Wortes, doppelzüngig. Der Verfasser rechnet mit eiligen Zeitungslesern, die weder Zeit noch Lust haben, den Text einer Analyse zu unterziehen und seine Prämissen zu überprüfen. Diese Leser werden sich von der phraseologischen Fassade täuschen lassen, die den Kern des Argumentes verbirgt; sie werden zu dem Schluß kommen, daß es dem Autor um Gesetzlichkeit und Fairness, Weisheit und Gerechtigkeit zu tun ist; daß er die Welt von den »unguten Folgen der Partisanenkriege« heilen und das »Feuer des Hasses« löschen möchte; und daß er seinen Urteilen das »vernünftige Maß« zugrunde lege. Erst wer diese Verpackung aus schönen Worten löst, bemerkt, was ins Bewußtsein des Lesers unbemerkt eingeschwärzt werden soll: daß die Einwohner Jugoslawiens während des Krieges besser daran getan hätten, zu kuschen, statt Widerstand zu leisten; daß ihr Widerstand als Aggression zu betrachten sei; daß zwar Ermittlungen der deutschen Justiz gegen Jugoslawen nicht, Ermittlungen der jugoslawischen Justiz gegen Deutsche dafür um so mehr zu mißbilligen seien; daß man vom Begriff des Kriegsverbrechens überhaupt nicht viel, und vom Urteil eines ausländischen Gerichtshofes überhaupt nichts zu halten habe; und daß es ein Zeichen von Klugheit sei, moralische und rechtliche Fragen mit Rücksicht auf die Devisenbilanz zu klären.

Diese Technik der Heuchelei könnte man als Palimpsest-Methode bezeichnen. Der Leser hat auf den ersten Blick einen respektablen, honorigen Text vor sich, dessen Vokabular auf anständige, demokratische Gesinnungen schließen läßt. Erst beim genaueren Hinsehen wird darunter ein zweiter Text lesbar, den es eigentlich, und zwar ohne daß der Leser es bemerkt, an den Mann zu bringen gilt; und dieser zweite Text ist von einer abgründigen Verachtung eben jener Grundsätze diktiert, die der erste deklamatorisch verkündet.

In dieser Hinsicht ist die zitierte Glosse kein Einzelfall. Viele Glossen, Kommentare und Leitartikel der *Frankfurter Allgemeinen Zeitung* sind Palimpseste. Auch der früher angeführte Artikel von Adalbert Weinstein spricht von Demokratie und von »freien Völkern«, ohne dem Leser darüber klaren Wein einzuschenken, worauf er es abgesehen hat: nämlich auf die Stationierung von Mittelstrecken-Raketen in Westdeutschland, auf deren Verwendung die deutsche Regierung Einfluß hätte; darauf, das »politische Monopol des Handelns einer einzigen Nation«, nämlich Amerikas, zu brechen. Und der Satz, die NATO sei »in Gefahr, auseinanderzubrechen«, wenn dies nicht geschehe, dieser Satz gibt sich zwar besorgt um die »Allianz freier Völker«, aber er enthält in seinem verborgenen Kern eine deutliche Drohung an die amerikanische Adresse.

Die Meinung der *Frankfurter Allgemeinen Zeitung* ist, um es mit ihren eigenen Worten auszudrücken, »nicht immer einfach zu erkennen. Oft ist sie nur zwischen den Zeilen wahrzunehmen, manchmal tarnt sie sich in langschweifigen Reden oder tiradenhaflen Leitartikeln. Fast immer liegt sie eingehüllt in scheinbar stereotypen ideologischen Formeln, deren Abwandlungen sorgfältige Beachtung erfordern«[28]. Dieses Urteil zeugt freilich nicht von Selbsterkenntnis. Die Redaktion fällt es nicht über ihre eigenen Kommentare, sondern über »die Meinung Moskaus«.

Beispiel

Wie die Nachrichtenpolitik, und wie die Kommentare der *Frankfurter Allgemeinen Zeitung* beschaffen sind, darüber haben wir uns verständigt. Offen bleibt die Frage, in welchem Wirkungszusammenhang diese beiden Seiten ihrer redaktionellen Arbeit stehen. »Im Leitartikel wird Politik gemacht. Information und Nachricht gehen ihm voraus und sind seine Grundlage«[29]. »Die klare Scheidung zwischen Tatsache und Meinung, in der Zeitung wie im Kopf, (muß) oberster Grundsatz sein. Ohne ihn gibt es kein geordnetes Denken«[30]. Diese Sätze der Redaktion wollen wir beherzigen, indem wir an einem Beispiel prüfen, inwieweit sie von ihr selbst beherzigt werden. Wir wählen zu diesem Zweck die Berichterstattung der Zeitung über die Kongo-Aktion der Vereinten Nationen in ihren Ausgaben vom 7. bis zum 15. Dezember 1961 und ihren Leitartikel »Wirrwarr in Katanga« von Jürgen Tern, der am 15. Dezember veröffentlicht worden ist.

(Der bewaffnete Konflikt in Katanga hatte am 5. Dezember an einer Straßensperre begonnen, die von der Katanga-Gendarmerie zwischen dem Flugplatz und dem Zentrum von Elisabethville errichtet worden war.) Am Montag versprach der Außenminister von Katanga, Kimba, Vertretern der UN, die Sperre würde am Dienstagmorgen entfernt werden. Statt dessen wurde sie über Nacht verstärkt. Weiße Zivilisten hätten auf katangesischer Seite gepanzerte Fahrzeuge gesteuert und die uniformierte Gendar-

28 Ibid. 3. Dezember 1960.
29 Ibid. 15. Mai 1960.
30 Ibid. 7. Mai 1960.

merie befehligt; belgische Zivilisten hätten aus ihren Villen das Feuer auf UN-Soldaten eröffnet[31].

Am 6. Dezember rief der Innenminister von Katanga, Munongo, die Bevölkerung des Landes zum »totalen Krieg« gegen die UN auf. Der UN-Oberbefehlshaber im Kongo, Sean McKeown, erklärte in London, die von Dr. O'Brien, einem hohen Beamten der Vereinten Nationen, gegen Rhodesien, die Südafrikanische Union, Belgien und Großbritannien erhobenen Beschuldigungen träfen zu. (O'Brien hatte diesen Mächten Sabotage vorgeworfen.) Am selben Mittwoch sagte der Ministerpräsident der Provinz Katanga auf einer Pressekonferenz in Paris, er sei »geneigt zu glauben, die Vereinigten Staaten wollten auf Kosten Katangas den Sowjets einen Gefallen erweisen; wenn es sich nicht gar um einige Kommunisten handle, die im State Department selbst am Werke seien«. Er beschuldigte die amerikanische Regierung, sie fände es »völlig normal, in Katanga kleine Neger zu beseitigen und zu töten, um ihren kommunistischen Freunden in den UN Vergnügen zu machen«. Ferner sagte Tschombe: »Ich versichere feierlich, daß nach meinem besten Wissen und nach den Informationen, die mir meine eigene Regierung verschafft hat, kein einziger Söldner in unserer Truppe Dienst tut«[31,32,33,34]. Das Hauptquartier der Vereinten Nationen in New York teilt mit, daß diese Versicherung Tschombes nicht der Wahrheit entspricht; sämtliche Korrespondenten der Weltpresse melden in der Folge übereinstimmend, daß die Truppen Tschombes von weißen Söldnern geführt werden. (Ein Mitarbeiter der *Frankfurter Allgemeinen* befindet sich unter ihnen nicht; obgleich die Redaktion ihr Verständnis dafür ausdrückt, daß »die guten, eigenen Nachrichten teuer« sind, und obgleich sie sich »individualisierte Nachrichtengebung« »etwas kosten« lassen will, gibt sie sich, im Gegensatz zu allen großen Blättern der

31 Cf. Le *Monde* vom 7. Dezember 1961.
32 Cf. *New York Herald Tribune* vom 7. Dezember 1961.
33 Cf. *The New York Times* vom 7. Dezember 1961.
34 Cf. *Die Welt* vom 7. Dezember 1961.

Welt, mit verkürzten Agenturberichten aus dem Kongo zufrieden.)[35]

Tschombe äußerte im übrigen während seines Pariser Aufenthalts das Folgende: »Ich weiß, daß mich die Union Minière im Stich gelassen hat, und daß sie jetzt auf die Karte der Zentralregierung setzt. Diesen Verrat wird die Gesellschaft teuer bezahlen. Wir sind darauf vorbereitet, alle Werkanlagen der Union Minière in Elisabethville, Kolwesi und Jadotville in die Luft zu sprengen.« (Die Union Minière ist das größte Unternehmen Katangas, eine belgische Grubengesellschaft.) Tschombe sagte weiter, er werde seinen Gegnern Widerstand leisten, »und wenn die ganze Bevölkerung dabei zugrunde gehen und die ganze Wirtschaft des Landes dabei dem Erdboden gleichgemacht werden muß«. »Verhandlungen sind in diesem Augenblick zwecklos«[36]. Am 7. Dezember erklärt der UN-Vertreter Brian Urquhart in Elisabethville: »Wir versuchen zu vermeiden, daß die Zivilbevölkerung in die Kampfhandlungen hineingezogen wird. Wenn wir aber weiterhin von Zivilisten beschossen werden, werden wir zu Maßnahmen genötigt, die zu Sachschäden und vielleicht zum Verlust von Menschenleben führen können«[37,38].

Aus Oslo wird am selben Tag gemeldet, daß Oberst Egge, der ehemalige Sicherheitschef der UN, die Beschuldigungen O'Briens und McKeowns in ihrem ganzen Umfang bestätigt hat. Die augenblicklichen Schwierigkeiten in Katanga seien »einer kleinen Gruppe europäischer Colons« zuzuschreiben. »Diese Handvoll halbfaschistischer Weißer vertritt erhebliche Finanzinteressen. Sie sind es, die in Wahrheit an der Macht sind, und nicht die katangesische Marionettenregierung. Die eingeborene Bevölkerung von Katanga ist ziemlich friedlich gesonnen und

35 »Die Kunst des Zeitunglesens«, *Frankfurter Allgemeine* Zeitung vom 12. März 1960.
36 Cf. *Le Monde* vom 8. Dezember 1961.
37 Cf. *Politiken* vom 8. Dezember 1961.
38 Cf. *Dagens Nybeter vom* 8. Dezember 1961.

hegt den Vereinten Nationen gegenüber im allgemeinen keinerlei feindselige Gefühle«[39].

Am Donnerstag abend wendet sich ein Sprecher der Regierung von Katanga über den Rundfunk an die Bevölkerung mit den folgenden Worten: »Verjagt alle UN-Soldaten aus dem Katanga. Jeder Katanger möge sich seinen Gurkha, seinen Schweden, seinen Irländer oder seinen Norweger aussuchen. Wir wissen, daß es genug für jeden gibt. Vergiftet eure Pfeile! Tötet sie!«[40,41,42].

Am Freitag versichert der amerikanische Außenminister Rusk die Vereinten Nationen und ihren Generalsekretär der vollen Unterstützung Amerikas[43,44].

Am 8. Dezember richtet der Generalsekretär ein Telegramm an den belgischen Außenminister Spaak, in dem er die Union Minière beschuldigt, Söldner gegen die UN bezahlt und ihnen Panzerwagen und Bomben zur Verfügung gestellt zu haben[45,46,47].

Der UN-Oberbefehlshaber im Kongo sagt am 10. Dezember, Tschombe habe die Kontrolle über seine Truppen verloren; weiße Söldner, die für eine finanzielle Interessengruppe kämpften, hätten das Heft in der Hand[46,47,48,49].

Der Vertreter des Internationalen Roten Kreuzes in Elisabethville, Georges Olivet, beschuldigt die Katanga-Söldner, das Rotkreuzzeichen zur Tarnung militärischer Operationen benutzt zu haben. Mindestens 50 Fahrzeuge trügen es unberechtigter Weise[46,47,49].

39 Cf. *Le Monde* vom 8. Dezember 1961.
40 Cf. die *Neue Zürcher* Zeitung vom 9. Dezember 1961.
41 Cf. *Politiken* vom 8. Dezember 1961.
42 Cf. die *New York Herald Tribune* vom 9. Dezember 1961.
43 Cf. *The Times* vom 9. Dezember 1961.
44 Cf. *Le Monde* vom 10. Dezember 1961.
45 Cf. die *Neue Zürcher* Zeitung vom 11. Dezember 1961.
46 Cf. die *New York Herald Tribune* vom 11. Dezember 1961.
47 Cf. die *Süddeutsche Zeitung* vom 11. Dezember 1961.
48 Cf. *Dagens Nyheter* vom 11. Dezember 1961.
49 Cf. *The Times* vom 11. Dezember 1961.

Am 11. Dezember erklärt der UN-Oberbefehlshaber McKeown in Leopoldville, die Streitkräfte Tschombes würden durch Munitionslieferungen aus Nord-Rhodesien unterstützt[50]. Auch Waffen soll Sir Roy Welensky ihnen zur Verfügung gestellt haben[51]. Inzwischen setzen sich Angestellte der Union Minière heimlich nach Nord-Rhodesien ab, um sich in Sicherheit zu bringen[52].

Der militärische Berater des UN-Generalsekretärs, Brigadegeneral Rikhye, legt in New York einen erbeuteten Operationsplan der Katangatruppen vor, der von französischen Offizieren ausgearbeitet sei; diese Offiziere seien wegen ihrer rechtsextremistischen Haltung aus der französischen Armee entlassen und ausgewiesen worden. Rikhye bestätigt, daß die Katangatruppen sich die Einrichtungen der Union Minière zunutze machten. Gleichzeitig warnt ein UN-Sprecher die Öffentlichkeit vor dem Propagandakrieg der Tschombe-Regierung gegen die Vereinten Nationen[53,54,55].

(Die britische Regierung begründet ihren Beschluß, die zugesagten Bombenlieferungen an die Vereinten Nationen zu verweigern, mit angeblichen Äußerungen des UN-Generals McKeown und des UN-Beamten Sture Linner, denen zufolge die Vereinten Nationen keinen Waffenstillstand im Kongo wünschten.) Am 12. Dezember stellt sich heraus, daß Linner die ihm zugeschriebenen Äußerungen nicht getan hat; gleichzeitig wird von Sprechern der UN bestritten, daß McKeown sich gegen einen Waffenstillstand ausgesprochen habe[53,56,57].

Dagegen erklärt Tschombe auf einer Pressekonferenz in Elisabethville am selben Tag, daß er keine Verhandlungen wünsche,

50 Cf. *Politiken* vom 12. Dezember 1961.
51 Cf. *The Guardian* vom 11. Dezember 1961.
52 Cf. die *New York Herald Tribune* vom 12. Dezember 1961.
53 Cf. *The* Times vom 12. Dezember 1961.
54 Cf. *The Guardian* vom 12. Dezember 1961.
55 Cf. *Le Monde* vom 13. Dezember 1961.
56 Cf. *The Times* vom 13. Dezember 1961.
57 Cf. *Die Welt* vom 13. Dezember 1961.

und versichert, daß an einen Waffenstillstand nicht zu denken sei[58].

In New York bestreitet ein Sprecher der Vereinten Nationen kategorisch, daß die UN-Streitkräfte Industrieanlagen der Union Minière angegriffen hätten. Die Behauptungen der Tschombe-Regierung sowie der Grubengesellschaft seien falsch[56,59,60].

Am 13. Dezember beantwortet der Generalsekretär der Vereinten Nationen eine Aufforderung der britischen Regierung, unverzüglich einen Waffenstillstand im Kongo herbeizuführen, mit dem Hinweis darauf, daß »weder Tschombe noch Munongo noch Kimba Wert darauf legen, eine Einstellung der Feindseligkeiten zu arrangieren. Munongo soll sich außerdem dahingehend geäußert haben, daß seine Regierung niemals verhandeln werde«[61].

Der Informationsminister der Katanga-Regierung erklärt einem französischen Pressevertreter gegenüber: »Für uns sind die Kerle von den Vereinten Nationen wilde Tiere. Sie müssen alle umgebracht werden. Es kann keine Rede davon sein, Gefangene zu machen«[62].

Die hier gegebene Übersicht über die Ereignisse in Katanga ist nicht nur unvollständig, sie ist einseitig. Das hat einen einfachen Grund. Sie besteht (mit Ausnahme der fünf eingeklammerten Sätze) aus Nachrichten, welche die *Frankfurter Allgemeine Zeitung* ihren Lesern vorenthalten hat. Nach allem, was wir über die Nachrichtenpolitik des Blattes in Erfahrung gebracht haben, kann es nicht wundernehmen, daß sich in diesen Unterlassungen ein deutliches, überaus charakteristisches Muster abzeichnet. Die verschwiegenen Informationen gehen ausnahmslos zu Lasten

58 Cf. die *New York Herald Tribune* vom 13. Dezember 1961.
59 Cf. *The Guardian* vom 13. Dezember 1961.
60 Cf. *The New York Times* vom 13. Dezember 1961.
61 Cf. die *Neue Zürcher* Zeitung vom 15. Dezember 1961.
62 Cf. *Le Monde* vom 14. Dezember 1961.

der Tschombe-Regierung und ihrer europäischen Hintermänner, der Söldner von Elisabethville sowie der Katanga-Lobbies in Belgien, Großbritannien, Nord-Rhodesien und der Südafrikanischen Union.

Über diese Gruppen und über die Union Minière du Haut-Katanga ihren Lesern genaue Auskünfte zu geben, hat sich die *Frankfurter Allgemeine Zeitung*, im Gegensatz zu den seriösen Zeitungen des In- und Auslandes, über den ganzen Zeitraum des Konfliktes hinweg nicht veranlaßt gesehen. Ihre Leser konnten also am 15. Dezember weder über die oben zusammengefaßten Einzelheiten des Katanga-Konfliktes, noch über dessen ökonomische Hintergründe etwas wissen[63]. Auch die Resolution des Sicherheitsrates vom 24. November, auf die sich das Eingreifen der Vereinten Nationen in Katanga stützt, wird nicht zitiert; sie beauftragt und bevollmächtigt den Generalsekretär, aus dem Katanga »alle ausländischen Söldner und politischen Ratgeber nötigenfalls mit Gewalt« zu entfernen, um die öffentliche Ordnung wiederherzustellen.

So ist es mit der Unterrichtung des Lesers bestellt, dem die Redaktion der *Frankfurter Allgemeinen* einen Leitartikel von Jürgen Tern über die Katanga-Frage vorlegt. Hier sind die wichtigsten Sätze aus diesem Artikel:

Die amerikanische »Regierung hat sich längst tief in die gewaltsame ›Befriedung‹ Katangas verstricken lassen, an der sich der Apparat der Vereinten Nationen sogar mit Bombenwürfen auf Industriewerke versucht hat. So eröffnet sich den Versuchen der Franzosen und der Briten, jenen Waffenstillstand wiederherzustellen, den das Kommando der Vereinten Nationen mit

63 Detaillierte Auskunft über die Besitzverhältnisse bei der Union Minière und über ihre Querverbindungen zu den Regierungen Belgiens, Nord-Rhodesiens, der Südafrikanischen Union sowie zu einflußreichen Persönlichkeiten der konservativen Partei in England geben unter andern: *Dagens Nyheter* vom 7., *Le Monde vom* 8., die *New York Herald Tribune* vom 8., *Die Welt* vom 9. und 13., sowie *The New York Times* vom 11. und 12. Dezember 1961.

den Katangesen vor Wochen vereinbart, den es aber dann beiseitegeschoben hat, im Augenblick wenig Aussicht auf Erfolg ... Ruhe und Ordnung in Katanga, selbst nach dem Unabhängigkeitstag, im Gegensatz zum übrigen Kongo, einigermaßen aufrechterhalten, sind zusammengebrochen. Und die Union Minière de Haut-Katanga ... hat nun ihre Betriebe stillegen und die Kupferverkäufe einstellen müssen. Das Truppenkommando der Vereinten Nationen hat das mit Flugzeugangriffen auf die Werke jener Union Minière bewerkstelligt, von deren Produktion Leben und Reichtum Katangas abhängen. Natürlich haben auch dafür die Wirrköpfe Ausreden bei der Hand. Nur lassen sich mit solchen Sprüchen Erze nicht mehr in Reichtümer verwandeln ...

Was der indische Brigadegeneral Rikhye, der als militärischer Berater des Generalsekretärs U Thant fungiert, in New York zur Rechtfertigung der Intervention der UN vorbrachte, hat nicht überzeugen können ... Was auch immer nun von ›Selbstverteidigung‹ der Blauhemden der UN geredet wird – die Absicht des Apparates der UN war und ist, die katangesischen Truppen durch die Verhaftung ihrer französischen und belgischen Offiziere zu zerbrechen und damit auch die vermeintliche ›kapitalistische Herrschaft‹ der Union Minière ... Diese Absicht kann nicht geleugnet werden ... Der Apparat der UN glaubt sich bei seiner Aktion auf die letzte Resolution des Sicherheitsrats stützen zu können. Abgesehen davon, daß die Resolution vom Generalsekretariat der UN weit ausgelegt wird, kann eine solche Resolution weder eine juristische noch eine politische Grundlage für das Handeln wider die eigentliche Natur der Vereinten Nationen abgeben – wider das Grundgesetz, das die Weltorganisation verpflichtet, Frieden zu stiften ... Man muß sich ernstlich fragen, was die amerikanische Regierung bewegt, so entschieden gegen Tschombe Partei zu ergreifen und deshalb die Offensive der Vereinten Nationen in Katanga zu unterstützen ... Die Vereinten Nationen müssen im Kongo zu ihrer Aufgabe zurückfinden: Frieden zu stiften. Wir alle bedürfen ihrer noch; sie verkörpern die Hoffnung auf Frieden für die ganze Welt.«

Hier, wie bisher, stehen nicht die Meinungen der *Frankfurter Allgemeinen Zeitung* zur Debatte, sondern ihre Methoden[64]. Wir haben uns mit diesen Methoden vertraut gemacht. An Hand des hier vorgelegten Materials wird Jürgen Terns Palimpsest ohne weiteres lesbar, und es wird offenkundig, daß sich seine Urteile auf die vorangegangene, über eine Woche lang systematisch betriebene Manipulation der Nachrichten aus dem Kongo stützen, für die Tern als Herausgeber der *Frankfurter Allgemeinen Zeitung* selber verantwortlich ist. So offenkundig, daß man die Lust verliert, dieses Gewirr aus halben Wahrheiten und halben Lügen, aus Retouchen und Unterschlagungen bis in seine feinsten Verästelungen zu verfolgen; da doch dem Palimpsest schon im Groben abzulesen ist, mit welchen Mitteln es arbeitet. Es sind immer dieselben: von den heimlichen, niemals deklarierten Voraussetzungen bis zum beliebigen Umgang mit den bald unterdrückten, bald verstümmelten Tatsachen; vom anmaßenden Anspruch auf die höchst richterliche Autorität (im gegenwärtigen Fall gebärdet sich Tern als Wächter der UN-Verfassung) bis zum hämisch diskriminierenden Gänsefüßchen; vom augenzwinkernden Hinweis auf die »wohlverstandenen« (und das heißt finanziellen) »Interessen« bis zu dem tremolierenden Schluß, der den arglosen Leser von den tadellosen Gesinnungen des Verfassers überzeugen soll.

»Als nach dem Zusammenbruch des Hitlerreiches eine neue deutsche Presse ins Leben gerufen werden mußte«, so äußert sich die Redaktion der *Frankfurter Allgemeinen Zeitung* über das Thema »Nachricht und Meinung«, »stand als erster verpflichten-

64 Angesehene Zeitungen wie die *Neue Zürcher* Zeitung und *The Daily Telegraph* haben sich äußerst kritisch über die UN-Aktion ausgesprochen; sie haben jedoch nie ihre Nachrichtenpolitik zu einer Funktion ihrer Vorurteile gemacht und ihren Lesern Tatbestände verschwiegen, die ihnen nicht ins Konzept paßten.

der Grundsatz allem voran: die klare Trennung zwischen Nachricht und Meinung. Denn mit Hilfe bewußter Verwischung der Grenze zwischen beidem hatte der Nationalsozialismus die Öffentlichkeit irregeführt. Die Anweisung: ›Diese Nachricht darf nur in Kommentarform gebracht werden, war damals auf der ›Reichspressekonferenz‹ das tägliche Brot. Eine falsche Nachricht entlarvt sich als solche bald für den Leser; die mit dem Kommentar verquickte und nicht vorweg als Nachricht gebrachte Neuigkeit dagegen erweckt die Vorstellung, daß zu Dingen, die bereits feststehen, etwas gesagt wird. Auf diese Weise wird nicht eine Information übermittelt, sondern es wird etwas suggeriert. Die unsaubere Vermischung von Tatsache und Meinung in den Zeitungsspalten setzt sich aber, in geometrischer Progression wachsend, in den Köpfen fort«[65].

Nicht mit Triumph erfüllt uns diese Charakteristik, sondern mit jenem Gefühl der Scham, der uns angesichts der Schamlosigkeit ergreift.[66]

65 »Die Kunst des Zeitunglesens«, *Frankfurter Allgemeine Zeitung* vom 7. Mai 1960.

66 Der hier vorliegende Text unterscheidet sich von dem der ersten Auflage in vier Punkten. Eine erste Korrektur, und die einzig erhebliche, verdanke ich einem Hinweis von Benno Reifenberg, gegeben in der *Frankfurter Allgemeinen Zeitung* vom 7. Juli 1962. Ein Jahr später haben sich Verlag und Redaktion der Zeitung zur Veröffentlichung einer vierundvierzig Seiten starken Broschüre entschlossen *(Enzensberger'sche Einzelheiten korrigiert von der Frankfurter Allgemeinen Zeitung)*. Auf Grund dieses Textes, den ich gewissenhaft geprüft habe, konnte ich folgende Verbesserungen vornehmen: drei Sätze wurden gestrichen, drei Sätze hinzugefügt, ein Satz erfuhr eine geringfügige Veränderung. Im übrigen bestätigt die Broschüre meine Analyse Punkt für Punkt. Sie verteidigt den Eiertanz durch Eiertänze. Überraschend ist das nicht; Unterschlagung, in die Ecke getrieben, sucht ihr Heil bei neuer Unterschlagung. Unredlichkeit will sich rechtfertigen durch krassere Unredlichkeit. Antwort auf solche Antworten erübrigt sich.

Konklusion

Das Herz und Zung ist wie vermählt;
die zeugen Kinder ungezählt.
Wenn beide sie nicht einig sind,
wird jedes Wort ein Hurenkind.

Friedrich von Logau

Mit gedoppelter Zunge zu reden, ist kein Vergnügen. Individuelle Bosheit mag, im einzelnen, dies oder jenes verschulden; die redaktionellen Methoden der *Frankfurter Allgemeinen Zeitung für Deutschland* insgesamt sind nicht psychologisch zu erklären. Wer ihnen auf den Grund gehen will, muß nach ihrer gesellschaftlichen Funktion sich fragen.

Ihr Ensemble gleicht einem Code. In seiner Wirkungsweise und seinem Aufbau zeigt dieser Code verblüffende Ähnlichkeit mit einer anderen Form doppelzüngigen Redens, die aus der Geschichte wohlbekannt ist, nämlich mit der Sklavensprache. Ihr Formalismus gleicht der Technik des Palimpsests, die in den Kommentaren der *Frankfurter Allgemeinen* angewendet wird. Auch die Sklavensprache erfordert ein doppeltes Verständnis, auch sie will auf Doppelsinn hinaus. Vordergründig bringt sie vor, was für die Ohren der Herren taugt, hintergründig dient sie der Verständigung der Sklaven unter sich. Nun ist die Sklaverei in Deutschland seit wenigstens hundertfünfzig (oder sollten wir lieber sagen: seit siebzehn?) Jahren abgeschafft, und es gibt in der Bundesrepublik keine Leibeigenen mehr. Dagegen gibt es nach wie vor Herrschende und Beherrschte.

In der Tat läßt sich die Sprache der *Frankfurter Allgemeinen* als eine Sprache der Herrschaft am besten begreifen. Das erklärt ihre strukturelle Ähnlichkeit mit der Sklavensprache, als eine Umkehrung. Was auf dem Grund des Palimpsestes zu lesen ist, dient der Verständigung, zuweilen auch der Auseinandersetzung zwischen denen, die im Lande die politische und ökonomische Macht ausüben. Nun wäre eine solche Verständigung auch unter

Ausschluß der Öffentlichkeit möglich, und so, nämlich hinter verschlossenen Türen, findet sie in der Hauptsache auch statt. Doch ist heute jede Herrschaft auf die Zustimmung, mindestens aber die Duldung der Beherrschten, eben weil diese keine Leibeignen sind, angewiesen. Wer die Herrschaft hat, kann es sich nicht erlauben, ihr Ohr zu meiden; er muß es suchen; so aber, daß sie nur verstehen, was ihnen, als der Herrschaft bekömmlich, zugedacht ist, nämlich den Hülltext, die phraseologische Fassade.

So erklärt sich das Gefühl, das den kritischen Beobachter bei der Lektüre der *Frankfurter Allgemeinen Zeitung* zuweilen beschleicht: der Eindruck, als wäre, was sie veröffentlicht, unter Zensur geschrieben. Eine solche Zensur findet in der Tat statt, aber nicht von Amts wegen. Sie wird von der Öffentlichkeit ausgeübt. Wollte sich, was an der Herrschaft ist, unverhüllt äußern, so wäre mit ihrer Zustimmung nicht zu rechnen; Klartext, Fraktur, kann nicht, oder noch nicht, gesprochen werden. Daher spricht sich in jenen Spalten Herrschaft doppelzüngig aus: zugleich anmaßend und subaltern, würdevoll und servil, ehrenfest und zynisch; daher der Eiertanz zwischen »echten« und »falschen« Rücksichten, das augurenhafte Blinzeln, die hochgezüchtete Technik der Heuchelei und das tägliche Versteckspiel mit der Wahrheit. »Vollkommener, als es bei der Frankfurter Allgemeinen Zeitung geschehen ist, kann die Unabhängigkeit einer Zeitung nicht gesichert werden«[67]. Diesen und ähnlichen Beteuerungen ist Glauben zu schenken. An einer solchen Zeitung ist nichts zu entzaubern; sie bedarf keiner Hintermänner; jeder ihrer Verantwortlichen ist sein eigener Hintermann. Wer die Sprache der Herrschaft spricht, braucht um seine Unabhängigkeit nicht zu bangen; keine Macht wird ihn dessen berauben, was ohnehin ihr zugute kommt. Die Funktionäre der Zeitung irren aber, wenn sie glauben, aus diesem Umstand Schlüsse zu ihren eigenen Gunsten ziehen zu können. Für sie gilt nicht, was noch die trübsten Mitarbeiter am *Reich* und am *Neuen Deutschland* als Entschuldigung

67 Ibid. 25. Juni 1960.

für sich in Anspruch nehmen mögen: daß sie massivem Druck, täglicher Gewaltandrohung, unaufhörlicher Erpressung ausgesetzt waren und sind. Niemand kann die verantwortlichen Männer der *Frankfurter Allgemeinen Zeitung* zwingen, den journalistischen Ehrenkodex, den sie selber unterschrieben haben, täglich zu verleugnen. Sie tun, was sie tun, freiwillig und aus eigenem Antrieb. Mildernde Umstände gibt es nicht.

Durch ihren Namen und in ihren Selbstanzeigen meldet diese *Allgemeine Zeitung für Deutschland* den Anspruch an, unser Land zu repräsentieren. Zu fürchten bleibt, daß dieser Anspruch nicht ganz aus der Luft gegriffen ist; ihn aber hinzunehmen und anzuerkennen, dazu reicht unser Pessimismus nicht aus. Sicherlich: Wer das politische, moralische und geistige Klima in der Bundesrepublik beobachten; wer Illusionen und Gelüste ihrer offiziellen Politik, sowie das Bild, das sie sich von der Welt zu machen liebt, bis ins kleinste ideologische Detail studieren will; wer an dieses Studium viel Geduld, kritische Vorsicht und erheblichen Scharfsinn zu verwenden geneigt ist, – für den wird die *Frankfurter Allgemeine* unentbehrlich sein und, wie zu besorgen ist, auch bleiben.

Wer dagegen wissen will, was wirklich in der deutschen und internationalen Politik geschieht; wem an zuverlässiger Unterrichtung gelegen ist, wer keine Lust hat, sich Tag für Tag durch einen grauen Berg von Zweideutigkeiten und Suggestion zu lükkenhaften Informationen durchzubeißen, und keine Lust, sich bevormunden zu lassen; kurz, wer eine brauchbare Zeitung sucht; – der wird gut daran tun, sich auf eins der großen Blätter dieser Welt zu abonnieren, die sich an die alten, vom Bürgertum erkämpften und in wahrhaft freien Ländern heute noch behaupteten Spielregeln halten. Das war es, was der alten *Frankfurter Zeitung*, auf deren Namen die *Frankfurter Allgemeine* sich zu Unrecht beruft, Achtung in der ganzen Welt verschafft hat. Wer ihre Regeln zur Reklame ins Schaufenster rückt und in der Redaktionsstube mißachtet, verrät nicht nur eine große Tradition, sondern seinen journalistischen Beruf.

Die Sprache des *Spiegel*

GESELLSCHAFTSKRITIK, oder was sich dafür hält, leidet gemeinhin unter der Vorstellung, sie müsse ihre Gegenstände entlarven. Womit sie sich befaßt, das stellt sie sich gern als undurchschaubar vor. Diese Auffassung spiegelt die Ohnmacht des Kritikers vor den Mächten wider, mit denen er es zu tun hat. Sie ist nicht nur paranoid, insofern sie ihr Gegenüber zur Verschwörung dämonisiert; sie ist falsch. Irrationales Pathos versagt vor den meisten gesellschaftlichen Sachverhalten schon deshalb, weil sie zutage liegen. Gerade ihre Evidenz macht sie unsichtbar.

Das gilt, beispielsweise, für die deutsche Wochenzeitung *Der Spiegel*. An Versuchen, dieses mächtige Blatt zu »entzaubern«, hat es nicht gefehlt. Ein kommunistischer Parteifunktionär namens Neumann hat die Vermutung geäußert, *Der Spiegel* sei »ein Organ des britischen Geheimdienstes«. Von katholischer Seite wurde die Frage gestellt, »in wessen Auftrag ... der *Spiegel* den Christenglauben« bekämpfe. Gewerkschaftliche Kreise halten die Zeitung für ein Instrument von kapitalkräftigen Unternehmern; bei der Industrie gilt sie als »links«. Alle Gegner des Blattes verfallen früher oder später darauf, nach seinen »Hintergründen« zu fragen.

Das ist eine durchaus überflüssige Frage. Die Besitz- und Finanzverhältnisse des *Spiegel* liegen klarer auf der Hand als die der meisten anderen Presseorgane Deutschlands. Der Verlag der Zeitung hat die Rechtsform einer GmbH; im Namen der Gesellschaft erscheint neben dem Titel des Blattes der Name Rudolf Augstein. *Der Spiegel* ist das Organ dieses Mannes. Er ist nicht nur Gesellschafter, sondern auch Herausgeber der Zeitung, und zwar nicht ein Herausgeber, der sich damit begnügt, die Geschäfte zu überwachen, sondern der wichtigste Mitarbeiter des Blattes, der unter dem Pseudonym Jens Daniel vehemente Leitartikel schreibt und im Grunde wohl der Chefredakteur des *Spiegel* ist: ein in Deutschland einzigartiger Fall.

Erich Kuby schildert diesen Mann, wohl nicht ohne Stilisierung, aber aus eigener Anschauung, mit folgenden Worten: »Ein ganz junger Mensch von äußerster Sensibilität, mit rasiermesserscharfer Intelligenz ausgestattet, erfüllt von Trauer und Pessimismus, von der Sorge, das Gefühl könnte ihn überwältigen und dahin bringen, auf den Schwindel hereinzufallen, voller Degoût und voller Erwartung, ob nicht doch vielleicht einmal etwas Unerwartetes passiert, unerwartet für einen, der unausgesetzt alles erwartet und dessen zur Schau getragene Blasiertheit Rüstung ist«[1].

Der zweite Gesellschafter des Verlages, John Jahr, der im Impressum der Zeitschrift als »Verleger« erscheint, nimmt auf die redaktionellen Entscheidungen Augsteins keinen Einfluß. Man hat in ihm, weil er an der Illustrierten *Constanze* beteiligt ist, einen Vertrauensmann von Axel Springer, dem größten und skrupellosesten Pressemagnaten Westdeutschlands, sehen wollen. Eine direkte Verbindung des *Spiegel* mit dem Springer-Konzern ist jedoch nicht nachzuweisen.[2]

Die Geschichte des Unternehmens ist rasch rekapituliert. Die erste Nummer der Zeitung erschien unter dem Titel *Diese Woche* im November 1946 an den Kiosken. Die englische Militärregierung zeichnete verantwortlich dafür. Das Eisen, das sie damit in der Hand hatte, wurde ihr jedoch bald zu heiß; sie ließ es schon einen Monat später fallen. Der damals dreiundzwanzigjährige Augstein bekam die Lizenz in seine Hände und taufte die Zeitschrift auf ihren heutigen Namen.

Ihre Auflage betrug damals 15 000, 1956 fast das achtzehnfache

1 Erich Kuby in den *Frankfurter Heften* vom Juli 1953.

2 Mit Wirkung vom 1. Juni 1962 ist John Jahr als Gesellschafter des *Spiegel* ausgeschieden.

dieser Ziffer[3]. *Der Spiegel* wurde mindestens achtmal verboten oder beschlagnahmt, ein Parlaments-Ausschuß wurde nach ihm benannt; er ist heute eine Institution geworden, die für die Bundesrepublik charakteristisch ist. Demoskopische Untersuchungen deuten darauf hin, daß jede Nummer der Wochenzeitung durchschnittlich von etwa zwei Millionen Leuten gelesen wird. Zwar gibt es in der westdeutschen Presse weit höhere Auflagenziffern als die des *Spiegel;* doch lesen ihn nicht nur die kaufkräftigsten Schichten der Gesellschaft (der Heftpreis liegt erheblich über dem anderer wöchentlicher Periodica), sondern vor allem die sogenannten meinungsbildenden Gruppen, also beispielsweise Lehrer, Journalisten, höhere Angestellte, Studentenvertreter, Politiker vom Stadtrat bis zum Minister. Durch diese Struktur seiner Leserschaft potenziert sich die Wirkung des *Spiegel.* Dazu kommt, daß die Auslandsauflage des *Spiegel* sehr hoch ist: fast ein Zehntel aller verkauften Exemplare geht, weit gestreut, ins Ausland.

Diese Tatsachen sind für das ökonomische Fundament des Unternehmens, für das Anzeigengeschäft, von ausschlaggebender Bedeutung. Etwa die Hälfte aller *Spiegel*-Seiten sind mit Annoncen gefüllt. Das Anzeigenaufkommen dürfte im Monat nahezu eine Million Mark betragen[4]. An die Tatsache, daß es der Zeitung an solchen Aufträgen keineswegs fehlt, haben manche Beobachter Vermutungen geknüpft, die sich mit möglichen Zusammenhängen zwischen Anzeigengeschäft und redaktioneller Politik beschäftigen. Kurt Pritzkoleit schreibt in seinem Buch *Die neuen Herren:*

»Welche Überlegungen veranlaßten wohl die bundeseigenen Vereinigten Aluminium-Werke und die mächtigste deutsche Eisengroßhandlung … riesige Anzeigen an das Blatt zu vergeben? Gaben sie sich der Illusion hin, dank dieser Werbung auch nur ein einziges Kilogramm Aluminium oder eine Tonne Stabeisen mehr zu verkaufen, als sie ohne die teuren Anzeigen los gewor-

3 Ende 1961 lag die Auflagenziffer des *Spiegel* bei 490 000.
4 1961: etwa eineinhalb bis zwei Millionen Mark.

den wären? ... und wie steht es mit einer Anzeige, deren ganzseitiger Text jeden Rekord an lapidarer Kürze schlägt, da er nur aus den Worten besteht: Handelsunion Aktiengesellschaft, Kapital DM 46 Millionen, Düsseldorf? Wieviele (Leser) verbinden überhaupt eine Vorstellung mit der Firma ›Handelsunion‹? Womit handelt sie denn? Nur die Eingeweihten ... wissen, daß es sich um die Zusammenfassung der Handelsfirmen des früheren Stahlvereins handelt. Und selbst sie werden durch das Inserat kaum veranlaßt werden, etwa ihre Bezugsquellen zu wechseln oder die Aktien der Handelsunion zu kaufen ...

Spielt das Publikum bei dergleichen Anzeigen überhaupt eine Rolle? ... Was ist eigentlich die wirtschaftliche Überlegung, die Firmen wie die Hansa Stahl Export GmbH, Friedrich Krupp, ... Ruhrstahl AG, Hoeschwerke AG, Mannesmann AG, Phoenix-Rheinrohr AG, ... Farbwerke Hoechst AG, Farbwerke Bayer AG, Schrottag, Demag, ... und so weiter verführt, teure Inserate an ein Massenblatt zu vergeben, dessen Leserschaft vornehmlich konsumorientiert ist, die aufgezählten Firmen nur dem Namen nach kennt und nie in die Lage kommen wird, seinen Bedarf an Eisen und Stahl anders als durch den Kauf eines Pakets Nägel oder Schrauben zu decken?

Eine wirtschaftliche Ratio haben diese Anzeigen tatsächlich nicht ... wenn ihnen ein Sinn zukommt, ... so kann es nur der sein, daß die Inserenten sich durch lukrative Aufträge das Wohlwollen der vielgelesenen, als überaus kritisch geltenden Zeitschrift zu versichern trachten« [5].

Solche Überlegungen besagen allerdings mehr über die Moral der deutschen Schwerindustrie als über die Moral des *Spiegel*. Jedenfalls hat die Symbiose, die sich hier anbahnt, die redaktionelle Unabhängigkeit der Zeitschrift nicht merklich beeinflußt. Sie nimmt, im Gegensatz zu andern großen Zeitungsunternehmen der Bundesrepublik, auf ihre Inserenten keine Rücksicht.

Der Erfolg des *Spiegel* – und damit seine Macht – ist weder

5 *Die neuen Herren*, München 1955.

durch Hintermänner oder Geldgeber noch durch die Methoden seiner Anzeigen-Akquisiteure zu erklären. Er ist in Europa einzigartig. Dagegen bestehen in den Vereinigten Staaten seit fünfunddreißig Jahren vergleichbare Wochenzeitschriften. *Time* und *Newsweek* haben bei der Entstehung des *Spiegel* Pate gestanden. Diese Patenschaft erkennt das Blatt in seinem Untertitel ausdrücklich an. Er lautet: »Das deutsche Nachrichtenmagazin« und ist dem von *Time* (»The weekly News-Magazine«) nachgebildet. Auch die programmatischen Erklärungen, die das amerikanische Journal in einer Jubiläumsnummer zu seinem fünfundzwanzigjährigen Bestehen abgab, decken sich in den meisten Punkten mit dem sogenannten *Spiegel*-Statut, das die Arbeitsweise der Redakteure und Mitarbeiter festlegt.

Nicht einmal die Kenntnis solcher und ähnlicher Dokumente ist indessen nötig zu einer Analyse des *Spiegel*-Erfolges. Das Geheimnis dieser Zeitung liegt an der Oberfläche. Sie charakterisiert sich selbst am schärfsten durch die Sprache, derer sie sich bedient. Daß sie es verstanden hat, eine eigentümliche, außerhalb ihrer Spalten nicht existierende Sprache sich zu schaffen, belegen die beiden folgenden Zitate, die als eine Versuchsanordnung gelten können; jeder Bewohner der Bundesrepublik wird ihre Quelle erraten – oder zu erraten glauben.

»X, der am 9. November im Hospital von S. starb, war im Kulturbetrieb seiner Zeit eine Rarität. In seinem kurzen Leben spielte er die Rolle eines Clowns und erreichte auf diese Weise zweierlei: man zahlte ihm seine Drinks, ohne die er nicht auskommen konnte, und man nahm ihm die bitteren Wahrheiten seiner Dichtung nicht übel. Er wurde schließlich zu einer Art Nationalphänomen. Seine neunzig Gedichte mußten siebenmal nachgedruckt werden. Mit sechzehn Jahren verließ er die Schule – aus Abneigung gegen das, was er dort lernen sollte. Ein Jahr lang versuchte er sich als Reporter, mit wenig Erfolg. In den Kneipen erwarb er sich einen bedeutenden Ruf – als Geschichtenerzähler, aber noch mehr durch seinen ungeheuren Bierkonsum. Als sich endlich niemand mehr fand, der ihn aufnehmen oder seine Schulden bezahlen wollte, kehrte er indigniert in seine Heimat zurück. Bettelei um Almosen kam ihm ebenso selbstverständlich vor wie seine schmutzige Umgebung und die alkoholischen Orgien, die sich meist über mehrere Tage hinzogen. Mehr und mehr entglitt ihm jegliche Selbstkontrolle. Sogar wohlmeinenden Bekannten erschien er bald nur noch als schreibender Possenreißer. Er verschmähte es schließlich nicht mehr, seinen Gastgebern Oberhemden zu stehlen. Für seinen Biographen war der Dichter schon zu seinen Lebzeiten ein psychisch toter Mann. Als während einer Tournee auch der physische Tod eintrat, entstand in Literaturkreisen eine ungewöhnliche Erregung. Die widersprüchlichsten Versionen über die Todesursache wurden laut, darunter als wohl absurdeste die, X sei von Dichter-Konkurrenten vergiftet worden. Die glaubwürdigste und wohl auch einzig richtige Version ist die des Arztes vom Gesundheitsamt in S., die besagt, daß X an einer Alkoholvergiftung starb, die durch eine Lungenentzündung kompliziert worden war.«

»Y, 27, Verwaltungsjurist, wurde am 11. Juni vom Staatspräsidenten von P. als Staatssekretär für besondere Aufgaben ins Kabinett berufen. Damit fand eine Blitzkarriere ihren vorläufigen Abschluß, die vor sieben Jahren einigermaßen unrühmlich begonnen hatte. Die juristische Fakultät der Universität Z. hatte damals die Dissertation des jungen Y kurzerhand in den Papierkorb gesteckt. Seiner einflußreichen Familie war es trotzdem gelungen, den genialisch angehauchten Versager als Referendar an den Bundesgerichtshof zu lancieren, nachdem er sich durch intime Eroberungen in den Kreisen der Hochfinanz einen gewissen Namen gemacht hatte. Das Aktenderby ließ den eher gefühlig veranlagten Anfänger jedoch zunächst kalt. Statt dessen verfiel er auf die Idee, sich als Sensationsschriftsteller zu versuchen, wobei er rasch einen beachtlichen Riecher entwickelte. Bereits der erste, keß hingehauene und sentimental verbrämte Skandalroman schockierte das internationale Publikum und hatte eine Selbstmordepidemie zur Folge. Den Druck eines unförmigen Ritterdramas, des nächsten Werks aus der Hobby-Schublade des dilettierenden Juristen, mußte er allerdings selbst bezahlen, weil er keinen Verleger dafür fand. Beim Chef der Regierung von P. hatte sich der Sonntagsdichter durch ausgedehnte Saufabende, Parforceritte und Herrenparties eingeführt. Die Bevölkerung war von dieser kostspieligen Form halboffizieller Geselligkeit freilich wenig angetan. Auch einflußreiche Regierungskreise betrachteten sie kaum als Befähigungsnachweis für den hochdotierten Posten im Kabinett. Minister Q. erhob sogar gegen die Berufung des weinseligen Benjamin offiziell Einspruch. Y sicherte sich jedoch rechtzeitig durch schöngeistige Leseabende und wohlgezielte Charme-Offensiven den Einfluß der Damen-Koterie aus der nächsten Umgebung des Regierungschefs. Sagte Y, als seine Berufung gesichert war: ›Der Alte kann ohne mich nicht mehr schwimmen noch waten.‹«

Die erste dieser beiden Geschichten stand in der Nummer 51/1956 des *Spiegel*. Die Chiffre X steht hier für den Namen des größten englischen Dichters seit Eliot und Pound, des Walisers Dylan Thomas. Die zweite Geschichte handelt von Johann Wolfgang Goethe. Sie stand nie im *Spiegel;* einzig und allein deshalb nicht, weil es den *Spiegel* im Jahre 1776 noch nicht gab.

Das Experiment erweist, daß die Sprache der Zeitung unkenntlich macht, was sie erfaßt. Unter der Drapierung durch ihren Jargon sind weder die Züge Goethes noch die von Dylan Thomas wiederzuerkennen. Es wäre falsch, von einem *Spiegel-Stil* zu sprechen. Stil ist immer selektiv; er ist nicht anwendbar auf beliebig Verschiedenes. Er ist an den gebunden, der ihn schreibt. Hingegen ist die *Spiegel*-Sprache anonym, das Produkt eines Kollektivs. Sie maskiert den, der sie schreibt, ebenso wie das, was beschrieben wird. Es handelt sich um eine Sprache von schlechter Universalität: sie hält sich für kompetent in jedem Falle. Vom Urchristentum bis zum Rock and Roll, von der Poesie bis zum Kartellgesetz, vom Rauschgiftkrawall bis zur minoischen Kunst wird alles über einen Leisten geschlagen. Der allgegenwärtige Jargon überzieht das, worüber er spricht, also alles und jedes, mit seinem groben Netz: die Welt wird zum Häftling der Masche. Genauer als mit jedem anderen Ausdruck läßt sich die *Spiegel*-Sprache mit diesem Wort kennzeichnen, das aus ihrer eigenen Sphäre stammt.

Ideologisch wird diese Masche mit dem Argument zu rechtfertigen gesucht, sie verbürge allgemeine Verständlichkeit. Das Magazin *Time* begründet seinen Jargon in einem programmatischen Jubiläums-Aufsatz folgendermaßen:

»Das ganze Magazin sollte verständlich sein für *einen* beschäftigten Mann – eine Auffassung, vollkommen verschieden von derjenigen der Rubriken in den Tageszeitungen, die sich jeweils an besondere Gruppen wenden. Um den gesamten Inhalt von *Time* den Weg in den Kopf des Lesers finden zu lassen, mußte er zunächst in eine Sprache übersetzt werden, die ein Mann verstehen konnte. Später wurde aus dieser Idee heraus die Maxime formuliert: *Time* ist so, als ob es von einem Mann für einen Mann geschrieben wäre.«

Die Ausbildung einer eigentümlichen Sprache für die journalistischen Zwecke des Blattes wird hier offen als redaktioneller Grundsatz ausgerufen; der Artikel spricht sogar davon, daß eine »Übersetzung« erforderlich sei, und betont damit die Fremdheit des Magazin-Jargons gegenüber der kurrenten Schriftsprache. Mit ihr wird kurzer Prozeß gemacht, und zwar angeblich aus Rücksicht auf den Leser, dem sie schlechterdings nicht zuzumuten sei, da sie über seinen Horizont gehe.

Dieser Leser ist eine mythologische Figur, die in allen Sparten der Kulturindustrie anzutreffen ist; er erinnert an die Anima-Figur des deutschen Films, die den Namen Lieschen Müller trägt. »Die *Spiegel*-Redakteure betrachten sich«, mit den Worten ihres Herausgebers, »selbst als Durchschnittsleser ... Das bedeutet, daß *Spiegel*-Redakteure nicht allzu klug sein dürfen.« Selbstverständlich gibt es »den« *Spiegel*-Leser erst, seit es den *Spiegel* gibt: die Zeitschrift produziert ihn als ihre eigene Existenzgrundlage. Nicht nur macht sie ihre Gegenstände diesem Leser kommensurabel, sondern auch den Leser dem Magazin. Sie zieht ihn auf ihre Ebene, sie bildet ihn aus. Das ist kein einfacher Vorgang, sondern ein komplizierter Prozeß der Domestizierung, der sich an den Leserbriefen im Detail studieren läßt, die das Magazin jede Woche auf vielen Spalten abdruckt. Sie beweisen, daß der Dressur-Akt, jedenfalls bei einem Teil der Leserschaft, durchaus gelungen ist. Viele Briefschreiber haben die Sprache des *Spiegel* regelrecht erlernt; manche versuchen sogar, sie zu überbieten. Es liegt in der Natur der »Masche«, daß sie leicht aufzunehmen ist; sie bietet sich dazu an. Denn obgleich sie keineswegs simpel, sondern ganz artifiziell ist, so kann doch jeder über sie verfügen, weil sie weder mit der Person dessen, der sie gebraucht, noch mit der Sache, über die sie spricht, irgend etwas zu tun hat. Was an ihrer Struktur komplex scheint, ist gerade das Trickhafte, das Taschenspielerische: also das Erlernbare schlechthin. Die Koketterie mit der eigenen Gewitztheit, die rasch applizierte Terminologie, die eingestreuten Modewörter, der Slang der Saison, die hurtige Appretur aus rhetorischen Beifügungen, dazu eine kleine Zahl syntaktischer Gags, die sich meist von angelsächsischen Mustern herschreiben: das sind einige der auffälligsten Spezialitäten der *Spiegel*-Sprache. Wie das Immergleiche als ein Besonderes verpackt und an Ahnungslose verkauft wird, die sich, je ahnungsloser sie sind, um so mehr einbilden, Bescheid zu wissen, das hat Theodor W. Adorno in seinen Arbeiten über die Kulturindustrie exakt beschrieben. Das tiefe Bedürfnis, mitreden zu können, beutet die Sprache des *Spiegel* geschickt aus. Sie ist insofern der wäßrigen, widerstandslosen Sprache des *Reader's Digest* verwandt. Freilich ist sie weniger bieder: sie führt sich nicht auf, als wäre sie *Das Beste*, sondern als wäre sie das Letzte. Wie ein einfacher Satz in diese hochspezialisierte Sprache übertragen wird, zeigt das folgende Beispiel: »Bei der Schlußfeier der XVI. Olympischen Sommerspiele schickten die australischen Salutschützen dem Muskelkrieg von Melbourne ein martialisches Echo nach. Die Artilleristen Ihrer Majestät der englischen Königin lieferten den aktuellen kriegerischen Kulissendonner zu jenem olympischen Schauspiel, das inmitten einer sehr unfriedlichen Welt zum schlechten Stück geworden war. Sie kanonierten die wie einen Zylinderhut aufgestülpte Schlußfeier-Stimmung und alle preisenden Reden von der Gleichheit und Brüderlichkeit unter Sportsleuten zu eitel Schall und Rauch.«

Eine detaillierte Analyse dieser Passage erübrigt sich. Im *Spiegel,* so äußert sich sein Herausgeber, »soll knappes, farbiges Deutsch geschrieben werden«. Versucht man, das Zitat aus seiner Zeitschrift ins Deutsche zurück zu übersetzen, so ergeben sich zwei Sätze, die in der Tat knapp sind: »Bei der Schlußfeier der Olympiade wurde Salut geschossen. Das hat uns mißfallen.«

Hätte sich der Verfasser der Passage so ausgedrückt, so wären dem vielbeschäftigten Durchschnittsleser neun Zeilen überflüssiger Lektüre erspart geblieben. Auch die Verständlichkeit der Mitteilung hätte nicht gelitten. Die Vermutung, es wäre dem Schreiber nicht darum zu tun gewesen, daß man ihn verstehe, liegt nahe. In der *Spiegel*-Fassung ist die bescheidene Nachricht von ihrer Auslegung nicht zu unterscheiden. Information und Kommentar sind derart in die Masche verstrickt, daß sie sich nicht mehr trennen lassen.

Was den *Spiegel*-Text von jeder anderen Fassung des Sachverhaltes unterscheidet, ist aber nicht nur dessen Trübung durch Jargon und verstecktes Vorurteil, sondern auch seine angestrengte Humorigkeit. Der verzweifelte Witz eines Alleinunterhalters ist ihm anzuhören, der um jeden Preis sein Publikum bei der Stange halten muß. Nun läßt sich über das, was komisch ist, schlecht streiten. Wenn das Magazin etwa über den amerikanischen Schlagersänger Presley schreibt, er sei »sextraordinär« und »transportiere« seine Zuhörer »von Dixieland nach Kinseyland«, so ist das zwar miserables Deutsch, aber gewiß nicht ohne eine gewisse Komik, die der Primitivität des Gegenstandes entspricht. Die Zuckungen des Sängers, dem eine elfseitige Titelgeschichte zugedacht ward, »erweckten«, wie *Der Spiegel* schreibt, »den Eindruck, als habe er einen Preßlufthammer verschluckt«. Das schallende Gelächter über derartige Scherze wird fatal, wenn Gide und Claudel, Sartre und Freud durch ihresgleichen charakterisiert werden. Als in Ostberlin der junge Philosophieprofessor Wolfgang Harich verhaftet wurde, kramte *Der Spiegel* aus seinem Leben eine Episode mit einer Dame aus Thailand aus und fragte »sich, ob es nun metaphysische oder physische Gründe hatte«, daß er mit der »siamesischen Dame in die Berliner Podbielski-Allee 1 gezogen war«.

In solchen Scherzen drückt sich ein Humor aus, der zwischen Zote und Ehrabschneiderei die Mitte hält. Er erinnert an die albtraumartigen Bunten Abende, die vor zwei Jahrzehnten unter dem Motto »Kraft durch Freude« sich so viele Freunde gewinnen konnten. Neu an ihm sind allein die Verzierungen: auf solche Art und Weise werden Konsumgüter älterer Konstruktion mit Chromleisten auffrisiert. Wer sich auf die trüben Quellen eines derartigen Gelächters besinnt, der weiß, daß die Maxime »Lächerlichkeit tötet« eine sehr finstere Bedeutung annehmen kann: der Applaus für den Alleinunterhalter schlägt leicht in den Jubel derer um, die Gemälde mit Taschenmessern traktieren und ihren Beifall kundtun, wenn der Totschläger in Aktion tritt.

Was derart den Leser des »deutschen Nachrichtenmagazins« unterhalten soll, straft diesen Untertitel Lügen. In der Tat ist *Der Spiegel* keineswegs ein Nachrichtenblatt. Der redaktionelle Inhalt besteht vielmehr aus einer Sammlung von »Stories«, von Anekdoten, Briefen, Vermutungen, Interviews, Spekulationen, Klatschgeschichten und Bildern. Gelegentlich stößt der Leser auf einen Leitartikel, eine Landkarte, eine statistische Tabelle. Unter allen Mitteilungsformen kommt diejenige am seltensten vor, nach der das Magazin benannt ist: die schlichte Nachricht. »Die Form, in der der *Spiegel* seinen Nachrichtengehalt an den Leser heranträgt«, so heißt es im *Spiegel*-Statut, »ist die Story.« Diese typische Darbietungsform bedarf einer genaueren Erörterung. Auf den ersten Blick scheint sie dem flüchtigen Leser Vorteile zu bieten: sie nimmt ihm die synthetische Arbeit ab, indem sie den Stoff für ihn zerkleinert und die einzelnen Informationen zu einem eingängigen Ganzen ordnet. Dem Verfahren liegt eine atomistische Vorstellung von der Natur der Information zugrunde, derzufolge sich jede Nachricht in eine homogene Menge von Partikeln auflösen läßt. (Diese Vorstellung wird von der modernen Kybernetik geteilt; dort heißen die elementaren Informationspartikel *bits*.) Wie aber wird die derart aufbereitete und homogenisierte Masse zur Story synthetisiert?

Die Übersetzung in die *Spiegel*-Sprache genügt dazu nicht. Entfernt der Auflösungsprozeß die Nachricht aus dem Kontext der Situation, aus der sie entsteht, so verwandelt die Synthese zur Story sie in ein pseudo-ästhetisches Gebilde, dessen Struktur nicht mehr von der Sache, sondern von einem sachfremden Gesetz diktiert ist. Jede Nachricht hat eine Quelle, die sich angeben läßt; Zeit, Ort und Urheber sind von ihr nicht ablösbar. Diese Angaben gehören deshalb zum unentbehrlichen Minimum jeder, auch der kleinsten Zeitungsmeldung. Im *Spiegel* fehlen sie, weil sie mit dem Prinzip der Story nicht vereinbar sind: Story und Nachricht schließen einander aus. Während die Nachricht im allgemeinen für Unterhaltungszwecke ungeeignet und kein Genuß-, sondern ein Orientierungsmittel ist, stellt die Story ganz andere Bedingungen: Sie muß Anfang und Ende haben, sie bedarf einer Handlung und vor allem eines Helden. Echte Nachrichten ermangeln häufig dieser Eigenschaften: um so schlimmer für die Nachrichten!

Das *Spiegel*-Statut stellt die Unentbehrlichkeit des Helden ausdrücklich fest: »Nichts interessiert den Menschen so sehr wie der Mensch. Deshalb sollten alle *Spiegel*-Geschichten einen hohen menschlichen Bezug haben. Sie sollten von Menschen handeln, die etwas bewirken.« Was unter einem »hohen menschlichen Bezug« zu verstehen ist, bleibt dabei offen; die gleichzeitig hochtrabende und hinkende Formulierung läßt nichts Gutes ahnen. Auf den ideologischen Hintergrund des Story-Helden kommt das *Spiegel*-Statut nicht zu sprechen. Das amerikanische Magazin *Time* drückt sich in dieser Hinsicht deutlicher aus: »Nachrichten«, so heißt es dort, »entstehen nicht durch ›geschichtliche Kräfte‹ oder Regierungen oder Klassen, sondern durch Individuen.« Damit ist der Held gerechtfertigt. *Human in-*

terest, Stories aus Fleisch und Blut: solche Parolen gründen auf der Scheinwahrheit, daß Geschichte vom Einzelnen gemacht werde. Der primär gesellschaftliche Charakter historischer Erscheinungen wird mit einem Seitenhieb auf den marxistischen Klassenbegriff geleugnet. Die Anekdote bestimmt die Struktur einer solchen Berichterstattung; die Historie wird zum Histörchen.

Als demokratisch gibt sich eine solche Geschichtsauffassung durchaus zu Unrecht aus; denn der einzelne, dessen Interessen dem Kollektiv gegenüber sie wahrzunehmen vorgibt, ist keineswegs der einfache Bürger, sondern im Gegenteil der Prominente, der sich vor den anderen durch Erfolg oder Macht auszeichnet, und dessen elitäre Vorrechte das Magazin noch bestätigt, indem es ihn als naturalistische Ikone auf seinem Umschlag präsentiert. Diese Auffassung vom einzelnen und seiner geschichtsbildenden Kraft erinnert eher an die totalitären Schlagworte vom Führerprinzip und vom Persönlichkeitskult als an die klassischen Maximen der Demokratie. Indessen ist dieser ideologische Aspekt des Helden wohl weniger redaktioneller Absicht zuzuschreiben als dem Zwang der Story-Form, die zur Darstellung historischer Sachverhalte ungeeignet ist. So wurde die ungarische Oktoberrevolution von 1956 im *Spiegel* zu einer Titel-Geschichte über Imre Nagy, der auch auf dem Titelblatt erschien. Jeder aufständische Arbeiter hätte das historische Ereignis besser repräsentiert als dieser hilflose Mann.[6]

So offensichtlich die Mängel der Story für die Zwecke der Be-

6 Vom Prinzip der Titel-Ikone ist die Redaktion seither, unter dem Zwang der Sachen, öfters abgegangen. Unter den Nummern 42–52 des Jahrgangs 1961 sind drei, auf deren Umschlag kein Porträt mehr erscheint: die wachsenden amerikanischen Investitionen in Europa werden durch Sternenbanner und durch Karikaturen, die Schwierigkeiten der deutschen Reeder durch eine Tafel ihrer Flaggen, ein Bericht über die naive Malerei durch eine Reproduktion illustriert. Auf zwei weiteren Titelbildern tritt das Porträt-Element zurück: das Gesicht von James Joyce hinter einer Seite des *Ulysses*-Manuskripts, der Kopf Gomulkas hinter einer Karte, auf der die Oder-Neiße-Grenze eingezeichnet ist.

richterstattung sind, so sehr der Informationscharakter des Magazins unter dem Zwang seines Jargons leidet, sein Ruf als der eines wohlunterrichteten Blattes hat darunter nicht gelitten. Das mag zunächst daran liegen, daß sich *Der Spiegel* die Informationen, die er verarbeitet, allerhand kosten läßt. Im Gegensatz zu einem großen Teil der Tagespresse hat er sich nie damit begnügt, Fern- und Hellschreiber anzuzapfen und sich auf das Material zu verlassen, welches die Nachrichtenagenturen liefern. Er hat von Anfang an und mit großer Konsequenz ein eigenes, sehr umfangreiches und gut funktionierendes Netz von Korrespondenten im In- und Ausland aufgebaut. Diese Mitarbeiter haben sich ihrerseits nicht mit offiziellen und offiziösen Informationen zufriedengegeben; sie haben es verstanden, sich Zugang zu vertraulichen Nachrichtenquellen zu verschaffen. Ferner verfügt das Magazin über ein einzigartiges Archiv. Mögen die Quellen des *Spiegel* auch zuweilen trübe sein, so sind sie doch in der Regel zuverlässig. Das Statut der Zeitschrift postuliert ganz eindeutig: »Alle im *Spiegel* verarbeiteten Nachrichten müssen unbedingt zutreffen.« Um die Einhaltung dieses Grundsatzes zu sichern, hat die Redaktion ein eigenes System der Verifikation entwickelt. Jedes Manuskript wird, ehe es zum Satz geht, im Archiv der Zeitschrift einer Kontrolle unterworfen. Die Verifikation geschieht punktuell: jede einzelne Sachbehauptung wird auf ihre Richtigkeit hin geprüft. Die Kriterien sind rein logistischer Art: eine Behauptung kann mit Sicherheit richtig, mit Sicherheit falsch oder möglich sein. Das Training des Kontroll-Lesers läuft also darauf hinaus, den Text gegen den Strich zu lesen und die Zubereitung der Informations-Partikel zur Story rückgängig zu machen.

Schon daraus geht hervor, wie wenig die Zuverlässigkeit, derer sich die Zeitschrift rühmt, dem Leser nützt: die Spezialisten im *Spiegel*-Archiv sind im Grunde die einzigen, die vermöge ihres Trainings in der Lage sind, den Informationsgehalt des Blattes zu analysieren. Das Postulat, alle darin verarbeiteten Nachrichten müssen zutreffen, gilt zwar vom Gesichtspunkt des Produzenten, nicht aber von dem des Lesers aus. Wenn bei einer

Umfrage im Jahre 1954 91 % der teilnehmenden Leser der Meinung waren, *Der Spiegel sei* objektiv, so sind sie einer Täuschung erlegen. Objektivität nämlich ist ein Kriterium, das auf die Story schlechterdings nicht anwendbar ist. Maßgebend für das Gelingen einer Story ist einzig und allein ihr Effekt. Die Forderung nach Richtigkeit geht nicht, wie bei der Nachricht, aus ihrem Wesen hervor: sie wird von außen an sie herangetragen; ja, genau genommen, kann eine Story gar nicht richtig sein, sondern höchstens die in ihr verarbeiteten Details. Nur in diesem Sinn kann davon gesprochen werden, daß *Der Spiegel* die Wahrheit sagen will, ja sagen muß. Nicht Richtigkeit, sondern Unangreifbarkeit wird ihm abverlangt, und zwar aus rein juristischen Gründen. Als falsch gilt in diesem Verstand nur eine Behauptung, die zu einem Rechtsstreit führen kann, der für die Zeitschrift aussichtslos wäre. Statt von Richtigkeit sollte man daher lieber von Un-Unrichtigkeit sprechen. Moralisch gesprochen ist jedoch eine doppelte Verneinung nicht, wie in der Logik, mit einer Bejahung identisch.

Kann sich die Story also nicht auf die Objektivität der Nachricht berufen, so fehlt ihr andrerseits auch die Legitimation, die andere journalistische Äußerungsformen, wie die Glosse, der Kommentar oder der Leitartikel, für sich beanspruchen dürfen. In den Spalten der Zeitschrift selber tritt der Unterschied zutage, der hier zu machen ist. Die Leitartikel von Jens Daniel gehören zu den besten Leistungen der deutschen Publizistik dieser Jahre. Das Verfahren ihres Verfassers ist unangreifbar, mag er nun mit seinen Schlußfolgerungen Recht haben oder nicht. Sein Fall ist vollkommen klar: Er steht mit seinem Namen ein für das, was er sagt, und, was noch wichtiger ist, er nimmt für seine Äußerungen keinerlei objektive Gültigkeit in Anspruch. Im Gegenteil: er wirkt gerade durch die entschiedene Subjektivität seiner Artikel, durch seine Überzeugung, durch sein Engagement: Niemals versucht er seine Deutung der Nachrichten als diese selbst auszugeben.

Genau das aber tut der Story-Schreiber. Er bleibt grundsätzlich anonym, erlegt die Karten nicht auf den Tisch, er arbeitet aus dem Unsichtbaren. Das rührt nicht von seiner persönlichen Bosheit, sondern von den Gesetzen seiner Form her, die eine ästhetische Form ist. Die Story ist eine degenerierte epische Form; sie fingiert Handlung, Zusammenhang, ästhetische Kontinuität. Dementsprechend muß sich ihr Verfasser als Erzähler aufführen, als allgegenwärtiger Dämon, dem nichts verborgen bleibt und der jederzeit, wie nur je ein Cervantes ins Herz des Don Quijote, ins Herz seiner Helden blicken kann. Während aber Don Quijote von Cervantes abhängt, ist der Journalist der Wirklichkeit ausgeliefert. Deshalb ist sein Verfahren im Grunde unredlich, seine Omnipräsenz angemaßt. Zwischen der simplen Richtigkeit der Nachricht, die er verschmäht, und der höheren Wahrheit der echten Erzählung, die ihm verschlossen bleibt, muß er sich durchmogeln. Er muß die Fakten interpretieren, anordnen, modeln, arrangieren: aber eben dies darf er nicht zugeben. Er darf seine epische Farbe nicht bekennen. Das ist eine verzweifelte Position. Um sie zu halten, sieht sich der Story-Schreiber gezwungen, zu retuschieren, zwischen den Zeilen zu schreiben. Keine Publikation hat es in der Technik der Suggestion, des Durchblicken-Lassens, des Innuendo weiter gebracht als *Der Spiegel.*

Es ist nicht leicht, aus einer solchen Technik eine Tugend zu machen; allzu offensichtlich spekuliert sie auf die Neugier des Schlüsselloch-Guckers, allzu penetrant macht sie Neid, üble Nachrede und Schadenfreude zu ihren Verbündeten. Immerhin hat man dem Magazin, das sie gebraucht, da und dort zugute gehalten, seine kritische Haltung mache sie nötig: gewisse Tatsachen könnten eben nur zwischen den Zeilen öffentlich bekanntgemacht werden; und es sei besser, daß über sie andeutungsweise geschrieben werde als gar nicht. Das Argument richtet sich gegen die seriöse Tagespresse des Landes, von der es nicht zu Unrecht heißt, sie scheue sich, »unangenehm aufzufallen«. Der Ausdruck stammt aus dem Argot des Militärs als einer Gesellschaft, in der es vor allem zu parieren gilt. Die Auffassung, Informationen von öffentlichem Interesse ließen sich nur zwischen den Zeilen publizieren, geht von ähnlichen Voraussetzungen aus. Wer so denkt, hält Zensur für eine Selbstverständlichkeit und hat sich mit ihr schon abgefunden. Er verzichtet darauf, von den Möglichkeiten der Demokratie jenen Gebrauch zu machen, der sie allein verwirklichen kann. Solche Vorsicht ist nicht nur überflüssig, sie ist verräterisch: ein Erbe des Faschismus, dessen der deutsche Journalismus sich nachgerade entledigen dürfte.

Gerade seine kritische Haltung, oder was dafür gehalten wird, hat (neben seinen sprachlichen Eigentümlichkeiten und der Erfindung der Story) dem *Spiegel* seinen Ruf, seinen Erfolg und seine Macht eingetragen. Was davon zu halten ist, lehrt eine einfache Überlegung. Alle bisherigen Versuche, dem *Spiegel* irgendwelche Überzeugungen zuzuschreiben, sind gescheitert. Das Blatt hat keine Position. Die Stellung, die es von Fall zu Fall zu beziehen scheint, richtet sich eher nach den Erfordernissen der Story, aus der sie zu erraten ist: als deren Pointe. Sie wird, oft wenige Wochen später, durch eine andere Geschichte dementiert, weil diese einen anderen »Aufhänger« verlangt. Wer dem Blatt also eine Basis von Überzeugungen zubilligen möchte, sieht sich fortwährend dupiert. Er wird nur triumphierende Hinweise auf die »Objektivität« und Unabhängigkeit des Magazins ernten, wenn er dessen Pointen mit einer Richtung verwechseln sollte. Die Ideologie des *Spiegel* ist nichts weiter als eine skeptische Allwissenheit, die an allem zweifelt außer an sich selbst. Damit ist bereits gesagt, daß *Der Spiegel* Kritik nicht zu leisten vermag, sondern nur deren Surrogat. Eine Kritik, die keinen anderen Ansatz hat als den imaginären Hebelpunkt einer Skepsis, die vor sich selber halt macht, wird sich stets zur Magd der Ereignisse machen. Wer nicht bereit ist, Stellung zu beziehen (und eben dies ist dem *Spiegel*-Schreiber verwehrt), der schränkt seine Kritik von vornherein auf bloße Taktik ein und gesteht, noch ehe er sie übt, daß sie nichts aus den Angeln heben soll. Zwar gibt er vor, die Welt verändern zu wollen, doch weiß er nicht, zu welchem

Ende. Sein Ziel ändert sich mit den taktischen Erfordernissen des Tages, die sich ihrerseits ändern, noch während die Story in den Satz geht: seine Kritik ist ohne Perspektive, sie ist blind. Wenn es eines Beweises bedürfte, daß diese Blindheit dem journalistischen Metier nicht eingeboren ist, so wäre der erste Blick auf die besten kritischen Wochenzeitungen Europas genug: auf den *New Statesman, L'Express, France-Observateur* und *L'Espresso.* Jeder von ihnen, ungeachtet ihrer Besonderheiten, wird noch das kleinste taktische Detail zum Anlaß einer kritischen Wurzelbehandlung.

Läßt aber der taktische Realismus, wie ihn *Der Spiegel* versteht, radikale Fragestellungen nicht zu, so versuchen seine Redakteure doch auf das beflissenste, jeder Zeile, die in dem Magazin erscheint, den Anstrich der Radikalität zu geben. Das Surrogat stellt sich, damit es nicht durchschaut werde, als das Echte hin, und umgekehrt: wo radikale Fragen gestellt werden, verdächtigt *Der Spiegel* sie, indem er sie süffisant belächelt, als Surrogat. Der Pseudo-Kritik bleibt gar keine andere Wahl, als die wahre, wo immer sie sich zeigt, zu diskreditieren.

Was dem *Spiegel* an kritischer Potenz fehlt, versucht er durch inquisitorische Gestik zu ersetzen. Mit Hilfe seines Netzes von Informanten und seines großen Archivs hat das Magazin die Technik des Dossiers bis zur Perfektion ausgebildet. Seine Titelgeschichten muten zuweilen an, als läge es in ihrer Absicht (und in ihrer Kompetenz), ein Verfahren gegen den Helden, dem sie gelten, einzuleiten. Charakteristisch ist dafür eine infame sprachliche Einzelheit: jener berüchtigte Dativ-Artikel, mit dem die deutsche Justiz den Angeklagten zu bedenken pflegt. »Er folgte«, so heißt es in einer *Spiegel*-Geschichte, »*dem* Dylan Thomas sogar zurück nach Wales.« Oder: »Der Chruschtschow-Brief verriet *dem* Tito …« Die Regeln, nach denen der Angeklagte verhört und abgeurteilt wird, bleiben dabei das Geheimnis der Redaktion.

Soweit es sich um Film-Manager oder Schlagersänger handelt, die an Publizität um jeden Preis interessiert sind und denen es gleichgültig sein kann, was über sie gesagt wird, wenn nur überhaupt von ihnen die Rede ist, solange also die Opfer der Methode ihr implicite zustimmen (das mag auch für gewisse Politiker gelten) – solange ist gegen sie nicht viel einzuwenden. In solchen Fällen wird man das Magazin ruhig als eine Art gebrochener Illustrierten hinnehmen können, als *Bild-Zeitung* für den gehobenen Bedarf. Daß Ansprüche und Methoden sich gegenüber dem grobschlächtigen Vorbild verfeinern, ändert nichts an der Natur der Sache.

Der Leser, wie ihn *Der Spiegel* sich erfunden und ausgebildet hat, wird allerdings nicht geneigt sein, sich mit dem Konsumenten der Illustrierten und der Boulevard-Zeitungen vergleichen zu lassen. Die Differenz der Ansprüche und Methoden hält er für qualitativ. Darin bestärkt ihn die Propaganda des Blattes, die gerne mit Werbesprüchen wie dem folgenden operiert:

»Wer möchte nicht wie Theseus sicher gehen?
Wie schön ist das Gefühl: ›Ich weiß Bescheid!‹
Der Spiegel ist – Sie werden's selber sehen –
Der Ariadne-Faden unsrer Zeit!«

Faktisch rechnet die Zeitschrift jedoch mit eurem Leser, der, ebenso wie der Abnehmer der Illustrierten, als *tabula rasa* vorgestellt wird. Nichts wird bei ihm vorausgesetzt als die routinierte Kenntnis des Jargons. Dieser ideale Leser ist ein Wesen ohne Herkunft, ohne Geschichte und ohne Gedächtnis. Er ist das eigentlich ahistorische Wesen. Die scheinbar objektiven, unverrückbaren Bilder, die auf die *tabula rasa* seines Bewußtseins projiziert werden, sind nur augenblicksweise und virtuell vorhanden. Ihr Kontext muß immer wieder von neuem geboten werden, so oft sie erscheinen: das erste Bild ist immer schon verflogen, ehe das nächste auftaucht. Historizität und Gedächtnis ersetzt dem Leser, der hier gefordert wird, das Archiv des Magazins, ein ungeheurer Tatsachen-Silo. Wie die Gegenwart im Reporter, so ist in ihm die Vergangenheit omnipräsent. Konsequenterweise entfällt die historische Dimension, die der Story-Form nicht zugänglich ist, auch für den Leser, der ihr zugedacht ist. Alle gegebenen Sachverhalte werden prinzipiell als unbekannte dargestellt: erst ihr Auftauchen im Magazin verleiht ihnen momentan die Würde des Vorhandenen. Die Welt wird, mit einem Ausdruck von Günter Anders, zur Matrize des Magazins, die Story zu ihrem Phantom.

Sein Einverständnis mit dem Bild, das die Zeitschrift sich von ihm macht, erklärt ihr Leser, indem er, obwohl total unwissend, den Anspruch erhebt, alles verstehen und aburteilen zu können. In dem Glauben, niemand könne ihm etwas vormachen, wird er dadurch bestärkt, daß ihm fortwährend etwas vorgemacht wird. Es wird ihm eine Überlegenheit suggeriert, die er in Wirklichkeit nicht besitzt. Nicht die Rolle eines Handelnden, sondern die eines Zuschauers wird ihm dabei zugespielt. Die Einblicke und Enthüllungen, die ihm das Magazin verschafft, machen ihn zum Voyeur: er darf, ohne daß er für irgend etwas verantwortlich wäre, »hinter die Kulissen« sehen: »Der *Spiegel* leuchtet hinter die Kulissen unseres lärmerfüllten Welttheaters ...« »Hingegen ich, der Weise, les' im *Spiegel* die Hintergründe.« (Werbesprüche des Magazins.) Was dem Leser derart angeboten wird, ist die Position am Schlüsselloch. Die Entscheidung nimmt ihm das Magazin ab: sie wird in der Story präfabriziert. Während die Nachricht als zuverlässiges Mittel zur Orientierung eigenen Verhaltens dient und insofern ein Produktionsmittel ist, bleibt die Story reines Konsumgut. Sie wird verzehrt und hinterläßt nur emotionale Rückstände, die als Ressentiment wirksam werden: zum Beispiel Neid oder Schadenfreude. Zwar enthalten viele Stories versteckte Aufforderungen zum Handeln, aber diese Aufforderungen ergehen nie an den Leser, sondern an den jeweils anderen, der angegriffen, »enthüllt« wird.

Moralisch entlastet das Verfahren den Konsumenten, indem er ihm jegliche Verantwortung abnimmt und ihm die Schlechtigkeit der Welt, will sagen: der anderen, mit denen er nichts zu tun hat, für die er nicht einzustehen braucht, die er nicht beeinflussen kann, wöchentlich einmal vor Augen führt. *Intellektuell* klärt es ihn über seinen faktischen Zustand, den der Ignoranz, keineswegs auf, sondern verschleiert ihn mit allen Mitteln. Nicht Orientierung, sondern ihr Verlust ist die Folge.

Selbstverständlich gelingt die Konditionierung des Lesers immer nur teilweise; sie erfordert Zeit. Der ideale *Spiegel-Leser* ist eine Abstraktion – keineswegs jedoch ein Hirngespinst. Wie diese Abstraktion schrittweise und fast unmerklich verwirklicht wird, das sei hier an einem Beispiel demonstriert, das zugleich eine Überprüfung aller Thesen erlaubt, die über das Magazin und seine Methoden hier aufgestellt worden sind. Wir wählen zu diesem Zweck den Fall des Philosophen Jean-Paul Sartre, mit dem sich *Der Spiegel* mehrfach beschäftigt hat. Es kann sich dabei nicht darum handeln, sachliche Fehler zu konstatieren und die Angaben, die das Magazin macht, von außen her zu widerlegen. Eine Diskussion des Werkes von Sartre oder seiner Person ist hier nicht am Platz. Es werden deshalb nur *Spiegel*-Texte zitiert. Der Kommentar beschränkt sich auf die Darstellungsweise des Magazins. Um das Typische des Sachverhaltes zu unterstreichen, wird der Name des Protagonisten hier durch eine Chiffre ersetzt.

Im Dezember 1956, einige Monate nach dem ungarischen Aufstand, ist im *Spiegel* eine Titelgeschichte über X erschienen. Sein Photo auf dem Umschlag trägt die Unterschrift: »Moskaus schmutzige Hände.« Längst, ehe er mit der Lektüre beginnen kann, wird dem Betrachter des Bildes mit diesen Worten ein Vorurteil suggeriert, das mit dem Photo selbst nichts zu tun hat, das durch nichts ausgewiesen ist und das den Leser von vornherein gegen den Helden der Story einnehmen soll. Ihr Titel, »Der arme Mitläufer X«, setzt dieses Manöver fort. Das ironisch-schulterklopfende Bedauern, mit dem X bedacht wird, und die Verdächtigung, dem Schriftsteller X sei es eher um den Erfolg als um die Wahrheit zu tun (Bildtext: »Ist die Wahrheit mit dem Erfolg identisch?«) verbinden sich zu einem Kesseltreiben der Gefühle, das gänzlich ohne Argumente auskommt.

Der »Aufhänger« der Story ist ein Brand des Hauptquartiers

der KP Frankreichs, das von Demonstranten angezündet worden war. »Die Flammen aber erhellten das getrübte Bewußtsein jenes Philosophen, der lange Jahre hindurch auf eine recht düstere und unklare Weise mit den Kommunisten abwechselnd zusammengearbeitet oder sich geneckt hatte. Der zwölf Jahre währende Flirt zwischen X und den Kommunisten kann als typisch gelten für die Bewußtseinslage eines ganzen Hümpels von Intellektuellen in und außerhalb Frankreichs, denen der Ideenkult Ersatz für die bescheidene Redlichkeit des Tages ist.«

Daß hier Diffamierung und nicht Information beabsichtigt ist, wird kaum noch verhohlen. Die Epitheta »düster«, »unklar« und »getrübt« deuten an, daß X ein finsteres Gewerbe betreibt, daß er »im Trüben« fischt. Die Ausdrücke »Flirt« und »necken« sollen eine zwölfjährige, intensive Auseinandersetzung auf das Niveau des Zotenreißers bringen. Der Hinweis auf die »bescheidene Redlichkeit des Tages«, um die der Story-Schreiber offenbar bemüht ist, gewinnt vielleicht an Verständlichkeit, wenn man eine *Spiegel*-Geschichte aus dem Jahr 1949 zum Vergleich heranzieht:

»Der ›wahrscheinlich genialste geistige Aufwiegler Frankreichs seit Voltaire‹: so hat ein französischer Kritiker X genannt, bewundernd, obwohl er ihm einige erhebliche philosophische Widersprüche nachwies. X ist Philosoph, Dramatiker, Kritiker und nicht zuletzt politischer Schriftsteller, ein Literat lateinischer Prägung, wie es der alte Voltaire auch war. Ein Mann von großer Selbstsicherheit, brillanter Dialektik und angriffslustiger Intelligenz ... Soviel Debatten seine Schriften und Dramen hervorgerufen, sowenig vermag der Privatmann X die Öffentlichkeit zu interessieren ... X ist im übrigen umgänglich und weicht weder Interviews noch Diskussionen aus ... (Er) besticht sofort durch seine Nüchternheit und Intelligenz. Er gefällt sich nicht in der Rolle des berühmten Schriftstellers und langweilt auch nicht durch simple Leutseligkeit ...«

Mit eben jenem »Hümpel«, den er heute verunglimpft, hat der redliche Story-Schreiber also sieben Jahre zuvor fraternisiert. Damals hieß es im *Spiegel:* »Unter X' Führung (trat) jene demokratische Literaturfront in Erscheinung, der die Regierungen der ›dritten Front‹ manche Unterstützung verdanken ... X ... versteht unter sozialer Demokratie eine Demokratie, die dem einzelnen wirklich freie Wahl läßt und ihn nur durch Eigenverantwortlichkeit bindet.«

Sieben Jahre später, da X genau nach den Maximen von 1949 handelt, scheint dem Journalisten die beruhigende Versicherung am Platz:

»In Frankreich, und besonders in Paris haben die schillernden Stellungnahmen brillanter Geister ebensowenig Einfluß auf die Tagespolitik wie anderwärts auch ... Aber immerhin konnte die KP Frankreichs ... sich bislang auch die Anflüge intellektuellen Verhaltens schenken, solange erlauchte Reisegefährten wie X in der Kutsche hockten.«

»Erlauchter Reisegefährte«: das ist eine ironische Reverenz, die sich den Anschein gibt, ihr Opfer zu achten. Zu beachten ist hier auch, daß die Redensart »in der Kutsche hocken« dem Story-Schreiber eine genaue Definition des Verhältnisses erspart, in dem X zur Kommunistischen Partei stand und steht. Worauf es ankäme, das wird eskamotiert. Hämische Wendungen solcher Art sind auf den ersten Blick nicht leicht zu durchschauen. Auf dieser Undurchsichtigkeit beruht ihre Wirkung auf den ahnungslosen Leser:

»Nach der Befreiung ... kultivierte er seinen Horror gegen die Selbstzufriedenheit und das gute Gewissen um ihn herum.« Da die Ehrenhaftigkeit dieser Haltung über jeden Zweifel erhaben ist, kann sie nur durch den Jargon, um darin zu bleiben, »madig« gemacht werden. Wer »seinen Horror kultiviert«, leistet sich offenbar einen intellektuellen Luxus, der auf Kosten seiner Mitwelt geht.

»Wie viele Moralisten vor ihm ... stand er gefühlsmäßig auf der Seite der Unglücklichen, der Unterdrückten, der Zukurzgekommenen, denen er die frohe Botschaft der humanen Gerechtigkeit verhieß.« Gefühlsmäßig: will sagen, ohne rationale Überprüfung seiner Position. Die »Unglücklichen« werden unversehens in »Zukurzgekommene« verwandelt, in arme Schlucker, die es eben nie zu etwas bringen. Mit feinem Humor ergötzt sich der Story-Schreiber an der Vorstellung, daß ihnen ein Philosoph eine »frohe Botschaft verheißt«: für Realisten seines Schlages macht sich X damit zu einem Wanderprediger, der wie nur irgendein Billy Graham Anlaß zu gönnerhaftem Spott gibt.

»Aber X war bereit, einen Schritt weiter zu gehen: ›Es ist unser Ziel‹, schrieb er 1945, ›die bestehende Gesellschaftsordnung zu ändern.‹ Damit geriet er wie von selbst in die Nachbarschaft ... der Kommunisten.« In diesem Satz läßt die Pseudokritik die Katze aus dem Sack. Wer an der bestehenden Gesellschaftsordnung etwas ändern will, gerät »wie von selbst« in die Nähe der Kommunisten. Von hier bis zu der Feststellung, Kritik sei Kommunismus, ist es nicht mehr weit.

»Im Jahre 1952 nahmen die Kommunisten X' naive Anbiederung und seine Ketzereien nicht übel ...«, aber wenig später mußte der Clown, der sich so schamlos den Kommunisten anbiedert, und der dabei noch nicht einmal Verstand genug hat, um zu begreifen, was er tut (denn darauf will das Adjektiv »naiv« hinaus), wenig später mußte ... »der äußerlich unscheinbare, fast kleinbürgerlich wirkende Philosoph, den sein Augenfehler bei öffentlichen Schaustellungen zu Verlegenheit neigen läßt ... in die Zwangsjacke.«

Der Fall ist klar: X ist nicht nur ein toller Kleinbürger, der sich zur Schau stellen läßt; er ist nicht nur unscheinbar, kurzsichtig, ein schielender Wicht (»Soviel Debatten seine Schriften und Dramen hervorrufen, sowenig vermag der Privatmann X die Öffentlichkeit zu interessieren«: so las man's vor Tische); der Philosoph ist offenbar ein klinischer Fall. Er ist verrückt. In die Zwangsjacke steckt man bekanntlich nur Geisteskranke.

»X' Sprache deckte sich nun mit dem rituellen Vokabular der kommunistischen Partei-Dogmatiker. Nach jesuitischem Vorbild machte (er) geistige Vorbehalte. (Aber) er glaubte, daß er ... einen Pakt eingegangen sei, der ihn zwar nicht als Philosophen, wohl aber als Laienbruder eines proletarischen Ordens verpflichtete, dessen barockes Ritual er zu respektieren habe.«

Hier münzt der Story-Schreiber ein weiteres Ressentiment für sich aus: das dumpfe antiklerikale Gefühl, das sich besonders gegen die Jesuiten richtet. Die Ausdrücke »Ritual«, »Dogma«, »jesuitisch«, »Laienbruder«, »Orden« entstammen sämtlich dieser Sphäre. Mit dem Fall X haben sie nicht das geringste zu tun. Hier wird beim Leser eine Geisteshaltung, die sich fälschlich für aufgeklärt hält, vorausgesetzt und zugleich ausgebeutet. Zur Erzielung des gewünschten Effektes muß sogar die Bibel herhalten:

»Als Pariser Schläger das Gebäude (der *Humanité*) in Brand setzten, riß der Tempelvorhang vor den Geheimnissen des X entzwei und gab den Blick frei auf jene seltsame Mischung von Scharlatanerie, politischer Weltfremdheit und gemeinplätzigen Philosophemen, die von diesem brillanten Geist … ausgekocht und einer staunenden intellektuellen Mitwelt als Heilstrank serviert worden war.«

Kontext und Phrasierung verwandeln die Vokabeln »Heilstrank« und »Tempelvorhang« in üble Propagandawerkzeuge. Ein Heilstrank, der »serviert« wird wie ein Cocktail, ist eo ipso gefälscht. Der »politische Schriftsteller und Literat lateinischer Prägung, wie es der alte Voltaire auch war« hat sich unversehens in einen Scharlatan verwandelt, der politisch einfach weltfremd ist. Wo sind nur »die Nüchternheit und die Intelligenz« geblieben, durch die er einst »bestach«? Plötzlich reichen sie nur noch zur Entwicklung »gemeinplätziger Philosopheme« hin, wie *Der Spiegel*, aller Trivialität abhold, mit Befremden feststellt. »Der bedrängte Glasperlenspielmeister sophistischen Wortgedrechsels wich vor (der) redlichen Entscheidung zurück und flüchtete sich in sein Spezialgebiet, in die Dialektik.«

Unter »Wortgedrechsel« sind hier wohl Formulierungen zu verstehen, die mehr Sorgfalt verraten als die einer *Spiegel*-Story. Dialektik gilt als abseitiges Spezialgebiet, das den normalen Menschen nichts angeht. Sie ist nicht etwa eine unentbehrliche Methode des philosophischen Denkens, die seit der Antike bekannt ist, sondern ein Refugium für Sophisten, die nicht mehr ein noch aus wissen. (Man wird nicht fehl gehen, wenn man die Diffamierung der Intellektuellen, die Abneigung gegen »Wortgedrechsel«, wie übrigens auch das Ressentiment gegen den Jesuitenorden auf faschistische Sprachregelungen zurückführt.)

»Es liegt nahe«, so resumiert das Magazin den Fall X, »nach einem anderen Schlüssel für X' angeblichen ›Abfall vom Kommunismus‹ zu suchen, und es fällt schwer, opportunistische Gründe auszuschließen.« Es fällt der Redaktion sichtlich schwer, den offenen Rufmord auszuschließen; sie tut es wohl nur, um juristische Folgen zu vermeiden. Dagegen ist es ungefährlich, die Wendung »Abfall vom Kommunismus« als Zitat zu kennzeichnen, obgleich sie von X selbstverständlich nie gebraucht worden ist. Der Angeber, auf den das Wort »angeblich« verweist, ist also niemand anders als *Der Spiegel.* Die Analyse einer einzigen Story und ihr Vergleich mit einer früheren, die im selben Blatt erschienen ist, reicht hin, um den letzten Zweifel daran zu beheben, auf wessen Seite der Opportunismus zu suchen ist, von dem *Der Spiegel* spricht.

Sie bestätigt im Detail die Thesen, zu denen die Betrachtung des Magazins im ganzen geführt hat. Sie lassen sich folgendermaßen zusammenfassen: 1. Die Sprache des *Spiegel* verdunkelt, wovon sie spricht. 2. »Das deutsche Nachrichtenmagazin« ist kein Nachrichtenmagazin. 3. *Der Spiegel* übt nicht Kritik, sondern deren Surrogat. 4. Der Leser des *Spiegel* wird nicht orientiert, sondern desorientiert.

Diesen vier Thesen läßt sich eine fünfte an die Seite – und gegenüberstellen: *Der Spiegel* ist unentbehrlich, solange es in der Bundesrepublik kein kritisches Organ gibt, das ihn ersetzen kann. Er ist das einzige Blatt, das auf Interessenverbände, Ministerialbürokratien und Funktionäre keinerlei Rücksicht nimmt; das einzige, das zu keiner Form jener freiwilligen Selbstzensur bereit ist, die in der westdeutschen Publizistik gang und gäbe ist; das einzige, das den Mächten nicht deshalb schon seine Reverenz erweist, weil sie an der Macht sind. Was dem Journalismus wahrhaft demokratischer Länder als Selbstverständlichkeit gilt: von den Freiheiten, die ihm verbrieft sind, jeden möglichen Gebrauch zu machen, das ist in Deutschland bis heute ein Ausnahmefall geblieben. Dieser Ausnahmefall ist *Der Spiegel.* Das hat ihn zu einer Institution gemacht.

Die These, *Der Spiegel* sei unentbehrlich, ist keine Ehrenrettung. Das Magazin hat die Macht, einen korrupten Beamten aus seinem Amt zu entfernen, einen Minister öffentlich anzugreifen, offizielle Zwecklügen dem allgemeinen Gelächter preiszugeben; es hat aber auch die Macht, die Meinungen von Millionen zu korrumpieren. Solange es von dieser Möglichkeit Gebrauch macht, stellt es damit seine Legitimation, jene zu ergreifen, selbst in Frage. Die Feststellung, es sei unentbehrlich, kommt einer Bankerott-Erklärung nahe; sie ist von größerer Tragweite als alles, was sich über eine Wochenzeitung sagen läßt: denn sie bezieht sich nicht eigentlich mehr auf den *Spiegel,* sondern auf die inneren Verhältnisse unseres Landes insgesamt. Jedes Volk, so hat ein berühmter Amerikaner einmal gesagt, hat die Presse, die es verdient. Jedes Volk, so ließe sich dem hinzufügen, verdient die Presse, die es nötig hat. Daß wir ein Magazin vom Schlage des *Spiegel* nötig haben, spricht nicht für das Blatt, das die Masche zu seiner Moral gemacht hat; es spricht gegen unsere Presse im ganzen, gegen den Zustand unserer Gesellschaft überhaupt: es spricht, mit einem Wort, gegen uns[7].

7 Auf eine Aktualisierung dieses Aufsatzes aus dem Jahr 1956 wurde verzichtet, obwohl sich sein Gegenstand seither erheblich verändert hat; inwiefern, zum Bessern oder Schlechtern, kann der Leser selber entscheiden, wenn er den damaligen mit dem heutigen Befund vergleicht; dabei will ihm der vorliegende Versuch nicht nur methodisch, sondern gerade vermöge seiner Zeitdifferenz behilflich sein. – Die veralteten Zahlenangaben des Textes sind in den Anmerkungen korrigiert. Stilistische Besserungen sind stillschweigend vorgenommen worden; sie berührten den Kern der Analyse an keiner Stelle.

Erster Zusatz: Über die Produktionsmittel der Kritik

Hinter der fragwürdigen Auskunft, er schreibe nur zur eigenen Erbauung und sei mithin auf Veröffentlichung nicht angewiesen, kann sich der Kritiker noch weniger verschanzen als jeder andere Autor. Seine Arbeit will nicht nur getan, sie will auch verbreitet sein; sonst bleibt sie sinn- und folgenlos. Zu seinen Produktionsmitteln gehören also nicht nur Stuhl und Tisch, Papier und Bleistift, sondern auch die großen Apparate der Bewußtseins-Industrie. Bekanntlich kann er aber über diese Apparate nicht frei verfügen. Oft befinden sie sich in den Händen jener, auf die seine Kritik gemünzt ist. Damit ist nicht schon gesagt, daß ihre Veröffentlichung ausgeschlossen wäre; nur totalitäre Herrschaft fühlt sich zu schwach, um sie zu ertragen und stark genug, um sie gewaltsam zu verhindern. Hingegen muß eine Gesellschaft, die auf den Namen der Demokratie Ansprüche macht, Kritik schon zur Befestigung dieser Ansprüche dulden. Sie räumt ihr einen Spielraum ein, dessen Grenzen nicht von der Kritik selbst, sondern von den Interessen der Herrschaft, also nach taktischen Gesichtspunkten, bestimmt werden. Der Kritiker gibt seine eigene Position bereits preis, wenn er diese Grenzen anerkennt; wenn er sie überschreitet, verliert er seine Produktionsmittel. Das ist sein alltägliches Dilemma. Gewaltsam kann er es nicht auflösen. Es gehört weder zu den Aufgaben, noch zu den Möglichkeiten der Kritik, ihre Gegenstände abzuschaffen. Wer ihr zutraut, sie werde Herrschaft liquidieren, Machtverhältnisse aus den Angeln heben, verschwendet seine Hoffnungen oder seine Besorgnisse. Kritik meint nicht gewaltsame Veränderung der Welt, sie deutet auf deren Alternative; sie ist nicht revolutionär, sondern revisionistisch gesonnen. Was sich von innen her nicht verändern läßt, an dem muß sie verliegen. Die Revision, mit der sie beauftragt ist, gleicht, immer wieder, einer Probe aufs Exempel. Da deren Resultat nicht vorausgesagt werden kann, muß sie in jedem Fall versucht werden.

Mit eigenen Kräften kann die Kritik ihr Dilemma nicht aus

der Welt schaffen. Sie muß von Fall zu Fall mit ihm fertig werden. Dazu ist List erforderlich. Die Frage der Produktionsmittel ist für den Kritiker eine taktische Frage. Auf die Spitze getrieben erscheint sie dann, wenn seine Revision der Bewußtseins-Industrie selber gilt: der Gegenstand der Kritik fällt mit ihrem Mittel zusammen. Der Autor kann dem Dilemma begegnen, indem er sich an die Ränder der Industrie zurückzieht und jener Medien bedient, die sich ohnehin nur an Minoritäten richten. Diese peripheren Medien kompromittieren ihn nicht, oder doch zu minderen Graden. Der Rückzug ins Exklusive geschieht aber um den Preis, daß er sich wissentlich auf ein Publikum von Einverstandenen, oder doch Eingeweihten, beschränkt und die Unwissenden ihrer Unwissenheit überläßt.

Sein Gutes hat das Dilemma darin, daß es den Kritiker zwingt, sich über die Absichten klar zu werden, die er mit seiner Arbeit verfolgt, sowie über die Adressaten, die er erreichen möchte. Wozu schreibt er, und für wen? Auf diese Fragen ist er sich Antwort schuldig, und nach dieser Antwort muß er sein taktisches Verhalten einrichten. (Beispiel. Eine Dialog-Fassung der vorliegenden Untersuchungen über »Die Sprache des *Spiegel*« ist im Februar 1957 vom Radio-Essay des Süddeutschen Rundfunks in Stuttgart gesendet worden: Die Veröffentlichung erregte ein gewisses Aufsehen. Die Redaktion des Magazins bat wenige Tage nach der Sendung um die Erlaubnis zum teilweisen Abdruck des Manuskripts in seinen Spalten. Sie wurde erteilt.)

Zweiter Zusatz: Über den Beifall von der falschen Seite

Die eklatanten inneren Widersprüche, die unserer Zivilisation auf den ersten Blick anzumerken sind, werden gemeinhin, und nicht immer zu Unrecht, als bedrohlich empfunden. Gleichzeitig garantieren sie aber die Freiheiten, die uns verblieben sind. Solange sie an den Tag treten können, ist es möglich, den Zustand der Gesellschaft zu verändern, ohne sie zu zerbrechen. Erst wenn sie gewaltsam zum Schweigen gebracht werden, wenn das Gemeinwesen seine Antagonismen verleugnet und sich als Monolith ausgibt, verschwindet die Möglichkeit der Revision. Die einzig in sich stimmige Welt ist die totalitäre.

Kritik setzt die Widersprüche des Wirklichen voraus, setzt bei ihnen ein und kann von Widersprüchen selbst nicht frei sein. Hierauf macht aufmerksam, was man ihr als den »Beifall von der falschen Seite« zum Vorwurf macht. Jeder, der sich überhaupt öffentlich äußert, wird ihn zu hören bekommen; kaum einer, der nicht dann und wann versucht wäre, jenem Beifall aus dem Wege zu gehen, Rücksicht auf ihn und auf alle die zu nehmen, die ihm zur Last legen, wofür er nicht haften kann: die Meinung seiner Zuhörer.

Leicht zu sehen, daß Kritik sich unter ihren heutigen Bedingungen taktisch verhalten, oder verstummen muß; aber der Satz verliert sein Recht und wird zur Ausrede, wenn er sieh von seinen Gründen löst. Behauptet er sich abstrakt und unbeschränkt, so entzieht er der Kritik die Bedingungen ihrer eignen Existenz. Eine Grenze des taktischen Verhaltens soll hier angezeigt, die Struktur aller Rechnungen mit dem »Beifall von der falschen Seite« soll skizziert werden.

Zunächst setzen diese Rechnungen voraus, daß der Kritiker Partei ergriffen hat, schon ehe er an seine Arbeit geht; was er erst unterscheiden möchte, wird ihm in den Mund gelegt und flugs benannt. Auch daran, wieviel Ansichten von der Realität möglich seien, bleibt von vornherein kein Zweifel. Nur bis zwei darf gezählt werden. Die Rede vom falschen Beifall bezieht sich auf eine streng symmetrische Welt, aus der die Farben verbannt sind; auf immer dasselbe Feld, das weiße, versucht sie den Kritiker zu ziehen. Dort mag er reden, solange er will. Seine Parteigänger haben keine Zeit, ihm zuzuhören. Sie sind vollauf damit beschäftigt, im schwarzen, im feindlichen Feld nach Anzeichen des Beifalls Ausschau zu halten. Auf diese Weise machen sie ihre Feinde zu Schiedsrichtern ihres eigenen Redens. Unerheblich, was an den Worten ihres Sprechers wahr oder unwahr ist; Kritik, die sich taktisch auf solche Spielregeln einläßt, sich ihnen beugt, wird vollends fungibel.

Was dem Gegner nützt, muß unterbleiben: Worauf dieser Satz hinausläuft, das wird an seiner Umkehrung klar: Was der eigenen Seite nützt, geschieht. Die Struktur beider Sätze ist totalitär.

Die Redensart vom Beifall, der von der falschen Seite komme; die Aufforderung, der Kritiker habe sich vor ihm zu hüten: sie zeigen an, wie weit sich, im Gefolge des Kalten Krieges, totalitäre Schemata in unserm Denken ausgebreitet haben. In Deutschland, einem geteilten Land, begegnet man ihnen täglich. Äußert sich etwa in der Bundesrepublik (A) jemand (a) kritisch gegen einen führenden Politiker (X) seines eigenen Landes, so wird aus dem Beifall, der in der DDR (B) seinen Worten gezollt wird, geschlossen, er schätze (B) über die Maßen. Hat (a) etwas gegen einen führenden Politiker namens (Y) einzuwenden, der in (B) amtiert, so erfreut er sich in (A) ziemlichen Beifalls und wird automatisch für einen Parteigänger von (X) gehalten. Wer so argumentiert, bemerkt meist nicht, daß er (A) und (B) einander als spiegelsymmetrische Varianten gleichsetzt.

Damit hat es aber keineswegs sein Bewenden. Auch Personen, die zwischen (a) und (A), zwischen (A) und (X) zu unterscheiden wissen, machen sich sehr oft ein ähnliches Schema zu eigen. Stellen sie etwa (X) und (Y) gemeinsam auf die »falsche« Seite, so resultiert, daß von diesen beiden einzeln gar nicht mehr gesprochen werden kann. Jedes Wort gegen (X) darf nämlich auf den Beifall von (Y) rechnen und umgekehrt; ist also, nach der totalitären Logik des Schemas, zu verwerfen. Wie lebendig, und tödlich, diese Formalismen in Deutschland sind, lehrt jeder Blick auf die gegenwärtige Publizistik. Selbstverständlich können die Chiffren für beliebige Gegensätze stehen (Unternehmer – Gewerkschaften; »Bonn« – Opposition gegen »Bonn«; und so fort).

Die Angst vor dem »Beifall von der falschen Seite« ist nicht nur überflüssig. Sie ist ein Charakteristikum totalitären Denkens. Kritik, die ihr Konzessionen macht, ist durch keinen Hinweis auf taktische Überlegung zu rechtfertigen; sie ist hinfällig.

Scherbenwelt

Die Anatomie einer Wochenschau

WIR BRINGEN IHNEN das Interessanteste und Aktuellste aus allen Ländern der Erde in Bild und Ton.« – »Wir drehten für Sie die wichtigsten Ereignisse der Woche. Wir zeigen Ihnen: Blick in die Welt.« Was derart angekündigt wird, sind nicht nur die Ereignisse selbst, es sind Reflexe, die ihrerseits der Reflexion bedürfen; denn die Geste des Zeigens, die uns vorgeführt wird, lenkt unsern Blick von dem Zeigenden ab auf die vereinzelten und disparaten Abbildungen des »Interessantesten und Aktuellsten«. Wir sehen, was die Wochenschau uns anbietet, nicht sie selbst. Indem sie uns einen »Blick in die Welt« verschafft, bleibt sie selber unsichtbar; unsichtbar bleiben ihre Methoden und Kriterien, undurchsichtig die Gesetze der Welt, die sie uns »bringt«.

Dabei gehört die Wochenschau zu den mächtigsten Instrumenten der publizistischen Industrie. 215 Millionen Zuschauer liefern sich in jeder Woche auf den Plüschsesseln der 100000 Kinos, welche die Weltstatistik verzeichnet, diesem Instrument aus. Sie sitzen im Dunkeln. Was da mit der Geschwindigkeit und der Gewalt einer Lokomotive auf sie zukommt, wissen sie nicht. Bilder aus fünf Kontinenten spiegeln sich in rasender Folge auf ihrer Netzhaut. Unsichtbare, anonyme Sprecher plaudern und schreien in ihr Ohr. Kreischende, winselnde, peitschende, stampfende Musik drückt die psychischen Schotte ein. Der nächste huschende Lichtfleck überholt die Reflexion und zerfetzt sie.

»Der Zuschauer«, so heißt es in einer Untersuchung über die Wochenschauen in aller Welt, die im Auftrag der UNESCO entstanden ist, »der Zuschauer muß seine Aufmerksamkeit derart auf den raschen Bildablauf konzentrieren, daß jede Reaktion, die über das bloße Hinnehmen hinausgeht, ins Unbewußte abgedrängt wird. Selbst wenn er kritisch veranlagt ist, hat er keine Möglichkeit, die Informationen, die ihm angeboten werden, nachzuprüfen oder zu vergleichen ... Überdies fehlt dem Zuschauer jede Gelegenheit, dem Hersteller der Wochenschau seine Meinung zu sagen. Der Filmbericht ist anonym; selbst der Texter ist nur in den allerwenigsten Fällen bekannt. Wenn ein Zeitungsleser einen Artikel zu diskutieren wünscht, hebt er ihn auf und studiert ihn sorgfältig. Er ist dann in der Lage, ihn zu widerlegen. Der Kinobesucher hat dagegen kein Exemplar der Wochenschau zur Hand. Will er sich überhaupt zu ihr äußern, so muß er sich auf sein Gedächtnis verlassen. Eine nachträgliche Kontrolle am Schneidetisch oder anhand des Textbuches ist im allgemeinen nicht möglich. Die meisten Herstellerfirmen geben keinen Einblick in ihre Texte oder in Archiv-Kopien. Die Wochenschau läßt keine Antwort zu. Eine Zeitung mag eine Erwiderung abdrucken: kaum jemals ist ein Filmbericht zu widerlegen oder zu korrigieren.«

Diese Auskunft der UNESCO-Experten ist besorgniserregend. Noch alarmierender ist die Tatsache, daß ihr Bericht ein Unikum ist: es gibt so gut wie keine brauchbare Literatur zum Thema Wochenschau. Nicht nur der Zuschauer, sondern die Öffentlichkeit überhaupt sitzt im Dunkeln und nimmt ungeprüft das Weltbild hin, das ihr alle acht Tage auf die Leinwand projiziert wird.

In einem Punkte allerdings irrt der Bericht. Die Hersteller der vier Wochenschauen, die es in der Bundesrepublik gibt, haben für die gegenwärtige Untersuchung Texte und Archiv-Kopien zur Verfügung gestellt, ohne irgendwelche Bedingungen daran zu knüpfen. Diese Unterlagen ermöglichen es überhaupt erst, die Anatomie einer Wochenschau zu studieren. Ihre Sektion kann nur am Schneidetisch geschehen.

Anatomie, das heißt: Zerlegung eines Ganzen. Ist die Wochenschau überhaupt ein Ganzes? Auf den ersten Blick scheint es, als zerfiele sie von selbst in ein rundes Dutzend völlig unverbundener, kleinster Elemente, die nichts miteinander verbände als der Klebstoff, mit dem die Streifen aneinandergehängt sind. Dem zweiten Blick bietet sich indessen ein einfaches Ordnungsschema an, nach dem die meisten Wochenschauen gebaut sind: es ist die Einteilung des Stoffes nach Sparten, wie sie von den Tageszeitungen geübt wird. Eine Seite Politik, eine Seite Technik und Wirtschaft, Unterhaltungsbeilage, Feuilleton, Modeseite, Sportteil: auf diese Weise scheint sich auch die Wochenschau ohne weiteres von selbst zu zerlegen. Auch die redaktionelle Statistik geht nach diesem Schema vor. Gewöhnlich läuft ein rundes Viertel der gezeigten Filmmeter unter dem Titel Sport. Ein zweites Viertel wird als Unterhaltung deklariert. Es bleiben 15 % für Technik und Wirtschaft, 15 % für Politik und die restlichen 20 % für die etwas vage Sparte »Sonstiges Weltgeschehen«. Die genannten Ziffern schwanken, pegeln sich aber immer wieder ein. Sie scheinen der Kritik bereits genügend Ansatzpunkte zu verschaffen. Von einem Weltbild, dessen größere Hälfte Sport und Unterhaltung bestreiten, wird man sagen dürfen, daß es zumindest stark getrübt sei. Daß die Entscheidungen der Woche normalerweise im Boxring oder auf dem Laufsteg fielen, wird nicht einmal der hartgesottenste Illustriertenredakteur behaupten.

Dennoch träfe jede Kritik, die sich auf den simplen Proporz der »Sparten« verließe, zur kurz. Ganz abgesehen von der Fragwürdigkeit einer Einteilung, der die Welt unter der Hand in redaktionelle Kompetenzen zerfällt, der mithin jedes wirkliche Ereignis, das die Zuständigkeit eines Ressorts überschreitet, entgehen muß, – abgesehen davon würde eine Vertauschung der Sujets und ihrer Anteile am Ganzen den Aktualitätenfilm in seiner Struktur überhaupt nicht berühren. Kulturkritischer Eifer, der sich darauf beschränken möchte, an die Stelle der Riesendame und des Sechstagerennens Ausstellungseröffnungen oder Akademietagungen zu setzen, ließe alles beim alten.

Wie aber dieses Alte beschaffen ist, zeigt das Experiment eines

Pariser Kinobesitzers. In seinem Haus läuft die Wochenschau mit einer Verspätung von einundfünfzig Wochen. Was vor dem Hauptfilm kommt, ist also ein Streifen, der ein ganzes Jahr alt ist. Der Unternehmer hatte mit diesem Einfall nicht nur auf die geringere Miete für eine alte Kopie, sondern noch mehr auf das snobistische Vergnügen seiner Zuschauer spekuliert. Vergeblich: die wenigsten Besucher bemerkten die Verspätung; der bald gespenstische, bald amüsante Choc, den alte Zeitungen uns zuweilen versetzen, blieb aus. Der Veranstalter hatte sich verrechnet: der Aktualität der Wochenschau ließ sich nicht spotten, weil sie nie aktuell gewesen war.

Aktualität ist ein mikrohistorischer Begriff; das heißt, aktuell ist ein Ereignis, das ein geschichtliches »Vorher« und ein geschichtliches »Nachher« hat. Eine Fürstenhochzeit etwa ist nur in einer Monarchie aktuell; sind dagegen keine regierenden Familien daran beteiligt, so verändert der Vorgang wohl ein Privatleben, aber nicht die Welt. Aus dem gleichen Grund kommt der Entdeckung eines physikalischen Elementarteilchens eine echtere Aktualität zu als einem Fußballspiel oder einer Briefmarkenauktion. Das Hobby ist ahistorisch, undatierbar: die physikalische Entdeckung macht Epoche im ursprünglichen Sinn des Wortes: eine Kerbe ins Holz der Zeit. Das Experiment des Pariser Kinobesitzers ist deshalb exakt angelegt; sein Ergebnis ist vernichtend. Es tut nicht allein dar, daß die Wochenschau nicht aktuell, sondern darüber hinaus auch noch, daß sie verblüffend monoton ist. Soweit geht diese Monotonie, daß die Streifen nicht mehr voneinander zu unterscheiden sind. Das ahnungslose Publikum des französischen Lichtspielhauses bemerkt gar nicht, daß es längst kennt, was ihm gezeigt wird; umgekehrt wird der kritische Betrachter der neuesten Folge, die ihm ohne Hinterlist vorgesetzt wird, das Gefühl nicht los, man wolle ihn auf ähnliche Weise hereinlegen: das Gefühl, er habe all das schon einmal, schon zu unzähligen Malen, ja bis zum Überdruß gesehen.

Die Redakteure der Wochenschauen nennen die Bauelemente, aus denen sie ihre Streifen zusammensetzen, Stories. Dieser

Ausdruck ist anfechtbar; denn die Versatzstücke, die so heißen, haben keinerlei epische Funktion. Sie sind in der Regel ohne Handlung und kommen zuweilen ganz ohne Personen aus. Wie der französische Publikumstest beweist, sind sie beliebig auswechselbar. Das erleichtert ihre industrielle Fertigung, macht aber eine sehr weitgehende Normierung erforderlich. Sie wird von den Produzenten der Wochenschauen gern in Kauf genommen. Die Analyse eines Jahresprogrammes zeigt, daß sich alle Stories, die in ihm enthalten sind, mühelos auf wenige Grundtypen zurückführen lassen. Die folgenden Beispiele sind authentisch.

Typus I:
Die rosige Jolanthe oder *Kraft durch Freude*

»Ein junger Feldhase fand unverhofften Familienanschluß bei einem Hamburger Geschwisterpaar. Von seinen Eltern verlassen wird der einsame Langohr nunmehr mit Milch und Haferflocken hochgepäppelt.

Und das ist Minka aus Neumünster. Ihr Pflegekind ist ein äußerst lebhaftes Ferkel, das als Vollwaise auf die Liebe der Katzenmutter angewiesen ist. Freundschaftsbeteuerungen der rosigen Jolanthe werden von Minka zärtlich erwidert. Oberster Erziehungsgrundsatz jedoch: Ohne Katzenwäsche soll auch das größte Ferkel nicht schlafen gehen.«

Die folgenden Story-Titel lassen sich ohne weiteres diesem Typus zurechnen: »Dressierte Affen, die Pfeife rauchen und Klavier spielen; Der zweijährige John legt Männer auf die Ringmatte; Erstes Hotel für Hunde in Berlin; Weiblicher Stierkämpfer wird auf die Hörner genommen; Auch Elefanten müssen zum Finanzamt.«

Dies alles rechnet die Wochenschau zu den »interessantesten und aktuellsten Ereignissen aus allen Ländern der Erde«. Die Versatzstücke von diesem Typ sind als Äußerungen des Schwachsinns aller Kritik enthoben. Sie sind zeit- und ortlos; ihr Informationswert ist gleich Null. Ihre positive Funktion besteht darin, den Blick des Zuschauers von allem abzulenken, was ihn eigentlich anginge. Daher die Vorliebe, mit der Tiere für solche Stories mißbraucht werden: solange man sich an Hundehotels erbaut, ist vom Wohnungsmarkt nicht die Rede. Der Tierfreund, der einem Dackel seinen Tirolerhut aufsetzt, um ihn zu filmen, und der einen Affen dazu zwingt, ihm Chopin vorzuspielen, wird es auch an Menschenliebe nicht fehlen lassen; sei es, daß er andern den Nasenring einzieht, sei es, daß er ihn selber trägt. Der Dressurakt gilt immer schon dem Zuschauer, der, Dompteur und Affe zugleich, die Karikatur seiner selbst auf der Leinwand belacht.

Typus II:
Schick sein ist alles oder *Das Paradies der Zaungäste*

»45 Globetrotter aus Amerika machten auf ihrer Europareise Station in Hamburg. Sie kamen in Kolonne und mit dollarschwerem Anhang. Chromglänzende Luxus-Exemplare einer höchst komfortablen Camping-Villa. Nach dem langen Trip wird zunächst die Politur wieder aufgefrischt. Die Großstadtjugend steht staunend vor dem lebenden Inbegriff eines Weltenbummlers. Das Interesse der Zaungäste gilt natürlich den fahrbaren Eigenheimen, wo der Eisschrank ebensowenig fehlt wie der eingebaute Gasherd.«

Weitere Titel vom selben Typus: »Begegnungen mit Stars beim Münchener Filmball; Dorado für Autogrammjäger; Wellenreiten in Florida; Unterwasser-Modenschau in Kalifornien; Kaiserin Soraya beim Wintersport; Filmfestival in Venedig; Eine rauschende Ballnacht; Internationales Tanzturnier um den großen Preis von Europa« – und so weiter, und so weiter.

Auch bei diesem Typus kann von keiner Aktualität die Rede sein. Spuren von Information sind ihm aber anzumerken. Während jedoch eine wirkliche Nachricht für den, der sie empfängt, etwas bedeutet, beruht der Reiz von Stories dieses Typs umgekehrt darauf, daß sie folgenlos bleiben. Die abgebildeten Vorgänge verändern nichts. Sie verdanken ihre Beliebtheit dem Umstand, daß sie niemanden etwas angehen, also im genauesten Sinn des Wortes uninteressant sind. Dazu kommt, daß der Zuschauer von ihnen ausgeschlossen bleibt; sie sind den gezeigten, privilegierten Personen vorbehalten, deren Privileg freilich zum größeren Teil darin besteht, daß sie sich ausstellen dürfen. Ihre Scheinexistenz schließt also den Zuschauer als Teilnehmer aus, setzt ihn aber als Zaungast voraus.

Daß er nur Zaungast sein darf, bestärkt den Zuschauer seinerseits in dem Glauben, hinter dem Zaun läge das Paradies. Daß die Gezeigten selbst Betrogene sind, der Prominente sein eigener Komparse, die Kaiserin ihr eigenes Mannequin – die makabre Ironie dieses parasitären Blitzlichtbetriebes durchschaut der Zuschauer nicht. Weit entfernt, an der kaiserlichen Würde zu zweifeln, die sich der Kamera preisgibt, bekleidet er mit ihr noch das Mannequin, das sie imitiert. Die Situation, die sich im Typus I schon angedeutet hat, verfestigt sich hier: Der Darsteller, der dem Zaungast ein gesellschaftliches Paradies vorspielt, ist von ihm abhängig, genau wie der Dompteur vom Affen; das Verhältnis beider ist dialektisch verschränkt; die Dressur des Zaungastes wirkt auf den Darsteller zurück; der eine ist jeweils Affe und Dompteur des andern, beides zu gleicher Zeit. Dem leeren Blick auf das Schwein Jolanthe ist, am Astloch des Typus II, ein anderer gewichen, der mißgünstig und verzückt in einem ist. Immer noch verharrt der Zuschauer zwar in seiner Passivität, doch wird ihm bereits ein Minimum von Anteilnahme abgefordert: Er übt sich in den gesellschaftlich gebotenen Wunschvorstellungen und gleichzeitig darin, daß er sich ihre Erfüllung versagen und an die Ersatzbefriedigung des Voyeurs gewöhnen muß. Damit ist er freilich nicht am Ende seines Trainings. Der dritte Typus unter den Standard-Stories der Wochenschau verlangt ihm weit mehr ab.

Typus III:
Großer Bahnhof oder *Hut ab vor der Obrigkeit*

»Eröffnungsflug der Mittelostlinie der Deutschen Lufthansa. Oberbürgermeister Wimmer grüßte bei der Zwischenlandung in

München Bundesminister Seebohm, der mit Abgeordneten des Deutschen Bundestages an diesem ersten Flug teilnahm. Teheran, die Hauptstadt von Iran, ist das Ziel der Reise. Irans Verkehrsminister, General Bali an Sari, begrüßte die Gäste aus Deutschland.«

Weitere Titel vom selben Typus: »Staatsbesuch des griechischen Königspaars in Hannover; Professor Heuss gratuliert dem Bundeskanzler zum Geburtstag; Staatsbegräbnis für den Chef des Hauses Wittelsbach; Fahnenübergabe an Englands ältestes Artillerieregiment; Sowjetminister trifft in Stockholm ein; Acht Nationen unterzeichnen den Südostasienpakt; Papst Pius erteilt 5000 Motorrollerfans den Segen.«

Mit dem dritten Typus tritt die Wochenschau überhaupt erst in das Magnetfeld der Geschichte ein. Jolanthe und das Mannequin lagen im ahistorischen Bereich des Tratsches. Nun wird die Sache ernst. Die dröhnende Marschmusik, die die Szenen begleitet, macht das evident. Die politische Ikonographie bestimmt das Bild. Zwar bleibt es, oberflächlich betrachtet, unverändert: Herren im Homburg schreiten Ehrenkompanien ab, Generale entsteigen dem Flugzeug, Fahnen werden geschwenkt. Nur die Namen wechseln und, wenn man genau zusieht, die Physiognomien. Das Zeremoniell spielt eine wesentliche Rolle. Der unsichtbare Regisseur des Geschehens ist der Protokollchef. Ein Schuß Weihwasser kann nicht fehlen, und die Reste ehrwürdiger Traditionen werden gern der *publicity* dienstbar gemacht. Dome und Fugen müssen herhalten, wo der Silberglanz der Düsenmaschinen nicht hinreicht, dem Zuschauer den obligaten Schauer der Ehrfurcht über den Rücken zu jagen. Alle Klischees der Staatsaktion werden aufgeboten, um den »historischen Augenblick« zu suggerieren, deren Augenzeuge er sein darf.

Noch verbirgt sich die Macht, der der Zeitgenosse den Tribut seiner Bewunderung zollt, hinter magischen Larven. Das Stadium des Zaungasts hat er verlassen: hier wird ihm Zustimmung abverlangt, in der nächsten Phase wird er aktiviert. Diese Phase liefert der Wochenschau ihren vierten Typus.

Typus IV:
Sprung-auf-marsch-marsch oder *Der Fortschritt*

»Olympische Ausscheidungskämpfe für Melbourne in den Vereinigten Staaten. In Los Angeles sahen mehr als 40000 Zuschauer die Rekorde der Leichtathleten purzeln. 100-Meter-Sieger Bobby Morrow, Sensation im Memorial Coliseum, 400 Meter Hürden: Glenn Davis aus Ohio läuft 49,5 Sekunden. Der Texaner Eddi Sansan 49,7. Damit wurde der Weltrekord in einem Lauf zweimal gebrochen. Und nun sehen Sie das Phantastische: 2 Meter 14,6 springt Charles Djunnes, neuer Weltrekord. Start zum 400-Meter-Lauf. Weltrekordmann Lu Jones hat einen harten Rivalen gefunden. Jim Lie jagt den Weltrekordmann mit seiner neuen Weltbestleistung. Lu Jones brach seinen eigenen Weltrekord und lief die 400 Meter in 45,2 Sekunden.«

Weitere Titel vom selben Typus: »Hinter schweren Motoren: Querfeldeinmeisterschaft in Saarbrücken; Schlachtbank der Pferdestärken; Neues deutsches Superschnellboot; Das schnellste Rennen der Welt: Höllenfahrt auf der Avus; Düsenjäger durchrast Schallmauer; Halsbrecherische Gipfelfahrt: Motorendonner im Schlamm; 8000 Schuß in der Minute: Neue Schnellfeuerwaffe der US-Armee.«

Hier endlich tut sich etwas. Die Ehrenkompanie gerät in Bewegung. Sie jagt vorbei. Die Konturen verwischen sich. Die Zukunft hat schon begonnen. Ob mit oder ohne Rakete: der Fortschritt bricht alle Rekorde. Der Zuschauer japst wie der schweißüberströmte Held auf der Aschenbahn. Sein Gesicht verzerrt sich wie das des Piloten, der senkrecht in die Stratosphäre geschossen wird. »Und nun sehen Sie das Phantastische«: 8000 Schuß in der Minute – hier endlich deutet sich die Dynamik der Geschichte an. Hier endlich wird zur aktiven Teilnahme aufgerufen. Hier gilt es mitzumachen, und wäre es nur an der Lenkstange des eigenen Motorrads, hier gilt es, den schweren Wagen, am Rande des Kippens, auf zwei Rädern durch die Kurve pfeifen zu lassen: und wer das kann, dem braucht vor keinem Ernstfall zu bangen. Er wird sich am roten Telefon nicht lumpen lassen. Aber noch ist der Zuschauer mit den Bildern allein. Der folgende Typus bündelt seine Aktivität zum kollektiven Ereignis.

Typus V:
Der Hexenkessel der Hunderttausend oder *Die Massenbasis*

»Alle Jahre wieder: die große Polizeischau im Olympiastadion, so, wie sie nur der Berliner kennt, und so, wie sie den Berliner immer wieder begeistert. Hunderttausend drängten sich auf den Tribünen, als das Aufgebot der Fahnenschwinger das Festprogramm eröffnete. Dann zeigten die beliebten Berliner Bepos, was alles dazu gehört, um als Polizist ganz auf dem Posten zu sein. Am Abend zogen 1500 Fackelträger durch das Marathontor ins Stadion ein. Und als Abschluß der großen Schau das Streichholzfeuerwerk der Hunderttausend.«

Vom selben Typus: »Millionenfest in Wolfsburg; Eröffnung der Weltjugendfestspiele; Eucharistischer Kongreß; Eindrucksvolle Massenkundgebung in Rio; Sprungmanöver von 4000 Fallschirmjägern in den USA; Atommanöver der NATO-Luftmacht über Deutschland; Tokio: Vorbeimarsch der 100000; 85000 sehen ein atemberaubendes Endspiel im Dortmunder Stadion.«

Der Hexenkessel der Hunderttausend ist das ideale Laboratorium zur Erzeugung von Rauschzuständen. Drückte der vierte Typus den Fortschritt, als blinde Verschiebung rein numerischer Rekordmarken, noch im Bilde des lorbeerumkränzten Testpiloten aus, behielt sie den Ruhm des Draufgängers noch dem einzelnen, dem Helden vor, so erblickt sich hier in der Arena der Zuschauer selbst. Hier endlich ist er wirklich dabei: Die Dressur ist gelungen. Sein Gebrüll mischt sich mit dem der hunderttausend anderen Mitläufer.

Die Kamera fährt dicht an ihn heran, holt ihn hervor aus der Masse seinesgleichen und überliefert seinen anonymen Schrei. Mit aufgerissenem Mund porträtiert sie Jedermann, Jedermann, der dabei ist, der Geschichte macht, der nur auf den Pfiff des Rattenfängers wartet, um selbst in die Arena zu stürzen und aufzuräumen, Zunder zu geben, Kleinholz zu machen, daß die Fetzen fliegen ... Sie fliegen im nächsten, im letzten Typ der Wochenschau-Story.

Typus VI:
Knüppel aus dem Sack oder *Die Welt als Scherbenhaufen*

»Die englische Luftwaffe hat ihre Atombomber vom Typ Vikkers Volance mit Raketenstart ausgerüstet. Die schwerfällige Maschine wird dadurch überall einsatzfähig. Der sonst so schwierige Start gelingt jetzt sogar auf verkürzter Rollbahn.«

Der sechste Typus ist der Einsatz, der Ernstfall, die Katastrophe. Sein Thema, die Zerstörung, ist das zentrale Thema der Wochenschau. Es zieht sich durch alle Sparten hindurch: »Zweimaliger Speedway-Sieger auf der Todesbahn zerschellt; Hochwasserkatastrophe in Indonesien; Furchtbares Erdbeben auf den Philippinen; Marokkanische Partisanengruppe vernichtet; Hurrikan über Amerika; Schwere Zerstörungen in Havanna; Kanonendonner an der chinesischen Küste; Größter Atombombenversuch: A-Bombe auf die Geisterstadt in der Wüste.«

Die Katastrophe erscheint in solchen Bildern als das einzige Movens der Geschichte. Erst vor dem Anblick zerwalzter Leichen, zertrümmerter Städte, explodierender Schiffe erklärt sich der Hunger nach authentischer Wirklichkeit für befriedigt. Das Scherbenhafte, das sich formal schon im atomistischen Bau der Wochenschau anmeldet, wird hier zu guter Letzt thematisch. Merkwürdig genug: selbst hier, in ihrer sadistischen Konvulsion, wird Geschichte ungeschichtlich erfahren. Die politische und militärische Katastrophe, an der sich der Zuschauer ergötzt, wird als Naturereignis geschildert: niemand ist schuld an ihr. Niemand kann sie verhindern oder beeinflussen. Ein Krieg bricht aus, wie ein Vulkan ausbricht; Partisanen werden ausgeräuchert wie Heuschrecken. Eine solche Weise, die Katastrophe zu betrachten, nährt sich aus einem selbstmörderischen Bewußtsein. Das geheime Ideal, von dem jede mögliche Katastrophe nur ein matter Abglanz ist, dieses Ideal ist die Bombe. Die Atombombe ist historisch und elementar zugleich. Sie ist das eigentliche Telos, die Apotheose des Scherbenhaufens, größte Aktualität und zugleich deren Ende. Mit der Vision eines explodierenden Planeten endet die Schau, die mit der rosigen Jolanthe so harmlos begann.

Die Typologie der Wochenschau-Stories, von der idiotischen Idylle bis zum planetarischen Amoklauf, bedarf der Nachprüfung am fertigen Produkt. Dort treten die sechs Grundmuster oft nicht rein, sondern gemischt auf; sie durchdringen einander. Der folgende Text gibt die Tonspur einer ganzen Wochenschaufolge (NDW 344/56) von Anfang bis Ende wieder.

»Mit klingendem Spiel zog die Schutz- und Bereitschaftspolizei in das Berliner Olympiastadion ein. Vor mehr als 100 000 Zuschauern rollte das Mammut-Programm der großen Polizeischau ab. Schläuche, die beim Wettkampf der Alarmstaffeln passiert werden müssen, gleichen gefräßigen Riesenschlangen, die zahlreiche Opfer verschlingen. Wie die fast unwahrscheinliche Vielseitigkeitsprüfung beweist, ist ein ganzer Polizist ein halber Artist. Dann kamen die Fahnenschwinger an die Reihe, einer der unbestrittenen Höhepunkte dieses gelungenen Festes der Polizei.«

Diese Story entspricht genau dem Typus V: *Der Hexenkessel der Hunderttausend.* Der an den Haaren herbeigezogene Vergleich der Schläuche mit »gefräßigen Riesenschlangen, die zahlreiche Opfer verschlingen«, deutet die Vorliebe fürs Katastrophale an. Die Polizei erscheint einerseits als ein zirkusartiges Unternehmen, das der guten Laune dient, andrerseits wird sie mit den Emblemen des *Großen Bahnhofs,* mit einem Fahnenaufmarsch und mit »klingendem Spiel« dekoriert. Der Filmtext fährt fort:

»Regenfälle wie vor der Sintflut führten in Tirol zu einer schweren Hochwasserkatastrophe. Aus der freundlichen Ziller wurde ein grimmig reißender Strom. Das berühmte idyllische Tal veränderte sich in einen See. Als Straßen galten allenfalls noch die Dämme der Eisenbahn. Im ganzen Gebiet wurde die Ernte völlig vernichtet.«

Das ist eine schlichte Katastrophen-Story vom sechsten Typus. Eigentümlich ist, wie der Text auf dem Ausmaß der Schäden insistiert; die»freundliche Ziller« wird nicht nur zum »reißenden Strom«, auch das Adverb »grimmig« wird ihr noch aufgeladen; und es genügt dem Texter nicht, daß die »ganze Ernte vernichtet« worden ist; er setzt, beinahe mit einem Unterton der Befriedigung, ein »völlig« vor die Vernichtung. In der unmittelbar anschließenden Story wiederholt sich dieser Zug. Sie gehört ebenfalls zum Typus VI. Hier wie im Fall des Zillertals fehlt nicht der Hinweis auf die Berühmtheit der betroffenen Ortschaft; er weckt Erinnerungen an frühere Wochenschau-Aufnahmen, denen dieselben Plätze als Kulisse zu Stories vom zweiten Typus *(Paradies der Zaungäste)* dienten.

»Höchste Alarmstufe in der südfranzösischen Rosenstadt Grasses. Durch einen Sturm angefacht, wurde aus einem Feuer in den Feldern ein Riesenbrand, der die Stadt aufs äußerste bedroht. Stunden um Stunden kämpfte die Feuerwehr verzweifelt in dem Inferno der Flammen. Der Schaden für die berühmte Parfümmetropole ist noch nicht abzuschätzen.«

Das nächste Bruchstück der Schau zeigt den Typus III *(Großer Bahnhof)* in reiner Ausprägung. Als akustische Untermalung dient ein Fetzen aus den Brandenburgischen Konzerten. »Am Laacher See in der Eifel wurde das 800jährige Bestehen der weltberühmten romanischen Kirche der Benediktinerabtei Maria Laach gefeiert. Nach einem Pontifikalamt verließen die zahlreichen geistlichen Würdenträger in feierlicher Prozession die altehrwürdige Basilika. Unter den Gästen war auch Bundespräsident Heuss. Es war ein großer Tag für das Kloster, das im 11. Jahrhundert entstand als eine bleibende Insel des Friedens.«

Eine Variante vom selben Typ schließt sich an. Auf dem *Großen Bahnhof* erscheint dabei nicht nur der prominente Gast als Verkörperung der Obrigkeit, sondern auch *Die rosige Jolanthe:* unser Freund und Helfer, das Tier, dessen Bewegungen mit Sambamusik unterlegt sind, und zwar als dressierte Giftschlange. Damit der Zuschauer den katastrophalen Aspekt der Schau nicht vergißt, pocht der Text auf die »Tödlichkeit« des Giftes. Der besichtigende Minister wird indirekt als Dompteur des gefährlichen Untiers, in der Pose des Drachentöters gezeigt, ebenso wie zu Anfang der Wochenschau-Folge die Polizei mit den »gefräßigen Riesenschlangen, die zahlreiche Opfer verschlingen«, ohne Mühe, mit »artistischer« Leichtigkeit fertig wurde.

»Das war der erste Eindruck von São Paulo, als Bundesverkehrsminister Seebohm auf seiner Südamerikareise, von Rio de Janeiro kommend, die modernste Industriestadt Brasiliens besuchte. Eine besonders interessante Besichtigung führte den deutschen Gast in das Schlangeninstitut Budanta, das größte Giftschlangeninstitut der Welt. So wird das tödliche Gift gewonnen, das unter den Händen der Menschen sich verwandelt in helfende und heilende Medizin.«

Monoton setzt sich die Reihe der *Großen Bahnhöfe* fort; nur die Kulissen wechseln:

»Jubelnd begrüßt wurde Präsident Eisenhower in San Franzisko. Hier tagte der Parteikonvent der Republikaner zur Nominierung ihres Präsidentschaftskandidaten. Die Wogen der Begeisterung schlugen hoch, als der Beschluß bekannt wurde, Eisenhower und seinen Vertreter Nixon als Anwärter auf die höchsten Posten der USA in den Wahlkampf zu schicken.«

Die Mischung der Typen III und V, wie sie hier vorliegt, ist nicht selten. Der *Große Bahnhof* ist exklusiv ebenso möglich wie im *Hexenkessel der Hunderttausend.* Die Obrigkeit wird dort weihevoll stilisiert, der Empfang zum historischen Augenblick aufgeputzt und mit sakraler oder militärischer Musik begleitet; hier wird er zur Massenkundgebung mit karnevalistischem *Kraft-durch-Freude-Einschlag.* Seine militärische Spielart zeigt die folgende Nummer:

»Der britische Luftmarschall Chamberlain überreichte das RAF-Abzeichen als seltene Ehrung drei deutschen Fliegeroffizieren. Oberst Mehmel, Major Barkorn und Major Kopinsky, erfahrene Kriegsflieger mit insgesamt 500 Luftsiegen, hatten in Feldwell eine Ausbildung auf modernen Düsenmaschinen erhalten.

In Flugzeugen vom Typ Hunter zeigen sie, daß sie jetzt ihr Handwerk gründlich beherrschen. Sie werden jetzt in Deutschland die neuen Piloten ausbilden.« Die Ordensverleihung folgt dem Stereotyp *Großer Bahnhof*. Die fachmännische Erschießung von Hunderten von Leuten wird als Handwerk mit goldenem Boden erwähnt, dessen ehrwürdige Tradition von den drei belohnten Herren fortgesetzt wird. Diese Stelle des Kommentars und die zackige Musik, die ihn begleitet, verweisen auf den Typus *Knüppel-aus-dem-Sack*. Die Ausgebildeten werden zu Ausbildern: das Motiv der Dressur, schon in der obligaten Tiergeschichte angedeutet, kommt hier zu seinem logischen Ende.

Die nächste Story gehört zum Typus IV. *Der Fortschritt*, als Rekord verstanden, wird in seiner romantischen Umkehrung zur Schau gestellt: »Dieses kleine Floß war für 87 Tage Wohnung und Fahrzeug von drei Kanus. Im Stil der Kon-Tiki-Fahrt hatten sie den Atlantik in Ost-West-Richtung überquert. Fünf Meter lang und vier Meter breit ist das zerbrechliche Gefährt, mit dem sie die 2300 Seemeilen zurücklegten. Immerhin waren die drei Männer nicht ganz allein auf dem weiten Ozean. Sie wurden begleitet von zwei Katzen, die jetzt aber sicher wie ihre Herren sagen werden: Einmal und nie wieder!«

Neben die schnellste Atlantik-Überquerung tritt die langsamste und primitivste. Eine Schifferklaviermusik begleitet mit beklemmender Gemütlichkeit die Szene, in der die beiden Bordkatzen gezeigt werden. Sie spielt zum idyllischen Typus I, der *Rosigen Jolanthe*, hinüber.

Die nächste Nummer schildert ein Schützenfest:

»Tschingbum und Trara und große Galauniform, und die Armbrustschützen ermittelten in lange währendem Wettkampf ihren König. Seht ihr den Vogel dort auf der Stange? Er ist das weithin lockende Ziel. Gut gespannt ist halb getroffen. Schon sausen die Bolzen, daß die Fetzen fliegen. Aus dem stolzen Adler wird ein gerupftes Huhn. Die Entscheidung ist nahe. Mit der Ruhe eines Wilhelm Tell wird der neunzehnjährige Theo Hermann Bundesschützenkönig.«

Hier verbindet sich das *Kraft-durch-Freude-Klischee* mit dem destruktiven Typus VI. Die humoristisch verzerrte Marschmusik beweist es, ebenso der Text: »Daß die Fetzen fliegen«. Die Krönung des Schützenkönigs parodiert den Typus *Großer Bahnhof* mit »Tschingbum und Trara« und Gala-Uniformen. Doch wird die Staatsaktion zugleich auch wiederum ernst genommen, wie der Titel eines »Bundesschützenkönigs« beweist. Eine ähnliche Mischung bietet die nächste Story an:

»Schwarz von Menschen war die Piazza del Campo in Siena. Tausende erwarteten voller Spannung das berühmte Pferderennen in historischem Gewand. Diesmal hießen die Favoriten Stachelschwein und Wurm. Dreimal wird der Platz umstritten, und unwiderstehlich eilt Stachelschwein auf den Flügeln des Sieges von dannen. Aber die betretenen Wurmanhänger wurmt es heftig, daß ein Stachelschwein sie aussticht. Und so wird im Handumdrehen aus dem schönen Fest eine handfeste Prügelei.«

Die Verbindung von idyllischem und destruktivem Typ ist häufig. Daß die Veranstaltung in eine Schlägerei einmündet, beweist die innere Verwandtschaft beider Muster. Charakteristisch der primitive Humor, der sich an Tiernamen ergötzt; wie überhaupt der Mißbrauch von Tieren stets den Mißbrauch von Menschen parodiert und ankündigt. Der touristische Schauplatz, der Hinweis auf die Berühmtheit der Veranstaltung deuten wiederum, wie früher, auf das *Paradies der Zaungäste* hin. Gewalttätigkeit als Amüsement bietet auch die folgende Nummer.

»Ein lustig Leben führen sie, die wildgewordenen Schrotthändler. Diesmal ist das Motorstadion von Montreux die große Schlachtbank der Pferdestärken. Da bleibt kein Kolben heil und keine Kerze trocken. Das Rennen geht, bis die Räder garantiert schlauchlos sind und der Motor aus den Nähten platzt. Sieht man dann die Trümmer rauchen, ist auch der Rest nicht zu gebrauchen.«

Hier gehen Typus IV *(Sprung-auf-marsch-marsch)* und VI *(Die Lust am Scherbenhaufen)* eine nahezu ideale Verbindung ein. Die Tollwut, die hier am Werk ist, wird durchaus als Erheiterung empfunden. Gleichsam schmatzend bringt der Sprecher die Vernichtung als Pointe vor. Die Schlachtbank wird zum grölenden Vorstadt-Kabarett, zum Typus *Kraft-durch-Freude* hin klischiert. In der folgenden Nummer überwiegt wieder der reine Unterhaltungstypus:

»Musik im Blut haben die 28 Söhne der Pußta, die zu einer Deutschland- und Europatournee in Hamburg eintrafen. Es ist das berühmte Budapester Zigeuner-Orchester. Nach Noten spielt keiner, denn, so meinen sie: ›Spillen nach Notten ist Spillen ohne Selle‹.«

Die Musik suggeriert den beliebten Geschwindigkeitsrausch. Der Texter läßt sich weder die alberne Nachahmung fremder Sprechweise noch den Hinweis auf die Berühmtheit des Orchesters entgehen. Mit dem öden und öligen Scherz auf Kosten der Zigeuner endet die Wochenschau, die uns die wichtigsten Ereignisse einer Woche zu zeigen versprach.

Die Gegenprobe an Hand einer beliebig ausgewählten Folge des Aktualitätenfilms hat gezeigt, daß die vorgeschlagene Typologie stichhaltig ist. Informationswert und Aktualität der Schau sind minimal. Die verwendeten Elemente sind so weit standardisiert, daß selbst in einer einzigen Folge die gleichen stereotypen Muster mehrfach wiederkehren. Die Kürze der einzelnen Stories (zwölf Nummern von durchschnittlich 30 Sekunden Dauer) führt zu einem emotionalen Wechselbad zwischen Idylle und Detonation. Die laute akustische Untermalung verstärkt den psychischen Druck der Bilder. Das Stilideal der Wochenschau ist ballistisch: sie will einschlagen. Das Geheul, das sie als Musik ausgibt, ist das der Bombe kurz vor dem Treffer. Auf diesen Augenblick hin wird der Zuschauer dressiert; daraufhin, ihn mit möglichst frenetischem Beifall zu begrüßen. Mit einem Wort, die Wochenschau, die man uns anbietet, ist publizistisch ohne Wert. Sie ist ein Instrument zur Lähmung, nicht zur Entfaltung des Bewußtseins. Gleichwohl entwirft sie ein ganz bestimmtes, genau definierbares Weltbild und hämmert es ihren zahllosen Besuchern ein, ohne ihnen die geringste Möglichkeit zur Kritik zu geben. Dieses Weltbild ist trostlos und niederträchtig. Das wäre an sich noch kein Einwand. Es ist aber darüber hinaus ganz und gar verlogen.

Es ist merkwürdig und entbehrt nicht einer makabren Ironie, wie sehr das Weltbild der Wochenschau den Klischees eben jener Kulturkritik ähnelt, welche die Massenmedien überhaupt, Film, Rundfunk, Fernsehen insgesamt und ohne Rücksicht auf ihre Mitteilungen verachtet. Die Anatomie einer Wochenschau ergibt einen Befund, der nur einer geringfügigen Akzentverschiebung bedarf, damit er mit den Thesen jener Kritiker übereinstimmt, die da sagen, unsere technische Zivilisation liefe, ganz gleich, wie wir es anstellten, auf die Explosion der Bombe hinaus. Ihr Untergang sei nichts weiter als die logische Konsequenz unseres entgötterten Daseins. Die Hybris habe uns so weit gebracht; der Massenmensch, der darauf bestehe, zu fliegen, Auto zu fahren, fernzusehen, sei an allem schuld: jener Massenmensch, der an nichts mehr glaube als an Jazz und Rekordsucht, mit einem Wort, der Nihilist, der ins Kino gehe, habe es geradezu verdient, unterzugehen – es sei denn, er bessere sich. Dazu freilich bedürfe es einer festen Führung, größeren Respekts vor der Autorität, der Politik der Stärke nach innen wie außen: kurzum, der Dressur.

Nur wer solchen Sätzen zuzustimmen bereit ist, also der prinzipielle und obskure Kritiker jeder Zivilisation, in der eine Wochenschau überhaupt denkbar ist, kann behaupten, sie sei ein treuer Reflex des Zustandes, in dem die Welt sich tatsächlich befindet. Jeder andere Zuschauer wird sich sagen, daß nicht er und nicht die Welt wahnwitzig ist, sondern eher die Wochenschau, die sie abzubilden vorgibt. Liegen aber die Gründe für die Misere des Aktualitätenfilms nicht vor der Kamera, im Objektiven, so müssen sie dahinter zu suchen sein.

Hinter der Kamera treffen wir zunächst Kameraleute und Redakteure an. Daß sie mit Absicht und wider besseres Wissen Streifen von der Art hervorbrächten, wie sie hier analysiert worden sind, wäre eine voreilige Behauptung. Es ist anzunehmen, daß die Absurdität des Weltbildes, welches sie entwerfen, unfreiwillig ist, daß sie nicht wissen, was sie tun, sowenig wie die Zuschauer wissen, was ihnen angetan wird.

Daß sich jene, die Urheber der Wochenschau, allerdings auf diese ihre Konsumenten berufen, geschieht zu Unrecht. Auf die Beschränktheit der Zuschauer lassen sich die Mängel des Produkts nicht schieben, solange dieses Produkt seinerseits vor allem dazu dient, Beschränktheit zu produzieren. »Lieschen Müller«, die fiktive Königin unserer Kulturindustrie, wäre ja deren Abnehmer nicht, sie wäre gar nicht vorhanden, hätte die Industrie sie nicht als ihren Kunden erfunden und systematisch dressiert. Über die Industrie also, die hinter der Wochenschau steht, und nicht in erster Linie über ihre Angestellten und Kunden, gilt es nähere Aufschlüsse zu sammeln.

Der Aktualitätenfilm ist nicht ein später Abkömmling des Spielfilms, sondern umgekehrt: die gesamte Filmindustrie ist durch und mit dem Aktualitätenfilm erst großgeworden. Am Anfang der Filmgeschichte steht der Tatsachenbericht.

Der erste Film, der je gedreht wurde, kam ohne Schauspieler und Atelier aus. Im Jahre 1895 stellten die Brüder Lumière ihre Filmkamera mitten auf die Straße und kurbelten eine Reportage unter dem Titel *Arbeiter verlassen die Fabrik*. Ein Jahr später engagierten sie bereits den ersten Filmberichterstatter, einen gewissen Felix Mesguich, der für sie schon damals die wichtigsten Ereignisse aus allen Ländern der Erde einfing. Den Lumières folgten Léon Gaumont und die Brüder Pathé in Frankreich, Meßter in Deutschland und Edison in Amerika.

Sie alle waren am dokumentarischen und aktuellen Film interessiert; bis unter den Händen des genialen Georges Méliès der erste Spielfilm entstand, verstrichen noch etliche Jahre.

Natürlich dauerte es lange Zeit, bis sich diese frühen Aktualitätenfilme zur Wochenschau im heutigen Sinn verfestigt hatten. Die Kamera mußte sich Eingang zu offiziellen Anlässen verschaffen, ausreichende Beleuchtungseinrichtungen waren zu erfinden, vor allem aber fehlten lange Zeit hindurch die wichtigsten Voraussetzungen für eine regelmäßige Berichterstattung auf der Leinwand: es gab noch keine ständigen Lichtspielhäuser und noch kein eingespieltes Verleihsystem.

Gleichwohl ähnelte das, was damals in Zelten und Wirtshäusern, Tanzhallen und Varietés gezeigt wurde, auf verblüffende Weise den Wochenschauen von 1957: Man sah dort die Beisetzung der Königin Viktoria; die Eröffnung der Pariser Weltausstellung; eine Überschwemmung in Paris; Louis Blériot bei seiner Landung nach der ersten Luftüberquerung des Ärmelkanals. Primitive Groteskummern und Bilder von Pariser Modetänzen rundeten das Programm ab. Dieses Programm war frei von den bedrohlichen Untertönen der heutigen Wochenschau; es war harmlos, nicht auf Tollwut und Dressur berechnet. In seinem strukturellen Grundschema jedoch gleicht es dem, was heute vorgeführt wird, aufs Haar. Der genannte UNESCO-Bericht äußert sich dazu mit den folgenden Sätzen:

»Viele Veteranen der aktuellen Berichterstattung sagen ganz offen, daß die Art und Weise, in der Wochenschaustories ausgewählt und dargeboten werden, über ein Vierteljahrhundert hinweg unverändert geblieben ist ... Was man uns heute zeigt, so sagt Newton Meltzer, einer unter ihnen, ist nach derselben oberflächlichen und analphabetischen Schablone gemacht, die zu meiner Zeit üblich war.«

Daran sind, jedenfalls in erster Linie, nicht die Kameraleute und Redakteure schuld, sondern die Produktions- und Verleihverhältnisse im Wochenschaubetrieb. Fünf große Gesellschaften: Paramount, Metro-Goldwyn-Mayer, Warner Pathé, Gaumont und Fox, kontrollieren nach Angaben des UNESCO-Berichts Produktion und Verleih von 115 Wochenschauen in 70 Ländern der Erde. Fast in allen Gebieten (abgesehen von denen des Ostblocks) werden die Marktgesetze für den Aktualitätenfilm von diesen fünf Gesellschaften diktiert. Als wäre damit die Machtkonzentration zu gering, sind die genannten Gesellschaften durch Aktienpakete noch miteinander auf undurchsichtige Weise verflochten. Selbst den Experten der UNESCO ist es nicht gelungen, die Besitzverhältnisse und Kapitalverschränkungen, die in dieser Industrie vorherrschen, zu entwirren. Sie treffen jedoch die folgenden Feststellungen, die über die Beschaffenheit der Wochenschauen von Bedeutung sind:

»Die großen Aktualitätenproduzenten in England, den USA und Frankreich sind in der Lage, sich zu allen Ereignissen der Welt Zugang zu verschaffen, weil sie über ein großes Netz von Kameramännern und über Stützpunkte in allen Gebieten der Erde verfügen und weil sie untereinander Austauschverträge geschlossen haben, die ihnen sowohl finanzielle wie technische Vorteile verschaffen. Ihr wirtschaftlicher und technischer Apparat ist so hoch entwickelt, daß sie praktisch ein Weltmonopol für die Filmberichterstattung errichtet haben ... Auf Grund ihrer gegenseitigen Verträge haben sie die Konkurrenz untereinander bis zu einem gewissen Grad ausgeschaltet; an ihre Stelle ist eine Zusammenarbeit getreten, die ihre gemeinsame Herrschaft über den Markt verstärkt ... Diese Vorherrschaft ganz weniger Gesellschaften, die ihre Produktion ganz und gar auf die Wünsche des Durchschnittskonsumenten abgestellt haben, hat dazu geführt, daß sich die Wochenschauen immer mehr einem sterotypen Standardmuster angleichen.«

Die sogenannten unabhängigen Produktionen, die neben denen der großen Trusts in vielen Ländern existieren, müssen sich diesem Muster aus zwei Gründen anpassen: einmal aus reinen Konkurrenzgründen, zum andern, weil sie auf den Austausch mit ihresgleichen oder mit dem großen Konzern angewiesen sind. Sie müssen die importierten ausländischen Stories verwenden und umgekehrt Standard-Stories an ihre ausländischen Partner liefern. Letzten Endes unterscheiden sie sich nicht von den Produkten der fünf Großen. Sie sind, wenn nicht finanziell und juristisch, so doch redaktionell, Filialen des großen Monopols.

Infolgedessen ist es mit der Unabhängigkeit der trustfreien Wochenschauen nicht weit her. Das Wort besagt nicht mehr, als daß die Firmen, die sie produzieren, keine Tochtergesellschaften der großen Fünf sind. Wahrer, und das heißt im Filmgeschäft: finanzieller Unabhängigkeit können sie sich aus strukturellen Gründen nicht rühmen. Aus der Front der Uniformität können sie aber auch aus anderen Gründen nicht ausscheren.

Wie jedes große publizistische Instrument ist die Wochenschau ein Politikum. Sie ist es auch dann, wenn sie kaum manifest politische Informationen vermittelt oder wenn sie gar das politische Bewußtsein lähmt. Die Anatomie des fertigen Produktes hat ergeben, wie massiv die üblichen Streifen eine Indoktrination des Zuschauers betreiben, die um so gefährlicher ist, je unterschwelliger sie geübt wird. Jede, auch eine demokratische Regierung wird versuchen, dieses publizistischen Mittels habhaft zu werden. In einer Diktatur kann die herrschende Partei eine solche Kontrolle offen ausüben; die Wochenschauen Franco-Spaniens oder der Ostblockstaaten haben durchaus offiziösen Anstrich. Aber auch in freieren Ländern nehmen die Regierungen Einfluß auf das Programm der Aktualitätenschau. Ihre Methoden reichen, je nach der Wachsamkeit der öffentlichen Meinung, von der unbeweisbaren Abmachung bis zum direkten Eingriff.

In einem demokratisch regierten Land wird man von öffentlichen oder halböffentlichen Akten kaum einen Filmreporter ausschließen können. Dagegen kann die Administration in vielen anderen Fällen einladen oder benachteiligen, wen sie will. Wer zuerst von einem neuen Flugzeugtyp berichten kann, der in der Entwicklung ist, wem ein Interview gewährt, ein politischer *scoop* zugedacht wird, das entscheiden amtliche Stellen nach ihrem Ermessen. Eine offensichtlichere Form der Beeinflussung ist die Subvention aus Steuermitteln, die direkt oder auf dem Umweg über Steuererleichterungen oder Prädikate geschehen kann. Noch einen Schritt weiter zum staatseigenen Wochenschaubetrieb führt die Beteiligung des Staates an den Produktionsgesellschaften, die aus naheliegenden Gründen gern verschleiert, jedenfalls dem Zuschauer nicht kenntlich gemacht wird. Solche Beteiligungen ermöglichen im allgemeinen die Existenz der sogenannten »unabhängigen« Wochenschauen, die sonst ein ökonomisches Rätsel wäre.

Mit diesen nüchternen Überlegungen ist ein Kritiker, der die erschreckende Qualität der Filmberichterstattung auf den Ungeist der Zeit, auf den Nihilismus oder auf das Wesen des Films im ganzen zurückführen möchte, bereits widerlegt. Zur Erklärung des Übelstandes ist keine geschichtsphilosophische Theorie erforderlich; zuständig ist vielmehr die Volkswirtschaft. Sie lehrt, daß es eine wahrhaft unabhängige, intelligente Wochenschau nicht gibt, nicht geben kann, solange die bestehenden Marktverhältnisse unverändert bleiben. Ästhetische, moralische und politische Einwände nützen wenig, sofern sie diese Tatsache nicht berücksichtigen. Ein wirtschaftliches Fundament ist nötig; erst auf einer solchen Grundlage ist es sinnvoll, das Modell einer akzeptablen Wochenschau zu entwerfen.

Eine wirtschaftliche und rechtliche Form, in der ein Massenmedium existieren kann, gibt es in Deutschland bereits. Rundfunk und Fernsehen, Instrumente von vergleichbarer Bedeutung, haben sie gefunden. Sie sind als gemeinnützige Unternehmen organisiert, die keine Gewinne ausschütten, dem Einfluß mächtiger Kapitalisten entzogen sind und unter öffentlicher, nicht aber staatlicher Kontrolle stehen: als Körperschaften des öffentlichen Rechts. Eine derartige Corporation, die, wenn sie nicht das Beste leistet, so doch das Schlimmste verhindert, wäre das gegebene Fundament für die Produktion einer brauchbaren deutschen Wochenschau. Sie wäre steuerlich, ebenso wie der Rundfunk, zu begünstigen; private Erzeugnisse, wie sie heute den Markt beherrschen, wären nur zuzulassen, sofern sie sich einer Kontrolle durch die Öffentlichkeit unterwürfen – ebenso, wie das die Rundfunk- und Fernseh-Körperschaften tun.

Erst unter solchen Voraussetzungen wird es sinnvoll, den Aufbau einer publizistisch vertretbaren Wochenschau zu skizzieren. Dies wären ihre wichtigsten Grundsätze:

1. Das Grundmuster aller bisherigen Wochenschauen, die präfabrizierte Standard-Story, wird aufgegeben. Mit den ausländischen Gesellschaften werden nicht mehr fertig redigierte »Nummern« ausgetauscht, sondern ungeschnittene und unredigierte Originalaufnahmen.

2. Die Anzahl der Sequenzen ist – bei gleichbleibender Länge der Wochenschau – von zwölf auf drei zu reduzieren. Jedes Ereignis, das überhaupt gezeigt zu werden verdient, beansprucht für eine sinnvolle Abbildung mehr als dreißig bis fünfundvierzig Sekunden. Die rapide Bildfolge herkömmlicher Aktualitätenfilme verhindert jede Reflexion und desorientiert den Zuschauer, statt ihn zu orientieren.

3. Eine Wochenschau, die es auf die Überwältigung des Betrachters, auf die Erzeugung von Rauschzuständen abgesehen hat, verfehlt ihren Sinn. Die emotionale Aufladung des Betrachters ist ein sachfremdes Mittel der Beeinflussung. Aus diesem Grund hat die musikalische Untermalung, wo sie nicht vom dargestellten Ereignis erfordert wird, zu unterbleiben. Sie ist durch die Wiedergabe von Originalgeräuschen und Original-Sprache zu ersetzen. Auch die Lautstärke, schlichter ausgedrückt, das Gebrüll, dem sich der Zuschauer heute ausgesetzt sieht, ist unzulässig, weil es dem Informationszweck zuwiderläuft. Die hektischen und überpointierten Begleittexte sind zu streichen und durch knappe, sachlich gefaßte Erläuterungen zu ersetzen. Komplizierte Sachverhalte sind durch Filmgraphiken zu verdeutlichen, die es erlauben, auch ganz abstrakte Dinge darzustellen.

4. Das bloße Vorzeigen isolierter Fakten genügt nicht. Eine Nachricht wird erst durch ihren historischen Kontext sinnvoll und verständlich. Jedes gezeigte Ereignis muß durch seine Herkunft und seine Tragweite ausgewiesen werden. Der Film ist durchaus in der Lage, er ist sogar prädestiniert, Kausalitäten und Möglichkeiten sichtbar zu machen. Dazu stehen dem Wochenschauredakteur Filmarchive, Montage- und Tricktechniken zur Verfügung.

5. Eine Wochenschau ist keine Tageszeitung. Jede Forcierung der puren Tagesaktualität soll daher unterbleiben. Auf diesem Terrain ist der Film dem Fernsehen unterlegen; er muß mit der Konkurrenz der Tagesschau rechnen. Seine Chance ist mit der einer Wochenzeitung zu vergleichen. Es kommt nicht darauf an, das gestrige, sondern das wichtigste Ereignis zu zeigen und darauf zu reflektieren. Die Wochenschau kann ein solches Ereignis genauer und gründlicher dokumentieren, intelligenter und ausführlicher kommentieren, als die an den Tag gebundene Fernseh-Sendung.

6. Jedermann hat das Recht, so bescheidene Ansprüche zu stellen, wie er will. Dies gilt auch für geistige Ansprüche. Der durchschnittliche Spielfilm wird bedürfnislosen Gemütern immer gewogen bleiben und sie mit einer Unterhaltung versorgen, die niemanden überfordert. Andererseits muß sich der Zuschauer, der an seiner Gegenwart interessiert ist, über deren wesentliche Fragen, seien sie politischer, wirtschaftlicher, technischer oder kultureller Natur, orientieren können. Dazu ist die Wochenschau da. Reine Unterhaltungs-Stories haben in ihr nichts zu suchen. Sie hat die Aufgabe, große publizistische Themen aufzugreifen, die im täglichen Fernsehbericht keinen Platz haben.

Ein Filmbericht, der nach solchen Grundsätzen redigiert wäre, sähe etwa folgendermaßen aus: Das erste und kürzeste Element der Bildfolge zeigt unter dem Serientitel *Das Ereignis der Woche*, ein Geschehnis aus dem Berichtszeitraum.

Bei seiner Auswahl ist sehr sorgfältig zu Werk zu gehen. Ein Streik, eine Wahl, eine wissenschaftliche Entdeckung, eine schulpolitische Auseinandersetzung verdienen dabei den Vorrang vor manchem spektakulären Ereignis.

Der Konsument der Boulevardpresse ist dabei genau zu berücksichtigen, allerdings so, daß das gängige Verfahren dabei umgekehrt wird: was er aus seiner Schlagzeile ohnehin erfährt, braucht ihm nicht noch einmal serviert zu werden. Auf die bloß formalistische Darstellung von Paraden, Händedrücken, Einweihungen und dergleichen kann man ruhig verzichten: aus diesen immergleichen Bildern ist nicht das geringste zu entnehmen.

Das Ereignis der Woche wird sich im allgemeinen leicht finden lassen. Problematisch bleibt die Aufnahme von Fußballspielen, Meisterschaften, Boxkämpfen und dergleichen. Die Nachfrage nach solchen Bildern ist außerordentlich groß, und man wird ihrer kaum Herr, indem man sie einfach ignoriert. Andererseits sind sie nicht Aktualitäten im eigentlichen Sinn, da sie folgenlos bleiben und, wie jedes Hobby, ahistorischer Natur sind. Vielleicht sollte man besondere Sportwochenschauen für die Aktualitätenkinos herstellen. Sie hätten sicherlich großen Zulauf. Selbst der große Anteil, der dem Sport in der gängigen Wochenschau eingeräumt wird, genügt seinen Anhängern ja keineswegs. Sie würden zweifellos genügend Kinos mit einem Spezialprogramm füllen.

Das zweite Element der Bildfolge ist erheblich breiter anzulegen als das erste. Das dargestellte Ereignis sollte zeitlich nicht länger als einen Monat zurückliegen, aber in seinem Kontext gezeigt werden. Die Distanz vom Objekt müßte bei dieser zweiten Story größer als beim *Ereignis der Woche* sein. Sie sollte bereits eine elementare Diskussion sein, sich nicht mit dem bloßen Vorweisen begnügen, sondern Fragen stellen und Deutungen versuchen. Nehmen wir an, es sei der Staatshaushalt verabschiedet worden oder eine Regierungskoalition zerbrochen. Die Wochenschau hätte die Ursachen dafür aus ihrem Archiv zu belegen, sie könnte verschiedene maßgebende Leute interviewen, ein Schema des Vorgangs entwerfen und ihn dadurch erläutern. Ein Urteilsspruch gäbe Anlaß, Tat, Verhaftung und Verhandlung im Rückblick zu zeigen. Ein Zusammenbruch der Energieversorgung gibt Anlaß zu einer filmischen Enquête, die Verabschiedung eines Kartellgesetzes zu einer Erörterung der Ursachen und Wirkungen von wirtschaftlichen Zusammenschlüssen, und so weiter.

Auf diesem Weg wäre konsequent fortzuschreiten. Die dritte und letzte Story, zugleich die umfangreichste, müßte sich dann, abgelöst von jeder Tagesaktualität, einem großen Thema zuwenden. Sie hätte größere, nicht an den Tag gebundene Vorgänge innerhalb unserer Zivilisation darzustellen, etwa die Automation, den Stand der Vorbereitungen zum Weltraumflug, die Problematik der abstrakten Malerei, die Abrüstungsfrage, die Entstehung von Zivilisationskrankheiten, die Rolle der Interessenverbände in unserer Gesellschaft, die Möglichkeiten und Hindernisse modernen Städtebaus: kurz: eine unerschöpfliche Fülle von Themen, die jeden angehen und die der Film sehr wohl darzulegen vermag. Die Ablösung von den Fesseln der sensationellen Aktualität würde den Herstellern der Wochenschau genügend zeitlichen Spielraum geben, ihre Berichte sorgfältig vorzubereiten.

Die meisten Wochenschauleute würden diesen Vorschlägen, so vorläufig und allgemein sie hier gefaßt sind, ohne Zweifel zustimmen. Mit ihrer Realisierung fiele ihnen eine große Chance zu: sie könnten die Fesseln der Routine abstreifen. Die Wochenschau, die sie heute machen, fordert ihnen nichts als handwerkliche Erfahrung und moralische, ästhetische und intellektuelle Resignation ab.

Eine Wochenschau wie sie sein müßte, verlangt dagegen Intelligenz, Mut, Phantasie und publizistische Lauterkeit. An diesen Eigenschaften fehlt es nicht. Es fehlt an einer Institution, die ihnen die Möglichkeit gäbe, sich zu äußern; an einer Wochenschau, die der Öffentlichkeit gehört, die von Monopolen, Parteien, Regierungen, Konfessionen unabhängig ist, und die uns statt eines Scherbenhaufens ein triftiges Bild unserer Welt an die Wand malen kann.

Bildung als Konsumgut

Analyse der Taschenbuch-Produktion

1. Der Käufer

HARMLOS, beinah leichtfertig, wie ein anmutiges Spielzeug steht der neue Baum der Erkenntnis vor den gläsernen Ladentüren, in den Bahnhofshallen, in den spiegelnden Bazar-Passagen unserer Großstädte: ein elegantes Mobile aus weißlackiertem Blech. Ein Fingerdruck versetzt es, wie ein kleines Karussell, in sanfte Rotation. Seine buntlackierten Früchte gleiten einladend vorbei. Die Konstruktion ist äußerst rationell auf ein Maximum an Trag- und Schaulast hin berechnet. Die Schlange zeigt sich nicht; ihre Gegenwart würde den Passanten nur befremden. Ihr Geflüster hat sich zum Slogan verfestigt, der das Blechgebilde ziert: Das Wissen der Welt für DM 2,20.

Die kleine Verführungsszene ist für den Passanten inszeniert, für den Mann, der wenig Geduld hat, wenig Eigensinn und wenig Neugier. Er ist der Leser, der nicht sucht, und soll doch finden; der nicht weiß, was er will, und möchte doch wählen; der wenig Zeit hat, und sucht doch Mittel, sie zu vertreiben. Er verlangt von der Freiheit, daß sie ihm als Zufall, als Chance begegne, ohne daß er sie aufsuchen müßte. Auf dem Weg zum Vorortzug, zur Geburtstagsparty, zur Konferenz soll sie ihm ihre Avancen machen, nicht als dringende Anrede aus Menschenmund, schon gar nicht als Appell, der Antwort fordert, sondern als Signal, als Reiz, den er ausschlagen kann oder nicht, wie es ihm seine Laune eingibt; und noch eins: Sie darf nicht viel kosten.

Die Situation ist alltäglich, aber es lohnt sich, sie genau zu analysieren, weil sie die Schlüsselsituation der Taschenbuch-Industrie ist. Der Kritiker kann von ihr sowenig abstrahieren wie der Produzent. Auffällig ist an ihr zunächst, daß der Passant mit dem Bücherständer völlig allein ist. Das Blechgestell ist sein einziger Gesprächspartner. Der Buchhändler hat sich zurückgezogen. Sein Geschäft nimmt das Gesicht eines Selbstbedienungsladens an. Die literarische Beratung des Kunden, das Verkaufsgespräch, moduliert durch Kennerschaft und Verantwortung, denen der Stand des Buchhändlers sein geistiges Prestige verdankt, das alles spielt keine Rolle mehr. Auch die Disposition über sein Sortiment, die Wahl aus der breiten Fülle geistig-literarischer Produktionen, die jeder Buchhandlung ihre eigene Physiognomie verlieh, verliert an Bedeutung. Diese Vorwahl übernimmt bereits der Produzent, und der Buchhändler wird zwangsläufig zum Abnehmer und Verteiler ganzer Serien. Er tut, was dem Filmtheaterbesitzer vertraglich zugemutet wird, oft genug aus eigener Bequemlichkeit: er bucht *en bloc*, und er bucht häufig »blind«. Die Tendenz wird am deutlichsten in reinen Taschenbuchläden sichtbar, wie sie sich in den meisten Großstädten etabliert haben: dort ist die Rolle des Buchhändlers zu der eines Kassierers geschrumpft. Diese Geschäfte sind literarische Supermarkets, die sich, ohne das Personal zu wechseln, über Nacht in Delikateß- oder Krawattenläden nach dem Prinzip der Selbstbedienung verwandeln ließen.

Die Taschenbuchverleger verweisen gern auf die Kehrseite dieses Sachverhalts. Es ist richtig, daß die gemütliche alte Buchhandlung, die auf ihre Clientèle so einladend wirkt, jenen Passanten, der unbefangen am bunten Ständer dreht, wie ein Bezirk anmuten mag, der den Eingeweihten vorbehalten ist. Er findet sich in ihrem unübersehbaren Angebot nicht zurecht; die Ansprache des wohlmeinenden Buchhändlers fürchtet er eher, als daß er von ihm Hilfe gewärtigte. Je mehr Belesenheit und Autorität er beim Verkäufer vermutet, desto unsicherer tritt er ihm gegenüber. Die hohen Regale auf eigene Faust zu durchmustern, erscheint ihm aussichtslos. Fülle und Diskretion des Angebots, die der privilegierte Kunde schätzt, überfordern ihn. Diese psychologischen Hemmnisse entfallen vor dem Baum aus Blech selbst. Nicht einmal der Entschluß, der nötig ist, um eine Buchhandlung zu betreten, wird dem Passanten abverlangt. Das Buch kommt dem Laufkunden auf die Straße entgegen. Es ist schon von der Produktion, der Serie her, scharf vorsortiert. Die Situation drängt auf den leichten, den raschen, den unreflektierten Zugriff.

Dennoch zögert der einsame Käufer einen Augenblick lang. Lautlos dreht sich das Karussell, glänzend spiegeln die unberührten, gelackten Umschläge. Sie sind attraktiv und farbig, aber gerade ihre Buntheit macht sie uniform. Ezra Pound oder Daphne du Maurier, die Bibel oder das *Einmaleins für junge Mütter:* fast sieht eines wie's andere aus. Auch in dieser Sekunde des Zögerns bleibt der Passant sich selbst und seiner Ratlosigkeit überlassen. Es ist die Sekunde des Unterscheidens, der Kritik.

Und die Buchkritik läßt den Taschenbuchleser im Stich. Der Rezensionsbetrieb der Zeitungen und Sender, der die Masse der Neuerscheinungen ohnehin kaum mehr zu bewältigen vermag, ist der neuen Aufgabe, die sich mit der Ankunft des Taschenbuchs meldete, bisher keineswegs gerecht geworden. Die äußeren und technischen Schwierigkeiten reichen zur Erklärung dieses Versäumnisses nicht aus. Die Kritik weicht vor dem Phänomen vielmehr deshalb zurück, weil es ihre eigenen Postulate in Frage stellt. Diese selten ausgesprochenen, als stillschweigende Voraussetzungen jedoch von den meisten seriösen Kunstrichtern anerkannten Postulate besagen, daß Kritik zur Hüterin des reinen Geistes berufen sei; daß sie es mit Texten, nicht mit Waren zu tun habe; daß sie etwa auf ein Gespräch des Kritikers mit dem Autor hinauslaufe, bei dem allenfalls eine qualifizierte Zuhörerschaft zugelassen sei; daß ein Datum wie die Auflageziffer demzufolge mit ihrer Aufgabe schlechterdings nichts zu tun habe. Eine solche Auffassung der Kritik von ihr selbst ist theoretisch durchaus haltbar, und sie kann unter gewissen gesellschaftlichen

Bedingungen äußerst wirksam sein. Diese Bedingungen lassen sich jedoch namhaft machen. Eine literarische Öffentlichkeit, die eng begrenzt ist und über gemeinsame Bildungsvoraussetzungen verfügt; eine intakte Klassengesellschaft mit eindeutigem geistigem und materiellem Gefälle, in welcher Literatur und Kritik sowohl den Rang wie die Interessen der privilegierten Klasse teilen: Bedingungen also, die nicht mehr gegeben sind. So kommt es zu dem alltäglichen Paradox, daß ein Buch, das praktisch unter Ausschluß der Öffentlichkeit erscheint, spaltenlange Besprechungen erfährt, während dasselbe Werk, wenige Jahre später, als Taschenbuch in verhundertfachter Auflage erscheinend, von der Kritik ignoriert wird. Den Eingeweihten hat der Rezensent ja längst, in gebildeter, mit Zitaten gespickter Rede mitgeteilt, was davon zu halten sei. Der ahnungslose Passant, der nicht weiß, was gespielt wird, mag sich zurechtfinden, so gut er kann. Er steht immer noch, unberaten, vor dem Karussell aus Draht.

In dieser Situation ist seine einzige Hilfe die Industrie, die es auf seine Kundschaft abgesehen hat. Aus der bunten Flut der Titel ragen die wenigen Gewißheiten, an welche der Konsument sich halten kann. Da ist zunächst der Preis. Mag der Passant sich für die Vorsokratiker oder für das Kochbuch entscheiden, so ist er sich doch über die Kosten im klaren. Alles kostet gleich viel oder gleich wenig. Das ist der erste Satz aus der Ökonomie des Taschenbuchs. Der Einheitspreis ist die Basis der Kalkulation, nicht nur des Produzenten, sondern auch des Käufers. Als weitere Garantie kommt das Warenzeichen hinzu. Das bescheidene Verlagssignet auf dem Vorsatzblatt ist zum Warenzeichen geworden, das an hervorragender Stelle, bunt und lakonisch, auf dem Umschlag prangt. Der Käufer hat es mit einem Markenartikel zu tun. Seit der Erfindung des Buchdrucks war das literarische Erzeugnis immer auch schon Ware, aber erst hier, im Markenartikel, kommt dieser Warencharakter zu sich selbst. Der Einband wird zur normierten Verpackung. Ihm fällt die wichtige Rolle zu, sich mit dem Käufer über das Buch zu verständigen. Diese Verständigung ist im Gegensatz zu der Vermittlung, die der Buchhändler oder

der Kritiker zu leisten vermag, immer einseitig. Ihr Medium ist nicht die Vernunft, sondern der Reiz. Nicht allein das graphische Geschick des Entwerfers, sondern vor allem die Forderungen der Verkaufspsychologie mit ihren Tests und ihren Manipulationskünsten bestimmen das Aussehen des Taschenbuchs. Es wird zum Plakat seiner selbst, die Reklame wird ihm auf den Leib gebunden. Die Kaschierung, der Lack, die flüchtige Aura seiner Unberührtheit verklärt er zum reinen Konsumgut.

2. *Der Apparat*

Seitdem es einen entwickelten Büchermarkt gibt, haben Verleger und Händler dem Gesetz der Serie kommerziellen Nutzen abzugewinnen verstanden. Auch an Versuchen, hohe Auflagen durch Senkung der Preise zu erzielen, hat es nie gefehlt. Vom volkstümlichen Flugblatt bis zum medizinischen Hausfreund ging der größte Teil jener frühen Stapelliteratur durch die Hand der Kolporteure, die keineswegs nur »Kolportage« unter das Volk brachten. Von den Einblattdrucken des 16. und den Löschpapierbüchlein des 18. Jahrhunderts über die Groschenbibliotheken des biedermeierlichen Trivialromans, das broschierte Tauchnitz-Buch (seit 1841), die heute noch lebendige Universal-Bibliothek des Leipziger Verlegers Philipp Reclam (seit 1867), den *Popular Educator* des viktorianischen England und zahllose andere wohlfeile Bücherserien führt ein gerader Weg zum modernen Taschenbuch. Die erste Bahnhofsbuchhandlung der Welt wurde schon im Jahre 1848 in London von W. H. Smith eröffnet: das Phänomen der Massenkultur reicht bis tief ins 19. Jahrhundert zurück.

Gleichwohl wird sich eine kritische Analyse nicht bei derartigen historischen Reduktionen beruhigen dürfen, so, als wäre immer schon dagewesen und stünde eigentlich gar nicht mehr zur Diskussion, was diese doch überhaupt erst begreifen möchte. Wenn sie einräumt, daß das Taschenbuch seine Vorläufer, ehrenwerte und andere, hat, diese im übrigen aber aus dem Spiel läßt, so läßt sich das allein schon chronologisch und statistisch rechtfertigen.

Das Taschenbuch hat seinen Siegeszug im Jahre 1935 angetreten. Damals erschienen in England die ersten *Penguin Books*. Etwa zur gleichen Zeit wurde in spanischer Sprache die Taschenbuchserie *Colección Austral* begonnen, die es bis 1961 auf beinahe 1500 Titel gebracht hat. Der Erfolg der englischen Pionierfirma, die in fünfundzwanzig Jahren weit über 150 Millionen Bände verkauft hat und deren Jahresproduktion bei mehr als fünfzehn Millionen liegt, führte bald zu Imitationen auf den angloamerikanischen, europäischen und südamerikanischen Märkten. In den Vereinigten Staaten belief sich die Produktion eines einzigen Jahres (1959) auf 390 Millionen Exemplare. In Deutschland kam das Taschenbuch erst 1950, und zwar durch die Initiative von Ernst Rowohlt, auf den Markt. In elf Jahren, zwischen 1950 und 1961, wurden bei uns etwa 160 Millionen dieser Bücher gedruckt. Diese Zahl ist kumulativ und gibt von der heutigen Kapazität der Taschenbuch-Industrie keinen ausreichenden Begriff. Die Gesamtzahl der erschienenen Titel liegt weit über der Viertausender-Grenze – sie steigt monatlich um mehr als sechzig Nummern an[1]. Augenblicklich dürfte der monatliche Ausstoß etwa zwei Millionen Exemplare betragen; er hat sich innerhalb von drei Jahren verdoppelt.

Die Ziffern, mit denen hier operiert wird, erregen den Schwindel vieler literarischer Betrachter. Sie nehmen dem historischen Vergleich den Wind aus den Segeln: offenbar ist hier, in der langen Geschichte des wohlfeilen Buches, ein Punkt erreicht, wo die Quantität in Qualität umschlägt: die neuen *Bücher des Wissens* sind etwas grundsätzlich anderes als frühere Unternehmungen *Aus Natur und Geisteswelt*. Man wird den Millionenziffern, mit denen das neue verlegerische Vehikel auftrumpfen

1 Cf. das *Halbjährliche Verzeichnis der Taschenbücher*, Verlag der Schillerbuchhandlung, Marbach / Neckar; zweimal jährlich. – Die angeführten Zahlen beziehen sich, soweit nicht anders vermerkt, auf das Jahr 1961.

kann, weder mit kulturkritischem Schauder vor dem Massenhaften noch mit naiv-pädagogischer Begeisterung begegnen können[2]. Das neue Phänomen will weder feindselig beargwöhnt noch zutraulich belobigt sein. Es wird sich nur einem Blick erschließen, der ebenso nüchtern ist wie das Zahlengerüst, auf dem es sich erhebt.

Die statistischen Größen, die hier angedeutet worden sind, verdienen es, ernst genommen zu werden. Der Einwand, es handle sich um bloße Zahlen ohne geistige Entsprechungen, zielt zu kurz und trifft am Kern der Sache vorbei. Es ist keineswegs gleichgültig, ob ein Roman wie Koeppens *Treibhaus* fünf- oder fünfzigtausend Leser erreicht, ob Walther Hofers Dokumentation über den Nationalsozialismus nur von Spezialisten benützt oder aber als Taschenbuch an jedem besseren Zeitungskiosk verkauft wird, ob Hans Sedlmayr seine Attacken gegen die moderne Kunst einer Minorität von Interessierten vorlegt oder einem Publikum, das in die Hunderttausende geht. Die höchste Auflage unter allen deutschen Taschenbuchtiteln überhaupt hat das *Tagebuch der Anne Frank* erreicht: sie beläuft sich auf über 800 000 Exemplare. Es ist richtig, daß diese Tatsache den literarischen Wert dieses Textes nicht berührt; sie zeigt jedoch, daß das Taschenbuch in der Lage ist, in unsere ganze Soziologie des Lesens, in den geistigen Umsatz der Gesellschaft einzugreifen. Von daher stellen sich der Kritik neue Aufgaben. Sie ist nicht nur Texten, sondern auch der Öffentlichkeit gegenüber verantwortlich. Will sie diese Verantwortung, die auch eine Chance ist, wahrnehmen, so bedarf sie einiger Kenntnis jener Industrie, mit deren Produkten sie es zu tun hat.

2 Daß jener Schauder vor dem Massenhaften seinerseits zu einem massenhaften Phänomen geworden ist, gehört zu den amüsanteren Paradoxien der Bewußtseins-Industrie. Ortega y Gassets Aufsatz über den *Aufstand der Massen* hat, als Taschenbuch, eine Auflage von 160 000 Exemplaren erreicht.

Die Verächter der bloßen Zahlen übersehen gern, daß rein quantitative Produktionsdaten auf die Produktionsmittel zurückwirken und sie unter Umständen qualitativ verändern können. Strukturelle Veränderungen dieser Art sind im deutschen Verlagswesen seit dem Zweiten Weltkrieg allenthalben festzustellen.

Der Buchverlag hat als Unternehmen lange Zeit an gewerblichen, ja man könnte beinahe sagen handwerklichen Formen des Produzierens festgehalten. Der Chef des Hauses kannte im allgemeinen jedes Manuskript, das er veröffentlichte. Jeder Titel warf besondere Vertrags-, Finanzierungs- und Herstellungsfragen auf, die individuell zu lösen waren. Das Verlagsverzeichnis im ganzen spiegelte gewöhnlich eine bestimmte geistige Haltung des Verlegers wider; es enthielt auch Titel, die schwer abzusetzen waren und die sich, wenn überhaupt, so erst im Laufe von Jahrzehnten amortisierten. Der Verleger rechnete mit beträchtlichen quantitativen Schwankungen in seiner Produktion und nahm außerordentliche Risiken qualitativer Natur in Kauf.

Der typische moderne Großverlag ist dagegen ein durchaus rationell arbeitender Betrieb industrieller Prägung. Sein Ziel ist ein sehr großes, konstant bleibendes Produktionsvolumen, das die Kapazität des Betriebs völlig auslastet. Das investierte Kapital muß sich rasch amortisieren. Deshalb ist im Verlagsverzeichnis kein Platz für Ladenhüter, die längere Zeit hindurch mitgeschleppt werden müßten. Das umfangreiche Lager an ständig lieferbaren Titeln wird infolgedessen möglichst bald abgebaut. Der Akzent liegt durchaus auf den Novitäten, die schnell umgesetzt werden. Die zentrale Rolle bei der Planung übernehmen die Finanzierungs- und Vertragsfachleute. Durch komplizierte Kalküle der verschiedensten Art werden Stockungen im Zufluß des Rohmaterials weitgehend ausgeglichen. Die Manuskriptbörse ist international. Ehe der Erfolgsautor den ersten Bogen in die Maschine spannt, ist über sein Werk schon allenthalben disponiert. Vorabdruck- und Übersetzungsrechte, Digest-Extrakte, Nachdrucke für Buchgemeinschaften und Taschenbuchlizenzen für ganze Verlagsproduktionen werden verplant, noch bevor die erste Zeile steht. Diese Entwicklung des Verlagsgeschäfts auf die Methoden der großindustriellen Konsumgüterfertigung hin spitzt sich bei der Herstellung von Taschenbüchern aufs äußerste zu. Das ganze Kalkül basiert auf dem Grundgedanken der Mengenkonjunktur: Der Gewinn liegt im maximalen Umsatz bei minimalen Preisen. Die Schere einer solchen, äußerst knappen Kalkulation zwingt zu radikaler Rationalisierung. Der Einheitspreis tritt an die Stelle *ad hoc* festgesetzter Ladenerlöse, die Markenbezeichnung ersetzt das Signet. Hinter den Erfordernissen der Serie tritt der Einzeltitel zurück. Die Herstellung wird vom Format bis zum Satz, von der Bindung bis zum kleinsten Detail der Aufmachung vereinheitlicht. Von besonderer Wichtigkeit ist die Standardisierung der Titelbilder, die meist von ständigen Teams entworfen werden. Schließlich setzt der Verlag langfristig eine feste Ausstoßrate fest. Nicht nur die Mindestauflage für jeden Titel, auch die Zahl der monatlich erscheinenden neuen Nummern wird schematisch ein für allemal bestimmt. Nur so können die hohen Fixkosten in die enge Kalkulation eingebracht werden. Die großen Taschenbuchverlage haben, soweit sie nicht eigene Druckereien besitzen oder kontrollieren, langfristige Werkverträge mit großen Herstellerfirmen abgeschlossen. Ein Stillstand der gesamten Maschinerie, etwa mit der Begründung, es lägen nicht genügend brauchbare Texte zur hunderttausendfachen Vervielfältigung vor, ist völlig undenkbar. Selbst wenn ein aus Verlegenheit publizierter Titel liegenbleiben sollte, ein Fall, der übrigens charakteristischer Weise äußerst selten ist, so wäre es billiger, die unverkauften Exemplare einzustampfen, als die Maschinerie vor dem Druck für eine Weile stillzulegen.

Dieser Sachverhalt ist für die Taschenbuchproduktion von der allergrößten Bedeutung. Die Lektoren, die für ihre literarische Seite verantwortlich sind, haben unter gar keinen Umständen die Möglichkeit, die Zahl der Neuerscheinungen nach dem Vorhandensein oder Fehlen sinnvoller Verlagsobjekte einzurichten. Sie befinden sich in der gleichen Lage wie ein Rundfunkredakteur, der seinen vorweg gegebenen Programmrahmen unbedingt zu füllen hat. Verstiege er sich zu dem Vorschlag, man möge Funkstille eintreten lassen, da etwas Brauchbares zur Sendung nicht vorliege, so verfiele er augenblicklich der Rache des Apparats. Das Dilemma ist ungemein charakteristisch für alle Branchen der Kulturindustrie, in die das Verlagswesen mit dem Taschenbuch nahtlos eingegangen ist. Es macht die literarische Produktion endgültig zu einem Appendix seiner finanziellen und technischen Apparatur. »Die großen Apparate ... setzen ihre Auffassung sozusagen inkognito durch. Während sie schon längst die Kopfarbeit ... noch mitverdienender – ökonomisch betrachtet also mitherrschender, gesellschaftlich betrachtet schon proletaroider – Kopfarbeiter nur mehr zur Speisung ihrer Publikumsorganisationen verwerten, diese Arbeit also nach ihrer Art bewerten und in ihre Bahnen lenken, besteht bei den Kopfarbeitern selber immer noch die Fiktion, es handele sich bei dem ganzen Betrieb lediglich um die Auswertung ihrer Kopfarbeit, also um einen sekundären Vorgang, der auf ihre Arbeit keinen Einfluß hat, sondern ihr nur Einfluß verschafft. Diese bei ... Schriftstellern und Kritikern herrschende Unklarheit über ihre Situation hat ungeheure Folgen, die viel zuwenig beachtet werden. Denn in der Meinung, sie seien im Besitz eines Apparates, der in Wirklichkeit sie besitzt, verteidigen sie einen Apparat, der nicht mehr, wie sie noch glauben, Mittel für die Produzenten ist, sondern Mittel gegen die Produzenten wurde, also gegen ihre eigene Produktion (wo nämlich dieselbe eigene, neue, dem Apparat nicht gemäße oder ihm entgegengesetzte Tendenzen verfolgt). Ihre Produktion gewinnt Lieferantencharakter. Es entsteht ein Wertbegriff, der die Verwertung zur Grundlage hat. Und dies ergibt allgemein den Usus, jedes Kunstwerk auf seine Eignung für den Apparat, niemals aber den Apparat auf seine Eignung für das Kunstwerk hin zu überprüfen ... Die Gesellschaft nimmt durch den Apparat auf, was sie braucht, um sich selbst zu reproduzieren ... Die Produzenten aber sind völlig auf den Apparat angewiesen, wirtschaftlich und gesellschaftlich, er monopolisiert ihre Wirkung, und zunehmend nehmen die Produkte der Schriftsteller ... und Kritiker Rohstoffcharakter an: das Fertigprodukt stellt der Apparat her«[3].

Diese Feststellungen, die Brecht und Suhrkamp vor zwanzig Jahren im Hinblick auf die Oper getroffen haben, lassen sich Satz für Satz auf die Praxis der heutigen Großverlage übertragen. Sie gelten freilich für alle maßgebenden Apparate der Kulturindustrie, und Brecht war im Irrtum, als er glaubte, eine bloße Veränderung der Besitzverhältnisse könnte ihre Problematik mit einem Schlag aufheben.

Außerdem ist Brechts Zweiteilung: hie Apparat – hie Schriftsteller, zu schematisch. In der Lage, die er charakterisiert, schiebt sich zwischen die beiden Partner eine Schicht von vermittelnden Kulturmanagern, die durchaus nicht von vornherein auf der Seite des Apparates stehen, den sie bedienen. Innerhalb des Spielraums, der durch die Gesetze der Kulturindustrie und nicht etwa durch die Bosheit ihrer »Besitzer« definiert ist, bestimmen sie das Programm. Von dieser Zwischenschicht der Redakteure und Lektoren hängt es ab, was faktisch erscheint, da die Herren des Apparates vollkommen damit beschäftigt sind, ihn in Gang zu halten, zu verwalten und zu perfektionieren. Die Rolle der Mittelsmänner ist nicht beneidenswert: desertieren sie gänzlich zur Literatur, aus der sie meistens hervorgegangen sind, so stockt der Apparat; desertieren sie zum Apparat, von dem sie unmittelbar abhängig sind, so wird die Produktion steril. Jedes Urteil über die Taschenbuchproduktion schließt deshalb ein Urteil über ihre intermediären Agenten ein.

3 Bertolt Brecht und Peter Suhrkamp, *Anmerkungen zur Oper »Aufstieg und Fall der Stadt Mahagonny«*. In: Bertolt Brecht, *Stücke*, Band III, S. 260 ff. Frankfurt 1955

3. *Das Programm*

Als Philipp Reclam in Leipzig Anno 1867 die ersten Bändchen seiner *Universal-Bibliothek* ankündigte, stand Goethes *Faust* mit zwei Nummern an der Spitze des neuen Unternehmens. »An seiner Wiege standen die Humanitätsidee und der klassische Idealismus Pate ... Bildung zu vermitteln im Sinn des Bildungsideals der Klassiker, charakterfeste, in sich ruhende, seelisch reiche Persönlichkeiten heranbilden zu helfen, darum ging es dem Gründer.« So heißt es in der kleinen Verlagsgeschichte, die Reclam zum neunzigjährigen Jubiläum seiner *Universal-Bibliothek* vorgelegt hat[4]. Das Unternehmen hält an seinen Grundsätzen bis auf den heutigen Tag fest. Mit einer Auflage von über einer Million Exemplaren liegt Schillers *Tell* unter den rund tausend Nummern, die seit dem Krieg erschienen sind, an der Spitze. Dagegen begann Rowohlt die Reihe seiner *Rotations-Romane* mit einem Titel von Hans Fallada: *Kleiner Mann – was nun?* Die Auflagenspitze dieser Reihe hält ein Roman von Pearl S. Buck. Die *Fischer Bücherei* begann mit einem Titel von Thornton Wilder. Wilhelm Goldmann in München startete seine *Gelben Taschenbücher* mit einem Machwerk von Paul Keller *(Die Heimat)*, und Nummer 1 der Ullstein-Bücher ist *Der Teufel*, ein historischer Roman von Alfred Neumann. Eine einzige Seite des Ullstein-Programms führt folgende Titel auf:

Short Stories des Amerikaners O'Henry; *Deine tägliche Physik; Ausgewählte Prosa* von Gottfried Benn; *Die Menschentypen*, eine obskure, angeblich »kosmische« Psychologie auf astrologischer Grundlage; *Im Westen nichts Neues; Churchills Reden; Es geschah im Bellona-Klub*, ein Kriminalroman von Dorothy Sayers; Albert Einstein, *Mein Weltbild; Mein Freund Flicka*, eine Pferdegeschichte; ein »hilfreich bejahendes« Ehebuch und Prosa von Marcel Proust.

4 Annemarie Meiner, *Reclam. Geschichte eines Verlages.* S. 26. Stuttgart 1958.

Den Luxus einer »Linie«, einer wie auch immer gearteten Ansicht von der Welt und der Literatur, leisten sich die Programme der Taschenbuchverlage nicht mehr. Sie unterscheiden sich voneinander eher wie die Automodelle zweier Marken in derselben Saison: durch Finessen der Aufmachung, durch Geschmacksnuancen, denen geistige Bedeutung zuzulegen man zögern darf. Der Eigensinn, mit dem ein Verleger wie Reclam das Gesicht seiner Reihe prägte, mutet im Vergleich dazu patriarchalisch an.

Selbstverständlich haben wir in der *Universal-Bibliothek* einen Vorläufer des heutigen Taschenbuch-Wesens zu sehen. Reclams Verlagsgeschichte erkennt diese Pionierrolle ausdrücklich an, wenn sie die *UB* »die älteste Taschenbuchreihe der Welt« nennt. Freilich sind die Unterschiede eklatant. Reclams Unternehmen kann als historisches Regulativ unserer Analyse dienen: es verkörpert die Bildungsidee des neunzehnten Jahrhunderts mit derselben Prägnanz, wie Rowohlts Rotationsbetrieb die Massenkultur des unsrigen. Reclam sah die Universalität, um die es ihm zu tun war, im Bilde des Arsenals. Ein für allemal sollte der Kanon dessen gelten, was man als gebildeter Mensch gelesen haben mußte. Praktisch-verlegerisch drückte sich diese Auffassung in dem Grundsatz aus, daß jede der 7000 Nummern, welche die Sammlung auf ihrem Höhepunkt umfaßte, zu jeder Zeit lieferbar sein sollte.

Dagegen sehen die modernen Taschenbuchverlage die Massenkultur als einen Prozeß, der rapiden Stoffumsatz verlangt. Die hohen Auflagen beruhen nicht auf der Existenz eines allgemein anerkannten Kanons. Sie kommen vielmehr durch einen psychologischen Schwingkreis zustande, den die Marktanalytiker »Schneeball-Effekt« nennen. Auch die modernen Taschenbuch-Reihen benutzen zuweilen den Begriff der Universalität als Wappenspruch und Werbeslogan, doch handelt es sich dabei um eine durchaus schlechte Universalität, die eher das endlose Wachstum der Reihen und den sich steigernden Konsum im Sinn hat, als eine Erweiterung des Blickfeldes.

Es wäre allerdings ungerecht, den Taschenbuch-Redaktionen einen Zustand anzukreiden, den sie weit eher reflektieren als verursachen. Wer ihre Programme sorgfältig liest, wird darin die Situation des Augenblicks wiederfinden, vom Abdruck der Epoche bis zur ephemeren Mode. Ihre Leistung ermißt sich daran, was sie dieser Situation abzugewinnen vermögen.

In einem nie zuvor gekannten Ausmaß ist uns heute alles, was war, verfügbar und zuhanden. Das »imaginäre Museum« des zwanzigsten Jahrhunderts kennt keine epochalen oder nationalen Schranken mehr. Alles ist reproduzierbar und läßt sich massenhaft vergegenwärtigen. In der großen Vitrine der Reproduzierbarkeit ist aufgehoben, was überhaupt je geschrieben wurde, und damit der Begriff des Klassischen selbst. Da alles potentiell »klassisch« ist (von der Drahtplastik bis zur Bombe), gibt es keine Klassik mehr. Sie ist ohne strenge Selektion nicht denkbar. Die Schattenseite jedes verbindlichen Kanons ist seine Beschränktheit. Dem bürgerlichen Bücherschrank des neunzehnten Jahrhunderts stand ein für allemal fest, was als das »Unvergängliche« zu gelten hatte. Die Plastik der Neger gehörte dazu ebensowenig wie die Literatur des Barock. Die intakten Maßstäbe des Kanons wurden durch Borniertheit erkauft. Die Chancen und die Schattenseiten der allgemeinen Verfügbarkeit machen die Taschenbuchreihen sichtbar, die sich vorgenommen haben, das »Erbe« unter die Leute zu bringen.

Die einzige Taschenbuchreihe, die am herkömmlichen Konzept des Klassischen festhält, erscheint in der Fischer-Bücherei. Sie nennt sich, nicht ohne feierlichen Nachdruck, *Exempla classica.* Schier eigensinnig wird hier noch einmal die Gültigkeit eines Kanons behauptet, zu dessen Definition es des sechsköpfigen Professoren-Komitees, das für die Auswahl verantwortlich zeichnet, am Ende gar nicht bedurft hätte, so unverrückt hält sie an den traditionellen Grenzen fest. Auf Entdeckungen wird, man möchte sagen absichtlich, Verzicht getan, und unter den Schriftstellern des zwanzigsten Jahrhunderts finden nur fünf Gnade vor diesem literaturhistorischen Gerichtshof; weder Faulkner noch Brecht ist unter ihnen; Joyce erscheint nicht mit dem *Ulysses*, sondern mit dem *Jugendbildnis* im europäisch-exklusiven Pantheon. Die Einwände gegen das Unternehmen liegen auf der Hand. Inzwischen sind ihm Sorgfalt und editorischer Anstand, die es durchweg wahrt, hoch anzurechnen. So fragwürdig die Voraussetzungen des Ganzen, so nützlich sind seine einzelnen Erscheinungen.

Sie ersetzen zu einem guten Teil die Klassiker-Ausgaben, die Goldmann in seinen *Gelben Taschenbüchern* veranstaltet hat. Dort wurde jenes »Bildungsideal der Klassiker«, das Reclam einst beschwor, weniger deshalb übernommen, weil man sich ihm verpflichtet fühlte, sondern weil es immer noch einen risikolosen Absatz zu garantieren schien. Diesen Schluß ließ schon die schäbige Art und Weise zu, wie Goldmann lange Zeit die kanonischen Texte editorisch behandelt hat. Jahrelang fehlte in den Bänden der gelben Reihe jeder Hinweis auf die maßgebenden kritischen Ausgaben. Mit gleicher Unverfrorenheit wurden Shakespeare, Schiller, Heine, Tolstoi und Hölderlin ausgewählt, redigiert, »gestrafft«, mit Phrasen aus der Schulkladde schludrig eingeleitet und in bunte Umschläge, die ein Reklamebüro entwarf, verpackt. Die Ehrfurcht vor den Klassikern, auf die der Verleger beim Käufer spekulierte, schlug er auf diese Art selber in den Wind. In letzter Zeit hat Goldmann, veranlaßt durch Kritik oder Konkurrenz, sich eines besseren besonnen; ja er ist sogar auf Entdeckungen ausgegangen, die ihn bis zu Jakob Böhmes und Emanuel Swedenborgs Werken geführt haben. Auch findet sich auf seiner Liste, zwischen allerlei Trivialromanen, manches verkannte Buch, besonders der russischen Literatur, das anderswo unerreichbar ist. Die Übersetzungen sind nicht über jeden Zweifel erhaben; vor den früheren Bänden der Reihe ist nach wie vor zu warnen.

Die interessantesten Taschenbuchausgaben alter Texte hat mit seiner Reihe *Klassiker der Literatur und Wissenschaft* Rowohlt hervorgebracht. Die unerläßlichen Voraussetzungen sind erfüllt:

die Texte sind im allgemeinen stichfest und ungekürzt; als Herausgeber treten Kenner der Sache auf; die Einleitungen vermeiden überflüssige Rhetorik; die Bibliographien sind brauchbar, zuweilen mustergültig. Als erster Taschenbuchverleger hat Rowohlt mehrbändige Ausgaben aufgelegt. In der Reihe der Shakespeare-Dramen steht dem deutschen Text das englische Original, und zwar in der Fassung der vortrefflichen Globe-Edition, gegenüber. Die Platon-Ausgabe ist mit der Stephanus-Numerierung versehen. Kierkegaard erscheint in neuer Übersetzung; jeder Band bringt bisher unzugängliches Material über die Biographie des Autors bei und enthält ein nützliches Glossar seiner Hauptbegriffe. Überhaupt gibt sich die Reihe nicht mit Lizenzausgaben zufrieden; viele wichtige Werke sind für sie eigens neu übersetzt worden, manche davon zum erstenmal, wie Baltasar Graciáns *Criticón.* Auch zwei Romane eines deutschen Barockautors, die jahrhundertelang verschollen waren, hat der Verleger, von Richard Alewyn beraten, ans Licht gebracht: Johann Beers *Narrenspital* und *Jucundus Jucundissimus.* Überhaupt nehmen in dieser Klassiker-Reihe Epochen und Regionen einen bevorzugten Platz ein, die der traditionellen Bildungswelt fremd sind: die asiatische Literatur mit einer neuen, kritischen Übersetzung von *Buddhas Reden* und mit einem alten chinesischen Roman; die Mystik mit einem Textbuch aus ihrer altdeutschen Blütezeit und mit den Werken des Franz von Assisi; die Renaissance mit einer zweisprachigen, sehr rühmenswerten Ausgabe von Leonardo da Vincis *Tagebüchern,* mit einer Sammlung von Dialogen des Giordano Bruno und mit den (neu übersetzten) Utopien von Morus, Bacon und Campanella; das spanische und deutsche Barock; und schließlich, mit der berühmten Anthologie *Menschheitsdämmerung,* der Expressionismus. In solchen Programmen großen Stils zeichnen sich Muster ab, die nicht zufällig entstehen, sondern sehr allgemeinen Tendenzen der Gegenwart entsprechen.

Auffallend linkisch wirkt dagegen die Hand der Herausgeber, wo es sich um die »Klassiker« unseres eigenen Jahrhunderts handelt. Es ist in Rowohlts Reihe nur in vier Titeln vertreten. Abgesehen von der *Menschheitsdämmerung* verrät die Auswahl Unsicherheit. Mit einer Novelle von Borchardt, einer recht zufällig anmutenden Sammlung von Kriegsgedichten und einer obskuren Schrift des indischen Sektierers Shri Aurobindo ist die moderne literarische und wissenschaftliche Produktion wohl kaum angemessen vertreten. Wo die filtrierende Wirkung der Historie fehlt, gelingt es vielfach den Verantwortlichen nicht mehr, vom Drittrangigen das Bedeutende zu sondern. Man muß es in den Kraut- und Rübenäckern der »allgemeinen Programme« aufsuchen: dort steht, wie Zufall und Lizenzverträge es wollen, Faulkner neben Agatha Christie, Döblin neben Horst Wolfram Geißler, Camus neben Heinrich Spoerl, *Man muß sich nur zu helfen wissen* neben dem *Spiegel des Unvergänglichen*. Das bloße Nebeneinander der Titel ruft ein Gefühl des Schwindels hervor, so wenn Rowohlt in einer Serie *Monographien großer Persönlichkeiten* den Buddha unmittelbar neben den Colette-Band stellt.

Diese Monographien-Reihe, die übrigens äußerst geschickt und treffsicher inszeniert ist, verdeutlicht einen weiteren Aspekt jener Bildungsauffassung, die sich an der Vorstellung des Konsumguts orientiert. Zwar soll einerseits alles, was je geschrieben wurde, dem direkten Zugriff verfügbar sein. Doch soll das Gebotene auch wiederum nicht einfach als das, was es ist, dem Leser zugemutet, sondern ihm zuvor kommensurabel gemacht, aufbereitet, »vermittelt« werden. Dazu dienen die oft recht aufgedunsenen Einleitungen der landläufigen »Klassiker«-Auswahlen, die offenbar lieber gelesen werden als die Werke selbst; dazu dienen auch die Monographien, deren verlegerischer Erfolg außer Zweifel steht. Der gängige Weg führt über die Person zum Werk; er ist mit Illustrationen gepflastert. Jedes Foto legt sich dabei den Titel eines »Dokumentes« bei; Literatur oder Malerei überhaupt wird als »Dokumentation« verstanden, ohne daß einzusehen wäre, welcher Beweis damit angetreten werden soll. Alle Spielarten der sekundären Darbietung, von der nüchternen Werkanalyse bis zum kulturfilm-ähnlichen Digest, lassen sich in jener Monographien-Reihe unterscheiden; jeder Band steht auf seinen eigenen Meriten.

Die verlegerischen Möglichkeiten des Taschenbuchs sind jahrelang äußerst skeptisch beurteilt worden. Noch eine jede neue Reihe ist ängstlicher Besorgnis oder schadenfroher Hoffnung begegnet: alles mögliche sei bereits auf diesem Feld getan, die schrumpfende Zahl der freien Titel werde der weiteren Expansion ein Ende setzen, ein weiteres Wachstum wäre weder von der vorhandenen Substanz noch von der Aufnahmefähigkeit des riesigen Marktes her zu rechtfertigen. Eine Neugründung wie der Deutsche Taschenbuch Verlag hat das Gegenteil bewiesen. Eine Taschenbuch-Ausgabe von Goethes *Sämtlichen Werken* in nicht weniger als 45 Bänden ist im Erscheinen begriffen. Der Plan geht über alles bisher Versuchte hinaus. Ein Ende dieser Entwicklung ist bisher nicht abzusehen[5].

Noch schärfer als bei den Neuausgaben großer Werke der Literatur prägt sich in den Programmen der wissenschaftlichen Taschenbuchreihen eine geistige Lage ab. Ihre Anlage und Gestalt läßt Schlüsse auf die Situation unseres Wissens überhaupt zu.

5 Zu der Gründung des Deutschen Taschenbuch Verlags haben sich elf deutsche und schweizerische Verlage zusammengeschlossen, die über eigene Taschenbuch-Abteilungen nicht verfügen. Der Vorgang wirft auf die Situation des Verlagswesens ein bezeichnendes Licht. Die neuen, durchaus industriellen Produktions- und Vertriebsverfahren, die das Taschenbuch ermöglicht und erfordert, wirken auf die Struktur der Editionshäuser und ihrer Programme zurück. Die sekundären Verwertungsrechte treten im verlegerischen Kalkül in den Vordergrund. Die gewöhnliche Buchausgabe wird mehr und mehr zum Appendix ihrer ökonomischen Nebenwirkungen, der Vergabe von Lizenzen an Taschenbuch-Unternehmen, Buchgemeinschaften, Funk- und Fernsehanstalten, an Film- und Phono-Gesellschaften, Herausgeber von Sammelwerken im In- und Ausland. Daß sich elf konkurrierende belletristische Verleger zu einem gemeinsamen Unternehmen zusammentun, läßt den Schluß zu, daß die innere Logik der großindustriellen Verfahren sie dazu nötigt. Die Entsprechung zu den Konzentrations-Tendenzen in der Konsumgüter-Industrie liegt auf der Hand.

Hier fehlt bezeichnenderweise ein historischer Vorläufer, der dem Unternehmen Reclams analog wäre. Das Bedürfnis, am Fortschritt der wissenschaftlichen, besonders aber der naturwissenschaftlichen Erkenntnis in allen Disziplinen teilzunehmen, ist ein sehr junges Phänomen. Ausnahmen, wie das enorme Interesse unserer Urgroßväter an der Deszendenztheorie, bestätigen diesen Satz. Jenes Interesse richtete sich weniger auf die Forschung selbst als auf ihre theologischen und philosophischen Konsequenzen. Das Sachbuch ist eine Erfindung des 20. Jahrhunderts, die denkwürdigerweise im selben Augenblick auf den Plan tritt, da sich die Kulturkritik fragt, ob ein Bildungsbegriff denn überhaupt noch zu denken sei, der die Zentrifugalkräfte der Spezialisierung auszugleichen vermöchte.

Rowohlts deutsche Enzyklopädie, die größte unter den wissenschaftlichen Taschenbuchreihen, ist von solchen Zweifeln nicht angekränkelt. Sie möchte – so der programmatische Text, der auf jedem Band abgedruckt ist – »über das jeweils Neueste an Forschung und Erkenntnis unterrichten«, strebt aber auch und gleichzeitig »ein sinnvolles Gebäude menschlichen Denkens an und begnügt sich nicht mit der zufälligen Aneinanderreihung einzelner Essays«. Dem Herausgeber Ernesto Grassi steht ein ungemein imponierender wissenschaftlicher Beirat zur Seite, der mit allerlei berühmten oder wenigstens exotischen Namen bestückt ist, dessen Tätigkeit sich aber darauf beschränken dürfte, auf der vierten Seite eines jeden Bandes gewissermaßen für die Vortrefflichkeit des Ganzen zu haften.

Eröffnet wurde die derart ehrgeizig geplante und ausgiebig dekorierte Enzyklopädie mit einem Pamphlet von Hans Sedlmayr über *Die Revolution der modernen Kunst.* Diese Streitschrift ist heute zu Recht vergessen. An den Skandal, den sie zu ihrer Zeit verursacht hat, darf jedoch erinnert werden, weil er für das ganze Unternehmen in mancher Hinsicht symptomatisch geblieben ist; der Fall Sedlmayr hat die Fragwürdigkeit seiner Konzeption sichtbar gemacht.

An ihr laboriert die Rowohlt-Enzyklopädie bis heute, ja, man kann sagen, daß sie daran, als Enzyklopädie, gescheitert ist. Ein zweiter Blick auf das Titelverzeichnis lehrt, daß sie eben zu dem geworden ist, was sie in ihrem Programm zu sein leugnet: eine zufällige Aneinanderreihung einzelner Essays.

Ortegas Aufsatz *Über die Jagd* ist eine geistreiche und tiefschürfende Plauderei; die *Sozialgeschichte der mittelalterlichen Kunst* ein auszugsweiser Nachdruck von einem großangelegten Spezialwerk der neueren Forschung; Gustav René Hockes Manierismus-Untersuchung ist eine anregende Originalarbeit; Vacanos Band über *Die Etrusker* ein säuberlich-dürres Resumé; Otto Wolffs Buch über das neue Indien das Werk eines missionarischen Eiferers. *Die Kindheit der Tiere* entpuppt sich als ein harmloser Versuch eines englischen Tierfreundes, der ohne wissenschaftlichen Ehrgeiz von seinem Hobby erzählt; Margret Boveris wichtige Arbeit über den *Verrat im 20. Jahrhundert* liefert sich einer Problematik aus, die enzyklopädisch überhaupt nicht faßbar ist und die eher der Sphäre der persönlichen Entscheidung als der wissenschaftlicher Erkenntnisse angehört; Emil Brunners theologische Anthropologie ist, wie das Nachwort dazu ganz richtig bemerkt, als erbauliche »Wegweisung in der Krise unserer Welt« gedacht; die an sich sehr nützliche Zusammenstellung aus den Schriften Stanislawskis bildet eher ein Praktikum für angehende Theaterleute als »Unterrichtung über das jeweils Neueste an Forschung und Erkenntnis«.

Gewisse modisch gewordene Disziplinen nehmen in der Reihe einen ganz unverhältnismäßig großen Raum ein. Raumfahrt und Archäologie, Zen-Buddhismus und Jugendkriminalität, Sexualität und Sozialpsychologie sind bevorzugte Gegenstände. Nicht nur ihre Buntheit, auch ihre willkürliche Auswahl fällt auf. Aber auch methodisch geht die Enzyklopädie bedenkenlos zuwege. Schwankungen im Wert und im Niveau der einzelnen Arbeiten mögen unvermeidlich sein; daß aber Streitschrift und Handbuch, Originalwerk und Kompilation, Resumé und Hypothese, Erbauungsschrift und Causerie, Liebhaberei und Dokumentation mit gleichem Anspruch nebeneinander hingestellt werden, straft die enzyklopädische Fassade Lügen. Der Bauplan des Ganzen erweist sich als eine Sackgasse, an deren Ende der Leser nur deshalb nicht stößt, weil sie, wie jede zufällige Aneinanderreihung, beliebig verlängert werden kann. Die lange Reihe der Titel wirkt wie das Vorlesungsverzeichnis einer Hochschule, die dringend der Reform bedarf. Der Vergleich ist nicht von ungefähr.

Das wissenschaftliche Dekorum wird zwar sorgsam gewahrt: die Anhänge und Register sind ordentlich ausgearbeitet, es fehlt weder an Bibliographien noch an Professorentiteln. Gleichwohl ist schlechte Universalität die Summe dieser Enzyklopädie. Verspätete Zweifel an ihrer Anlage scheinen auch dem Herausgeber selbst gekommen zu sein; jedenfalls ersetzt er in seiner Rechtfertigungsschrift *Die zweite Aufklärung. Enzyklopädie heute*[6] den Begriff des sinnvollen Gebäudes«, an dem der Klappentext eigensinnig festhält, durch den eines geistigen »Prozesses« der Wirklichkeitsdeutung, der, nach Grassi, das »einzige« ist, was »in der Flut der sich überstürzenden und überholenden Entdeckungen von Dauer ist«. Sollte es sich nicht eher darum handeln, den Leser, die bildungsbedürftige Masse, zu deren Anwalt sich Grassi machen möchte, am Produktionsprozeß eines Großverlages teilnehmen zu lassen? Die fortgesetzte Spekulation auf den Sammeleifer; die Verbindung der Rechtfertigungsschrift mit einem Registerband, der dem Leser weismachen möchte, er habe es mit einem Nachschlagewerk zu tun, bei dem es auf Vollständigkeit ankäme; die mühsame Kombinatorik, mit der der Herausgeber gewisse Teilergebnisse der »Enzyklopädie« *a posteriori* aneinanderrückt; überhaupt das Festhalten an der leeren Prätention, mit der die Reihe vortäuscht, mehr als die Summe ihrer zufälligen Bestandteile zu sein: das alles legt einen solchen Schluß nahe. Auch Grassis Versuch, der Kritik an den Mängeln seiner Enzyklopädie dadurch zu begegnen, daß er deren Begriff selber auflöst, verschlägt da nicht viel. Sein Wunsch, man möge es doch

6 Rowohlts deutsche Enzyklopädie. Band 76/77. Hamburg 1958.

ihm überlassen, zu entscheiden, was eine Enzyklopädie zu sein habe, ist zwar begreiflich. Wir möchten uns aber doch lieber an Diderot und d'Alembert halten, wenn auch diese Autoren bei Grassi schlecht wegkommen – wie uns denn überhaupt die erste Aufklärung lieber ist als jene zweite, die er weiterhin zu veranstalten droht und die auf nichts anderes hinausläuft als darauf, ihre erlauchte Vorgängerin nach Begriff und Absicht auf den Kopf zu stellen.

Wie verschiedene Lösungen ein und dasselbe Dilemma zuläßt, wie groß, allen inneren und äußeren Zwängen zum Trotz, der Spielraum immer noch ist, innerhalb dessen die Mittelsmänner der Großverlage arbeiten können, zeigt ein Projekt, mit dem die Fischer-Bücherei seit einigen Jahren dem Unternehmen Rowohlts Konkurrenz macht. Die *Enzyklopädie des Wissens*, von der bisher neun Bände vorliegen, tritt mit nicht minder hohem Anspruch auf. Sie beruft sich sogar, statt sie mit Platitüden abzutun, ausdrücklich auf die französischen Enzyklopädisten als ihre geistigen Ahnen und zitiert den folgenden programmatischen Satz d'Alemberts: »Das Werk, das wir begonnen haben und zu Ende zu führen wünschen, hat einen doppelten Zweck: als Enzyklopädie soll es, soweit möglich, die Ordnung und Verkettung der menschlichen Kenntnisse erklären; und als methodisches Sachwörterbuch der Wissenschaften, Künste und Gewerben (ein Ausdruck, den wir heute mit »Technik« übersetzen würden) »soll es von jeder Wissenschaft und Kunst ... die allgemeinen Grundsätze enthalten, auf denen sie beruhen, und die wesentlichen Besonderheiten, die ihren Umfang und Inhalt bedingen«[7].

Es liegt auf der Hand, daß die Verwirklichung eines solchen Plans, zweihundert Jahre nach d'Alembert, äußerst schwierig ist. Sie setzt voraus, daß die Herausgeber der Enzyklopädie die Frage, wie umfassendes Wissen heute überhaupt noch möglich

7 Jean le Rond d'Alembert, *Discours préliminaire*. In: *Encyclopédie ou Dictionnaire raisonné des Sciences, des Arts et des Métiers*. I. Band. Paris 1751.

sei, gründlich durchdacht haben, ehe sie ans Werk gegangen sind. Die Antwort, die sie gefunden haben, zeigt, die sie sich auf ihre Ahnen, die Aufklärer, mit Recht berufen. Der programmatische Satz ist hier kein bloßes Aushängeschild. Freilich ist ihr Erfolg durch eine dreifache Askese teuer erkauft. Zunächst wird auf die Vollständigkeit verzichtet, die man von Nachschlagewerken zu verlangen pflegt. Der reine, unartikulierte Wissensstoff tritt zugunsten größerer Strukturen zurück. Das Material wird gleichsam schon zu Riesenmolekülen aufgebaut und nicht im atomaren Zustand vorgeführt. Zweitens ist der Bauplan der Enzyklopädie von vornherein abgesteckt, so daß sie nicht ins Blaue und Uferlose fortwuchern kann: wie jedes »sinnvolle Gebäude»steht sie in ihren Umrissen bereits fest, ehe mit der Ausführung begonnen wird. Außerdem läßt sich der Verlag mit dem Erscheinen der Einzelbände Zeit: sie erscheinen in Abständen von zwei Monaten. Sowohl die Beschränkung auf einen festen Umfang wie die der zeitlichen Folge des Erscheinens muß gegen die inflationistische Tendenz des Apparats durchgesetzt werden, der am liebsten ununterbrochen und endlos fortproduzieren möchte.

Der Herausgeber Ivo Frenzel, der unverständlicherweise im Impressum ungenannt bleibt, behält auf diese Weise die Publikationsmaschine, die ihm zur Verfügung steht, fest in der Hand. Die Liste der 36 Bände, die insgesamt erscheinen sollen, liegt vor. Sie ist nicht nur für den Käufer von Nutzen, dem von vornherein reiner Wein eingeschenkt wird; sie gibt auch Hinweise auf die Struktur des Ganzen. Dieses Ganze, auf das letzten Endes jede Enzyklopädie gehen muß, ist auf 21 Disziplinen verteilt. Der auffälligste Zug dieser Anordnung ist es, daß der Historik, der Geschichtswissenschaft, nur ein einziger Band zugemessen wird, während auf die Medizin drei, auf die Technik gar vier Bände entfallen. Dieser systematische Aufbau, der sich im Innern der Einzelbände fortsetzt, ist echt enzyklopädisch. Der Verzicht auf Historizität ist freilich der schwerwiegendste, den die geistigen Väter des Unternehmens auf sich genommen haben. Was für

Diderot und d'Alembert noch eine philosophische Möglichkeit war, wird unserem Bewußtsein zu einem Trick, mit dessen Hilfe der ständig anschwellende Fluß der Erkenntnis zum Wissensgebäude sich allein sistieren läßt. Dieser List eines historischen Bewußtseins, das sich als systematisches verkleidet, bleiben die Editoren mit bewunderungswürdiger Konsequenz treu; auch hier ist es ihre eigensinnige Enthaltsamkeit, die dem prekären, klug durchdachten Plan zum Erfolg verhilft.

Innerhalb des Einzelbandes setzt sich ihre entschiedene Haltung fort. Der Stoff wird jeweils in vier bis sechs Dutzend größere Sachwortartikel aufgeteilt, die alphabetisch angeordnet sind, so daß ein *dictionnaire raisonné* entsteht. Die Wahl der Stichwörter ist dabei ein kardinales Problem. Ihre Zahl muß begrenzt bleiben, damit der Stoff nicht zerfällt; Wiederholungen sollen vermieden werden; trotzdem muß der Gegenstand wenigstens im wesentlichen erschöpft werden; überdies soll jeder Artikel für sich lesbar bleiben, als wäre er ein kleiner Essay. Die Methode macht es den Autoren nicht leicht, sie erbringt aber für den Leser wertvolle Gewinne. Es wird nämlich auf diese Weise Ordnung und Übersicht geschaffen, ohne daß sie durch Starre bezahlt werden müßte. Denn der Benutzer hat es in der Hand, die Teilstücke wie ein Mosaik selbst zum System zusammenzufügen. Er beginnt bei irgendeinem Artikel, folgt den Verweisungen, die ihn interessieren, und findet so am Leitfaden seines eigenen Denkens und Fragens den Zugang zum Ganzen.

Die Homogenität, auf die es bei einer solchen Sache ankommt, bleibt in den vorliegenden Bänden bis zu einem erstaunlichen Grad gewahrt. Es ist kaum zu ermessen, wie viele Mühe und Geduld eine Redaktion investiert haben muß, um Niveau, Methode und Stil so durchgängig zu wahren.

Die Begrenzungen der *Enzyklopädie des Wissens* sind durch ihre Vorzüge von Anfang an gesetzt. Daß der Verlag den zutreffenden Namen des Projekts durch den Untertitel *Das Fischer Lexikon* suppliert hat, um nur ja sicherzugehen, ist kaum zu rechtfertigen. Ein solcher Untertitel erinnert den Leser an den Typ eines Nachschlagewerks, das im 19. Jahrhundert vorherrschend war, nämlich an das Konversations-Lexikon, und darin liegt eine Irreführung. Der Wert eines derartigen, herkömmlichen Lexikons bemißt sich nach seiner materiellen Vollständigkeit: das Wissen wird darin zwar nur punktuell, aber lückenlos erfaßt. Dagegen ist es gerade die Tugend von Frenzels Unternehmen, daß es zum Beispiel in seinem Musik-Band nicht wahllos alles aufsammelt, was über Musik gewußt werden kann. Die Enzyklopädie soll nicht Daten, sondern Aufschlüsse liefern. Als Nachschlagewerk ist ihr Wert durchaus begrenzt.

Eine sehr ernste Frage wirft weiters der Band über *Film, Rundfunk und Fernsehen* auf. Zunächst fällt auf, daß er als einziger nicht in das System der Enzyklopädie einzufügen ist. Diese Störung im Gesamtplan verweist auf eine Störung im realen Gefüge der Wissenschaften: nämlich auf das Fehlen einer Wissenschaft von der Massenkommunikation, zu der eine Disziplin wie die Zeitungswissenschaft nur einen ganz unzureichenden Ansatz abgibt. Aber darüber hinaus scheint bei einem solchen Thema der enzyklopädische Gedanke selbst an eine Grenze seiner Möglichkeiten zu stoßen. Er entstammt einer Phase der Aufklärung, in der sie sich selbst ohne Reflexion hinnimmt. Einer Sache wie der Bewußtseins-Industrie ist dagegen nur mit den Mitteln einer Aufklärung beizukommen, die ihrer eigenen Dialektik ansichtig geworden ist. Die sauberen, übersichtlichen, kenntnisreichen Artikel des Fischerbandes können nicht darüber hinwegtäuschen, daß gerade die Struktur, das innere Gesetz der *mass media* in ihnen unaufgeklärt bleibt. Die Lektüre eines Aufsatzes von Anders oder Adorno lehrt mehr über ihre Natur als die des ganzen Lexikon-Bandes. Daraus ist zu folgern, daß es Gegenstände gibt, die enzyklopädisch überhaupt nicht mehr, sondern nur noch kritisch faßbar sind. Die Historizität, die die Herausgeber aus guten Gründen ausgeklammert haben, rächt sich hier an ihnen, indem sie den Begriff der Enzyklopädie selber als Anachronismus verwirft.

Die Möglichkeiten und die inneren Begrenzungen der Taschenbuch-Programme haben sich bei der Durchmusterung zweier Teilgebiete herausgestellt. Weltliteratur und Enzyklopädie – sie pochen beide auf das Bestehende und Verfügbare, ohne ihm feste Maßstäbe abgewinnen zu können; aber durch die verkaufsgerechte Kaschierung scheint eine geistige Lage mehr oder minder deutlich durch. Das allein spricht den Lektoren und Redakteuren ein günstiges Urteil; denn es beweist, daß sie es verstanden haben, sich gegen die Blindheit der Apparate bis zu einem gewissen Grad durchzusetzen. Der Standard der deutschen Taschenbuch-Produktion ist mit den Jahren eher gestiegen. Der reine Schund spielt in ihr keine erhebliche Rolle.

Während das amerikanische *pocket-book* schon durch sein Umschlagbild die Kapitulation des Geistes vor der Gewalt des Apparats vollzieht und die Bibel oder Homer ganz wie Mickey Spillane oder Superman ins immergleiche blutrünstige Titelbild verpackt, das mit der masochistisch halbentblößten Blondine und dem zähnebleckenden SA-Gesicht des Helden jedem Comic-Heft zur Ehre gereichen würde, hält das deutsche Taschenbuch der Barbarei doch mit der größten Zähigkeit stand. Diese Feststellung muß getroffen werden, wenn auch kein Zweifel daran sein kann, daß die Barbarei sich tief ins Innere dessen eingenistet hat, was wir als Kultur zur Schau tragen. Das kühn-abstrakte, das vornehm-typographische Titelbild ist für sich allein betrachtet noch kein hinreichendes Alibi.

Auffallend ist, als ungünstiges Symptom, daß sich die Produktion fast ohne Rest in zwei Hälften dissoziiert, deren eine sich auf das vermeintlich Unvergängliche versteift, während die andere einem faden Begriff von Unterhaltung und Lebensweisheit ausgeliefert scheint. Was nahezu durchwegs fehlt, ist das Taschenbuch als Stachel statt als Palliativ. Technisch böte das neue Instrument, das mit großen Auflagen und kurzen Fristen arbeitet, der aktuellen Flugschrift, der gezielten politischen Äußerung jede Chance. Einen ersten, äußerst zaghaften Versuch in dieser Richtung hat vor Jahren der Ullstein-Verlag mit der Veröffentlichung einiger Vorträge von George Kennan gemacht, um dessen

Thesen sich eine Weile die außenpolitische Diskussion gedreht hat. Entschiedener griff später der Rütten und Loening Verlag mit seiner Reihe *Das aktuelle Thema* derartige Möglichkeiten auf; und bei Rowohlt sind im Jahre 1961 immerhin zwei Taschenbücher erschienen, die mit mehr oder weniger Glück dem politischen Augenblick gerecht zu werden versuchen. Das sind Ausnahmen. Die Angst der Taschenbuchverleger vor der Aktualität ist allgemein, und sie ist bestürzend. In zwölf Jahren haben sie keine einzige Schrift über das skandalöse Versagen unserer Städteplanung, über das zunehmende Verkehrschaos, über die Fehlleistungen unserer Schulpolitik, über die zunehmende ökonomische Konzentration hervorgebracht. Das sind Beispiele aus der deutschen Innenpolitik, von außenpolitischen Gegenständen ganz zu schweigen. Das Taschenbuch hat ein Publikum, das in die Hunderttausende geht. Worauf warten die Verleger? Warum exponieren sie sich nicht? Bereitwillig liefert der Apparat Zuckerbrot und Zirkusspiele. Kultur läßt er sich ablisten. Tabu bleibt, was im politischen Alltag nützen könnte. Auch hierin spiegelt sich eine Lage. Wer sich damit begnügt, sie zu reflektieren, statt sie zu ändern, hat schon kapituliert.

4. Der Leser

Das riesige, bunte Programm der Taschenbücher mit seinen Glanzlichtern und seinen blinden Flecken wird für einen großen Unbekannten aufgestellt. Der gutmütige, ratlose Passant, der vor dem weißlackierten Ständer steht und wählt, ist ein Mann ohne Gesicht. Selbst die Verkaufsabteilungen der großen Verlage wissen kaum, wie er aussieht. 160 Millionen Taschenbücher in elf Jahren: Wer hat sie gekauft? Wer hat sie gelesen?

Philipp Reclam kannte die Leser seiner *Universal-Bibliothek* recht gut. Wer seine gelben Heftchen kaufte, wußte genau, was er wollte. Schüler und Studenten machten das Gros der Leserschaft aus. Die hohen Auflageziffern der *Minna von Barnhelm* und der *Kritik der reinen Vernunft* kamen im Klassenzimmer und im Hörsaal zustande. Ein Kleinbürgertum, das noch auf Bildung prätendierte, las sich hier durch Storm und Keller und durch das Tierleben des großen Brehm. Schließlich erschloß sich Reclam ein großes proletarisches Publikum. In der Frühzeit der Sozialdemokratie erhoben die Arbeiter nicht nur auf höhere Löhne und bessere Lebensbedingungen, sondern auch auf Teilnahme am »Geistesleben« Anspruch. Wir haben keinen Grund, den naiven Lesehunger der damaligen Arbeiterschaft zu belächeln, mag auch seine Devise »Wissen ist Macht« uns heute fragwürdig scheinen. Diesen Lesehunger stillte Reclam mit seinen Bändchen. In der *Universal-Bibliothek* fand der lesende Arbeiter seinen Haeckel, seinen Bölsche und seinen Lassalle. Reclam konnte es sich leisten unscheinbar und schmucklos aufzutreten. Was er verkaufte, war Brot. Er lieferte, was seine Leser brauchten. Sein Geschäft konnte der Verkaufspsychologie, der Marktmanipulation, des buntlackierten Deckels entraten. Er wußte, woran er mit seinem Publikum war, und umgekehrt.

Ähnlich klare Verhältnisse sind nur ganz bestimmten Sonderformen des heutigen Taschenbuchs gegeben, die in der Gesamtproduktion quantitativ eine ganz geringe Rolle spielen. Diese speziellen Reihen sind meist wissenschaftlicher Art. Ihre Auflagen sind relativ klein, sie liegen zwischen fünf- und fünfzehntausend. Ihr Preis liegt meist erheblich über dem der Standardprodukte, wie sie die Riesenverlage liefern. Die *Urban-Bücher* (Kohlhammer, Stuttgart), die *Kleine Reihe* bei Vandenhoeck & Ruprecht (Göttingen), die *Dalp-Taschenbücher* (Francke, Bern) und die *Janus-Bücher* des Oldenbourg-Verlages (München) sorgen für Minoritäten, für ein begrenztes Publikum, das hohe sachliche Ansprüche stellt und dafür bereit ist, genau zu lesen. Diese höchst verdienstvollen Reihen passen sich durch eine Art von Mimikry dem neuen Büchertyp an, ohne sich den Gesetzen des geistigen Massenkonsums zu unterwerfen. Sie sehen wie Taschenbücher aus, doch werden sie mit den Mitteln der Konsumgüterindustrie weder geplant, noch hergestellt, noch verkauft[8]. Ihr Leserkreis gibt keine Rätsel auf; er beschränkt sich ziemlich genau auf die alten akademischen Berufe, auf Studenten und Gymnasiasten. Die fünf Großverlage hingegen, denen als jüngere Geschwister die *Herder-Bücherei* in Freiburg und der Paul List Verlag in München mit seinen *List-Taschenbüchern* zuzurechnen sind, haben es mit einer anonymen, schwer definierbaren Leserschaft zu tun. Der Rowohlt Taschenbuch Verlag hat verschiedene Leseranalysen durchgeführt, die folgende Schlüsse zulassen:

1. Der Taschenbuchleser ist ein Großstadt-Wesen. Die Hälfte aller Exemplare werden in Orten über 100 000 Einwohner gekauft.

2. Auf einen weiblichen Leser kommen zwei Männer.

3. Die Altersgruppe zwischen 18 und 25 Jahren kauft über ein Drittel aller Taschenbücher. Nebenmaxima liegen bei den beiden folgenden Altersgruppen zwischen 25 und 30 sowie zwischen 30 und 40 Jahren.

4. Der Anteil der Arbeiterschaft ist verschwindend klein. Nur drei von hundert Taschenbüchern kommen in die Hände von Arbeitern. Noch geringer ist der Anteil der Bauern[9].

8 Der Siegeszug des Taschenbuchs hat nicht nur zu einer unsichtbaren Adaptation der normalen Verlagsprogramme an seine Bedingungen geführt. Auch das äußere Bild der Bücher paßt sich dem Emporkömmling an. Eine Schar von Verlegern hat im Lauf der letzten Jahre als angeblich neuen Buchtyp, das sogenannte *paperback* lanciert. Von der Sache her ist dieser Typ ein guter alter, in Deutschland freilich herkömmlich mißachteter Bekannter, die Broschur. Die herstellungstechnischen Unterschiede sind nur für den Fachmann erkennbar. Neu sind die graphische Aufmachung und die Vertriebsmethode. Die Idee, eine uralte Buchform als Novität zu verkaufen, stammt aus Amerika, wo das Taschenbuch sich zum *quality paperback* gemausert hat, um auch auf jene Märkte vorzudringen, die ihm aus kalkulatorischen und soziologischen Gründen bis dahin verschlossen waren. Nach Auflage, Preis und Leserkreis sind Paperbacks ganz normale Bücher, die sich als Taschenbücher gleichsam verkleiden.

9 Zu ähnlichen Ergebnissen kommt Herbert G. Göpfert in seinem Aufsatz *Bemerkungen zum Taschenbuch*, abgedruckt in dem Band *Der deutsche Buchhandel in unserer Zeit*. Göttingen 1961.

In den frommen Erklärungen der Verleger wurde des öfteren die Hoffnung ausgedrückt, man könne mit Hilfe des Taschenbuchs neue Schichten als Leser gewinnen. Der niederschmetternde Befund der Leseranalysen besagt eindeutig, daß mit diesen neuen Schichten jedenfalls nicht die Arbeiterschaft gemeint sein kann. Das Gegenteil ist wahr: ihr einstiger Lesehunger ist verflogen; Film, Funk, Fernsehen und illustrierte Presse haben ihre geistige Potenz eingedämmt und kanalisiert. Die Auskunft eines führenden demoskopischen Instituts, daß sich in 46 von hundert deutschen Haushalten kein einziges Buch befinde, betrifft in erster Linie die deutsche Arbeiterschaft. Auf einem Bauernhof ist mindestens eine Bibel vorhanden. Das Proletariat hat materielle Freiheiten gewonnen und dafür seine geistigen kampflos preisgegeben.

Aber andrerseits kann das Publikum der Taschenbücher auch nicht mit der schwindenden Schicht des Besitzbürgertums oder mit der Republik der »Akademiker« identisch sein. Das beweist schon ein Blick auf die Auflageziffern, die pro Titel bei 50000, mindestens aber bei 30000 liegen. Erfahrungsgemäß tragen die genannten Leserkreise keine Buch- oder Zeitschriftenauflage, die ein Zehntel dieser Zahlen übersteigt.

Trotz der unzulänglichen statistischen Unterlagen wird man die Hypothese wagen können, daß sich im Taschenbuch eine ganz bestimmte soziale Schicht ihren Büchertyp geschaffen hat: nämlich jene Mittelklasse, die mit dem alten Mittelstand nichts als den Namen gemein hat und die in den Berufsstatistiken unter den verschiedensten Rubriken auftaucht: Angestellte, Bankbeamte, Beamte, Techniker, Ingenieure, Vertreter. Der Anteil dieser Berufe, die sämtlich Verteilungs-, Verwaltungs-, Vermittlungs-, Organisations- und Kontrollfunktionen ausüben, nimmt bekanntlich in unserer Zivilisation rapide zu. In den Vereinigten Staaten hat diese neue Mittelklasse die Arbeiterschaft bereits zahlenmäßig überflügelt. Diese neue Schicht hat eine ganz eigentümliche, wesentlich verwaschene soziale Physiognomie entwickelt. Sie arbeitet im »weißen Kragen«, sie ist überaus konsumfreudig, sie ist geistig und materiell vollständig von den Riesenapparaten abhängig, die sie bedient. Sie wohnt in den Randzonen der großen Städte. Zu ihrem Lebenszuschnitt gehört der eigene Kleinwagen, der Supermarket und – das Taschenbuch.

Die Langweiligkeit ihrer privaten und beruflichen Existenz, ihr Hunger nach sozialem Prestige und ihre Scheu vor jedem Risiko machen diese Schicht zum idealen Ausbeutungsobjekt der Kulturindustrie. Der Schneeball-Effekt, von dem die Verkaufsexperten der Großverlage sprechen, findet so seine soziale Erklärung: diese neue Schicht wird jedes Buch kaufen, vorausgesetzt, daß seine Auflage hoch genug ist. Der geringe Verkaufspreis versichert die Käufer gegen das materielle, die hohe Auflagenziffer gegen das geistige Risiko, das der Kauf eines Buches einschließt. Was von hunderttausend andern gekauft wird, kann schlechterdings kein Reinfall sein. So stimmt der Großverleger mit seiner Kundschaft darin überein, daß aus der Literatur eine völlig risikolose Sache gemacht werden müsse, ein Spiel, bei dem alle Beteiligten gewinnen können und bei dem jeder Verlust ausgeschlossen ist. Daß wenigstens der Verleger dieses Ziel erreicht hat, geht aus der Tatsache hervor, daß die niedrigste Verkaufsziffer unter allen Titeln der größten deutschen Taschenbuchreihe bei 42 000 liegt.

Aber auch diese soziologischen Überlegungen führen uns erst zum Käufer, noch nicht zum Leser des Taschenbuchs. Er aber ist es, der das eigentliche Rätsel aufgibt. Seltsam genug, daß Platon, wie *Das Ei und Ich*, 300 000, daß Ezra Pound, wie Raymond Chandler, 50 000 Käufer findet: wer aber wird sie lesen? Vor einigen Jahren ist in *Rowohlts deutscher Enzyklopädie* ein Buch über *Musik und Rhythmus bei den Griechen*, verfaßt von dem Musikhistoriker Thrasybulos Georgiades, erschienen. Seine Lektüre setzt eine gründliche Kenntnis nicht nur der Altgriechischen, sondern auch der antiken Prosodie voraus. Der Text ist mit schwierigen Fachausdrücken gespickt und mit Anhängen, Noten und Chiffren gepanzert. Es mag in Deutschland ein paar Dutzend Spezialisten für antike Musikgeschichte geben, die über diese

Neuerscheinung entzückt sein werden. Der arglose Laie fragt sich nicht nur, wie sich denn über die Musik der Griechen, die seit wenigstens eineinhalb Jahrtausend kein Mensch mehr vernommen hat, überhaupt ein ganzes Buch schreiben lasse: er fragt sich vor allem, wo wohl dieses unwahrscheinliche Buch hierzulande fünfzigtausend Leser finden mag. Die Frage ist schwindelerregend, die Antwort betrüblich. Von den Zehntausenden verkaufter Exemplare eines Taschenbuchs, so lautet sie, bleibt allermindestens die Hälfte ungelesen. Ein weiteres Viertel wird angeblättert und wandert dann in den Bücherschrank. (Die Verleger wissen heute, daß die deutschen Käufer ihre Taschenbücher nicht verbrauchen, nicht wegwerfen, sondern sammeln.) Von dem restlichen Viertel, das, wenn die Laune des Käufers es will, zu Ende gelesen wird, wird nicht leicht auszumachen sein, wie viele seiner Leser imstande sind, es zu verstehen. Für das genannte Buch liegt die obere Grenze eines vorstellbaren intelligenten Publikums bei 1500 bis 2000. Der technische Begriff des Wirkungsgrades hält damit seinen Einzug in die Literaturkritik. Fortan ist es möglich, daß ein Buch in riesiger Auflage gedruckt und verkauft wird, ohne im Bewußtsein des Publikums eine Spur zu hinterlassen.

Wer aus solchen Überlegungen schlösse, das Taschenbuch wäre gewissermaßen die verlegerische Variante des Nihilismus, der erläge allerdings einem Mißverständnis. Wen sie andrerseits um schöne Hoffnungen brächten, dem müßte man einen Optimismus zugute halten, wie er allenfalls wohlgemeinte Abendkurse beseelt. Kein Kunstgriff des verlegerischen Geschäftes kann die tiefen Widersprüche einer Gesellschaft auflösen, in welcher für Minoritäten gedacht und geschrieben wird. Daß die großen Werke seit eh und je den wenigen gehören, daran trägt der Ladenpreis die kleinste Schuld; unbarmherzig drückt der Sachverhalt aus, worauf unser Gemeinwesen beruht. Jenen auf ein Zehntel zu senken ist eine Auskunft, von der sich nur Ahnungslose mehr als Linderung versprechen können. Schon die bloße Vorstellung, ein jeder läse Dante oder Kafka, wirkt verschroben.

Es dahin zu bringen, ist das Taschenbuch außerstande. Es kann einzig das Laufgitter der geistigen und sozialen Konditionierung, in dem wir leben, um einen Fußbreit verschieben.

Die bisherige Geschichte kennt den Leser nur als ein Wesen, das immer in der Minderheit ist. Weder Lumbek-Verfahren noch Verkaufspsychologie haben das geändert. Sein Gutes hat das Taschenbuch darin, daß die Vielzahl seiner Konsumenten, welche das Risiko scheut, die Minderzahl seiner Leser subventioniert. Jenes Risiko nämlich ist nichts anderes als die Literatur selbst. Wie Flugsand dringt sie in die Ritzen der überdimensionalen Gehäuse ein. Erst müßte der Apparat sich gegen diese Störung abzudichten wissen, dann könnte er reibungslos – und leerlaufen.

Das Plebiszit der Verbraucher

DER BESTSELLER des Jahres ist unter Ausschluß der (literarischen) Öffentlichkeit erschienen; kein Hahn hat nach ihm gekräht, kein Rezensent hat ihn unter die Lupe genommen. Auf der Frankfurter Buchmesse sah man sich vergeblich nach ihm um. Kein Buchhändler legt ihn ins Fenster. Trotzdem hat das Werk in wenigen Wochen eine Millionenauflage erlebt. Es ist kein Roman, sondern ein Sach- und Handbuch, das ein eingehendes Studium verlangt. Keiner unter seinen Benutzern stellt es ungelesen in den Bücherschrank. Griffbereit liegt es auf den Küchentischen, auf den Fenstersimsen, auf den Kommoden, und jedermann blättert darin, bis es voller Notizen und Eselsohren ist wie die lateinische Grammatik eines fleißigen Gymnasiasten. Es umfaßt knapp vierhundert Seiten in quarto und ist üppig, beinahe ausschweifend illustriert. Dabei kostet es nur zwei Mark; ja, dem Käufer winkt obendrein noch eine Zuwaage nach eigener Wahl: ein Büstenhalter, eine Taschenlupe, *Monikas lustige Streiche,* eine Kreuzabzweigdose oder sechs Königsberger Klopse.

Vom Herbstkatalog des Versandhauses N. in Frankfurt am Main ist die Rede. Nicht nur für die Kunden der Firma, die es ediert hat, ist dieses Werk unentbehrlich. Politiker und Soziologen, Nationalökonomen und Romanciers ist seine Lektüre auf das dringendste anzuraten. Obgleich es der Werbung dient, gibt es Auskünfte von der striktesten Objektivität, die man sich wünschen kann. Es ist unbestechlicher und genauer als jede demoskopische Untersuchung. Nicht unverbindliche Antworten auf unverbindliche Umfragen werden hier registriert, sondern Beschlüsse der kompakten Majorität, die in bar bezahlt worden sind. Es sind Beschlüsse, die das private Dasein dieser Majorität betreffen. Sie lebt, wie wir alle, in einem Horizont von Waren. Sie möchte, wie wir alle, »etwas vom Leben haben«, und dieses Etwas verdinglicht sich im Konsumgut. Die Umzingelung durch derartige versteinerte Wünsche ist so dicht, daß sie das alltägliche Leben dessen, der von ihnen eingeschlossen ist, geradezu definiert, mit der Einschränkung freilich, daß nur die Innenseite dieses Lebens sichtbar wird: es ist ein Leben, das seinen öffentlichen, seinen gesellschaftlichen Aspekt beharrlich verleugnet. Ein Ethnologe aus dem Jahr 3000 könnte aus diesem Katalog genauere und fruchtbarere Schlüsse auf unsere Zustände ziehen als aus unserer ganzen erzählenden Literatur.

Der Katalog des Versandhauses N. in Frankfurt ist ein Bestseller ohne Autor. Er ist anonym nicht nur, weil er eine Gruppe unbekannter Werbetexter zu seinen Verfassern hat, sondern in einem weit radikaleren Sinn. Jene Werbetexter gehorchen den Anweisungen ihres Managements. Diese Anweisungen aber gehorchen ihrerseits der Verkaufsstatistik. Der Erfolg des Angebotes und damit des Kataloges hängt davon ab, daß es ihnen gelingt, den Zufall zu eliminieren. Daß ein Artikel »sich rentiert«, qualifiziert ihn noch nicht zur Aufnahme in diese monströse Offerte. Er muß so beschaffen sein, daß sich eine Mehrheit auf ihn einigen kann. Der Katalog ist somit mehr als das Resultat einer normalen kaufmännischen Kalkulation: er ist das Resultat eines unsichtbaren Plebiszits. Dies ist es, was ihn auch für diejenigen unter seinen Lesern unschätzbar macht, die von den Offerten des Versandhauses keinen Gebrauch zu machen beabsichtigen.

Es ist nicht möglich, von dem Ergebnis dieses Plebiszits mit ein paar dürren Worten eine auch nur halbwegs ausreichende Vorstellung zu geben. Dazu ist es allzu trostlos. Die Mehrheit unter uns hat sich für eine kleinbürgerliche Hölle entschieden, aus der es kein Entrinnen zu geben scheint. Diese Welt ist vollkommen geschlossen und gegen jede Störung abgedichtet. Jeder neue Gegenstand, der in sie eindringt, wird von ihr sofort assimiliert und adaptiert. So gibt es »Schweden-Einbauküchen« und

»Moderne Möbel in nordischem Stil«, vor deren dumpfer Mediokrität jedes altdeutsche Herrenzimmer erblassen würde. Freilich, an einer extensiven Kritik dieser Gegenstände müssen wir es hier fehlen lassen. Statt dessen empfiehlt sich ein Blick auf die Sprache, in der das Katalogwerk abgefaßt ist, und zwar nicht nur, weil sich das für eine Rezension gehört, sondern vor allem, weil der Text der Sache mit einer Genauigkeit folgt, die Bewunderung verdiente, wäre sie weniger unfreiwillig: er ist barbarisch wie das, was er beschreibt.

»In diesen Tagen«, so feierlich-verschwitzt beginnt der erste Satz des Buches, »da mein Katalog die Reise zu Millionen Kunden ... antritt, ist mir« – sentimentales Tremolo – »ein wenig weh zumute, denn es heißt Abschied zu nehmen,« – *zu* nehmen! – »Abschied von dem (alten) Versandgebäude«. Später, wenn von den lieben Kleinen die Rede ist, wird über dem gerührten Zittern in der Stimme des Texters ein neckischer Oberton zu vernehmen sein: »Welches Kind möchte nicht mit den vielen Vögelchen um die Wette singen. Darum machen Sie Ihrer Kleinen die Freude und bestellen Sie dieses Modell ... In naturgetreuer Schönheit heben sich ... die kleinen Röschen ... ab, die die kindliche Note unterstreichen ... wenn das Sandmännchen kommt.« Die kindliche Note klingt natürlich anders, je nachdem, ob sie von der Vegetation unterstrichen wird oder von einem »Raketentransporter Ia Ausführung in olivgrün, zehnfach bereift ... Rakete mit Schaumgummispitze, abschießbar. Soldat als Fahrer. Raketenbahn dreh- und schwenkbar. DM 8,90.« Überschrift: »Das schönste Spielzeug für Ihr Kind«. Von jeher war das Markige die Kehrseite der Sentimentalität, so auch, ganz offenbar, im Versandgeschäft. »Mancher Kampf mußte geführt, mancher Widerstand überwunden werden«, schreibt sein Besitzer. Der Kunde, der seinen letzten, hinhaltenden Widerstand aufgegeben hat, darf hingegen mit erstklassiger Betreuung rechnen. »Das nächste N.-Paket ... bringt Ihnen ganz persönliche Grüße«, verheißt ihm die Firma auf eben der Seite, auf der sie ihn davon unterrichtet, daß seine Bestellung automatisch erledigt wird – durch eine

Großrechenanlage. Immer wieder wird ihm versichert, er werde »hell begeistert«, »zusätzlich erfreut« sein. Die Ware wird »schnell alle Herzen erobern«, »durch dankbare Tragfähigkeit erfreuen«, »der Liebe aller Frauen sicher sein«. Sie ist »mit Trageigenschaften ausgestattet«, »mit Gütepaß« und »Hochveredelung« »ausgerüstet«. Sie »verdient« nicht nur »das Prädikat ›Wertvoll‹«, sie »verdient das Prädikat ›Wertvoll‹ mit Recht«. Die Kleider heißen altdeutsch »Kunigunde« und »Gudula«, folkloristisch »Grindelwald« und »Edelweiß«, touristisch »Festival« und »Ibiza«. »Fawsia« und »Soraya« sorgen für den Duft der großen Welt im Mief der Mittelmäßigkeit. Reich vertreten ist das pseudotechnische Rotwelsch, das in Madison Avenue erfunden worden ist. Der Kunde hat die Wahl zwischen IRISETTE und OPTILON, SUPPREMA und KINGFLASH, TUBOFLEX und DANUFLOR, MINICARE und ERBAPRACTIC, SKAI und LAVAFIX, NO IRON FINISH und NINO-IRIX-AUTOMAGIC. Dieses Gemauschel erobert alle Herzen im Nu. Zwar weiß niemand genau, was es bedeutet; doch gibt es jedermann zu verstehen, daß er an den allerletzten sensationellen Fortschritten der Technologie teilhaben darf. Die Mehrheit, deren Wünsche und Vorstellungen der Katalog reflektiert, ist offensichtlich *für* den Fortschritt. Unter einer Bedingung: der historische Prozeß darf Fahrradklingeln und Hosenträger verändern, nicht jedoch das Bewußtsein. Für die gußeiserne Entschlossenheit, mit der diese Forderung vertreten wird, spricht die Bücherliste, die dem Katalog beiliegt. »Eine Zierde für den Bücherschrank sind unsere prachtvoll ausgestatteten Geschenkbände«: *Die letzten Tage von Pompeji, Friedemann Bach, Quo vadis, Der Graf von Monte Christo, Soll und Haben, Ben Hur, Der Glöckner von Notre Dame.* Unversehrt, unerschüttert durch Weltkriege steht der Kanon des Kleinbürgers da, in den, freilich aus Versehen, auch der eine oder andere Roman von Tolstoi, Dostojewski und Fontane eingegangen ist. Der reaktionäre Unrat, der sich unter der blankpolierten Polyester-Platte verbirgt, kommt überall zum Vorschein, wo der Katalog Kunstersatz anbietet. 49 Mark kostet der

»Eibsee mit Zugspitze«, ebenso wie das »Bauernhaus im Schwarzwald«, »gemalt mit besten Künstlerfarben auf guter Malleinwand – Ölgemälde deutscher Meister«. Und was spielt sich auf der Super-Luxus-Stereo-Konzerttruhe ab? Antwort: Der *Hohenfriedberger Marsch,* das *Largo* von Händel, *Wenn du noch eine Mutter hast, Schön ist's bei den Soldaten, Träumerei* von Schumann, *Trink, trink, Brüderlein trink, Soldaten, Kameraden, Mütterlein, Das alte Försterhaus, Der Badenweiler Marsch, Das waren doch noch Zeiten,* das *Ave Maria* von Gounod, *Mamatschi, Zillertal du bis mein Freud, Adieu mein kleiner Gardeoffizier, O sole mio.* Stumpfsinn auf zwei Kanälen, mit acht Röhren und 17 Kreisen, Balanceregler und Vollstereo-Kristallsystem in Edelholzgehäuse.

Das sind die Sorgen eines Intellektuellen, der den einfachen Leuten ihre Feierabendfreuden mißgönnt und der Marktwirtschaft, der teuern, am Zeuge flicken möchte; es ist das arrogante Gespöttel eines Snobs, der sich erhaben dünkt über seine Volksgenossen: so werden die Biedermänner keifen, die ihre finstern Geschäfte mit der Behauptung tarnen, über den Geschmack lasse sich nicht streiten. Die Barbarei ist ihr Lebenselement, und was sie Toleranz nennen, ist ein Pseudonym für ihren Zynismus. Ein Zyniker ist jeder, der für den Bewußtseinszustand seiner Mitmenschen nur ein Achselzucken übrig hat. Das deutsche Proletariat und das deutsche Kleinbürgertum lebt heute, 1960, in einem Zustand, der der Idiotie näher ist denn je zuvor. Ist es Snobismus, diese bedrohliche Tatsache mit einem Schrei des Bedauerns festzuhalten? Es liegt uns ferne, Herrn N., den Veranstalter des Katalogs, den wir vor uns haben, zu verteidigen. Die Dienstbereitschaft seiner Firma ist von der Art, die zu allem bereit wäre, was verlangt wird. Aber niemand wird Herrn N. allein in die Schuhe schieben können, was er mit so großer Umsicht registriert und ausnutzt: ein gesellschaftliches Versagen, an dem wir alle schuld sind: unsere Regierung, der die Verblödung einer Mehrheit gelegen zu kommen scheint; unsere Industrie, die ihr blühende Geschäfte verdankt; unsere Gewerkschaften, die nichts gegen eine geistige Ausbeutung unternehmen, von der das materielle Elend der Vergangenheit nichts ahnen konnte; und unsere Intelligenz, welche die Opfer dieser Ausbeutung längst abgeschrieben hat.

Zusatz: Sieben Hauptfiguren konservativer Rhetorik

Hätte es eines Beweises dafür bedurft, daß das Versandhaus, dessen Katalog hier rezensiert wurde, in der Tat mehr als ein beliebiges Geschäftsunternehmen ist, daß es zu den Säulen der Gesellschaft zählt: die Reaktion der Öffentlichkeit auf diesen Aufsatz hätte ihn erbracht. Wer das Große Angebot bemängelt, scheint anzutasten, was uns am teuersten ist. Während die Regierenden selber ungestraft die Verfassung des Landes verletzen dürfen, ruft jede Kritik an den Verkaufsobjekten und -methoden eines Versandhauses Empörung hervor; gerade so, als bedrohe sie, was als höchstes Gut der Gesellschaft gilt: die Freiheit. So mag es kein Zufall sein, daß sie in der Zeitschrift des Kongresses für kulturelle Freiheit, im *Monat*, den schärfsten Widerspruch erfahren hat. Die Replik stammte aus der Feder des Mitherausgebers Helmut Jaesrich; sie erschien im Heft 148 der Zeitschrift sowie in den Haus-Mitteilungen des Versandhauses N. zu Frankfurt am Main.

Abgesehen von jenen Stellen, die auf persönliche Polemik hinauslaufen und auf die einzugehen nicht lohnend wäre, ist diese Entgegnung lehrreich; schon weil sie die Hauptfiguren jeder konservativen Rhetorik musterhaft abbildet. Ihre Argumentation läßt sich in die folgenden sieben Phasen zerlegen:

1. *Es ist alles nicht so schlimm.* »Eine Anzahl von stilistischen und grammatikalischen Fehlern (wäre) zu vermeiden gewesen«, meint der Apologet des Katalogs, »wenn Herr N. die Korrekturfahnen für ein paar Tage einem Studienassessor aus seinem sicherlich großen Bekanntenkreis überlassen hätte.« Man fragt sich, was aus dem einst so weitverbreiteten politischen Aufklä-

rungswerk *Mein Kampf* geworden wäre, hätte dessen Verfasser sich der Hilfe eines Studienassessors aus seinem sicherlich nicht minder großen Bekanntenkreis bedient – ein lesbares Buch? Und auch, was an der Sprache des *Neuen Deutschland* zu tadeln ist, können wir nun, mit den Mitteln Jaesrichs, ohne sonderliche Mühe bessern: man entsende in die Redaktion des Blattes einen Schulmann, der einen kleinen Nebenverdienst brauchen kann, und schon ist alles im Lot. Nur ein bißchen rote Tinte, und jeder sprachliche Unrat ist beseitigt. Erstaunlich bleibt, daß Jaesrich überhaupt eine Sprachanalyse zu Ende lesen mag; einem Mann, dem der Gedanke fernliegt, als könnte Sprache etwas über das Bewußtsein dessen verraten, der sie braucht, muß jedes Unternehmen solcher Art von vornherein albern vorkommen. Warum, so müßte er angesichts des *Wörterbuches des Unmenschen* ausrufen, warum haben die Nazis nicht ihre Studienräte befragt? Alles wäre vermeidbar gewesen!

Nicht so schlimm ist es, nach Jaesrichs Meinung, auch mit dem bestellt, wovon in jenem Katalog die Rede ist. Es handelt sich dabei um nichts weiter als um ein »geschmackliches Straucheln«. Im Gegensatz zum sprachlichen Straucheln der Katalogtexter ist dieses Straucheln allerdings unvermeidlich. »Sollen die geschmacklich Strauchelnden mit aller Gewalt gestützt werden?« Rhetorische Frage. Selbst Jaesrich möchte hier davon absehen, die bewährten Studienassessoren heranzuziehen. Einen Strauchelnden zu stützen, scheint ihm abwegig, ja beinahe unmoralisch; ist ihm doch sogar zu untersuchen zuviel, über welchen Stein seine Mitbürger eigentlich straucheln, und wer ihnen den Stein in den Weg gelegt hat.

II. Woanders ist es auch nicht besser. Ist der Balken im eigenen Auge auf diese Art zum Splitter reduziert, so wird er nun in den Augen der andern aufgesucht. Übelzunehmen ist dem Rezensenten nicht nur seine Kritik, sondern auch deren Gegenstand. Er hätte ganz andere Bücher rezensieren sollen! Es wird ihm empfohlen, »einmal in aller Ruhe den diesjährigen Katalog von Sears,

Roebuck & Co« (einer amerikanischen Versandfirma) oder »falls er etwa aus dieser Windrichtung sein Heil erhoffen sollte – ein sowjetrussisches Kochbuch, ein wahres Prachtstück mit zahlreichen Abbildungen im Vierfarbendruck« anzusehen. Vorwurfsvoll wird notiert, daß sich der Kritiker mit dem befaßt, was ihm zunächst liegt, wo es doch so viel amüsanter wäre, sich mit den Gebrechen anderer Gesellschaften als just der eigenen zu befassen. Immerhin geht Jaesrich nicht so weit, Länder wie Schweden oder Dänemark zu nennen, wo jedermann, auch in den Warenhäusern, schöne und vernünftige Dinge kaufen kann, und wo der Stumpfsinn keinen Markt hat. Lieber verkündet er pauschal: »Unsere Massengüter und die Werbung dafür sind nicht schlechter als die der anderen.«

III. Es ist *schon immer so gewesen.* Was dem Apologeten am meisten mißfällt, ist der Umstand, daß die Kritik nicht der Beschaffenheit der Welt im allgemeinen, sondern einem räumlich und zeitlich genau angegebenen Zustand, dem des Jetzt und Hier gilt. Versucht er einerseits dem Hier zu entkommen, indem er auf andere Länder verweist, so stößt er sich andrerseits am Jetzt, und zwar besonders an der Behauptung, das deutsche Proletariat und das deutsche Kleinbürgertum lebten »heute, 1960, in einem Zustand, der der Idiotie näher« sei als je zuvor. Diese Behauptung nennt Jaesrich »völlig unnachprüfbar«; mit der verblüffenden Begründung: »Vom Geisteszustand des deutschen Proletariats von 1860, 1760, 1660 usw. ist nicht das geringste bekannt.« Abgesehen davon, daß es 1660 ein deutsches Proletariat im eigentlichen Sinn des Wortes gar nicht gegeben hat, wird man einer so weitgehenden Ignoranz, wenn auch ungern, eher Helmut Jaesrich zeihen müssen als die Kulturgeschichte im ganzen, die sich schließlich in hundertjähriger Arbeit redlich bemüht hat, über den Geisteszustand vergangener Generationen etwas in Erfahrung zu bringen. Von ihren Ergebnissen nimmt er ebensowenig Notiz wie von denen einer Sprachanalyse, und zwar aus demselben Grund. Sowenig er Sprache als Indiz verstehen kann, sowenig will er zugeben, daß Dinge, über ihren Gebrauchszweck hinaus, etwas über das Bewußtsein dessen aussagen, der sie herstellt und gebraucht. Diese Voraussetzung einer jeden Kulturgeschichte ist allgemein anerkannt, und daß Helmut Jaesrich sie nicht teilen will, soll unser Schaden nicht sein. Ebenso wie der Sprach-, so ist jedenfalls auch der Dinghorizont eines Kleinbürgers von 1860, 1760 usw. recht genau erforscht; ihn mit dem Warenhorizont von 1960 zu vergleichen, mag für den eine lohnende Beschäftigung sein, der gerne wüßte, was ihn umgibt.

IV. Bessermachen gilt nicht. Im Gegenteil. Jaesrich vergnügt sich damit, an die Wand zu malen, was er für den einzig möglichen Gegenentwurf zum Angebot des Versandhauses hält: »Auf die Bücherregale des Versandhauses gehören also (statt der *Letzten Tage von Pompeji, Soll und Haben* und dem *Glöckner* von *Notre-Dame)* Proust, Joyce, Musil und Broch als Grundausrüstung, für Käufer aus dem Fortgeschrittenen-Kursus sollten Martin Walser, Uwe Johnson, Helmut Heißenbüttel bereitgehalten werden. Genauso müßte, wenn man Enzensberger freie Hand ließe, unter Neckermanns Bilder-Angebot aufgeräumt werden. Werft den Elbsee mit Zugspitze und das Bauernhaus im Schwarzwald, ›gemalt mit besten Künstlerfarben auf guter Malleinwand‹, werft sie auf den Scheiterhaufen und verschreibt euch aus den kleinen Galerien am linken und rechten Seine-Ufer Originale von Abstrakten, Tachisten, Tubisten – es leben 30000 Künstler in Paris, sie sind bei einigem Fleiß durchaus in der Lage, das Haus eines jeden Neckermann-Kunden mit einem Ölgemälde auszustatten, das Enzensbergers Maßstäben genügt. Den deutschen Spießern wird ihre Rückständigkeit und Deutschtümelei doch wohl auszutreiben sein, auch bei der Wahl ihrer Grammophonplatten: hinweg mit *Träumerei* von Schumann, *Trink, trink, Brüderlein trink,* dem alten Försterhaus und dem kleinen Gardeoffizier! Auf der Super-Luxus-Stereo-Konzerttruhe, die sich der westfälische Bergmann und der schwäbische Feinmechaniker in ihrem maßlosen Konsumdünkel anzuschaffen vermessen haben, soll in Zukunft nurmehr ein durch die Professoren Theodor W. Adorno und H. H. Stuckenschmidt ausgewähltes und nach Schwierigkeitsgraden aufgebautes Programm von Alban Berg bis Stockhausen erschallen. Das schmeckt euch Kerls nicht? Ja wollt ihr denn ewig leben in eurer kleinbürgerlichen Hölle?«

Und weiter: Der »Kulturkritiker ... sieht sich vor ungeheuren Aufgaben. Wüßte er nur, wie er sie anpacken sollte. Schulungskurse? Der Begriff hat einen fatalen Beigeschmack. Die Gratisverteilung des Dokumenta-Katalogs und der gesamten Produktion des Verlages Suhrkamp an alle Haushaltungen?« Auf diese Weise springt Jaesrich beherzt dem Versandhändler bei. Er spekuliert auf das Ressentiment des Katalog-Kunden gegen alles Intellektuelle und verdächtigt jeden, der am Sortiment etwas auszusetzen hat, des Terrorismus. Großmütig nimmt er sich des »westfälischen Bergmanns« an, dem man sein Eibsee-Gemälde mutwillig entreißen will, und verteidigt ihn gegen Zumutungen, die er freilich selber erst erfunden hat. Jaesrichs Alternative – hie *Das alte Försterhaus,* dort Alban Berg und Stockhausen – ist von vorn bis hinten falsch; er gibt es selber augenzwinkernd zu verstehen. Wem aber blinzelt er zu? Seinesgleichen; denen nämlich, die auf *Das alte Försterhaus* sowenig angewiesen sind, daß sie sich's leisten können, es dem »schwäbischen Feinmechaniker« zu gönnen: Im sichern Bewußtsein, einer jener *happy few* zu sein, denen Musik, Literatur, Philosophie zustehen, klopft er gönnerhaft den Konsumenten des Schundes auf die Schulter und verteidigt mit ihren Lieferanten zugleich seine Privilegien. Denn er ahnt sehr wohl, wen die Kritik an der geistigen Ausbeutung bedroht: keineswegs den westfälischen Bergmann, sondern jedermann, dem an einem Zustand gelegen ist, wo einer vermeintlichen Elite eine »Masse« von kulturellen Habenichtsen gegenübersteht. Daß die Vorstellung, es könne hier und heute für alle gedacht, geschrieben, gemalt und musiziert werden, albern wirkt, gerade das erweist die Fragwürdigkeit jener Kultur, derer Jaesrich sich so sicher fühlt.

V. Niemand ist schuld an dem was ist. »Unser Kulturkritiker ist klug genug, Herrn N. nicht für den Alleinschuldigen zu halten. Sein großer Irrtum aber ist, daß er überhaupt einen Schuldigen sucht.« Da erstens alles nicht so schlimm, da es zweitens woanders auch nicht besser, da es drittens immer so gewesen ist und da viertens alles andere noch schlimmer wäre, ist es selbstverständlich müßig, sich zu erkundigen, wer denn die meisten unter uns zum »Straucheln« gebracht hat. Gesellschaftliche Entwicklungen, so scheint es, »entstehen«, ohne daß jemand für sie verantwortlich zu machen wäre, nach wer weiß wessen unerforschlichem Ratschluß. Die Freie Marktwirtschaft läßt sich das gesagt sein; aber es ist nicht recht einzusehen, warum nur an ihrem Tun und Lassen niemand schuld sein sollte. Oder sollte es überhaupt verkehrt sein, nach Schuldigen zu suchen? Ist die Freiheit, die Helmut Jaesrich meint, die Freiheit von jeglicher Verantwortung? Dann freilich müßte jedem kommunistischen Funktionär billig sein, was einem Versandhausbesitzer recht ist. Schuld an allem wäre dann, auch jenseits der Elbe, der Herr Niemand.

VI. Es ist gut so wie es ist. »Die Menschen werden in der Schule, im Beruf, von Behörden und Schutzpolizisten genug gegängelt, sollen sie beim Einkaufen, wenn sie ihr schwer oder leicht verdientes Geld ausgeben, nicht endlich tun dürfen, was sie möchten?« Hier zieht sich der Verteidiger der kulturellen Freiheit auf seine eigentliche Zitadelle zurück. Hier weicht er keinen Fußbreit zurück. Das Unabdingbare muß gehalten werden. Bei genauerer Betrachtung zeigt sich, daß das Reich der Freiheit arg zusammengeschrumpft ist: ungefähr auf den Flächeninhalt eines Selbstbedienungsladens. Gegängelt in der Schule, im Beruf, von Behörden und Polizisten? Bedauerlich. Aber ein Trost bleibt uns allen: beim Einkaufen sprengen wir unsre Fesseln. Unbeeinflußt von Reklame- und Marketing-Techniken, frei von jedem Druck, von jeder Überredung, kommen wir im Akt des Kaufens zu uns selbst. Begreiflich, daß sich weder Helmut Jaesrich noch Herr N.

von einer so verstandenen Freiheit der Kultur auch nur ein Quentchen wollen abhandeln lassen.

VII. Mitmachen ist besser als nörgeln. Der Apologet ist an seinem Ziel. Die Ehre des Versandhauses, die des »westfälischen Bergmanns« (der hier die Rolle jenes Lieschen Müller übernommen hat, welche sonst als Gallionsfigur die deutsche Bewußtseinsindustrie ziert), und die Ehre der »Elite« – sie sind gerettet. Bleibt, als Störenfried, der Kritiker zurück. Aber auch für ihn soll gesorgt werden! Jaesrich hält ihm zunächst den bewährten Satz entgegen, daß der Kritiker allemal es verstehen müsse, besser zu machen, was er bemängle. Auf dieser Voraussetzung gründet, was er dann als »ganz kleinen, schlichten, praktischen Vorschlag zur Debatte« stellt: Der Kritiker möge »für drei neuerdachte Gewebe ... drei Markenbezeichnungen« erfinden, die ihm »nicht lächerlich oder verabscheuungswürdig erscheinen ..., die aber auch vom industriellen oder kaufmännischen Standpunkt verwertbar wären«. Mit einem Wort: er möge sich jede Kritik inskünftig aus dem Kopf schlagen und zusehen, wie er besser mit seinem Pfunde wuchere. Auf diese Weise würde noch der letzte Nörgler der Segnungen jener kulturellen Freiheit teilhaftig, die »auch vom industriellen und kaufmännischen Standpunkt verwertbar« ist, und aller Ärger hätte ein Ende.

Eine Theorie des Tourismus

(P) Die Sonnenflamme schoß immer näher herauf an die entzündeten Morgenwolken – endlich gingen am Himmel und in den Bächen und in den Teichen und in den blühenden Taukelchen hundert Sonnen miteinander auf, und über die Erde schwammen tausend Farben, und aus dem Himmel brach ein einziges lichtes Weiß.

(F) Wir starteten in La Guardia, New York, mit dreistündiger Verspätung infolge Schneestürmen. Unsere Maschine war, wie üblich auf dieser Strecke, eine Super-Constellation. Ich richtete mich sofort zum Schlafen, es war Nacht. Wir warteten noch weitere vierzig Minuten draußen auf der Piste, Schnee vor den Scheinwerfern, Wirbel über der Piste, ... die Motoren dröhnten, einer nach dem andern auf Vollgasprobe ... Endlich ging's los.

(P) In seiner Seele stieg eine überirdische Sonne mit der zweiten am Himmel. In jedem Tal, in jedem Wäldchen, auf jeder Höhe warf er einige pressende Ringe von der engen Puppe des winterlichen Lebens und Kummers ab und faltete die nassen Ober- und Unterflügel auf und ließ sich von den Mailüften mit vier ausgedehnten Schwingen in den Himmel unter tiefere Tagschmetterlinge und über höhere Blumen wehen.

(F) Als man die Bouillon gelöffelt hatte, blickte ich zum Fenster hinaus, obschon nichts anderes zu sehen war als das grüne Blinklicht draußen an unsrer nassen Tragfläche, ab und zu Funkenregen wie üblich, das rote Glühen in der Motor-Haube ... Später [flogen wir] irgendwo über dem Mississippi, in großer Höhe und vollkommen ruhig, unsere Propeller blinkten in der Morgensonne, die üblichen Scheiben, man sieht sie und sieht hindurch, ebenso glänzten die Tragflächen, starr im leeren Raum, nichts von Schwingungen, wir lagen reglos in einem wolkenlosen Himmel, ein Flug wie hundert andere zuvor, die Motoren liefen in Ordnung … Es war noch früher Morgen, ich kenne die Strecke, ich schloß die Augen, um weiterzuschlafen.

(P) Aber wie kräftig fing das bewegte Leben an, in ihm zu gären und zu brausen, da er aus der Diamantgrube eines Tales voll Schatten und Tropfen herausstieg, einige Stufen unter dem Himmelstore des Frühlings. Wie aus dem Meere, und noch naß, hatte ein allmächtiges Erdbeben eine unübersehliche neugeschaffne in Blüte stehende Ebene mit jungen Trieben und Kräften herausgedrängt – das Feuer der Erde loderte unter den Wurzeln des weiten hangenden Gartens, und das Feuer des Himmels flammte herab und brannte den Gipfeln und Blumen seine Farbe ein.

(F) Unser Aufenthalt in der Wüste von Tamaulipas, Mexico, dauerte vier Tage und drei Nächte, total 85 Stunden, worüber es wenig zu berichten gibt – ein grandioses Erlebnis (wie jedermann zu erwarten scheint, wenn ich davon spreche) war es nicht … Natürlich dachte ich sofort daran, zu filmen, und nahm meine Kamera; aber von Sensation nicht die Spur, ab und zu eine Eidechse, die mich erschreckte, eine Art von Sandspinnen, das war alles.

(P) Nur das Schoßkind der unendlichen Mutter, der Mensch, stand allein mit hellen frohen Augen auf dem Marktplatz der lebendigen Sonnenstadt voll Glanz und Lärm, und schauete trunken rund herum in alle unzähligen Gassen. Aber seine ewige Mutter ruhte verhüllt in der Unermeßlichkeit, und nur an der Wärme, die an sein Herz ging, *fühlte er, daß er an ihrem liege.*

(F) Ich habe mich schon oft gefragt, was die Leute eigentlich meinen, wenn sie von Erlebnis reden. Ich bin Techniker und gewohnt, die Dinge zu sehen, wie sie sind. Ich sehe alles, wovon sie reden, sehr genau; ich bin ja nicht blind. Ich sehe den Mond über der Wüste von Tamaulipas – klarer als je, mag sein, aber eine errechenbare Masse, die um unseren Planeten kreist, eine Sache der Gravitation, interessant, aber wieso ein Erlebnis?

(P) Als er wieder ins Freie trat, lösete sich der Glanz in Helle

auf, die Begeisterung in Heiterkeit. Jedes rote Kirchendach, und jeder schillernde Strom, der Funken und Sterne sprühte, warf fröhlich Lichter und hohe Farben an seine Seele. Wenn er in den laut atmenden und schnaubenden Waldungen das Schreien der Köhler und das Widerhallen der Peitschen und das Krachen fallender Bäume vernahm – wenn er dann hinaus trat und die weißen Schlösser anschaute und die weißen Straßen, die wie Sternbilder und Milchstraßen den tiefen Grund aus Grün durchschnitten, und die glänzenden Wolkenflocken im tiefen Blau – so konnte ja wohl kein dunstiger Winkel seiner Seele, keine umstellte Ecke mehr ohne Sonnenschein und Frühling bleiben, und seine Seele mußte ja in die tausend um ihn fliegenden und sumsenden Singstimmen einfallen und mitsingen: das Leben ist schön, und die Jugend ist noch schöner, und der Frühling ist am allerschönsten[1].

(F) Wozu hysterisch sein? Gebirge sind Gebirge, auch wenn sie in gewisser Beleuchtung, mag sein, wie irgend etwas anderes aussehen, es ist aber die Sierra Madre Oriental, und wir stehen … in der Wüste von Tamaulipas, Mexico, ungefähr sechzig Meilen von der nächsten Straße entfernt, was peinlich ist, aber wieso ein Erlebnis? Ein Flugzeug ist für mich ein Flugzeug, ich sehe keinen ausgestorbenen Vogel dabei, sondern eine Super-Constellation mit Motor-Defekt, nichts weiter, und da kann der Mond sie bescheinen, wie er will. Warum soll ich erleben, was gar nicht ist? Ich kann mich auch nicht entschließen, etwas wie die Ewigkeit zu hören; ich höre gar nichts, ausgenommen das Rieseln von Sand nach jedem Schritt[2]. Zwischen der Reise des Armenadvokaten Firmian Siebenkäs von Kuhschnappel nach Bayreuth und derjenigen des UNESCO-Ingenieurs Walter Faber von New York nach Caracas liegen eineinhalb Jahrhunderte. Die zeitliche und

1 Jean Paul, *Blumen-, Frucht- und Dornenstücke; oder Ehestand, Tod und Hochzeit des Armenadvokaten F. St. Siebenkäs*. Drittes Bändchen. Zwölftes Kapitel. (Zitiert nach der Ausgabe der *Sämmtlichen Werke* von 1840 f.)

2 Max Frisch, *Homo faber. Ein Bericht*. Frankfurt a. M. 1957.

phänomenale Differenz zwischen beiden Texten markiert die Entfaltung einer Sache, von der wir kaum wissen, ob wir sie zu der unsern oder ob sie uns zu den Ihrigen gemacht hat: des Tourismus.

Als Jean Paul den Zenit seines Ruhmes erreicht hatte, kam die Sache auf, und mit ihr das Wort. Die Wörterbücher melden für das Jahr 1800 das Auftauchen des »Touristen«, für das Jahr 1811 das des »Tourismus«. Diese Neubildungen sind, keineswegs zufällig, wie sich erweisen wird, der englischen Sprache zu verdanken.

Der Roman *Homo faber* von Max Frisch ist 1957 geschrieben. In den eineinhalb Jahrhunderten seines Daseins hat der Tourismus die Aufmerksamkeit der Historiker nicht auf sich ziehen können. Seine Geschichte ist immer noch nicht geschrieben. Zwar hat sich die Einsicht durchgesetzt, daß Historie sich nicht allein zu Hofe, auf dem Schlachtfeld, in Kabinetten und Generalstäben abspielt, doch hat sich der Schematismus der Hofhistoriographie weithin auf die Kultur- und Geistesgeschichte, die seine Durchbrechung im Sinne hatte, übertragen. Voltaire ist neben Friedrich den Großen getreten, aber er fungiert wie dieser als historisches Versatzstück, das vor die Wirklichkeit gestellt wird. Wir haben eine Geschichte von Völkern. Die der Leute ist immer noch nicht geschrieben; deshalb fehlt es dem Tourismus, der eine Sache der Leute ist, an historischer Verständigung über sich selbst.

Dafür gibt es in unserer Zivilisation wenig Erscheinungen, die so ausgiebig mit Hohn überschüttet, so geflissentlich kritisiert werden. Aber diese Kritik ist blind. Sie ist am blindesten dort, wo sie sich am repräsentativsten gebärdet, wo sie artistisch formuliert und mit dem Federschmuck einer flügellahmen Metaphysik geziert wird: »Der abendländische Tourismus ist eine der großen nihilistischen Bewegungen, eine der großen westlichen Seuchen, die an bösartiger Wirksamkeit kaum hinter den Epidemien der Mitte und des Ostens zurückbleiben, sie aber an lautloser Heimtücke übertreffen. Die Schwärme dieser Riesenbakterien, Reisende genannt, überziehen die verschiedensten Substanzen mit dem gleichförmig schillernden Thomas-Cook-Schleim, so daß man schließlich zwischen Kairo und Honolulu, zwischen Taormina und Colombo nicht mehr recht unterscheiden kann ... Man muß begreifen, daß das Venedig der sight-seeing-Hennen in die Kategorie der Plunderhaufen Interlaken und Montreux gehört, im Vergleich zu denen Bochum und Nottingham nicht nur solide, sondern geradezu schön erscheinen ... Am deutlichsten wurde mir die zerstörende Kraft des Tourismus im oberen Engadin, dieser herrlich gelungenen Verschmelzung des Mediterranen und Polaren, diesem in Lärchen-Zartheit geglückten Ausgleich von Schwermut und Heiterkeit, von heroischem Schwung und stolzer Reinheit. Die Luft wird von der Kloake Sankt-Moritz verpestet, und das Auge wird beleidigt durch die nach Maloja sich ohne Unterbrechung hinziehende Kette von Komfort-Fabriken ... (Hier) bricht die europäische Krankheit in einer Kette von Eiterbeulen aus. Ein Land, das touristisch erschlossen wurde, verbirgt sich metaphysisch – es bietet eine Kulisse, aber nicht mehr seine dämonische Kraft dar«[3].

Diese Äußerung von Gerhard Nebel wird hier nicht zitiert, weil sie originell wäre, sondern im Gegenteil: weil sie für die Kritik am Tourismus, wie sie landläufig geübt wird, nur allzu charakteristisch ist. Bezeichnend ist in erster Linie, daß sie von einem eingefleischten Touristen herrührt. Intellektuell beruht seine Kritik auf einem Mangel an Reflexion, der an Torheit grenzt; moralisch beruht sie auf Einbildung. Die Berufung auf den Nihilismus, von dem keiner recht weiß, was er ist, bringt kein Licht in die Sache; sie ist bloßes modisches Attribut, das auf alles und nichts paßt. Mangel an Historizität, an faktischer Durchdringung des Gegenstandes, soll durch schlechte Metaphysik wettgemacht werden. Der Sachverhalt wird mythologisiert statt geklärt.

Die Denunziation des Tourismus, die sich mit seiner Kritik

3 Gerhard Nebel, *Unter Kreuzrittern und Partisanen.* Stuttgart 1950.

verwechselt, ist übrigens von ehrwürdigem Alter. Bereits im Jahre 1903 erschien in London ein kleines Buch aus der Feder eines gewissen Shand, der ein besonders passionierter Tourist war, unter dem Titel: *Reisen in der guten alten Zeit. Reminiszenzen aus den sechziger Jahren, verglichen mit den Erfahrungen der Gegenwart.* Darin heißt es: »Vor vierzig Jahren gab es gemütliche Hotels, aber keine ungemütliche Masse ... Touristen waren damals eine Seltenheit, und der billige Reisepöbel von heutzutage fehlte ganz... Im Lauf des letzten halben Jahrhunderts ist eine erschreckende Veränderung eingetreten. Der Tourist von seinerzeit würde sich die Augen reiben, käme er heute nach Basel oder Genf. Eisenbahnen führen kreuz und quer durchs Land; durch das Innere der Alpen werden Tunnels gesprengt; Seilbahnen wurden angelegt, wo immer ein hervorragender Gipfel gute Aussicht bietet; riesige Hotels sind überall hervorgeschossen; schlichte Schutzhütten haben sich in komfortable Gasthöfe verwandelt. Die Spielwiese Europas ist mit *sight-seeing*-Volk überschwemmt, und die Heiligtümer, über die dereinst die alte Nacht des Chaos allein gebot, sind entweiht und zum Tummelplatz der Masse erniedrigt worden«[4].

Was Kritik zu sein vorgibt, erweist sich hier wie dort als Reaktion im doppelten Sinn des Wortes. Gesellschaftlich reagieren beide Stimmen auf die Bedrohung oder Vernichtung ihrer privilegierten Stellung. Implizit verlangen sie, das Reisen solle exklusiv sein, ihnen und ihresgleichen vorbehalten bleiben. Worin sie sich selber von den »sight-seeing-Hennen«, vom »billigen Reisepöbel« eigentlich unterscheiden, bleibt ungesagt. Der Komfort, den man selber ohne weiteres in Anspruch nimmt, wird jenem Pöbel wie eine Sünde aufgerechnet. Die technische Entwicklung der Verkehrsmittel, denen der Tourismus seine Existenz verdankt, wird verwünscht; idealisiert dagegen die schlichte Primitivität vortechnologischer Zustände, die »alte Nacht des Chaos«,

4 A. I. Shand, *Old-Time Travel. Personal Reminiscences of the Continent Forty Years Ago compared with Experiences of the Present Day.* London 1903. (Zitat vom Autor übersetzt.)

an deren »dämonischer Kraft« sich von Rechts wegen nur der privilegierte Tourist »von seinerzeit« laben durfte.

Reaktion ist eine solche Kritik indessen nicht nur im gesellschaftlichen, sondern auch im psychologischen Sinn des Wortes. Daß sie den Tourismus von seinen Anfängen an ohne wesentliche Änderung ihrer Argumente begleitet, ist kein Zufall, kein Zufall auch, daß die Gegenbilder, die sie aufrichtet, sich ihrerseits wie Reklametexte für den Fremdenverkehr ausnehmen: indem er die verurteilt, die ihrer Anziehungskraft erliegen, preist Shand die »gute Aussicht«, die hervorragende Gipfel bieten, »die Spielwiese Europas«, damals die Schweiz, und die »Heiligtümer«, deren Entweihung er jeweils den anderen zuschreibt. Die Lyrismen Nebels vollends mit ihrem »in Lärchen-Zartheit geglücktem Ausgleich von Schwermut und Heiterkeit, von heroischem Schwung und stolzer Reinheit« könnten in jeden beliebigen Reiseprospekt nahtlos eingehen. Die Kritik am Tourismus, die er vorbringt, gehört in Wahrheit zu diesem selbst. Ihre heimliche Ideologie, der Preis, den sie auf das »Dämonische«, das »Elementare«, das »Abenteuer«, das »Unberührte« setzt, das alles ist ein Teil derjenigen, welche sich der Tourismus als Reklame vorhängt. Die Enttäuschung, mit der der Kritiker auf ihn reagiert, antwortet auf die Täuschung, die er mit dem Tourismus teilt.

Die Bloßstellung ihrer Kritiker kann Hinweise für ein Verständnis der touristischen Bewegung liefern, doch kann sie es nicht fundieren. Wenn es zutrifft, daß die Erscheinung, mit der wir es zu tun haben, auf die letzten 150 Jahre fixierbar ist, so muß sich der Satz durch eine Gegenprobe beweisen lassen. Die Reise gehört zu den ältesten und allgemeinsten Figuren menschlichen Lebens; sie läßt sich bis in mythische Frühen zurückverfolgen. Immer schon sind Menschen gereist; mit welchem Recht läßt sich, was wir Tourismus nennen, historisch isolieren und als etwas Besonderes aus dem ausscheiden, was immer schon war?

Immer schon war es die Not, waren es biologische und wirtschaftliche Zwänge, was die Menschen veranlaßte, zu wandern.

Die Züge der Nomaden haben geographische und klimatische Ursachen. Nie war die Lust zu reisen Antrieb für die kriegerischen Expeditionen der alten Völker. Die ersten Leute, die aus eignem Entschluß in die Ferne aufbrachen, waren Händler. Im frühesten Hebräisch waren die Worte »Kaufmann« und »Reisender« synonym. Mit einer einzigen Ausnahme (sie wird uns noch beschäftigen) war vom Anfang der Zeiten bis ins 18. Jahrhundert alles Reisen die Sache winziger Minoritäten, spezifischen und handgreiflichen Zwecken unterworfen. Soldaten und Kuriere, Staatsmänner und Gelehrte, Studenten und Bettler, Pilger und Verbrecher waren es, die man auf den Straßen antraf, vor allem aber und immer wieder Kaufleute: Gewürz und Myrrhe, Gold und Seide, Waffen und Perlen.

Die Reise als Abenteuer, als Selbstzweck, war bis tief ins 18. Jahrhundert hinein unbekannt. Odysseus selbst, mythisches Inbild aller späteren Reisenden, heißt im Gedicht »der herrliche Dulder«,

»Welcher so weit geirrt, nach der heiligen Troja Zerstörung,
Vieler Menschen Städte gesehen und Sitte gelernt hat,
Und auf dem Meer so viel' unnennbare Leiden erduldet; ...
Selbst da das Jahr nun kam, im kreisenden Laufe der Zeiten,
Da ihm die Götter bestimmt, gen Ithaka wiederzukehren,
Hatte der Held noch nicht vollendet die müdende Laufbahn,
Auch bei den Seinigen nicht. Es jammerte seiner die Götter.«

Und der »ängstlich harrende Dulder«,

»... welcher so lang, entfernt von den Seinen, sich abhärmt, ...
Sehnt sich, auch nur den Rauch von Ithakas heimischen Hügeln
Steigen zu sehn, und dann zu sterben!«[5]

Die Ferne ist Verbannung, Reisen ist Irren, die »müdende Laufbahn« ein einziges Exil – sie bleibt es bis in die Tage des Robinson Crusoe. Das sentimentalische Fernweh ist eine romantische Kategorie. Der Glanz, der die Gestalten der heroischen Periode der Entdeckungen heute umgibt, ist perspektivische Täu-

5 Homer, *Odyssee*. Deutsch von Johann Heinrich Voß. Erster Gesang.

schung. Der Engländer Candish, einer der ersten Weltumsegler, berichtet nach seiner Rückkehr: »Dem Allmächtigen hat es gefallen, mir die Umfahrung des ganzen Erdballs zu erlauben ... Auf dieser Reise habe ich alle reichen Stätten der Welt, die die Christenheit nur kennen kann, entdeckt oder wenigstens sichere Kundschaft über sie erlangt. Ich segelte entlang der Küsten von Chile, Peru und Neu-Spanien und machte große Beute. Ich verbrannte und versenkte neunzehn Segelschiffe, groß und klein. Alle Dörfer und Städte, in denen ich an Land ging, habe ich ausgeraubt und verbrannt«[6].

Erst eine nachromantische Zeit hat ihre eigenen Wunschvorstellungen auf die Entdecker und Konquistadoren projiziert. Das Ziel dieser Männer bestand nicht darin, Sehnsüchte zu befriedigen; es war handfester. Sie waren Werkzeuge der Politik. Nachträglich erst hat ihnen der Tourismus jene Aura verliehen, mit der er sich in seinen Anfängen selber umgab.

Im Lauf des 18. Jahrhunderts begann sich die strenge Zweckhaftigkeit des Reisens zu lockern. Schon vorher hatte die Cavalierstour zu fremden Höfen zum Bildungsgang des jungen Adeligen gehört; in den vornehmeren Ständen hatte sich die Reise an einen Badeort zur Kur eingebürgert: beide Motive begannen damals an Ernst und Gewicht zu verlieren, ohne doch zu bloßen Vorwänden zu werden. Sie wirken in der Entwicklung des Tourismus übrigens bis heute nach, wenngleich der Bildungszweck sich vollkommen verändert hat; für den jungen Cavalier war die Welt, die es kennenzulernen galt, *le monde:* will sagen, die vornehme Gesellschaft, nicht etwa ein Kanon von kulturellen Denkmälern. Vom Fortwirken der alten Bäderreise legt die hohe Wertschätzung von touristischen Zielen wie Baden-Baden, Spa und Aix-les-Bains noch heute Zeugnis ab.

Immerhin konnte noch im Jahre 1792 ein Vertreter der Nationalökonomie, einer damals jungen Disziplin, allen Ernstes eine

6 Brief des englischen Entdeckungsreisenden Candish, zitiert nach Robert Kerr, *Voyages and Travels.* Edinburgh 1811. (Zitat vom Autor verdeutscht.)

Reisesteuer vorschlagen. Marperger, ein Anhänger der merkantilistischen Lehre, begründete in seinen *Anmerkungen über das Reisen in fremden Ländern* seinen Vorschlag damit, daß die Reisenden das gute Geld außer Landes trügen. Diese Besorgnis läßt darauf schließen, daß das Reisevolumen sich damals auszudehnen begann.

Mit der reinen Vergnügungsreise kann es gleichwohl noch nicht weit her gewesen sein. Das verbreitetste Reisehandbuch des damaligen Europa, Reichards *Guide des voyageurs,* weist weder auf Naturschönheiten noch auf Sehenswürdigkeiten hin und gibt völlig nüchtern die kürzesten Routen, die Postverhältnisse und Preise, Unterkunftsmöglichkeiten und behördliche Vorschriften an: kurzum, es betrachtet das Reisen als ein notwendiges Übel. Kein Wunder! Nach einem Tag auf den Poststraßen war der Reisende gerädert, wenn er überhaupt sein Ziel erreichte. Reichard empfiehlt ihm dringend, stets geladene Pistolen mitzuführen. Sein Handbuch ist zehn Jahre nach Schillers *Räubern* erschienen. Andere Ratgeber empfahlen den Reisenden, vor Antritt der Fahrt und für ihren glücklichen Ausgang eine Messe in der Kirche lesen zu lassen. Überfälle auf der Landstraße waren damals nichts Ungewöhnliches. Vierzig Jahre später hatte sich die Wende des Reisens vollzogen. Der Tourismus war geboren. Der Engländer John Murray bereiste den Kontinent, um das Material für seine Bibel zu sammeln. Sie erschien 1836 und wurde weltberühmt: das erste *Red Book* verzeichnete die Sehenswürdigkeiten von Holland, Belgien und dem Rheinland und empfahl dem Touristen die pittoreskesten und romantischsten Routen. Murray, einer der Propheten des Tourismus, ist auch der Erfinder des Sternsystems, das den Zielen, die es fortan zu besichtigen galt, gleichsam ihr Preisschild aufsteckte. Drei Jahre später folgte Karl Baedekers erster Reiseführer durch *Die Rheinlande.* Die neue Bewegung hatte ihre heiligen Schriften, sie hatte ihren Siegeszug angetreten.

Dieser Siegeszug war nicht von ungefähr. Er wurde ermöglicht durch eine ganz spezifische historische Situation. Es genügt für unsere Zwecke, ihre Komponenten vorzuzeigen. Die Frage, welche von ihnen als die »letzte Ursache« anzusehen ist, können wir, soweit sie überhaupt entscheidbar ist, unentschieden lassen. Wir beschreiben die geschichtliche Situation, aus der der Tourismus hervorgegangen ist, als ein Syndrom politischer, sozialer, wirtschaftlicher, technischer und geistiger Züge, deren Gemeinsames in ihrem revolutionären Wesen liegt.

Der Sieg der bürgerlichen Revolution pflanzte dem einzelnen ein Freiheitsbewußtsein ein, das sich an der Gesellschaft, die aus ihr hervorging, brechen mußte. Jede revolutionäre Öffnung der Gesellschaftsordnung schließt sich wieder, aber sie hinterläßt eine Erinnerung, die sich mit der restaurativen Verfestigung nicht mehr abfinden kann: eine bleibende Narbe im Bewußtsein, die nie wieder spurlos verheilt. Der politischen Revolution entsprach eine Revolution in der Produktionsweise. Die neue herrschende Klasse, das Bürgertum, organisierte die industrielle Arbeitswelt und den von ihr bedingten Weltmarkt. Der neue Zustand drängte zwar nicht unmittelbar auf soziale, jedoch auf räumliche Homogenität. Der technologische Fortschritt, besonders die Erfindung der Eisenbahn und des Dampfschiffs, gestattete dem Kapitalismus den Ausbau eines Verkehrsnetzes, wie es zu dieser Homogenisierung des Raumes nötig war.

Von hier aus ist die historische Ausnahme verständlich, von der wir gesprochen haben. Diese Ausnahme ist das Rom des späteren Kaiserreichs. In den letzten Jahrhunderten des römischen Imperiums gab es tatsächlich so etwas wie einen Tourismus vor dem Tourismus. Friedländer berichtet in seiner *Sittengeschichte Roms,* daß das Reisevolumen jener Zeit bis ins 19. Jahrhundert hinein in Europa nicht wieder übertroffen worden sei. Vom Strand der Toscana bis zum Golf von Salerno war damals die italienische Westküste ein Tummelplatz für Touristen. Marmorne Villen und luxuriöse Hotels nahmen die Gäste auf. Griechenland, Rhodos, Kleinasien und Ägypten waren bevorzugte Ziele für Erholungsreisen. Es gab feste Schiffsverbindungen, Reisebüros, Wechselstuben und Festivals; ja sogar das museale Interesse, das für unseren modernen Tourismus bezeichnend ist, machte sich damals schon geltend.

In mancher Hinsicht ist jener frühe touristische Ansatz mit dem modernen vergleichbar. In der römischen Gesellschaft hatte sich in gewissen Grenzen eine egalitäre Tendenz durchgesetzt. Sie war gewissermaßen verbürgerlicht. Ihre kapitalistischen Züge sind bekannt. Sowohl die politischen wie die wirtschaftlichen Verhältnisse forderten eine räumliche Homogenisierung des Imperiums. Sie wurde technisch erreicht durch den Bau des großartigen römischen Straßennetzes, dessen Spuren heute noch in ganz Europa bis zum Limes erkennbar sind. Dagegen fehlen im Bild des römischen Tourismus die revolutionären Züge. Er ist ein Minderheits-Tourismus geblieben. Weder die politischen noch die technologischen Antriebe reichten aus, um ihn aufs Ganze auszudehnen. Vor allem aber waren seine geistigen Wurzeln weit weniger stark ausgebildet als die des modernen Tourismus.

Diese Wurzeln lagen in der englischen, französischen und deutschen Romantik. Autoren wie Gray und Wordsworth, Coleridge und Byron; Rousseau und Chateaubriand; Seume und Eichendorff, Tieck und Wackenroder, Chamisso und Pückler haben die Freiheit, die unter der Wirklichkeit der beginnenden Arbeitswelt und an der politischen Restauration zu ersticken drohte, im Bilde festgehalten. Ihre Einbildungskraft hat die Revolution gleichzeitig verraten und aufbewahrt. Sie verklärte die Freiheit und entrückte sie in die Ferne der Imagination, bis sie räumlich zum Bilde der zivilisationsfernen Natur, zeitlich zum Bilde der vergangenen Geschichte, zu Denkmal und Folklore gerann. Dies, die unberührte Landschaft und die unberührte Geschichte, sind die Leitbilder des Tourismus bis heute geblieben. Er ist nichts anderes als der Versuch, den in die Ferne projizierten Wunschtraum der Romantik leibhaftig zu verwirklichen. Je mehr sich die bürgerliche Gesellschaft schloß, desto angestrengter versuchte der Bürger, ihr als Tourist zu entkommen.

Die Flucht vor der selbstgeschaffenen Realität wurde erleichtert durch dieselben Kommunikationsmittel, mit deren Hilfe diese sich verwirklichte. Hinter der fieberhaften Begeisterung, mit der in den dreißiger und vierziger Jahren des vergangenen Jahrhunderts die englischen Eisenbahnen ausgebaut wurden, steht mehr als bloß der spekulierende Eifer der Kapitalisten. Die Eisenbahnmanie verrät bereits den heftigen Wunsch, den Wohn- und Arbeitsplätzen der industriellen Revolution zu entrinnen. Aber was das Netz der Verkehrsmittel zu gestatten schien, vereitelte es zugleich. Mit der Festigung dieses Netzes, das sie für den Touristen zu öffnen schien, schließt sich alsbald die Gesellschaft wieder. Wie der Igel im Märchen den keuchenden Hasen am Ziel des Wettlaufs immer schon höhnisch erwartet, so kommt dem Tourismus allemal seine Widerlegung zuvor. Diese Dialektik ist der Motor seiner Entwicklung; denn weit entfernt, den Wettlauf um den Preis der Freiheit resignierend aufzugeben, verdoppelt er nach jeder Niederlage seine Anstrengung von neuem.

Wie eng die Ausfaltung des Tourismus mit der industriellen Zivilisation Hand in Hand geht, beweist der Vorsprung, den die englischen Touristen das ganze 19. Jahrhundert hindurch vor denen anderer Nationen gehalten haben. Schon vor der Jahrhundertwende waren die Engländer die Reisenden *par excellence*[7]. Die Italienreisen von Keats und Shelley legen von ihrer Reisemanie ebenso Zeugnis ab wie die Pionierleistungen Byrons, der als Archetyp des modernen Touristen gelten muß. Noch in unsern Tagen kann man in ländlichen Gegenden Griechenlands den Ausdruck *lordoi* für Touristen überhaupt hören. Die Schweiz verdankt ihren frühen Ruf als Fremdenverkehrsland ganz und gar den Engländern.

Eine Schlüsselrolle in der Geschichte des Tourismus fällt den Bergsteigern zu. Die Geburt des Alpinismus läßt sich auf das Jahr 1787 datieren. Damals bestieg Saussure als erster den Mont

7 Zwischen 1760 und 1770 sollen nicht weniger als 40 000 Engländer monate-, ja sogar jahrelange Kunst- und Vergnügungsreisen auf den Kontinent unternommen haben. Diese und fernere Details teilt Wilhelm Treue in seiner *Kulturgeschichte des Alltags* (München 1952) mit.

Blanc. Aber erst siebzig Jahre später begann die goldene Zeit der Alpinisten. Führend waren dabei die Engländer. Ziemlich genau vor hundert Jahren gründete Edward Kennedy den *Alpine Club*, die erste Vereinigung von Bergsteigern: eine englische Initiative!

Die Schlüsselrolle des alpinistischen Vorstoßes beruht darauf, daß er die romantische Ideologie des Tourismus besonders rein verkörpert. Er richtet sich auf das »Elementare«, das »Unberührte«, das »Abenteuer«. Unter welchem Namen das Ziel auch verstanden wird, ändert an der Dialektik des Vorgangs nichts: indem es nämlich erreicht wird, ist es auch schon vernichtet. Nicht zufällig verbindet sich der touristische Zugriff mit den Methoden des Leistungssports. Da das Unberührte immer erst in der Berührung vergegenwärtigt werden kann, kommt es darauf an, der Erste zu sein. So gerät die Reise zum Wettlauf um die Erstbesteigung, zum Erhaschen des Rekords. Vernes Romanheld Phileas Hogg setzt seine Ehre darein, *In 80 Tagen um die Erde* zu reisen: Noch die Satelliten, die wir in den Himmel schießen, eifern ihm nach, indem sie ihn unterbieten.

Auch die Entdeckungsreisenden werden zu Touristen. Die romantische Aura, die den früheren Entdeckern erst nachträglich verliehen wurde, fällt ihnen schon bei Lebzeiten zu. Wie den Alpinisten die unbestiegenen Gipfel, so faszinieren den Forscher die weißen Flecken auf der Landkarte. Das Jahrhundert begreift ihre Vernichtung als seine Aufgabe. Die Männer, die sich ihr unterziehen, von Livingstone bis zu Hillary, werden als Helden gefeiert. Die Venezianer des 13. Jahrhunderts hingegen hatten für ihren Mitbürger Marco Polo nur Spott und Hohn übrig. Sie begriffen nicht, was ihn bewogen haben konnte, das Unzugängliche zu seinem Ziel zu machen, und hielten ihn deshalb für einen Schwindler. Heute dagegen rüsten die Russen eine Expedition zum Unzugänglichkeitspol der Antarktis aus, einem Punkt, dessen einzige und ganz abstrakte Auszeichnung in der Schwierigkeit, ihn zu erreichen, besteht. Das Unberührte ist zur ideologischen Mystifikation geworden. Noch die mühevollste Expedition in die entferntesten Weltgegenden ist heute von vornherein touristischer Art, und noch ehe der erste Mensch in den Weltraum vorgedrungen ist, melden sich bereits die ersten touristischen Interessenten für die Astronautik an.

Wie die Pioniere, meist zu ihrem Widerwillen, bald erkennen mußten, blieb es bei ihrer privilegierten Rolle nicht. Die Gesellschaft, deren Interesse sie trug, verfolgte mit ihnen ihr eignes. Wer ihnen Ruhm spendete, war schon auf ihren Fersen. Das mündige Bürgertum bedachte sie mit einem Nimbus, den es sich selber zu verschaffen hoffte, indem es sich in die Wiederholung ihrer Taten stürzte, die Tourismus heißt. Die Freiheit, die diese im Fels des Berner Oberlandes, im Eis der Polarkappen, in den äquatorialen Dschungeln gewonnen zu haben schienen, sollte bald von allen als ein neues Menschenrecht verlangt werden.

Allerdings waren die touristischen Nachtreter nicht gewillt, den hohen Preis jener Freiheit zu erlegen. Das neue Menschenrecht, sich von der eignen Zivilisation in der Ferne zu befreien, nahm die harmlosen Züge der Urlaubsreise an. Doch pochen die Touristen bis heute ohnmächtig auf die Wertzeichen des Abenteuerlichen, Elementaren, Unberührten. Zugleich zugänglich und unzugänglich, zivilisationsfern und komfortabel soll das Ziel sein. Im Pullman-Bus wird die Wüste, im Schlafwagen die lappländische Tundra erfahren. Der Nordpol wird aus dem Fenster der Super-Constellation lässig gefilmt. In der Wüste von Tamaulipas verdunstet das Erlebnis, dem die atemlose Jagd gilt, unter dem kühlen Blick des Homo faber.

Freilich fiel das neue Menschenrecht, wie stets, nicht allen zu, sondern allein der Klasse, die es erfand und durchsetzte: dem unabhängigen Bürgertum, das vom Ertrag seiner Kapitalien zehrte. Doch läßt sich ein solches Recht, einmal postuliert, nicht isolieren. Es wirkt vielmehr an der Durchmischung und Homogenisierung der Gesellschaft mit. Zwischen der egalitären Tendenz, die dem Bürgertum erst zu seinem Sieg, dann zu seinem Untergang verhalf, und der allseitigen Austauschmöglichkeit, die die neuen Verkehrsmittel hervorriefen, bestand und besteht eine Wechselwirkung. Die Voraussetzungen des Tourismus sind zugleich Wirkungen, seine Wirkungen Voraussetzungen für seine weitere Ausbreitung, wie Strom und Magnetfeld im Schwingkreis einander verstärken. Nach dem Großbürgertum ergriff der Prozeß weitere Schichten, zunächst die Beamten, Handwerker, Kleinbürger. Zwischen dem Stand der Produktivkräfte und der Entfaltung des Tourismus lassen sich genaue Entsprechungen feststellen.

Auch hier liegt England an der Spitze. Thomas Cook, Gärtner und Tischler, organisierte im Juli 1841 für die Mitglieder seines Temperenzler-Vereins eine erste Reise zwischen Loughborough und Leicester. Vier Jahre später gründete er sein Reisebüro, das sich innerhalb von drei Jahrzehnten zu einer weltumspannenden Organisation entwickelte. In Deutschland dagegen entstand das erste Reisebüro, das dem Tourismus diente, erst im Jahre 1863, also mit mehr als zwanzigjähriger Verspätung. Charakteristisch ist überdies, daß Louis Stangen in Berlin ausschließlich die sogenannten besseren Kreise bediente. Sein erstes Arrangement war ein Ausflug in die Sächsische Schweiz; aber schon ein Jahr nach der Gründung bot Stangens Reisebüro eine Gesellschaftsreise nach Ägypten und ins Heilige Land an. Dagegen war Cooks Arbeit von Anfang an auf die Bedürfnisse des breiten, kleinbürgerlichen Publikums zugeschnitten. Ein solches Publikum, das die »zwecklose« Reise als Bedürfnis und Möglichkeit sah, gab es in Deutschland erst gegen Ende des Jahrhunderts.

Ausgeschlossen blieben von der fieberhaften Ausbreitung des Tourismus einmal die Bauern, die bis heute seiner Ideologie und Praxis als einzige soziale Schicht widerstehen, zum andern die Arbeiterschaft, die für seine Kosten letzten Endes aufkam. Erst nach dem Ersten Weltkrieg erkämpfte sie sich die Möglichkeit, dem ungeheuer angewachsenen Druck der industriellen Arbeitswelt wenigstens für die Dauer einiger Wochen, wenigstens scheinbar, zu entrinnen. Während Unternehmer und Lehrer, Beamte und Ärzte, Handwerker und Geschäftsleute längst im Tourismus eine Chance erkannt hatten, den Finsternissen von Birmingham und Glasgow, Wuppertal und Bochum den Rücken zu kehren, blieben die eigentlichen Leidtragenden der primären Akkumulation der trostlosen Gefangenschaft der Städte, dem Elend der Mietskasernen verhaftet. Bis auf den heutigen Tag gibt es in vielen Ländern keine allgemeine Urlaubsgesetzgebung, so zum Beispiel in England und den Vereinigten Staaten. Erst nach dem Ersten Weltkrieg wurde der bezahlte Urlaub nach und nach zum Bestandteil der Tarifverträge zwischen Arbeitgebern und Gewerkschaften[8]. Noch im Jahre 1940 stand nur einem Viertel der amerikanischen Arbeiter ein bezahlter Urlaub zu. 1957 lag diese Zahl bei 90 Prozent. Gesetzliche Urlaubsregelungen bestehen in Deutschland, Frankreich und den skandinavischen Ländern.

Der Kampf um das Recht auf Urlaub war mühsam; er zog sich über Jahrzehnte hin. Jeder Teilsieg verstärkte den Drang nach den Ferienzielen. Wo der Druck aus den Industriestädten ins Freie des Urlaubs wuchs, wuchs im gleichen Maß der Gegendruck. Im dichtbesiedelten England wurden Orte wie Brighton oder das berüchtigte Blackpool zu Synonymen menschlicher Überschwemmung. Auf den Badestränden lagen schon vor dem Zweiten Krieg die erholungssuchenden Touristen enger aufeinandergepreßt als in den Slums, und die Ferienzüge waren überfüllt wie die U-Bahn zu den Spitzenzeiten des Pendelverkehrs.

Längst hatte sich inzwischen der Sieg des Tourismus als Pyrrhussieg erwiesen, längst war das Fernweh nach der Freiheit von der Gesellschaft, vor der es floh, in ihre Zucht genommen worden. Die Befreiung von der industriellen Welt hat sich selber als Industrie etabliert, die Reise aus der Warenwelt ist ihrerseits zur Ware geworden. Wenn ein Kritiker vom Schlage Gerhard Nebels die Schönheit von Bochum und Nottingham gegen die »Plunderhaufen« Interlaken und Montreux ausspielt, so versucht er damit nur, ein Phänomen der Arbeitswelt durch sein komplementäres

8 Der erste derartige Vertrag wurde in Deutschland zwischen 32 Unternehmern und der Metallarbeiter-Gewerkschaft abgeschlossen, und zwar im Jahre 1909. 1911 waren Urlaubsbestimmungen in 27 von 851 Tarifverträgen eingegangen. Der Urlaub war auf sechs Tage festgesetzt.

zu bannen. Der Gegensatz ist fiktiv. Mit demselben Recht könnte man versuchen, ein Stahlwerk zu beschämen, indem man es mit einer Kohlengrube vergliche.

Der Fortschritt des Tourismus, der zugleich ein Fortschritt seiner Botmäßigkeit ist, läßt sich an drei Errungenschaften darstellen, deren jede für die Entwicklung einer Industrie großen Stils unentbehrlich ist: Normung, Montage und Serienfertigung.

Die Normung der Reiseziele beginnt schon mit der Erfindung des Reiseführers. Murrays *Red Book* von 1836 leitet den Touristenstrom bereits in vorgegebene Kanäle. Dieser Steuerung unterwirft sich der Reisende zunächst noch freiwillig. Er wird durch das Buch zwar psychisch, aber noch nicht physisch konditioniert. Das genormte Grundelement der Reise ist die *sight,* die Sehenswürdigkeit; sie wird nach ihrem Wert durch einen, zwei oder drei Sterne klassifiziert.

Der Begriff der Sehenswürdigkeit, für den Touristen von ausschlaggebender Bedeutung, verdient aufmerksame Analyse. Aus ihm geht zunächst hervor, daß der Tourist nicht frei von Gewissensbissen ist. Die Zwecklosigkeit der Reise, welche erst die ersehnte Freiheit garantiert, straft er Lügen. Denn die Sehenswürdigkeit ist der Besichtigung nicht nur würdig, sie verlangt nach ihr auf gebieterische Weise. Sehenswürdig ist, was man gesehen haben muß. Mit der Erfüllung dieser Pflicht gilt der Tourist die Schuld ab, die er heimlich in seiner Flucht vor der Gesellschaft erblickt. Mit seinem Gehorsam bekennt er ein, daß er die Freiheit, auf die er aus zu sein vorgibt, gar nicht erträgt.

Was sich derart als Sehenswürdigkeit verkapselt, sind die Bilder der Ferne, als welche die Romantik Natur und Geschichte aufgerichtet hat. Diese Bilder schrumpfen zum Zoologischen und Botanischen Garten dort, zum Museum hier zusammen. Die Namen, die für zentrale Institutionen und Gedanken des 19. Jahrhunderts stellvertretend stehen, lassen sich vertauschen. Nimmt der Tourist mit Hilfe seines Handbuchs das antike Rom als einen Zoo der Geschichte, in dem er den Bestien der Historie gefahrlos und ungestraft ins Auge blicken darf, so wird ihm die Landschaft, wo der Doppelstern seiner Vorschrift sie auszeichnet, zum Gegenstand musealer Betrachtung. Heute arrangiert ihm sein Reisebüro Büffeljagden in Afrika, Tiger-Shikars in Indien und Elchjagden in Lappland. Auf der Photo-Safari zur Etoschapfanne erläutert der Zoologieprofessor die *sights* der Natur, vor den Teilnehmern eines 24tägigen Afrikafluges tanzen Watussis und Lippenpflockneger, kommentiert von führenden Ethnologen; ihre Zuhörer lauschen andächtig wie dem kunsthistorischen Kollegen in den Uffizien die hurtig eingeflogenen College-Girls. In unseren Tagen übersteigt die Nachfrage nach Sehenswürdigkeiten das Angebot. Hielt sich das vergangene Jahrhundert noch an den Fundus, den Museum und Tiergarten voraussetzen, so produziert das unsere synthetische Sehenswürdigkeiten nach Bedarf. Vom Festival bis zum imitierten Lappenzelt wird für den Touristen, was ihn anzieht, allererst hingestellt.

Zu sich selbst kommt die Sehenswürdigkeit endlich in der Abstraktion, wo sie, aller fremden Kontingenz enthoben, zum touristischen Absolutum wird. Im Norden des amerikanischen Bundesstaates Kansas, unweit der Bundesstraße 281, befindet sich ein kleiner, wohlgepflegter Hain, der um einen Stein herum angelegt worden ist. Auf dem Stein steht: Hier ist das geographische Zentrum der Vereinigten Staaten. Auf der Straße, die zur Erreichung dieses Steins angelegt wurde und nur zu ihm führt, drängen sich die Wagen der Touristen, zu deren Norm seine Besichtigung gehört.

Zur industriellen Herstellung von Reisen genügen die genormten Elemente für sich jedoch nicht. Sie müssen montiert werden. Die für diesen Schritt repräsentative Erfindung ist das Fahr- und Gutscheinheft. Auch dieser Gedanke ist, und zwar im Jahre 1868, dem Gehirn des unglaublichen Thomas Cook entsprungen. Die Firma fädelte für den Touristen die Sehenswürdigkeiten zu einer Route auf und garantierte ihm die Einlösung der Papiere, die ihn dazu berechtigten, ihr zu folgen. Alles war fortan inbegriffen, die Reise wurde fertig montiert und verpackt geliefert. Das Abenteuer war zum Präparat geworden, bei dem jedes Risiko ausgeschlossen war. Aber auch mit dem genormten und montierten Produkt war die neue Industrie noch nicht zufrieden. Es war zu teuer, solange es einzeln, Stück für Stück, angefertigt werden mußte. Wie jedes Konsumgut, so mußte auch die Reise in großen Serien hergestellt werden, wollte die Fremdenindustrie ihren Platz auf dem Markt behaupten. Behauptung aber bedeutete Expansion. Der Tourismus krönte seinen Sieg, die Niederlage seines menschlichen Sinns, durch die Erfindung der Gesellschaftsreise. Wem anders konnte sie gelingen als dem braven Thomas Cook? Er ahnte nicht, was er anrichtete. Den missionarischen Eifer, mit dem er zuvor den Teufel Alkohol bekämpft hatte, widmete er nun dem Tourismus. Zwischen dem Guten und dem guten Geschäft kannte sein biederes Ethos keinen Widerspruch. Im Jahre 1845 organisierte er die erste Gesellschaftsreise zum touristischen Vergnügen. Sie glich einem Triumphzug. Er hatte ihn sorgfältig vorbereitet. Alle Orte, die er berührte, hatte Cook vorweg aufgesucht. Hotelzimmer standen für jeden Teilnehmer bereit. Ein gedrucktes Programm unterwies die Mitglieder der Gesellschaft im rechten Genuß. Mit Trommelwirbel und Böllerschüssen wurden sie am Ziel empfangen. Die Erfindung der Gesellschaftsreise hatte die Produktionsmethoden der Fremdenindustrie komplettiert. Es gab kein Halten mehr, die Massenproduktion hatte begonnen. Noch in den siebziger Jahren startete die erste Gesellschaftsreise um die Welt.

Der Tourismus, ersonnen, um seine Anhänger von der Gesellschaft zu erlösen, nahm sie auf die Reise mit. Von den Gesichtern ihrer Nachbarn lasen die Teilnehmer fortan ab, was zu vergessen ihre Absicht war. In dem, was mitfuhr, spiegelte sich, was man zurückgelassen hatte. Der Tourismus ist seither das Spiegelbild der Gesellschaft, von der er sich abstößt.

Unverkennbar erscheint in diesem Spiegelbild der Fortgang vom klassischen zum Spätkapitalismus, von diesem zur totalitären Verfassung der Gesellschaft. Das Unberührte wird kapitalistisch

»erschlossen«, totalitär »aufgerollt«. Militärische Analogien stellen sich ein. Der Tourismus parodiert die totale Mobilmachung. Seine Hauptquartiere gleichen Stäben, in denen Truppenbewegungen vorauskalkuliert werden. War der Fremdenführer der guten alten Zeit noch dienstbarer Geist, so setzt der *guide* von heute bereits die Miene des Chefs auf, dessen Kommando dadurch nicht weniger dienstlich wird, daß der Kommandierte ihn dafür bezahlt. Der Reiseleiter vollends nimmt die Züge eines Transportführers auf, dessen Autorität die Kolonne gleichermaßen fürchtet und ersehnt. Unversehens verwandelt sich die auftrumpfende KdF-Reise in die geduckte Verschickung, und hinter den Ferienlagern stehen unsichtbar die Wachtürme jener anderen Lager, für die unsere Epoche einzustehen hat.

Der revolutionäre Impuls, der den Tourismus zum Weltphänomen erhoben hat, war zu blind, um Einsicht in seine Dialektik zu gewinnen, und zu mächtig, um sich mit der Vereitelung, die sein Los ist, abzufinden. In immer neuen Anläufen versucht der Tourismus erbittert, aus dem *circulus vitiosus*, der sein Lebensgesetz ist, und damit aus der Unfreiheit auszubrechen. Immer wieder scheitert er dabei.

Die deutsche Jugendbewegung ist vielleicht der charakteristischste dieser Versuche. Protestierend nicht nur gegen die Welt der Erwachsenen, als welche sie die Gesellschaft verstand, sondern auch gegen die touristischen Mittel, die zur Scheinflucht bereitstanden, verzichtete sie entschlossen auf den Komfort und begab sich mit Rucksack, Kochtopf und Zelt auf Fahrt. Programmatisch wurden die technischen Mittel des Reisens ausgeschlagen. Künstlich stellte man sich die harten Bedingungen des »echten« Abenteuers her. Durch die Treue, mit der man ihn übernahm, als wäre seither nichts geschehen, strafte man den romantischen Entwurf der Freiheit noch einmal Lügen. Die Flucht vor dem Hülsenhaften des Tourismus potenzierte es nur. Als bloße Hülse ließ sich die Freiheit der Jugendbewegung ohne weiteres faschistischen Zwecken aufstecken. Die vorgebliche Ungebundenheit der HJ-Fahrten stand schon unter dem Gesetz jener anderen Fahrten, die ihre Teilnehmer später nach Stalingrad und Sibirien führen sollten.

Leichtherzig im Protest, harmlos im Scheitern ist dagegen ein anderer Anlauf gegen die Perversion des Tourismus geblieben. Seine ideologische Vermummung ähnelt freilich dem der Jugendbewegung: die Camping-»Bewegung« wurde unter den Schlagworten der Naturverbundenheit, der Zivilisationsferne, der Ungebundenheit groß. Doch lieferte man sich den Parolen, für deren Verbreitung in diesem Fall schon die Hersteller der nötigen Ausrüstungsgegenstände sorgten, ohne Fanatismus, eher mit jener abgebrühten Resignation aus, die sich als Reaktion auf die Slogans der Reklame eingebürgert hat. Mit polizeilicher Reglementierung des Zeltens, obligatorischen Campingplätzen, Lagerordnung, Lagermeister, fließendem Wasser und Steckdose für den Rasierapparat führte sich das Camping rasch ad absurdum. Heuer soll es bereits *démodé* sein. »Man« wohnt in Bungalow-Dörfern. Am fragwürdigen Kern der Sache ändert sich nichts.

Ein radikaler Anlauf, die Grenzen, die im Tourismus selber liegen, zu durchbrechen, kündigt sich in den Überlegungen kluger Promotoren und Touristen an, die dem geheiligten Zeremoniell des *sight-seeing* den Garaus machen wollen. Sie haben es darauf abgesehen, an seine Stelle, wie es heißt, das *life-seeing* zu setzen. Wie die Leute, die man besucht, in Wirklichkeit leben, das wird als neuer Gegenstand touristischen Interesses eingesetzt. Die kommerzielle Seite des verlockenden Vorschlags ist es, aus der Hotel-Not, die der Andrang der Reisenden mit sich bringt, eine Tugend zu machen. Man wohnt statt dessen bei Privatleuten, an deren Alltag man teilzunehmen vorhat. Die Tugend der Gastfreundschaft soll in ihre alten Rechte wieder eingesetzt werden. Auch dieser Anlauf birgt, getreu der Dialektik des Tourismus, sein Scheitern in sich. Die Tugend, die man beschwören will, wird vernichtet, indem man sie in Anspruch nimmt. Tourismus ist der Bock, der sie vertrieb; nicht Tourismus taugt zu ihrem Gärtner. Solange das Reisen Irrfahrt und Verbannung war, wurde

Gastfreundschaft wie ein Asyl gewährt; als es zum freiwilligen Vergnügen wurde, schlossen sich die Türen. Es erhoben sich die Kathedralen des Tourismus: die Hotels.

Die Geschichte des Tourismus ist auch eine Geschichte der Hotels. Die primitive Notdurft der mittelalterlichen Herbergen, die anspruchslose Utilität der alten Post-Gasthöfe genügten der neuen Bewegung nicht. Die architektonischen Denkmäler, die sie sich setzte, stellten alles, was früher der Beherbergung von Fremden diente, in den Schatten. Das erste moderne Hotel war der *Badische Hof*, der in den ersten Jahren des 19. Jahrhunderts in Baden-Baden errichtet wurde. Eine komplizierte Hierarchie von Geschäftsführern, Pförtnern, Maîtres d'hôtel, Kellnern, Pikkolos, Pagen, Zimmermädchen und Hausburschen bediente hier zum ersten Mal den Apparat der Hallen, Festsäle, Speisesäle, Lesezimmer, Schlafzimmer und Bäder, Ställe, Terrassen und Wintergärten. Das Modell des *Badischen Hofes* von 1805 ist bis heute maßgebend geblieben. Bahnhofshotels nach seinem Muster verdrängten die alten Gasthöfe an den Stationen der Postkutsche. Je weiter der Tourismus im Zeichen des Hochkapitalismus fortschritt, desto mehr machte sich die Hotelindustrie dessen Wirtschaftsformen zu eigen. 1850 wurde in Paris das *Grand Hotel* eröffnet, das erste Unternehmen der Branche, das sich die Rechtsform der Aktiengesellschaft gab. Die fortschreitende Konzentration des Kapitals führte bereits 1880 zur Gründung des ersten Hotel-Trusts, der *Ritz*-Kette. Um die Jahrhundertwende entstanden in den Vereinigten Staaten die ersten Mammuthotels mit fünfhundert und mehr Zimmern.

An der alten Schale des Hotels nach dem Muster von Baden-Baden änderte sich dabei nichts, und diese Schale ist aufschlußreich für die Psychologie des Tourismus. Das Hotel ist das Schloß des Großbürgertums. In ihm usurpiert die neue Klasse demonstrativ die Lebensformen der Aristokratie. Sein Milieu ist der unbewältigte Luxus. Während der echte Aristokrat dem Reisen um seiner selbst willen ebenso abgeneigt ist wie der Bauer, stellt der bürgerliche Parvenu als Reisender zur Schau, was ihm zu Hause versagt bleibt. Die Freiheit, in die er als Tourist zu entkommen vermeint, ist nicht nur die einer historischen oder räumlichen Ferne, sondern auch die einer Lebensform, die er für die gesellschaftlich höhere hält. Er sucht nicht nur die Geschichte als Museum, nicht nur die Natur als Botanischen Garten, sondern auch gesellschaftliche Entrückung im Bilde des *high life* auf.

Neben die Sehenswürdigkeit tritt als Reiseziel das soziale Prestige. In der Kalkulation ihres Preises spielt bei der Ware, als welche die Reise aus der Warenwelt zu verhelfen vorgibt, ihr Warenzeichen fortan eine maßgebliche Rolle. Wie die Marke eines Parfums dessen Wert steigert, ja halbwegs ausmacht, so der Name ihres Ziels den der Reise. Die Aura, mit welcher Romantik den Weitgereisten umgab, gefriert zum Warenzeichen, das den Fetischcharakter der Tour verbürgt. Im Fetisch des Souvenirs erscheint dieser Charakter leibhaftig. Als Blechschild am Spazierstock, als Zettel auf dem Koffer, als Plakette am Auto, als Zertifikat über Äquator- und Poltaufe versichert es den Touristen gegen den Zweifel am eigenen Erlebnis, der ihn wie Walter Faber befällt, und gibt ihm ein Beweisstück für seine Rückkehr zur Hand.

Zum Programm der touristischen Reise gehört als letzter Punkt die Heimkehr, die den Touristen selbst zur Sehenswürdigkeit macht. Was ihm seine Ideologie als unberührte Ferne hinstellt, muß er nicht nur berühren, sondern auch publizieren. Die Zuhausgebliebenen verlangen von ihm, daß er ihnen von seinen Abenteuern erzähle. In seinem Bramarbasieren ist ein uralter Zug alles Reisens aufgehoben, nämlich sowohl aufbewahrt als zunichte gemacht. Er geht auf die Zeiten zurück, in denen der Mund des Weitgereisten die einzig sichere Quelle war, aus der Kenntnis der Ferne zu gewinnen war. Dagegen verkündet heute der heimgekehrte Tourist nur, was alle längst wissen. Sein Bericht dient nicht nur dem Zweck, sein eigenes Prestige, sondern auch das des Arrangeurs zu festigen, dem er sich anvertraut hat. Der Tourismus ist die Industrie, deren Produktion mit ihrer Reklame identisch ist: ihre Konsumenten sind zugleich ihre Angestellten. Die bunten Aufnahmen, die der Tourist knipst, unterscheiden sich nur den Modalitäten nach von jenen, die er als Postkarten erwirbt und versendet. Sie sind die Reise selbst, auf die er sich begibt. Die Welt, derer er auf ihr ansichtig wird, ist von vornherein Reproduktion. Nur Abklatsch wird ihm zuteil. Er bestätigt das Plakat, das ihn verlockt hat, sich in sie zu begeben.

Diese Bestätigung des Vorgespiegelten als eines Wahren ist die eigentliche Arbeit, die der Tourist ableistet. Es ist keine leichte Arbeit, die da von ihm verlangt wird. Um die Langeweile, welche sie begleitet, zu lindern, ersann schon 1841 der Leipziger Verleger Tauchnitz die Reiselektüre als Palliativ. Die Sammlung diente mit ihren englischen Texten den Touristen von jenseits des Kanals, die damals noch das Bild der Bewegung bestimmten; sie trug ihm die Dankbarkeit aller englischen Reisenden, ein ansehnliches Vermögen und den Titel eines Barons ein. Gegen die Traurigkeit der heimlichen Enttäuschung, gegen die Verzweiflung des Voyeurs wuchs dem Tourismus indes kein Kraut.

Die Trostlosigkeit ist dem Touristen vertraut. Blind greift er nach den heftigsten Mitteln, um die Langeweile zu verscheuchen, obwohl er doch im Grunde von der Vergeblichkeit seiner Flucht weiß, noch ehe er sie unternimmt. Immer schon durchschaut er das betrügerische Wesen einer Freiheit, die ihm von der Stange verkauft wird. Aber er gesteht sich den Betrug, dem er zum Opfer fällt, nicht ein. Seine Enttäuschung läßt er nicht laut werden. Sie fiele nicht auf den Industriellen zurück, der ihn betreut, sondern auf ihn selbst. Der Kreis seiner Bekannten würde dem Touristen das Eingeständnis seiner Niederlage als soziales Versagen ankreiden. Der Dupierte will zu seinem Schaden nicht auch noch den Spott zu fühlen bekommen. Er läuft Gefahr, daß ihm von seinem Stammtisch eben jene Verachtung entgegenschlägt, mit der ihn eine reaktionäre Kulturkritik ohnehin straft.

Es ist in der Tat sehr leicht, sich über den Massentourismus unserer Tage wie Gerhard Nebel lustig zu machen. Gewaltig aber ist die Kraft, welche heute überall auf der Welt die Massen an den

Strand ihres kleinen Urlaubsglückes wirft. Es ist die Kraft einer blinden, unartikulierten Auflehnung, die in der Brandung ihrer eigenen Dialektik immerfort scheitert. Es stellt der politischen Verfassung, in der wir uns befinden, ein vernichtendes Zeugnis aus, daß allein Omnibusunternehmer und Bettenhändler diese Kraft ernst nehmen. Die Flut des Tourismus ist eine einzige Fluchtbewegung aus der Wirklichkeit, mit der unsere Gesellschaftsverfassung uns umstellt. Jede Flucht aber, wie töricht, wie ohnmächtig sie sein mag, kritisiert das, wovon sie sich abwendet.

Der Wunsch, der sich in dieser hartnäckigen, erbitterten, aussichtslosen Kritik verbirgt, läßt sich mit keinem Mittel unterdrücken. Wohl bietet er sich zur geschäftlichen Ausbeutung an. Da er sich selber nicht durchsichtig ist, hat sie es leicht, ihn immer von neuem zu pervertieren. Damit, daß man ihn verhöhnt, kann man ihn weder erklären noch lähmen. Das Verlangen, aus dem sich der Tourismus speist, ist das nach dem Glück der Freiheit. Noch im Rummel von Capri und Ibiza bezeugt es seine ungebrochene Kraft. Die Bilder jenes Glücks, welche die Romantik aufgerichtet hat, behalten gegen alle Fälschung recht, solange wir nicht imstande sind, ihnen eigene entgegenzuhalten. Sie triumphieren noch über die Plakate, in die das Kapital sie medusisch verzaubert hat. Nicht für, sondern gegen uns zeugen sie. In ihren Gesichtern leuchtet das Wahre wie eine Erinnerung auf, die nicht verbleichen kann, weil wir uns mit ihr zufriedengeben. In einem nachgelassenen Aphorismus von Otto Weininger heißt es, von einem Bahnhof aus könne man niemals in die Freiheit fahren. Der Satz gilt, solange wir uns abfinden mit dem, was in der Zeitung steht, die wir uns ans Ferienziel nachsenden lassen. Der Tourismus zeigt, daß wir uns daran gewöhnt haben, Freiheit als Massenbetrug hinzunehmen, dem wir uns anvertrauen, obschon wir ihn insgeheim durchschauen. Indem wir auf die Rückfahrkarte in unserer Tasche pochen, gestehen wir ein, daß Freiheit nicht unser Ziel ist, daß wir schon vergessen haben, was sie ist.

Nachweise

Die Sprache des Spiegel. Sendung: Süddeutscher Rundfunk. Teilabdrucke: Der Spiegel vom 6. März 1957 und Texte und Zeichen, Heft 12/1957

Scherbenwelt. Sendung: Hessischer Rundfunk. Eine frühere Fassung ist abgedruckt in: Frankfurter Hefte, Heft 4/1957

Bildung als Konsumgut. Sendung: Hessischer Rundfunk. Abdruck: Neue Deutsche Hefte, Heft 57–59/1959

Das Plesbiszit der Verbraucher. Sendung: Bayerischer Rundfunk. Abdruck: Die Zeit vom 25. November 1960

Eine Theorie des Tourismus. Sendung: Norddeutscher Rundfunk. Abdruck: Merkur, Heft 126/1958

Nachbemerkung

Der große Kunsthistoriker Aby Warburg soll zu seinen Schülern gesagt haben: »Der liebe Gott steckt im Detail.« So weit möchte ich nicht gehen. Doch scheint es mir geboten, den Erscheinungen näher zu treten und den Widerstand des Besondern nicht zu scheuen. Über das Schöne und das Wahre, über den Humanismus oder über das Menschenbild unserer Zeit, kurz über große Zusammenhänge und Hintergründe sind wir allzu oft und allzu eilig unterrichtet worden. Weniger harmlos scheint mir, was im Vordergrund steht; vielleicht wird es deshalb ungern wahrgenommen. Weil es allzu lokalisierbar ist, gilt der Fingerzeig aufs Lokale als unanständig. Nur an ihm jedoch lassen sich Methoden der Beobachtung ausbilden, die aufs Ganze gehen, aufs Ganze übertragbar sind. Die Einzelheiten aber, in denen allein das Ganze kritisch angeschaut werden kann, sind disparat und keiner etablierten Sparte einzuordnen.

Deswegen halte ich dafür, daß die kritische Position unteilbar ist. Sie hat nicht Bewältigung oder Aggression im Sinn. Kritik, wie sie hier versucht wird, will ihre Gegenstände nicht abfertigen oder liquidieren, sondern dem zweiten Blick aussetzen: Revision, nicht Revolution ist ihre Absicht. Der historischen List des Bewußtseins möchte sie zu Hilfe kommen. In dieser Meinung möge sich der Leser die kritischen Handreichungen des Buches gefallen lassen und zunutze machen.

Das Inhaltsverzeichnis gibt an, wann die einzelnen Arbeiten entstanden sind: insgesamt im Lauf der letzten sechs Jahre. Hieraus erklären sich gewisse Inkonsequenzen der Terminologie. Sachliche Revisionen sind vermerkt, nicht dagegen stilistische Korrekturen.

Thome, Norwegen, im April 1962 H. M. E.

EINZELHEITEN II

Poesie und Politik

Weltsprache der modernen Poesie

1. Vergangenheit der Moderne

DIE MODERNE POESIE ist hundert Jahre alt. Sie gehört der Geschichte an. Aber wie weit trägt der Begriff der Modernität? Er ist selber keineswegs modern, im Sinn des kürzlich Entstandenen. Das Wort ist spätlateinisch, um die Wende des fünften Jahrhunderts aufgekommen, und sein Weg durch die europäischen Sprachen ist ein Thema für Habilitationsschriften: es stiftet, seit seiner Prägung, Bewegung und Verwirrung; die Willkür, die ihm anhaftet, ist nicht von ihm zu trennen. Nur durch Verabredung, von Fall zu Fall, ist ihm ein deutlicher Sinn beizulegen. Moderne Poesie also, auf diesen Seiten, soll heißen: Poesie nach Whitman und Baudelaire, nach Rimbaud und Mallarmé. Die *Grashalme* sind 1855, die *Blumen des Bösen* 1857 erschienen. Unzweideutig und strahlend »modern« war das Werk dieser wenigen, »einzelner tiefsinniger Naturen«, die »wie versiegelte Brunnen« in der zweiten Hälfte des vergangenen Jahrhunderts gestanden und »mit Arcanis gehandelt« haben (Brentano). Rimbaud war es, der zur unbedingten Forderung erhob: »Il faut être absolument moderne!«

Kaum aber war die moderne Poesie entdeckt, so entdeckte sie in sich auch schon das Verlangen nach ihrer Theorie. Diesem Verlangen hielt ein anderes die Waage: sich von keiner Theorie bändigen zu lassen. In Bewegungen und Gegenbewegungen, Manifesten und Antimanifesten ist der Begriff des Modernen ermüdet. Seine Energie hat sich verbraucht. Trübe dient er heute der Werbung fürs Bestehende, gegen das er einst sprengende Kraft verheißen hatte. Gespenstisch ist er eingegangen in das Wörterbuch der Konsumsphäre. Das Moderne ist zum Nur-noch-Modernen geworden, ausgesetzt journalistischer Zustimmung, fungibles Moment der industriellen Produktion.

2. *Traditionalismus, Avantgarde*

Derart sieht sich die moderne Poesie in unsern Tagen einem doppelten Zugriff preisgegeben. Ihre alten Widersacher wittern Morgenluft. Sie fabeln vom Ende der Neuzeit, vom Verlust der Mitte, die sie alsbald wiederzufinden hoffen, von der Überwindung des Nihilismus, für den sie die unbotmäßige Poesie haftbar machen, und vom goldenen, vom postrevolutionären Zeitalter, in das sie uns versetzen möchten. Was modern ist, glauben sie zu erledigen, indem sie es für antiquiert erklären. Im gleichen Atemzug, mit dem sie Majakowski einen alten Hut nennen, spielen diese sonderbaren Hüter des abendländischen Erbes gegen ihn Vergil und Dante aus. Im Namen der Tradition befehden sie die Moderne, ohne zu begreifen, daß sie selber längst zur Tradition gehört. Aber die moderne Poesie hat auch blinde Parteigänger. Ihr Applaus ist nicht viel harmloser als reaktionärer Widerspruch. Wer die historische Differenz leugnet, die uns von Benns *Morgue* und Schwitters' *Blume Anna* trennt, wer auf unvermittelten Anschluß aus ist und als neu ausgibt, was sich bloß den Fortgang erspart, der pflegt heute auf den Titel des Avantgardismus zu pochen. Das Pathos des Begriffs hat sich längst zersetzt, er ist, wie der des Modernen, taub und schlackig geworden in dem Maß, in dem sich die Aporien, die ihm von Anfang an innewohnten, historisch entfaltet haben. Wer sich der Vorhut zurechnet, sieht die Künste als Marschkolonnen, die ihm nachzufolgen angetreten sind. Das Fatale an dieser Vorstellung vom Fortschreiten der produktiven Kräfte hat Baudelaire schon erkannt, als sie noch in ihren Anfängen steckte: »Diese Gewohnheit, sich militärischen Metaphern anzuvertrauen, zeichnet nicht unbeugsame, sondern Geister aus, die der Disziplin, das heißt der Anpassung zuneigen, unfrei geborene, provinzielle Geister, die nur im Kollektiv denken können.«[1] Traditionalismus schlägt heute, angesichts der Moderne, in Geschichtsfeindlichkeit, Avantgarde in kunstgewerbliche Imitation um.

3. *Poesie als Prozeß*

Ihre Gegner und ihre Nachläufer, beide drohen die moderne Poesie uns zum Phantom zu machen. Dagegen hilft nur, daß man sie selbst zitiert, vorzeigt und begreift als ein unabdingbares, als das jüngste und mächtigste Element unserer Tradition.[2] Es gilt, sie der bloßen Bewunderung ebenso zu entziehen wie der Vergessenheit und der Nachahmung. Ihre Leser sollen sich an ihr messen, ja sie, *ad liminem*, produktiv verbrennen – ein Akt, aus dem das Alte (und auch das Alte der Moderne) immer von neuem phönixhaft hervorgeht. Das wäre, recht verstanden, die Aufgabe der historischen Kritik: sie hat Vergangenes nicht zu mumifizieren, sondern dem Zugriff der Späteren auszusetzen. Die Tradition der Moderne ist Herausforderung, nicht Konsekration.

Das versteht sich, aber nicht von selbst; denn die Wissenschaft von der Kunst, somit auch die von der Poesie, begreift ihren Gegenstand allzugern als ein Arsenal, ein Ensemble einzelner Werke, und wird so ihrem historischen Berufe untreu. Poesie ist ein Prozeß. Kein Museum, auch kein imaginäres, kann ihn sistieren. Wer's versucht, verdinglicht die poetische Produktion zum Fetisch. Er sieht das Werk als zeitlos transportabeln Kunstschatz, in dem sich das vermeintlich Unvergängliche als mündelsicherer Wert verkörpert. Recht hat eine solche Meinung darin, daß sich

1 *Mon coeur mis à nu*, XLI. Den Hinweis auf diese Stelle verdanke ich Paul Celan.

2 Dieser Aufgabe stellt sich, als ein erster Versuch, das *Museum der modernen Poesie*, auf dessen Vorrede der hier gegebene Text beruht.

das einzelne Werk allerdings gegen die nagenden Kräfte der Geschichte über lange Zeiträume hinweg zu behaupten vermag. Aber sie vergißt, daß der Prozeß die Werke, die er ins Leben ruft, nicht nur verwundet und verzehrt, nicht nur mit den Narben des Ruhmes und der Vergessenheit zeichnet; er trägt sie auch, hält sie am Leben, führt ihnen neue Kräfte zu. Der Händler- und Besitzersinn, der sie als Kapital und ewigen Vorrat stapeln möchte, behält allemal unrecht gegen das, was er verwahrt. Der Wissenschaft, sofern sie an ihm teilhat, geht es nicht anders. Selbst diejenigen ihrer Grundbegriffe, die von der Einsicht in den Prozeßcharakter der Künste Zeugnis ablegen: Epoche und Strömung, Schule und Bewegung, können ihr unter der Hand zu manipulierbaren Sachen erstarren, wenn sie sich nicht dagegen wehrt.

Derart leblos und verfestigt wirken manche unter den Begriffen, auf die sich die Literaturwissenschaft verläßt, um die Vielfalt der modernen Poesie in ihrem Sinn zu ordnen. Die Dichter selbst haben sie erfunden, nicht immer aus den besten Gründen, nicht selten aus Taktik, aus Bequemlichkeit, ja aus Versehen. Vom Futurismus bis zum Tremendismus, vom Vortizismus bis zur *poésie concrète* umfaßt die Liste der »Bewegungen« gut zwei Dutzend Namen. Viele davon werden in Seminaren und Literaturgeschichten bis auf den heutigen Tag für bare Münze genommen. Hier wäre zum Mißtrauen zu raten. Der diagnostische Wert dieser Stichmarken ist gering. Sie trüben den Blick aufs Einzelne, indem sie es einer Doktrin unterwerfen; dem Blick aufs Ganze sind sie im Weg, indem sie ihn auf rivalisierende Gruppen ablenken, die übrigens meist an ihren eigenen Sprachkreis gebunden sind.

4. Destruktion und Rückgriff, Negation der Negation

Nicht weniger fragwürdig, was der Moderne, im Guten oder Bösen, nachgesagt wird: sie hätte mit den Werken der Vergangenheit gebrochen, sie abgetan, gar überholt oder erledigt, zertrümmert oder überwunden. So voreilige Überwindung ist immer verdächtig; wen sie nichts kostet, der pflegt damit am raschesten bei der Hand zu sein. Die Wahrheit ist, daß die moderne Poesie von Anfang an, was ihr voranging, besser kannte als ihre konservativen Gegner. Die Weltliteratur war ihr Museum; sie hat es gekannt und genutzt. *Il faut être absolument moderne* – das hieß Verwerfung des status quo, Destruktion alles Ererbten, radikale Negation der Literaturgeschichte, wie sie, verstümmelt, in Akademien betrieben ward. Es hieß Revolte – aber es hieß auch intensives Studium der Meister, Annahme der Herausforderung, die von ihren Werken ausging, Resorption der Vergangenheit im Vorgang des Schreibens. Was in ihm nicht aufgehoben wird, das ist nicht zu retten. Nur die Literatur kann Literaturgeschichte schreiben, nicht allein die ihrer eigenen, sondern die aller Zeiten. Derart hat die moderne Poesie, was ihr voranging, zurück bis zu den Anfängen der Dichtung, für unsere Augen verwandelt. Unser »Erbe« verdanken wir der Zerstörung desjenigen, das diese Dichter vorgefunden haben. Eine Tafel ihrer Meister aufzustellen, wäre lehrreich. Sie enthielte alles, was uns vom Alten zu bewegen vermag. Apollinaire und Breton haben Novalis und Brentano studiert. Ezra Pounds Kanon, in vielen theoretischen Schriften dargelegt, reicht von der klassischen Lyrik der Chinesen bis zu den Versen der Troubadours, von der Poesie der Sappho bis zu der Prosa Flauberts. Brechts Werk ist von der Begegnung mit Lukrez und Horaz, mit Villon, mit der Psalmenübersetzung Luthers, mit dem japanischen Nô-Spiel geprägt. Die großen spanischen Poeten unseres Jahrhunderts haben die alten Romanzen, Lope, Quevedo und Góngora wiederentdeckt, ja entfesselt: Die moderne Poesie ist durchgeistert vom Echo Catulls, von Bildern, die der indianischen und der Bantu-Dichtung entstammen, von Erinnerungen an das japanische Haiku, an die Chöre der griechischen Tragiker, an die Verse der Veden und der *metaphysical poets,* an die Kunst des Märchens und die des Madrigals. Dieser Vielfalt ist eine Besonderheit unseres Jahrhunderts anzumerken.

Die Ausfaltung des historischen Bewußtseins ist, unterstützt von der Technik der Reproduktion, soweit gediehen, daß uns jedes künstlerische Material, sei es zeitlich oder räumlich noch so entlegen, mühelos zur Hand ist. Dieser Reichtum, und die Leichtigkeit, mit der wir über ihn verfügen, ist für den Dichter eine Chance und eine Gefahr. Mit Recht hat man bemerkt, daß mit der Moderne die Stunde des *poeta doctus* geschlagen hat. Ob sie ihr Wissen zur Schau stellt oder verbirgt: sicher ist, daß in Zeiten wie diesen jede bedeutende Dichtung eine enorme Einstrahlung von Tradition brechen und resorbieren muß. Destruktion und Rückgriff: diese Seite am Prozeß der modernen Poesie ist bisher noch nicht hinreichend durchschaut. Beschrieben kann nur werden, was insgesamt in unser Blickfeld gerückt ist. Dazu haben bisher die Voraussetzungen gefehlt. Eine immense Arbeit des Dolmetschens ist nötig, um das Phänomen zu übersehen.

Sie ist im Gang. Der Krieg und seine Folgen, in Deutschland schon längst vordem der Rückfall in die Barbarei, haben sie um Jahrzehnte verzögert. Je mehr sich aber der Rückblick auf diese Dichtung schärft, desto deutlicher schlägt ihm Destruktion, das Gesetz, nach dem sie angetreten, in Konstruktion um. Zersetzung, Entwurzelung, Nihilismus, Willkür, Vandalentum, – oder wie immer sonst reaktionäre Empörung die Triebkräfte der modernen Poesie benannt haben mochte –, haben einen neuen Sprachzustand geschaffen und konsolidiert. Merkwürdig, wie wenig dieser konstruktive Zug, der dem Prozeß doch von seinen Anfängen an abzulesen ist, bemerkt wird, ganz als gellten die Zerstörungsrufe Marinettis und Bretons den Zeitgenossen heut noch in den Ohren. So ist auch die alberne Frage nach dem Positiven bis heute nicht verstummt, obgleich sich der Kodex der modernen Poesie bereits derart verfestigt hat, daß sie geringeren Geistern erlernbar scheint, also ein epigonales Fortleben zeitigt. Das ist nicht überraschend. Wer nicht müde wird, die moderne Poesie kopfschüttelnd nach dem Positiven abzufragen, der übersieht, was auf der Hand liegt: »negatives« Handeln ist poetisch nicht möglich; die Kehrseite jeder dichterischen Destruktion ist der Aufbau einer neuen Poetik.

Sie wird sich freilich nicht normativ abfertigen, höchstens deskriptiv vorzeigen lassen; denn die Stunde der Regel-Bücher ist vorüber, endgültig. Vorarbeiten, Ansätze zu einer modernen Poetik als Beschreibung sind getan, mehr nicht. Montage und Ambiguität; Brechung und Umfunktionierung des Reimes; Dissonanz und Absurdität; Dialektik von Wucherung und Reduktion; Verfremdung und Mathematisierung; Langverstechnik, unregelmäßige Rhythmen; Freiheit des Tonfalls und der Phrasierung; harte Fügung; Anspielung und Verdunklung; Erfindung neuartiger metaphorischer Mechanismen; Erprobung neuartiger syntaktischer Verfahren: dies sind nur einige der Stichwörter und Kategorien, die man zu einem theoretischen Verständnis der modernen Poesie aufgeboten hat. Wieweit sie triftig und brauchbar sind, darüber entscheiden die Texte selbst. Eine souveräne und kritische Darstellung, die ihren innern Zusammenhang aufzudecken vermöchte, steht bis heute aus.

5. Vorgeschichte

Sowenig wie ihre Poetik ist die Geschichte der modernen Poesie geschrieben. Sie wird sich aufs zwanzigste Jahrhundert nicht beschränken können. Denn die lautlosen Katastrophen der Sprache geschehen nicht von einem Tag auf den andern, auch nicht von einer Generation zur andern. Sie bereiten sich lange vor. In den Schriften der Romantiker findet man die ersten Spuren jener Gärung, von der die poetische Sprache in den vergangenen hundert Jahren erfaßt worden ist. Übertreibend könnte man sagen, daß der erste theoretische Niederschlag der modernen Poesie, noch ehe sie entstanden war, in den Sätzen des Novalis zu finden sei. Die Entstehung des Historismus, jene Revolution des Bewußtseins, die Friedrich Meinecke analysiert hat, fällt in die gleiche Zeit: Voraussetzung und geistesgeschichtliches Korrelat des seiner selbst bewußten Prozesses, in dem sich die poetische Sprache der Moderne entfaltet. Diesen literarhistorischen und geistesgeschichtlichen *terminis a quibus* entspricht politisch jener der großen französischen Revolution. So wenig sie in ihrer Wirkung durchschaut und gesichert sein mögen, so dringlich ist auf ihnen gegenüber jeder Betrachtungsweise zu bestehen, die die moderne Poesie auf allezeit wiederkehrende »Strukturen« zurückführen und dadurch zum Verschwinden bringen möchte, daß sie erklärt, es habe sie immer gegeben. Wie Geschichte überhaupt, so ist auch die der Poesie irreversibel. Sie wiederholt sich nicht. Davon kann nur ahistorisches Denken, das sich auf die unverbindliche Betrachtung phänomenologischer Muster beschränkt, absehen; nicht ohne die Absicht, der immer noch beunruhigenden Moderne die Zähne zu ziehen, sie zu domestizieren.

Produktiv wird der Prozeß der modernen Poesie um die Mitte des neunzehnten Jahrhunderts. Seine Protagonisten wurden eingangs genannt. Ihre Liste ist vorläufig, sie läßt Ergänzungen und Korrekturen zu. Gérard de Nerval und Edgar Allan Poe, Emily Dickinson und der Comte de Lautréamont, Gerard Manley Hopkins und Jules Laforgue, Alexander Block und William Butler Yeats könnten darin erscheinen: aber damit sind schon fast alle Namen zitiert, die hier von Bedeutung sind. Bis ins erste Jahrzehnt des zwanzigsten Jahrhunderts war die moderne Poesie die Sache ganz weniger hervorragender Geister, eben jener »einzelner tiefsinniger Naturen«, deren Erscheinen Brentano vorhergesagt hatte. Einzelne Beziehungen lassen sich zwischen ihnen herstellen, aber es kann nicht die Rede davon sein, daß ihre Werke einen Kontext bilden: Jeder von ihnen war auf sich gestellt in feindseliger Zeit und hatte die Aktualität, die ihm später zuwuchs, durch Isolation und Mißachtung zu büßen. Diese Dichter sprachen in den schalltoten Raum der Geschichte, die Zukunft.

6. Kontext

Zu Anfang des zwanzigsten Jahrhunderts ist der Prozeß der modernen Poesie in eine neue Phase eingetreten. Von wann sie datiert, darüber ist kaum ein Zweifel möglich. Das Jahr 1910 bezeichnet die Schwelle. Eine ganze Kette von literarischen Explosionen hat damals die literarische Öffentlichkeit aller führenden Länder erschüttert. 1908 erschien der erste Gedichtband von Ezra Pound, ein Jahr später kamen die ersten Verse von William Carlos Williams; ebenfalls 1909 publizierte Saint-John Perse die *Images à Crusoé*, gleichzeitig mit dem Futuristischen Manifest. 1910 trat mit dem *Sturm* und der *Aktion* in Deutschland der Expressionismus auf den Plan, in Rußland ließ Chlebnikow, in Alexandria Kavafis seine ersten Gedichte drucken. 1912 folgten Guillaume Apollinaire, Gottfried Benn, Max Jacob und Wladimir Majakowski, ein Jahr später Giuseppe Ungaretti und Boris Pasternak. Diese Daten stehen für viele. Sie zeigen an: Fortan ist die moderne Poesie nicht mehr die Sache einzelner Autoren und Werke, die wie Findlinge fremd in der Zeit stehen; sie ist zeitgenössisch geworden. Gleichzeitig an den verschiedensten Punkten der westlichen, bald auch der östlichen Welt tauchen, zunächst noch sporadisch und voneinander oft ganz unabhängig, Publikationen auf, die bald zu einem internationalen Kontext zusammenrücken.

Die Veränderung ist qualitativ, nicht vergleichbar mit früheren historischen Brüchen. In den wenigen Jahrzehnten, die seit dem Sturmjahr 1910 vergangen sind, hat die moderne Poesie in der Welt ihre Herrschaft angetreten. Ihre Dichter haben unter sich ein Einverständnis erreicht, das wie nie zuvor die nationalen Grenzen der Dichtung aufgehoben und dem Begriff der Weltliteratur zu einer Leuchtkraft verholfen hat, an die in anderen Zeiten nicht zu denken war. Dieses Einverständnis ist in vielen Fällen biographisch zu fassen. Unter den führenden Köpfen der modernen Poesie waren manche, die ihren Kontext schon sehr früh übersahen und als Kundschafter und Übersetzer, Kritiker und Essayisten daran gingen, ihn ausdrücklich und sichtbar zu machen. Wäre die Wissenschaft von der Literatur weniger an die Grenzen der Nationalsprachen gebunden, so fände sie hier eine ideale Spielwiese für ihre Forschungen. Allerdings hat die Suche nach Einflüssen und direkten Wechselwirkungen immer etwas Subalternes. Das Einverständnis, von dem hier die Rede ist, zeichnet sich ja gerade dadurch aus, daß es auf sie nie angewiesen war. So finden sich zwischen Santiago de Chile und Helsinki, zwischen Prag und Madrid, zwischen New York und Leningrad immer wieder ganz überraschende Übereinstimmungen, die sich nicht auf gegenseitige Abhängigkeiten zurückführen lassen. Nicht, daß der und jener den andern gekannt oder gelesen hat, macht das Wesen der Erscheinung aus, sondern umgekehrt: daß in den verschiedensten Zonen der Welt Autoren, die nie voneinander gehört haben, zu gleicher Zeit, unabhängig voneinander, auf vergleichbare Aufgaben, vergleichbare Lösungen kommen. Die Ära der literarischen Weltausstellungen und Biennalen, auf denen Land für Land, säuberlich geschieden, mit einem eigenen Pavillon erscheint, ist fortan vorbei. Das Gedicht trägt nicht länger die Landesfarben auf der Brust. Die großen Meister der modernen Poesie, zwischen Chile und Japan, sie haben miteinander mehr gemein als jeder mit seiner nationalen Herkunft.

An den Lebensläufen mancher Autoren ist dieser übernationale Zug exemplarisch abzulesen. Im Jahre 1880 wurde in Rom ein gewisser Guillaume-Albert-Wladimir-Apollinaire Kostrowitzky geboren; im Geburtenregister findet sich ein Eintrag unter dem Namen Guillaume-Albert Dulcigni. Die Mutter des Kindes ist in Helsinki geboren und entstammt einer polnisch-russischen Familie; der Vater ist ein Sizilianer namens Francesco Constantino Camillo Flugi d'Aspermont. Guillaume Apollinaire, wie er sich später nannte, hat zeit seines Lebens französisch geschrieben, wie der Litauer Oscar Wenceslas de Lubicz Milosz, wie der Chilene Vicente Huidobro (von dem auch spanische Werke existieren), wie der farbige Dichter Aimé Césaire aus Basse-Pointe, Martinique, und der Elsässer Jean Arp, der seine deutschen Verse mit dem Namen Hans Arp signiert. Der Peruaner Vallejo ist in Paris gestorben, der Türke Hikmet lebte als russischer Staatsbürger in Moskau, der Amerikaner Pound in Italien. Supervielle, in Uruguay gebürtig, war ein Bürger beider Hemisphären. Der Chilene Neruda hat seine Gedichte in Djakarta, México, Madrid, Paris und Moskau geschrieben. Der Grieche Kavafis ward in Konstantinopel geboren, in England erzogen; sein Leben verbrachte er in Ägypten. Die Aufzählung ließe sich schier beliebig fortsetzen. Wer darauf aus wäre, solche Dichter fürs eine oder fürs andere Land zu reklamieren, den müßte sie in nicht geringe Verlegenheit setzen. Weniger denn je ist heute der Poesie ihr Paß abzuverlangen; sie ist keine Angelegenheit der Fremdenpolizei. Solche biographischen Einzelheiten verdienen es, erwähnt zu werden, weil sie übers Äußerliche hinausweisen und als Beleg dafür dienen können, wie wenig mit der Vorstellung für sich stehender Nationalliteraturen im Angesicht der modernen Poesie auszurichten ist.

7. Zweifel und Hypothese

Wovon ist die Rede? Moderne Poesie – wir nehmen das Wort in den Mund, aber nehmen wir es ernst? Sachen durch Namen zu ersetzen und mit diesen Namen zu hantieren, obenhin, aus Bequemlichkeit – das ist eine alte Anfechtung der Literaturwissenschaft. »Die Renaissance« – weiß jemand genau, was das ist oder war? Und wer wäre »dem Barockmenschen« begegnet? Peinliche Fragen; Ernst Robert Curtius hat auf ihnen am vernehmlichsten insistiert[3]. »Moderne Poesie« – sollte sie am Ende bloß eine terminologische Attrappe sein? Oder, anders gewendet, was verbürgt die Einheit des Phänomens, außer ein paar Jahreszahlen?

Nicht zum ersten Mal überschreitet in unseren Tagen die Poesie Länder- und Sprachgrenzen; ja man könnte mit einem gewissen Recht sagen: die Idee der Weltliteratur sei älter als die der Nationalliteratur; schon die griechische und lateinische Dichtung galt keineswegs nur in ihren Mutterländern, sondern in der ganzen »zivilisierten Welt«, *urbi et orbi.* Um so mehr gilt das für die mittellateinische Dichtung, ja für die lyrische und epische Pro-

3 *Europäische Literatur und lateinisches Mittelalter,* I. Kapitel. Bern 1948.

duktion des Mittelalters insgesamt, und nicht weniger für die »barocke« oder »manieristische« Poesie des siebzehnten Jahrhunderts; dem allem gegenüber ist die Vorstellung einer autark gedachten nationalen Literatur, wie der Begriff der Nation überhaupt, rezent. Was aber allen früheren Zeiten als *orbis* galt, war immer nur ihr beschränkter Gesichtskreis: die Welt, das war die Spanne zwischen Milet und Marsilia, später zwischen London und Neapel: dahinter lebten die Wilden. So war noch Goethes Postulat einer Weltliteratur eine europäische Angelegenheit, idealisch und beschränkt zugleich, weit entfernt von planetarischer Realität. Erst dem zwanzigsten Jahrhundert ward Welt zum Präfix aller Leiden und aller produktiven Möglichkeit: Welt-Krieg, Welt-Wirtschaft, Welt-Literatur, diesmal im Ernst, im tödlichen Ernst, und zur Bedingung des Überlebens. Der historische Prozeß ist damit in eine radikal neue Phase eingetreten, eine Phase, von der wir kaum mehr als ihren Anfang zu übersehen vermögen, aber auch, daß sie keinen beruhigenden Vergleich mit dem Vorangegangenen mehr erlaubt. Lebensgefährlich die konservative Selbsttäuschung, als wäre doch alles schon dagewesen, siehe Rom oder Weimar, nicht nur für die Politik: auch die kritische und die wissenschaftliche Beschäftigung mit der Literatur kann sich, bei Strafe der Verbindlichkeit ihrer Auskünfte, nicht mehr mit ihren alten Maßen bescheiden. *Historia fecit saltus* – den Sprung der Geschichte in die Weltgeschichte muß sie zur Kenntnis nehmen.

Nicht nur ihr eigener Ursprung in vielen Ländern, nicht nur die Erweiterung des Gesichtskreises auf die ganze Erde macht die Einheit der modernen Poesie aus, auch nicht allein die Annäherung der gesellschaftlichen Bedingungen, die sie, mit fortschreitender Entwicklung, allerorten antrifft (von ihnen wird noch die Rede sein) – in den Werken selbst bildet sich ein gemeinsames Bewußtsein ab. Sie fordern, zunehmend, Vergleich über Vergleich heraus, sie antworten eines aufs andere, oft ohne voneinander zu wissen, sie gehen wie Pollen ins Unbekannte, über alle Erdteile hinweg, und pflanzen sich im Entferntesten fort. Dieses

Gespräch, dieser Wechsel von Stimmen und Echos, rückt immer mehr ins Sichtbare, und man braucht nur Metaphern, Tonfälle, Techniken, Motive aus einem Dutzend Sprachen nebeneinanderzulegen, um seiner inne zu werden. Mit andern Worten: der Prozeß der modernen Poesie führt zur Entstehung einer dichterischen Weltsprache. Das ist, vorläufig, eine Hypothese, die durch hunderte von Texten zu belegen wäre. Sie kann theoretisch wahrscheinlich gemacht, aber nicht bewiesen werden. Dagegen ist es möglich, sie mit ein paar Worten vor Mißverständnissen zu schützen, die ihre Brauchbarkeit vernichten könnten.

8. Provinz, Universalität

Wo immer man sich heute aufhält, ist, als Klage oder Selbstvorwurf, das Wort von der Provinz zu hören. Nie war die Angst davor, provinziell zu sein, verbreiteter als heute. Nun, sie ist unbegründet; denn sie setzt die Existenz eines zentralen Platzes voraus, auf den sich zu einigen leicht fiele, ja dessen Rolle als Schiedsgericht in allen geistigen Fragen unbestritten wäre. Diese Rolle ist bisher zwei oder drei europäischen Metropolen zugekommen. Sie ist ausgespielt, wenigstens aber auf die von Umschlagplätzen reduziert. Von Provinz zu sprechen und Hinterland zu meinen, mag im Deutschland der zwanziger Jahre, angesichts Berliner Glanzes, angegangen sein; heute hat nicht einmal mehr London, nicht einmal Paris das letzte Wort zu sprechen, wenn es um kritisches Urteil geht. Der alte Sprachgebrauch: hie Kapitale, dort Provinz, war sinnvoll in bezug aufs eigene Land, in der Epoche des Nationalismus, in bezug auf andere Gegenden der Welt war er eine Sublimierung imperialistischer Gedankengänge. Mit unserer historischen Situation, in der selbst die mächtigen Ballungskräfte der politischen Ideologien nicht mehr ausreichen, um ein neues Rom zu kanonisieren, und in der kein »Block« mehr seiner monolithischen Struktur sicher sein darf, ist die Scheidung von Provinz und Kapitale nicht mehr zu vereinbaren, und die Rede von Provinzialismus nimmt einen neuen Sinn an. Provinz ist überall, weil das Zentrum der Welt nirgends mehr zu finden ist, oder umgekehrt: weil ihr *omphalos* prinzipiell überall angenommen werden kann. Darin ist die Literatur der Politik vorangegangen: die literarische Hauptstadt der Welt kann ebensogut Dublin wie Alexandria heißen. Sie liegt in Svendborg oder in Meudon, in Rutherford oder Meran. Eine Insel vor der pazifischen Küste Südamerikas, eine Datscha in den russischen Wäldern, ein Blockhaus an einem kanadischen See: sie liegen nicht weniger zentral als die unscheinbaren Wohnungen in London, Paris oder Lissabon, auf die sich Autoren wie Eliot, Beckett oder Pessoa zurückgezogen haben. Mit dem Hochmut der Kapitalen verschwindet der pejorative Sinn des Wortes Provinz. Sein Gegenbegriff ist nicht mehr Paris, sondern Universalität, als Kehrseite und Ergänzung. Das Besondere, die Würde des Provinziellen, wird aus seiner reaktionären Verklemmung, aus der bornierten Bodenständigkeit des Heimatmuseums erlöst und tritt in seine Rechte ein. Es verschwindet nicht im Allgemeinen der poetischen Weltsprache, sondern es macht deren Vitalität erst aus. So lebt die Schriftsprache aus dem gesprochenen Wort des Dialekts. Denn die *lingua franca* der modernen Poesie ist nicht als leeres Einerlei, als ein lyrisches Esperanto zu denken. Sie redet in vielen Zungen. Nicht Standardisierung oder kleinster gemeinsamer Nenner ist ihr Sinn, im Gegenteil. Sie befreit die Poesie von der Beschränktheit aller Nationalliteratur, aber nicht, um sie aus dem Boden der Provinz zu reißen oder Luftwurzeln im Abstrakten zu schlagen. Durch die alten Sprachen geht sie quer hindurch. In einem ähnlichen Sinn gilt ihr Begriff wie der biblischer oder technischer Sprache. Von dieser unterscheidet sie, daß sie mehr ist als ein Vehikel des Gebrauchs; daß sie den Sprachen der Völker nicht allein ihr Dasein verdankt, sondern ihnen frische Kraft zubringt. Sie leitet sich nicht, wie die biblische Sprache, aus einer, sondern aus vielen Quellen ab und legt keine Lehre aus, es wäre denn die, daß kein Volk mehr sein Geschick von dem der andern trennen kann.

9. *Einschränkung*

Was damit gesagt ist, gilt nicht überall ohne Einschränkung; noch nicht. An dem Gespräch der modernen Poesie nehmen große Teile der Welt bis heute nicht teil. Doch wäre schlecht beraten, wer daraus schlösse, Weltliteratur, Weltpoesie wäre nichts als ein utopischer Wunschtraum oder wie eh und je ein europäisches Phänomen. Gewiß ist, daß an ihrer Wechselrede vor allem die asiatischen und afrikanischen Länder zu wenig teilhaben. Doch ist beweisbar und bewiesen, daß sie keine Sache des Okzidents ist. Eine Sammlung wie *Schwarzer Orpheus*[4] ist dafür Beleg genug: sie zeigt, daß die schwarzen Völker aus eigenem Recht, nicht vermöge kolonialer Nachahmung, poetisch mit uns sprechen und der gemeinsamen Sprache neue Substanz zuzubringen vermögen. Noch augenfälliger ist das Beispiel Japans. Ungeachtet der radikal verschiedenen Tradition, der radikal verschiedenen Denk- und Sprachstruktur dieses Landes ist dort in den letzten fünfzig Jahren eine moderne Poesie entstanden, die keinen Vergleich zu scheuen hat und deren Zugehörigkeit zum internationalen Kontext mannigfach demonstriert werden kann[5]. Ja noch mehr: die japanische Dichtung steht der unsern, aber auch (beispielsweise) der amerikanischen, italienischen oder skandinavischen näher, ungeachtet ihrer andern Herkunft, als das, was in manchen europäischen Ländern, in Bulgarien oder, bis vor ein paar Jahren, in Finnland geschrieben worden ist.

Das bedarf einer Erklärung. Sie ist in der Ungleichzeitigkeit des Gleichzeitigen zu suchen. Überall auf der Welt wird dieselbe Jahreszahl geschrieben, aber sie steht für ganz verschiedene historische Phasen. Überblickt man die zeitliche und räumliche Entfaltung der poetischen Weltsprache, so bemerkt man leicht,

4 Herausgegeben von Janheinz Jahn. München 1954 und 1964.

5 Vgl., beispielsweise, die kleine, aber vorzügliche Anthologie *The Poetry of Living Japan* von Takamichi Ninomiya und D. J. Enright. London 1957. Ferner, als einzige deutsche Sammlung, *Der schwermütige Ladekran*. St. Gallen 1960.

daß sie mit der Entfaltung der gesellschaftlichen Produktivkräfte überhaupt Schritt hält. Die hochentwickelte technische Zivilisation, mit allen Chancen und Fragwürdigkeiten, die ihr innewohnen, ist eine Bedingung ihres Daseins. In reinen Agrarländern, deren Gesellschaft noch von vorindustriellen Normen bestimmt ist, tritt sie erst auf den Plan, wenn diese Normen in Frage gestellt werden: das ist der Grund jener *cultural lags*, der Verspätungen auch in der poetischen Sprache. Das japanische Beispiel drückt diesen Zusammenhang exemplarisch aus; es spricht dafür, daß der Prozeß der modernen Poesie in absehbarer Zukunft auch die weißen Flecken Asiens und Afrikas erreichen wird, die von ihm noch unberührt sind, sobald die gesellschaftlichen Bedingungen dafür erfüllt, die Verspätungen eingeholt sind.

10. Technologie, Antiware

Der enge Zusammenhang zwischen industrieller Produktionsweise und moderner Poesie läßt sich aber noch viel einfacher dartun. In ihren Schriften zur Poetik sprechen ihn die Dichter selber deutlich genug aus. Über hundert Jahre ist es her, daß Edgar Allan Poe in seinem Aufsatz *The Philosophy of Composition* zum ersten Mal den Poeten als Technologen beschrieben hat, dessen »Handwerkszeug aus Triebrädern und Riemen, der Maschinerie des Schnürbodens, auf Aufzügen und Versenkungen, mit einem Wort, aus einem ganzen Arsenal technischer Aushilfen« bestehe[6]. Den Gedankengängen Poes waren weitreichende Wirkungen beschieden: sie hatten einen Sachverhalt entdeckt, der für das Selbstverständnis der modernen Poesie entscheidend geworden ist. Der folgende Satz von Valery ist auf Baudelaire gemünzt: »In Edgar Poe ist ihm der Dämon der Präzision, das analytische Ingenium ..., kurzum, der literarische Ingenieur er-

6 Deutsch von Albrecht Fabri, in: Edgar Allan Poe, *Vom Ursprung des Dichterischen.* Köln 1947.

schienen.« Auch Mallarmé war von Poes Einsichten tief betroffen. Merkwürdig, wie direkt sich gerade die Esoteriker, die reinen Artisten in ihrer Poetik, auf einen gesellschaftlich bedingten Sachverhalt, die industrielle Revolution, bezogen haben. In dieser Hinsicht unterscheiden sich ihre Äußerungen kaum von denen des rabiat tendenziösen Polit-Poeten Wladimir Majakowski, der in seiner Schrift *Wie macht man Verse* die dichterische Produktion methodisch mit Begriffen aus der industriellen Sphäre analysiert: er unterscheidet poetische Rohmaterialien, Halbzeuge und Fertigfabrikate[7]. Genauer als die technischen und wissenschaftlichen Schlagworte, die in der Literaturkritik heimisch und trüb geworden sind (Montage, Wort-Laboratorium, Experiment, Konstellation, Strukturelement), äußert sich so in den Schriften ihrer Begründer der technologische Charakter der modernen Poetik.

Es empfiehlt sich freilich, den Zusammenhang, der zwischen Poesie und technischer Zivilisation waltet, nicht allzu rasch zu verstehen. Er ist nicht eindeutig. Den landläufigen Marxismus, der Überbau sagt und unvermittelt ökonomische Determination meint, straft die moderne Poesie Lügen. Zwar hält sie mit der vorherrschenden Produktionsweise Schritt, so aber, wie man mit einem Feind Schritt hält. Daß das Gedicht keine Ware ist, dieser Satz ist keineswegs eine idealistische Phrase. Von Anfang an war die moderne Poesie darauf aus, es dem Gesetz des Marktes zu entziehen. Das Gedicht ist die Antiware schlechthin: Das war und ist der gesellschaftliche Sinn aller Theorien der *poésie pure*. Mit dieser Forderung verteidigt sie Dichtung überhaupt und behält recht gegen jedes allzu eilfertige Engagement, das sie ideologisch zu Markte tragen möchte. Übrigens leistet der Gegensatz von Elfenbeinturm und Agitprop der Poesie keine guten Dienste. Dieser Wortwechsel gleicht dem Leerlauf zweier weißer Mäuse, die einander in der Tretmühle eines Käfigs jagen. Antiware, die sich der Manipulation »pur« widersetzt, sind noch die engagiertesten

7 Berlin 1949 und Frankfurt am Main 1964.

»Fertigfabrikate« Majakowskis. Ebenso ist der freischwebendste Text von Arp oder Eluard bereits dadurch *poésie engagée*, daß er überhaupt Poesie ist: Widerspruch, nicht Zustimmung zum Bestehenden.

11. Unverständlichkeit, Selbstverständlichkeit

Diesem Widerspruch antwortet von eh und je der Vorwurf, das moderne Gedicht sei »unverständlich«. An ihm ist bemerkenswert, daß er nicht spezifisch, im Hinblick auf den einen oder anderen Text, sondern stets pauschal erhoben wird. Das legt den Verdacht nahe, daß er nicht in wirklichen Leseerfahrungen, sondern im Ressentiment gründet. Wäre es anders, so müßte es sich herumgesprochen haben, daß Verständlichkeit oder Unverständlichkeit etwas ganz anderes bedeuten, je nachdem, ob von einem Gedicht von Brecht, von Apollinaire oder von Pound die Rede ist. Jeder dieser Autoren stellt seine Leser vor andere Schwierigkeiten. Der Vorwurf, sie seien allesamt unverständlich, meint etwas ganz anderes. Er spricht aus und kaschiert zugleich die Tatsache, daß Poesie, wie Kultur überhaupt, in der bisherigen Geschichte immer nur Sache der wenigen, der *happy few*, gewesen ist.

Der Vorwurf, sie seien unverständlich, macht die Poeten zu Sündenböcken für die Entfremdung, so als läge es nur an ihnen, sie über Nacht zu beheben. Zwar verfügen wir heute über die technischen Mittel, Kultur allgemein zugänglich zu machen. Die Industrie, die sie handhabt, reproduziert jedoch zugleich die gesellschaftlichen Widersprüche, die das verhindern; ja sie verschärft sie, indem sie der materiellen Ausbeutung die geistige verbindet. Sauber zentrifugiert sie die produktiven Kräfte, dergestalt, daß sich die Poesie vor die Wahl gestellt sieht, entweder auf sich selbst oder auf ihr Publikum zu verzichten. Das Ergebnis ist auf der einen Seite eine immer höher gezüchtete Poetik für ein nach Null konvergierendes Publikum, auf der anderen Seite, präzise davon abgetrennt, die ständig primitiver werdende Massenversorgung mit Poesie-Ersatz, sei es in den kommerziellen Formen des Bestsellers, des Digest, des Films und des Fernsehens, sei es mit den staatlich geförderten Surrogaten der politischen Propaganda. So banal er sich anhört, so nützlich und unterhaltsam ist es, über den Vorwurf der Unverständlichkeit, der gegen die moderne Poesie erhoben wird, noch eine Weile nachzudenken. Er enthält ein wahres Moment insofern, als er an die Dunkelheit aller Gedichte erinnert. Auch Pindar und Goethe sind dunkel, nur ist diese »Unverständlichkeit« vergessen, verdrängt, unschädlich gemacht worden. Die Klassiker sind *au fond* nicht weniger unerträglich als die Autoren der Moderne. Widerspruch ist auch ihre Poesie. Aber diese Unerträglichkeit darf nicht zugegeben werden. Sie zu tarnen, zu entschärfen, dem Bestehenden kommensurabel zu machen, ist eine Aufgabe, für die sich die Gesellschaft eigene Institutionen geschaffen hat. Deren Mühlen freilich mahlen langsam. Die moderne Poesie ist noch nicht durch sie gegangen; daher die Feindseligkeit, mit der ihr immer noch begegnet wird. Was sie unverständlich schimpft, ist letzten Endes das Selbstverständliche, von dem alle großen Werke sprechen und das vergessen sein, vergessen bleiben soll, weil es von der Gesellschaft nicht geduldet, nicht eingelöst wird.

Diese Erinnerung an das Selbstverständliche, an das, was uns vorenthalten bleibt, sie ist es, die der modernen Poesie Schimpf und Verfolgung eingetragen hat, wo immer die unverhüllte Gewalt in der Geschichte erschienen ist. Was die Diktatur gegen sie aufbietet, beweist, welche Kräfte von ihr ausgehen. So gering, statistisch betrachtet, ihre Ausbreitung ist, so unabsehbar ist ihre Wirkung. Poesie ist ein Spurenelement. Ihr bloßes Vorhandensein stellt das Vorhandene in Frage. Deshalb kann die Gewalt sich mit ihr nicht abfinden. Allen totalitären Régimes ist sie unerträglich. Endlos ist die Liste der verbotenen und verbrannten Bücher; die moderne Poesie nimmt einen Ehrenplatz auf ihr ein. Die Lebensläufe vieler unter ihren besten Autoren sind vom faschistischen und stalinistischen Terror gezeichnet: kaum abzusehen ist die Reihe der Verbannten und Ermordeten. Gestorben im Exil, gefallen im Bürgerkrieg, zum Selbstmord getrieben, im Lager umgekommen, im Zuchthaus zugrundegegangen, gefoltert und erschossen, in Deutschland, in Spanien, in Rußland: so endeten viele Dichter in unserm Jahrhundert. Sie zeugen davon, daß die moderne Poesie ohne Freiheit nicht möglich ist, daß sie selber ein Stück Freiheit verwirklicht oder untergeht.

12. *Formalismus*

Seltsamer Widerspruch! Auf der einen Seite von fürchterlichen Verfolgungen heimgesucht, unterdrückt, stets von Gewalt bedroht, hat diese Dichtung als einen Hauptsatz ihrer Poetik von Anbeginn verkündet: »Schließe das Wirkliche aus, es ist gemein« (Mallarmé). »Der Dichter hat keinen Gegenstand« (Reverdy). »Es gibt keinen anderen Gegenstand für die Lyrik als den Lyriker selbst« (Benn). Unermüdlich variieren die Theoretiker der modernen Poesie die Behauptung, sie habe von nichts zu sprechen, reine Form zu sein. Ihr historisches Recht hat diese These von der Leere des modernen Gedichts am Widerspruch gegen die lyrische Stoffhuberei, gegen die bornierte Frage, was »der Dichter uns zu sagen habe« – gegen Attitüden, die im neunzehnten Jahrhundert gang und gäbe waren, und die heute noch zwischen Leipzig und Peking an der Tagesordnung sind. Nach wie vor wird dort das Eingängige, Unkritisch-Stimmige, das Positive und Volksverbundene verlangt – Forderungen, die uns nur allzu bekannt vorkommen: sie erschallen überall, wo über die Kunst überhaupt der Ausnahmezustand verhängt werden soll. Darauf können sich Gralshüter des Abendlandes, Mitglieder der Reichsschrifttumskammer und kommunistische Kulturfunktionäre ohne sonderliche Mühe einigen. Was sie allesamt Formalismus nennen, gilt ihnen als Verbrechen, weil es ausdrückt, was doch camoufliert werden soll, Unfreiheit und Entfremdung. Dies alles aber kann kein Grund für uns sein, eine falsche Alternative ernstzunehmen, die uns die Feinde der Poesie diktieren möchten. Der Zwist zwischen Form und Inhalt beruht, wie der zwischen *poésie pure* und *poésie engagée*, auf einem Scheinproblem. Wer sich darauf einläßt, wird seine Gründe haben. Die Fürsprecher der Reaktion möchten den Formalismus am liebsten ins Zuchthaus bringen, die der schlechten Avantgarde versteifen sich auf ihn als auf eine Ideologie, mit deren Hilfe sie kaschieren möchten, daß sie nichts zu sagen haben [8]. Da kann es nicht schaden, an eine Wahrheit zu erinnern, die in Vergessenheit gerät, weil sie einfach ist und keinen Zweifel leidet: auch die moderne, wie jede Poesie, spricht von *etwas*, spricht aus, was uns betrifft.

13. Zukunft der modernen Poesie

Seit dem Ende des Zweiten Weltkrieges zeigt die Sprache der modernen Poesie in manchen Ländern, dort vor allem, wo sie am frühesten entwickelt war, Spuren der Erschöpfung. So wenig wie irgendein anderes historisches Phänomen ist sie davor gefeit, zu altern. Faschismus und Krieg, der Zerfall der Welt in feindselige Blöcke, die Zermürbung der Alternativen, die Rüstung zum Untergang: dies alles hat auch das Einverständnis der Dichter tief erschüttert. Auschwitz und Hiroshima haben auch für die Poesie Epoche gemacht. Nur wer sie als Alibi vor der Geschichte versteht, wird sich einbilden, die großen historischen Brüche vermöchten dem Vers nichts anzuhaben. Innerlichkeit ist unbelehrbar, die kennt keine Epochen. Dagegen setzt sich die moderne Poesie der geschichtlichen Erfahrung aufs extremste aus; sie kann nicht anders. Das Bewußtsein, das sie zusammenhält, ist selbst historisch und kann dem Gesetz der zunehmenden Reflexion nicht entgehen.

Vor ihren großen Meistern sind viele tot. Andere, jüngere begnügen sich mit bloßer Fortsetzung, als gäbe es zu ihr keine Dif-

8 Teilweise analoge Fragen tauchen in der Malerei auf. Siehe darüber Hans Platscheks *Versuche zur modernen Malerei, Bilder als Fragezeichen.* München 1962.

ferenz, als wäre sie Zustand, nicht Prozeß, als ließe sie sich zum konventionellen Spiel machen. Dagegen haben die bedeutenderen Geister längst begonnen, auf sie zu reflektieren. Poesie heute setzt nicht nur Kenntnis, sondern auch Kritik der modernen Poesie voraus, ja Produktion und Kritik sind nicht mehr voneinander zu trennen.

Mit solchen Erinnerungen, Warnungen wird nichts preisgegeben. Verächtlich, nicht gescheit ist die Position derer, die der Moderne ihre Vergangenheit als Hypothek aufbürden möchten, als sei alles Große schon getan und nur noch Nachahmung, Ausbeutung, Imitation oder Kapitulation möglich. Alles ist bereits getan: Das ist die Maxime der Feigheit und der Impotenz. Die Poesie ist immer unvollendet, ein Torso, dessen fehlende Glieder in der Zukunft liegen. An Aufgaben und Möglichkeiten fehlt es ihr so wenig wie an Tradition; ob ihre Kräfte hinreichen, um diese Herausforderungen anzunehmen, darüber entscheidet nicht Kritik. Ihr Amt ist es, die Lage zu bestimmen, nicht Prognosen oder Horoskope zu stellen. Die Zukunft der modernen Poesie liegt in der Hand der Unbekannten, die sie schreiben werden.

William Carlos Williams

GIBT ES EINE spezifisch amerikanische Poesie? ein dichterisches Idiom, das dem Norden Amerikas eigentümlich und mit dem englischen nicht zu verwechseln wäre? Das war vor vierzig Jahren eine berechtigte, vor zwanzig Jahren eine immerhin entschuldbare Frage. Der Landarzt William Carlos Williams, Sohn eines Engländers und einer Puertoricanerin, ein Achtundsiebzigjähriger, geboren und gestorben in der Kleinstadt Rutherford, New Jersey, Ridge Road Nummer neun, hat diese Frage für alle Zukunft entschieden: er ist der Doyen und Erzvater einer Poesie, die sich von der europäischen Abhängigkeit gelöst und über den ganzen Kontinent, von New York bis San Francisco, ausgebreitet hat.

Der Wunsch der Neuen Welt, ihrer eigenen Sprache habhaft und mündig zu werden im Gedicht, das Streben danach, poetisch zu sich selbst zu kommen, ist der amerikanischen Literatur freilich seit ihren Anfängen abzulesen. Doch haben die lyrischen Muster Europas, die importierten Tonfälle und Attitüden, mehr als ein Jahrhundert lang die Oberhand behalten. Der bürgerliche Begriff der Kultur selber, eingeschleppt und mühselig fortgepflanzt, war und blieb dem amerikanischen Geist fremd. Soweit sie ihm erlag, zog die literarische Intelligenz des Landes sich vor der Gesellschaft zurück, in der sie lebte. Epigonentum und Minderwertigkeitsgefühle waren die Folge. Die höflichen, die bemühten, die gebildeten College-Dichter, die zahl- und harmlosen Formtalente aus guter Familie, die nach zwei, drei Europareisen in ihren neuenglischen Eremitagen, fern von der Wildnis Chicagos, ihre Variationen auf europäische Themen niederschrieben, vergeudeten ihre Kraft, und es kräht kein Hahn nach ihnen. Aber auch die bedeutenden Geister, ja gerade sie, waren hypnotisiert von der literarischen Tradition; sie bezahlten ihre literarischen Revolutionen mit dem Verlust ihrer amerikanischen Identität. So T. S. Eliot, der mit sechsundzwanzig Jahren sich in England niederließ und der sich später mit der äußersten Folgerichtigkeit von allem, was amerikanisch ist, abgewandt hat: heute bekennt er sich zur Monarchie, zur anglikanischen Kirche und zu einer klassizistischen Ästhetik. Ezra Pound hat Amerika mit dreiundzwanzig Jahren verlassen und ist erst nach dem Zweiten Weltkrieg (nicht aus freien Stücken) in seine Heimat zurückgekehrt; er lebt heute wieder in Italien. Das sind keine biographischen Zufälligkeiten. Bezaubert von einem Begriff der Literatur, wie er europäischer nicht gedacht werden könnte, zu anspruchsvoll, um sich wie hundert geringere Köpfe mit Trostpreisen und Kompromissen zufrieden zu geben, bezahlten beide, Eliot wie Pound, ihre Zitate aus Catull und Dante mit dem Exil.

Andere amerikanische Dichter verschrieben sich dagegen aufs entschiedenste dem Land ihrer Geburt, verwarfen polemisch oder stillschweigend den Begriff der Kultur, wie er in Paris, London und Berlin galt, und machten sich gewissenhaft daran, »Amerika zu besingen«. Aber ihr ideologisches und thematisches Engagement, so willkommen es dem Selbstgefühl der Nation sein mochte, war außerstande, eine poetische Sprache *sui generis* zu erschaffen. Amerikanische Landschaft und Geschichte als bloßes Motiv, als Folklore und Deklamation, *mystique* und Selbstbestätigung: das war das Rezept der sogenannten Regionalisten, der Vachel Lindsay, Edgar Lee Masters und Carl Sandburg; allesamt abhängig von dem gewaltsamsten und monumentalsten Versuch einer poetischen Landnahme Amerikas, dem Werk Walt Whitmans. Sentimentalisch bis an den Rand der Hysterie, getragen von einer verzweifelten Rhetorik, ist dieses Werk bis tief in unser Jahrhundert die große Ausnahme, das große Beispiel einer unverwechselbar amerikanischen Poesie geblieben.

Auch Williams hat die *Grashalme* gelesen, als Student. Er studierte von 1902 bis 1906 an der Universität Pennsylvania Medizin. Dort lernte er Hilda Doolittle, die später unter dem Kryptonym H. D. literarischen Ruhm erlangt hat, Marianne Moore und Ezra Pound kennen, mit dem er sich anfreundete: »Schon damals pflegte Ezra mir vorzuhalten, ich sei ungebildet und unbelesen. Er tut es heute noch.« Pound irrt; Williams ist zeit seines Lebens ein starker, wenn auch wahlloser und unsystematischer Leser gewesen. Seine Kenntnis der literarischen Tradition reicht von den Provençalen bis zu den klassischen Anthologien der Chinesen; doch sieht man sie seinem Werk nicht an. Im Gegensatz zu Pound hat er seine Lektüre nie affichiert. Er zitiert eher eine alte Negerin oder einen Landarbeiter als Konfuzius oder Cavalcanti. Er beruft sich auf kein Vorbild und keinen Meister. Der Gebrauch, den er von der Tradition macht, entzieht sich dem wohlfeilen Convenu, das nach »Einflüssen« zu schnuppern liebt. Er greift sie nicht auf, um sie fortzusetzen; er braucht sie, um von ihr abzuspringen. Williams ist der seltenen Species der Erfinder zuzurechnen, jenen Autoren, die einen Anfang setzen und Überlieferungen, statt sie aufzunehmen, stiften.

Nur ein außergewöhnlicher Charakter ist dazu imstande. Kein »Kulturleben«, und wäre es das gepflegteste, am allerwenigstens aber das der Vereinigten Staaten, bringt eine neue Sprache hervor. Auch Talent ist nicht genug. Williams' Leistung setzt einen durchaus unabhängigen Geist voraus. Die Autobiographie, die er als Siebzigjähriger veröffentlicht hat, zeigt einen solchen Geist, ein *rarissimum* in der Geschichte der Literatur, am Werk[1]. Das macht ihre Bedeutung aus; es macht sie gleichzeitig unbrauchbar für jene banale Betriebsspionage, welche das

1 *The Autobiography of William Carlos Williams.* New York 1951. Alle Prosazitate stammen, soweit nicht anders vermerkt, aus diesem Werk. Sie sind vom Verfasser dieses Aufsatzes verdeutscht. Die *Gedichte* sind nach der deutschen Ausgabe zitiert (Bibliothek Suhrkamp. Frankfurt 1962).

Gedicht aus den Lebensumständen seines Verfassers erklären möchte.

Williams hat sich zeitlebens geweigert, die Rolle des literarischen Pontifex zu spielen. »Die Pose des Dichters, jene aufs Publikum berechnete Attitüde: ich habe nie nach ihr verlangt – und sie war es, was ich an Pound durchaus nicht ausstehen konnte. Ich hielt das einfach für einen alten Hut ... Mein Training wies mich eher auf die Unauffälligkeit und Umsicht wissenschaftlichen Arbeitens hin. Was wir zu tun hatten, war einfach unser Bestes, und abgesehen davon, was wir zustandebringen mochten (das war eine Sache für sich), schien es mir das beste, ein gewöhnliches Leben zu führen, jeder so gut er konnte ... Das war freilich nicht nach dem Geschmack des lieben Ezra.«

Kein Wunder, daß die offiziellen Hüter der Literatur Williams jahrzehntelang ignorierten. Sie haben es ihm bis heute nicht verziehen, daß er sich nicht um ihr Urteil scherte, ihnen mit keiner Geste entgegenkam und um seinen künftigen Platz in den Literaturgeschichten nicht im mindesten besorgt schien. »Es handelt sich darum, fortwährend das in Frage zu stellen und aufzulösen, was man geleistet hat. Dies ist die einzige Art, saubere Finger zu behalten. Blinde Zustimmung ist durch nichts zu entschuldigen, weder durch Zwang noch durch Überlistung; höchstens durch den physischen Verfall.« Solche Lehren machen unbeliebt. Die Rolle des heroischen Außenseiters hat Williams übrigens ebenso beharrlich abgelehnt wie die des poetischen Fraktionsvorsitzenden. Ohne Verbitterung berichtet er vom Schicksal seines erstes Buches, das heute zu den größten Seltenheiten gehört: Es erschien im Selbstverlag; vier Exemplare wurden verkauft; der Rest verbrannte zusammen mit dem Hühnerstall, in dem er zehn Jahre lang liegengeblieben war[2].

Im Jahre 1921 erschien, als fünfte Publikation, der Gedicht-

2 *Poems.* Rutherford 1909.

band *Sour Grapes (Saure Trauben)*[3]. Über die Aufnahme, die er fand, berichtet Williams das folgende:

»Der Titel brachte mir die Psychoanalytiker auf den Hals. Saure Trauben, wissen Sie, was das bedeutet? fragten sie. Nein. Was denn?

Es bedeutet, daß Sie frustriert sind, verbittert und enttäuscht … Sie haben Hemmungen … Die jungen Franzosen, die sind da ganz anders, sie legen einfach los … Aber Sie, Sie haben ja Angst. Sie sind ein typischer Amerikaner. Sie leben in Ihrer kleinen Vorstadt, und dort gefällt es Ihnen auch noch! Was sind Sie überhaupt für eine Figur? Sie wollen ein Dichter sein? Ein Dichter! Ha, ha, ha, ha! Ein Dichter! Sie! Saure Trauben, das ist alles, mehr ist da nicht drin.

Dabei hatte ich mit meinem Titel nichts anderes sagen wollen, als daß saure Trauben ganz genau so ausschauen wie süße: Ha, ha, ha, ha!«

Bis auf wenige Ausnahmen hat die amerikanische Kritik vor Williams versagt: aus Ratlosigkeit, aus Hochmut und aus Ressentiment vor einem Autor, dem sie gleichgültig war. Bezeichnend ist das Urteil Eliots, der noch zu Anfang der zwanziger Jahre erklärte: »Williams ist ein Dichter, dem man eine gewisse lokale Bedeutung möglicherweise zubilligen kann«[4]. Nicht ernster nahm ihn Gertrude Stein. Williams besuchte sie in Paris; das muß 1924 gewesen sein. Sie zeigte ihm die Manuskripte, die sich in ihrer Wohnung häuften. »Sie fragte mich, was ich an ihrer Stelle mit all diesen unveröffentlichten Büchern anfinge … Wenn ich so viel geschrieben hätte, sagte ich, würde ich aussuchen, was ich für das Beste hielte, und das übrige in den Ofen werfen … Meine Bemerkung rief augenblicklich ein entsetztes Schweigen hervor. Miß Stein brach es mit den Worten: Ich verstehe. Freilich ist es nicht Ihr *métier*, zu schreiben.«

Offenbar schien es der professionellen Avantgarde unbegreif-

3 Boston 1921.

4 Zitiert nach Vivienne Kochs Monographie *William Carlos Williams.* New York 1950.

lich, daß Williams vergnügt und erfolgreich dem Beruf eines praktischen Arztes nachging; noch dazu in einem amerikanischen Provinznest (und nicht in Berlin oder Paris, wie Benn, Döblin oder Céline). »Ein derart zurückgezogenes Dasein hat einen großen Vorzug«, bemerkt Williams. »Man behält einen halbwegs klaren Kopf und kann nachdenken. Meine Art, nachzudenken, ist in erster Linie mein Gekritzel. Es ist immer meine Lieblingsbeschäftigung gewesen, zu kritzeln ... Fünf Minuten lassen sich stets erübrigen. Die Schreibmaschine stand im Schreibtisch meiner Praxis bereit. Ich brauchte nur die Platte herauszuziehen, auf der sie befestigt war, und schon konnte ich mich an die Arbeit machen. Ich schrieb, so schnell ich nur konnte. Mitten im Satz kam oft ein Patient zur Tür herein, und mit einem Ruck war die Maschine verschwunden: ich war Arzt. Kaum war der Patient gegangen, ein Handgriff: und ich konnte weiterschreiben ... Immer werde ich gefragt, wie ich es anstelle, mit zwei Berufen auf einmal fertig zu werden. Die Leute begreifen nicht, daß der eine die Ergänzung des andern ist, daß diese beiden Beschäftigungen nur zwei Ansichten ein und derselben Sache, nämlich des Ganzen sind.«

Williams, von jeher ein pragmatischer Kopf, hat es nie verstanden, seine Einsichten zu einer Poetik zu verfestigen. Jede ideologische Fixierung ist ihm zutiefst zuwider. Seine theoretischen Äußerungen sind oft widersprüchlich, zuweilen hilflos; dennoch lassen sich einige Sätze anführen, in denen seine Auffassung von der Poesie mustergültig scharf und deutlich wird: »Ein Gedicht ist eine kleine (oder große) Maschine, hergestellt aus Worten. Nichts an einem Gedicht ist sentimentaler Natur; damit will ich sagen: es darf sowenig wie irgendeine andere Maschine überflüssige Teile enthalten. Seine Bewegung ist eine Erscheinung eher physikalischer als literarischer Art.« Williams beruft sich gelegentlich auf die »Wissenschaftlichkeit« seiner Methode; der Zusammenhang mit seiner medizinischen Ausbildung ist unverkennbar. Zu seinen literarischen Vorbildern rechnet er den französischen Entomologen Henri Fabre. Daß es Williams eigentlich nicht um ein naturwissenschaftliches, sondern eher um ein phänomenologisches Verfahren zu tun ist, zeigt seine Reaktion auf die folgende Hemingway-Episode, die er in seiner Autobiographie notiert: »Bob (ein Pariser Bekannter) erzählte mir, daß er mit Hemingway in Spanien gewesen sei. Ihr Zug hatte an einem kleinen Bahnhof Halt gemacht, und die Reisenden waren ausgestiegen, um etwas frische Luft zu schnappen. Neben den Bahngeleisen lag ein toter Hund. Der Bauch war aufgeschwollen und schillerte in allen Regenbogenfarben der Verwesung. Bob wollte dem Gestank so rasch wie möglich entrinnen, aber Hemingway blieb stehen, zog sein Notizbuch hervor und fing an, eine detaillierte Beschreibung des Kadavers in seiner ganzen Pracht aufzunehmen. Bob hatte sich angewidert abgewandt. – Ich finde, Hemingway hat ganz und gar recht, sagte ich.«

In der Vorrede zu seinem Gedichtband *Kora in Hell* erhebt Williams die genaue Beobachtung des Augenfälligen und seine Verwandlung in einen Text, der es vorstellbar macht, zum Kriterium schriftstellerischer Qualität schlechthin[5]. Das führt zu einer eigentümlichen Poesie des Allernächsten, dessen, was die Wirklichkeit uns »unter die Nase« hält. »Mein Grundstück, dieser Hinterhof, ist für mich und mein Schreiben immer von der größten Bedeutung gewesen.« Nicht ganz zu Unrecht hatten die Weltstädter Eliot und Stein den Landarzt Williams im Verdacht provinzieller Neigungen; doch kann Provinzialismus, recht verstanden, eine schriftstellerische Tugend sein. In Williams' Fall bestand kein Anlaß zu herablassenden Gesten: seine »Zone« war nicht weniger ergiebig als das Paris Apollinaires. Sie hieß Rutherford und war durch und durch amerikanischen Wesens: ihre Veränderungen im Laufe des Jahrhunderts spiegeln die Geschichte eines Kontinents.

»Wenn ich heute durch Rutherford gehe, durch die Main

5 Boston 1917.

Street mit ihren neonbeleuchteten Drug-Stores und ihren Maklerbüros, eins am andern, so fällt es mir schwer, mir das Dorf vorzustellen, in dem ich aufgewachsen bin. Damals gab es keine Kanalisation, keine Wasserleitung, nicht einmal Gas, und schon gar keine Elektrizität, weder Telefon noch Trambahn. Der Gehsteig bestand aus hölzernen Planken, auf Balken genagelt; Wespen hatten ihre Nester unter den Brettern und schwärmten zwischen den Ritzen aus, wenn wir darüberschritten. Sie stachen wie verrückt. Fast alle Straßen waren ungepflastert; die ersten Asphaltdecken waren eine Sensation. Wir hatten Senkgruben im Hinterhof und Scheunen wie die Bauern – all dies zehn Meilen weit vom Herzen New Yorks! Wir tranken Regenwasser, das durch die Dachrinnen in eine Zisterne lief; in der Küche stand eine Handpumpe, mit deren Hilfe wir es auf den Dachboden schafften, in einen verzinnten Wassertank. Wenn er leer war, bekamen wir Brüder für eine Stunde Pumpen einen Zehner.

Das ganze Haus war mit Petroleumlampen erleuchtet – so alt bin ich schon! Sie hingen in gußeisernen Haltern in den Schlafzimmern, und über dem Eßtisch hatten wir ein besonders schönes Exemplar aus Glas und Porzellan, das auf Ketten lief man holte es herunter, um es zu füllen, zu putzen und anzuzünden.«

Als Williams zu schreiben anfing, war es mit dieser Idylle vorbei. Heute ist die Umgebung von Rutherford ein Zwischenreich, angefressen und verwüstet von den Spuren der technischen Zivilisation, Niemandszone zwischen Stadt und Land, Revier der Autofriedhöfe, der Wellblechbaracken, der Lokomotivschuppen und der Öltanks, ein Stück der höllischen Industrielandschaft des nördlichen New Jersey:

Ein durchbrochener Saum von Fassaden aus Holz
und Ziegeln, so verflüchtigt dort oben
die Stadt sich, jenseits des Wasserturms
auf seinen Stelzen, ein vereinzeltes Haus
oder zwei hie und da, im kahlen Gefild.

Der Himmel ist unermeßlich
weit. Kein Mensch in der Nähe, und schlecht
numerierte Häuser …
                                        Grobes Pflaster
und vergessene Trambahnschienen, von
plötzlichen Querstraßen überrumpelt.
                                                                      Am Hang
in den Schrebergärten (Durchgang verboten)
kahle Obstbäume und unter verworrnen Ranken
von wildem Wein, nie gestutzt, niedrige Hütten
wehrlos im flutenden Licht.
                                                  Drahtseile
zwischen Stangen, über *einem* blau
und weiß ein Tischtuch, leicht gebauscht.

In den Fenstern Federbetten. Feigenbäume,
umwunden mit Sackleinwand und altem Linoleum.
Fässer überm Gesträuch …

Der Geist des Ortes steigt auf aus dieser Asche,
spricht insgeheim seinen dunkeln Kehrreim:

Hier ist meine Wohnstatt, hier lebe ich.
Hier bin ich geboren, dies ist mein Amt.

So steht es in dem Gedicht *Der Morgen.* Immer wieder taucht diese Landschaft in Williams' Gedichten auf. Er akzeptiert sie, er versteht sie, er macht sie sich zu eigen, gerade dort, wo sie schäbig und verwahrlost ist.

Wallace Stevens, dessen eigene Gedichte Williams viel verdanken, hat an dessen Werk das »Anti-poetische« hervorgehoben und gerühmt[6]. Daran ist etwas Wahres; doch gründet die Kraft, aus Schutt und Asche Poesie zu machen, nicht in einem programmatischen Vorurteil oder gar in einem moralischen *parti pris.* Williams legt es keineswegs darauf an, einem – übrigens recht wohlfeilen – Begriff des Poetischen mit dessen bloßer Negation zu begegnen. Der Abfall ist zunächst weiter nichts als eine empirische Tatsache, und der Dichter begegnet ihm mit jenem unbefangenen, jenem »ersten Blick«, der ihm eigen ist. Seine Sehschärfe ist erstaunlich. Er zieht in jedem Fall der Metapher das Detail vor. Seine Ausschnitte sind stets genau begrenzt. Manches an seiner Technik gemahnt an die Malerei, der er übrigens von jeher große Aufmerksamkeit geschenkt hat. Seine besten Gedichte erinnern zuweilen an ostasiatische Graphiken, besonders in ihrer genauen Ökonomie, der Kunst des Aussparens. Diese Schreibweise hat es nicht auf Deutung, sondern auf Evidenz abgesehen. Sie verzichtet konsequent auf »Tiefen« und gibt statt dessen die Oberfläche der Erscheinungen in höchster Prägnanz; daher ihre Undurchdringlichkeit, jene Qualität, die Pound *opacity* genannt hat. Auf diese Weise erscheint das Unscheinbare köstlich, der Abfall wird exquisit, wie in dem berühmten Gedicht *Der rote Handkarren.*

Die genaue Beobachtung des Zerfalls enthüllt ihren Sinn als eine Suche nach der Vollkommenheit. *Vollkommenheit* heißt auch das folgende Gedicht:

6 In seinem Vorwort zu einer frühen Ausgabe der Gedichte von W. C. W., *Collected Poems 1921–1931,* New York 1934.

O lieblicher Apfel!
herrlich und völlig
verfault,
kaum versehrte Gestalt –
höchstens am Stiel
ein wenig geschrumpft, doch sonst
bis ins Kleinste
vollkommen! O lieblicher
Apfel! wie satt
und feucht der Mantel aus Braun
auf jenem un-
angetasteten Fleisch! Niemand
hat dich geholt
seit ich dich auf das Geländer setzte
vor einem Monat, damit
du reif werdest.
Niemand. Niemand!

Das ist ein Stilleben, eine *nature morte*. Der französische Ausdruck trifft die Sache. Das Ding-Gedicht hat es sich aus dem Kopf geschlagen, seinen Gegenstand zu beseelen (wie bei Rilke); nicht seine Dauer wird gerühmt; seine wahre Konsistenz, die Vergänglichkeit, zeigt sich im Augenblick des Verfalls. Einzig und allein in diesem Sinn kann er als Metapher verstanden werden, und zwar als implizite Metapher, die nicht für etwas anderes, sondern nur für sich selbst einsteht: *Eine Art Lied* beschreibt die Poetik solcher Dinggedichte; der Text nennt als Emblem seiner eigenen Schreibweise den Steinbrech.

Die meisten Arbeiten Williams' zeigen diesen blitzartigen Zugriff. Sie gleichen poetischen Momentaufnahmen. Die Vielfalt der Erscheinungen schießt darin zu einem Augenblick zusammen. Solche Schnittbilder, in denen die Dimensionen der Zeit eliminiert scheint, hat James Joyce Epiphanien genannt; Williams, der die Ausdrücke der Umgangssprache vorzieht, nennt sie *glimpses*, das heißt: rasche und flüchtige Einblicke, wie aus den

Augenwinkeln. Ihre Verwandlung in Poesie setzt nicht nur ein scharfes Auge, sondern auch ein außergewöhnliches Erinnerungsvermögen voraus. Williams verfügt über ein Detail-Gedächtnis, das erstaunlich und zuweilen rührend wirkt. Seine Lebensbeschreibung ist randvoll von Epiphanien. Im Jahre 1909 hat er ein paar Monate lang in Leipzig studiert. Als Siebzigjähriger besinnt er sich auf die Freudenschreie, mit denen damals der Zeppelin begrüßt wurde; auf ein kleines Mädchen, das ihn nach der Zeit fragte (er hatte keine Uhr, aber er war glücklich, mit jemandem zu sprechen); auf die *Götterdämmerung* und auf den Hasenpfeffer; und auf eine alte Frau, die jeden Morgen vor dem Rathaus Gras für ihre Kaninchen sichelte. Sein Andenken ist von unbestechlicher Gerechtigkeit, weil es keine Unterschiede macht; es wendet sich einer Warenhausverkäuferin mit derselben Aufmerksamkeit zu wie einem weltberühmten Schriftsteller und spricht von Majakowski ebenso deutlich wie von einer Katze, die ihn ein paar Jahre lang begleitet hat. Dem Fischhändler, der jeden Morgen die Ridge Road herunterkam, widmet er ein ganzes Kapitel seiner Autobiographie, so als verstünde sich das von selbst.

Williams hat sich nie für »die Menschheit« interessiert: die Vokabel wäre in seinem Mund nicht vorstellbar. Er kümmert sich lieber um die Leute. Das Porträt spielt in seinem Werk eine große Rolle. Es steht ebenbürtig neben dem Ding-Gedicht. Die Technik des Aussparens verhilft ihm, bei größter Deutlichkeit; zu einer Tugend, die sich unversehens als moralische, nicht nur ästhetische Qualität erweist: einer Delikatesse, die es möglich macht, von allem, selbst dem Intimsten, zu sprechen. Das Bildnis seiner Großmutter auf dem Sterbebett, großherzig und schonungslos zugleich, ist ein vorzügliches Beispiel dieser Porträt-Kunst.

Die Zerstörung ist ein Thema, das sich durch alle Arbeiten Williams' zieht. Wie die Dinge in ihrem Zerfall, so erreichen die Menschen, die er darstellt, ihre höchste Evidenz in der Krankheit, im Alter, im Tod. Zweifellos hängt diese Einsicht mit dem bürgerlichen Beruf des Dichters zusammen; denn der Arzt ist der einzige, der jene Augenblicke der Wahrheit bezeugen kann und in die verborgene Sphäre des physischen Leidens und Verfalls Einblick hat. Das »wüste Land« und die »hohlen Männer« Eliots kehrten wieder – freilich leibhaftiger und weniger summarisch – in vielen Texten von William Carlos Williams. Seine unerbittlichste Zuspitzung erfährt dieses Thema in dem Gedicht *Völlige Zerstörung.*

Die lakonische Sicherheit seiner Porträts verdankt sich nicht nur dem scharfen Blick und dem eidetischen Gedächtnis, sondern auch dem untrüglichen Ohr für Tonfälle, Sprechweisen, mit einem Wort: für Stimmen, über das dieser Autor verfügt. »Was die Leute zu sagen versuchen, was sie uns, unablässig und vergeblich, zu verstehen geben wollen, ist das Gedicht, das sie in ihrem Leben zu verwirklichen trachten. Wir haben es vor uns, fast mit Händen zu greifen; es ist anwesend in jedem Augenblick, wie eine sehr fein verteilte Substanz, die wir aus allem, was gesprochen wird, heraushören können. Das Gedicht hat seinen Ursprung in halblauten Worten, wie ein Arzt sie jeden Tag von seinen Patienten vernehmen kann.« Diese gesprochene Sprache des Alltags versteht Williams derart in den Vers zu überführen, daß sie nichts von ihrer Authentizität verliert. Er schreibt ganz unabhängig von der jeweils kurrenten Literatursprache und scheut jeglichen Jargon, den der Gebildeten ebenso wie seine Antithese, den Slang. Dieser exakte Gebrauch der Umgangssprache ist spezifisch amerikanisch; er ist ein wesentlicher Grund für die enorme Wirkung Williams' auf die neueste amerikanische Poesie.

Das Raffinement seiner Schreibweise wird durch das scheinbar Alltägliche eines solchen Sprachgebrauches gleichsam getarnt. Die Gedichte wirken auf den ersten Blick eher unscheinbar. Der Grad von Verdichtung, den sie erreichen, wird erst beim genaueren Zusehen deutlich. Jeder Versuch, Williams zu übersetzen, ist die Probe aufs Exempel. Seine Knappheit ist im Deutschen unerreichbar. Unserer Poesie, ja unserer Literatur überhaupt, ist die Umgangssprache fremd. Eine rühmliche Ausnahme wie Arno Schmidt wirkt in ihrem Kontext outriert und absonderlich; der Versuch, der selbstverständlichen Sprache des Alltags habhaft zu werden, wird als Obskurität mißverstanden.

Seine Fähigkeit, Tonfälle und Gesten dichterisch zu transportieren, erlaubt es Williams übrigens, einer überall herrschenden literarischen Konvention den Garaus zu machen, die es für ausgemacht hält, daß die Familie, der Alltag eines gewöhnlichen Hauses, die Intimität einer Küche oder eines Badezimmers in einem modernen Gedicht nicht erscheinen darf. Ein absonderliches Tabu scheint es den Poeten dieses Jahrhunderts nahezulegen, daß der Nordpol, die Atombombe und der Minotaurus ihrer Aufmerksamkeit würdiger wären als das Handtuch, der Kühlschrank und die Nachttischschublade. Wo die Sprache des Gedichts sich von jeder gesprochenen distanziert, ist das kein Wunder. Getreu seiner Maxime, das Allernächste sei die Bewährungsprobe allen Schreibens, meistert Williams sehr anmutig und scheinbar ohne Anstrengung die empfindlichen Gegenstände des häuslichen Alltags, zum Beispiel in den beiden Miniaturen *Ein freundlicher Abschied* und *Nur damit du Bescheid weißt.*

W. C. W. (wie ihn seine Freunde und Schüler nennen) hat sich mit den kleinen Formen, die er so souverän beherrscht, nicht begnügt. Sein Werk ist sehr umfangreich. Es umfaßt eine Reihe von Theaterstücken, ein großes Fresko der amerikanischen Geschichte, mehrere Bände mit Kurzgeschichten und drei Romane. Diese Arbeiten können hier nicht analysiert werden. Dagegen wäre ein Versuch über das poetische Werk unvollständig ohne einen Hinweis auf Williams' größtes Gedicht *Paterson,* in dem er die Summe seiner Erfahrungen und Möglichkeiten zu ziehen sucht[7]. Die akademische Kritik, die gerne mit herkömmlichen Begriffen arbeitet, hat es als Versepos mißverstanden; das einzige, was *Paterson* mit dieser klassischen Gattung gemein hat, ist sein mythologischer Aspekt. Im übrigen handelt es sich um eine poetische Großform, die spezifisch modern ist und keine erzählerischen Absichten verfolgt. Das Werk ist am ehesten mit

7 New York 1951 (Book 1–4); 1956 (Book 5).

Pounds *Cantos*, mit Nerudas *Großem Gesang*, mit Majakowskis *Wirbelsäulenflöte* und den weittragenden Gedichten von Saint-John Perse, der *Anabasis* oder den *Seemarken*, zu vergleichen. Die Organisation so großer Texte ist enorm schwierig. Williams benutzt für seinen Bau die disparatesten Materialien, verwendet Liedformen und Eklogen, Monolog und Dialog; er montiert Prosatexte der verschiedensten Art in das Versgefüge: Briefe, Berichte aus alten Chroniken, Testamente, Plakate, geologische Tabellen und indianische Legenden. Auf diese Weise entsteht ein außerordentlich vielstimmiges Gebilde. Dem Pathos der großen Form wirkt ein spröder Humor, der feierlichen Invokation die innere Ironie des Empirischen entgegen.

Paterson ist zunächst ein ganz realer Ort: eine Industriestadt am Passaic River im Nordosten von New Jersey, 150 000 Einwohner, Textil- und metallverarbeitende Industrie. Diese kollektive Größe erscheint in dem Gedicht als Person, als »Mr. Paterson«: »Die vielfältigen Facetten der Stadt können für die Mannigfaltigkeit des menschlichen Denkens einstehen.« Auf diese Weise entsteht eine Mythologie der amerikanischen Zivilisation und ihrer Geschichte. Aber das Gedicht hat auch eine elementare Kehrseite: seine fünf Bücher sind zugleich die Naturgeschichte des Passaic-Flusses von seinem Ursprung über die großen Wasserfälle bis zu seiner Mündung. Auch der Fluß tritt, zur Person verzaubert, in Erscheinung, ähnlich wie Anna Livia Plurabelle in *Finnegans Wake*. Wie alles, was er geschrieben hat, sieht Williams auch dieses ehrgeizigste seiner Werke im Zusammenhang mit seinem Beruf und seiner »provinziellen« Existenz: »New York City lag außerhalb meines Gesichtskreises. Mit Vögeln und Blumen wollte ich mich nicht zufriedengeben; ich wollte über die Leute schreiben, die mir nahe waren, über die ich bis ins kleinste Detail Bescheid wußte – ich kannte ihre Augen aus der Nähe, ja sogar ihren Geruch. Das ist die Aufgabe des Dichters: nicht in vagen Kategorien zu handeln, sondern im Besonderen zu schreiben, im Einzelnen, so wie ein Arzt an seinem Patienten an dem zu arbeiten, was er vor sich hat.«

Es ist klar, daß ein Autor von solchem Schlag sich zur Gesellschaft im Ganzen, daß er sich politisch nicht nach dem Maß einer Ideologie verhalten kann. Er kann sich keiner Doktrin unterwerfen, nicht weil er ihren so oder anders gearteten Inhalt bestritte, sondern des abstrakten Charakters wegen, der jeder Heilslehre eignet. Williams ist der geborene Demokrat; die Demokratie ist für ihn weniger eine Überzeugung als ein Lebenselement, zugleich unentbehrlich und selbstverständlich. Das Christentum ist ihm fremd, wie jede Anbetung der Autorität. Die amerikanische Kritik hat ihm zuweilen seine »linken« Neigungen zum Vorwurf gemacht; richtig daran ist, daß Williams unfähig ist, gesellschaftliche Ungerechtigkeit und ökonomische Korruption ohne Widerspruch hinzunehmen; er wäre aber ebenso unfähig, sich dem kommunistischen Dogma auszuliefern. Nicht an Bekenntnissen und Manifesten, sondern am Wortlaut noch seiner geringsten Gedichte zeigt es sich, wie tief dieser Mann mit dem Los Amerikas verbunden ist. Schier unabsichtlich und kaum je politisch in einem handgreiflichen Sinn, reflektiert sein Werk doch auf das Empfindlichste die kollektiven Chocs der amerikanischen Gesellschaft: den Eintritt in die große Weltpolitik, die *roaring twenties* mit ihren Stummfilm- und Prohibitions-Gespenstern, den großen Boom und die große Krise, den *New Deal* Roosevelts und die Verdüsterung der Welt durch den Zweiten Weltkrieg und seine Folgen. Der Kritiker Robert Lowell hat in einer Besprechung des Gedichtes *Paterson* bemerkt: »Wir haben das Amerika Whitmans vor uns, aber es ist zu einem Schauplatz der Erbärmlichkeit und der Tragödie geworden, verstümmelt durch Ungleichheit, verwüstet vom Chaos der Industrialisierung, der Vernichtung ausgesetzt. Kein anderer Dichter hat es mit soviel Kunst, Mitgefühl und Erfahrung, mit solcher Wachsamkeit und Kraft beschrieben«[8].

Auch in den Dingen der Literatur und der Kunst scheint der Hinterwäldler, der Landarzt aus der Provinz mit allem, was

8 In: *The Nation* vom 19. Juni 1948.

»draußen« geschieht, wie durch ein System von kommunizierenden Röhren geheimnisvoll verbunden. Auf seinen wenigen Reisen ist er fast allen bedeutenden Figuren seiner Zeit begegnet. Zusammen mit Ezra Pound hat er in London den alten Yeats besucht; in Paris traf er Aragon und Cendrars, Cocteau und Djuna Barnes, die Surrealisten und die Amerikaner der *lost generation,* Juan Gris und Brancusi, Léger und Duchamps: damals allesamt noch nicht weltberühmt; und in New York liefen ihm O'Neill und Majakowski, Nathanael West und Francis Scott Fitzgerald über den Weg. Er war mit allen Gruppen und Richtungen vertraut (und es war die Blütezeit der Ismen): aber nie hat er sich auf die Dauer einer von ihnen anschließen können: er traf sie, prüfte sie, und zog sich wieder nach Rutherford zurück.

Von Zeit zu Zeit pflegte er nach New York zu fahren. Er trat nicht nur die Berühmtheiten des Tages. Immer wieder geriet er an die kaputten, die »hohlen Menschen«, die Ausgelaugten und Zerstörten. Auf den tollen Parties der Fitzgerald-Ära saßen die Verlorenen mit den Erfolgreichen zu Tisch: und auch die Erfolgreichen waren Verlorene auf ihre Art. Das Bildnis einer Unbekannten, wie Williams es aufgezeichnet hat, gibt davon eine Vorstellung.

»Die Wohnung von Margaret Anderson und Jane Heap mit ihrem großen Bett, das an vier Ketten von der Decke herabhing, war sehenswert. Jane Heap sah aus wie ein untersetzter Eskimo, und Margaret, immer im Vordergrund, war eine Schönheit im großen Stil. Bei ihnen sah ich eines Tages unter einem Glassturz eine Plastik, die dem Wachsmodell eines Hühnermagens glich. Sie fiel mir auf. Ich erfuhr, daß eine deutsche Aristokratin namens Elsa von Freytag-Loringhoven sie gemacht habe, ein unglaubliches Geschöpf, über fünfzig Jahre alt ... Ob ich sie kennenlernen wollte? Es hieß, sie sei begeistert von meinen Arbeiten. Ich sagte zu: das war mein Verhängnis. Unglücklicherweise saß die Bildhauerin damals gerade im Kittchen, weil sie einen Regenschirm gestohlen hatte ... Am Tag ihrer Entlassung holte ich sie ab, lud sie irgendwo an der unteren Sixth Avenue zum Frühstück ein, und versprach ihr, sie wiederzusehen. Früher mochte sie schön gewesen sein. Sie sprach mit einem starken deutschen Akzent. Sie verdiente sich einen Hungerlohn, indem sie Modell stand ... Ich sah sie wieder, und ob! Es wurde eine ziemlich intime Unterhaltung daraus. Sie würde einen großen Mann aus mir machen: ich brauchte mir nur von ihr die Syphilis zuzuziehen und dadurch meinen Geist für ernsthafte künstlerische Arbeit freizumachen. Übrigens war sie ein Schützling von Marcel Duchamps. Eines Tages schickte sie mir ein Aktphoto von ihr, das er gemacht haben soll, eine vorzügliche Photographie. Das Bild lag jahrelang in meinem Koffer herum, bis ich es nicht mehr sehen konnte und weggab. Immerhin, als Foto war es ein Meisterwerk. Die Baronin verfolgte mich mehrere Jahre hindurch und kam zweimal nach Rutherford hinaus. Es war nicht leicht, sie wieder loszuwerden. Sie erinnerte mich an meine Großmutter, die ›Zigeunerin‹, und ich war dumm genug, ihr zu sagen, daß ich sie gern hatte. Das hätte mich beinahe Kopf und Kragen gekostet! Ich besuchte sie und brachte ihr ein wenig Geld. In ihrem elenden Kamin häufte sich die Asche. Das Slum, das sie bewohnte, teilte sie mit zwei Hunden, die sich auf ihrem schmutzigen Bett vergnügten. Aber sie selbst war von der vollkommensten Höflichkeit ... Bis sie wieder anfing, mir Szenen zu machen. Wallace Stevens wagte es ihretwegen eine ganze Weile nicht, die Vierzehnte Straße zu überqueren, wenn er in New York war, und ein russischer Maler, der sie kannte, fand sie eines Abends, als er nach Hause kam, unter seinem Bett – ohne einen Faden auf dem Leib. Er lief davon und verbarg sich in der Wohnung eines Nachbarn. Sie weigerte sich, sein Zimmer zu verlassen, wenn er nicht mit ihr ginge ... Sie konnte einen verrückt machen. Später gab ich ihr zweihundert Dollar für die Überfahrt nach Europa. Der Bote unterschlug das Geld. Ich gab ihr das Geld noch einmal, und schließlich fuhr sie ab. Sie kam nicht weit. Ein Spieler, ein Franzose, soll halb aus Spielerei den Gashahn in ihrem Zimmer aufgedreht haben, während sie schlief. Das ist das letzte, was ich von der Baronin gehört habe.«

Sie ist nur scheinbar eine periphere Erscheinung. Seit Edgar

Allan Poe ist die Geschichte der Künste in Amerika – soweit sie sich nicht der Reklame in einer ihrer hundert Formen verschrieben – eine Geschichte der tragischen Untergänge gewesen. Williams gedenkt dieser Vergessenen, so gering oder bedeutend ihre Begabung auch gewesen sein mag, immer wieder. »Es würgte einen in der Kehle, wenn man sie ansah: sie waren fast mit Sicherheit dem Untergang geweiht.« Niemand erinnert sich mehr eines Schriftstellers namens Emanuel Carnevalli und seines ersten und einzigen Buches, Williams zu glauben, eines außergewöhnlichen Werks. Es hatte einen Achtungserfolg, der Autor wurde nach Chicago eingeladen. Dort erkrankte er, wahrscheinlich an einer Encephalitis. »Schließlich schob man ihn nach Italien ab. Sein Vater steckte ihn in ein Armenhaus in der Nähe von Bologna. Nonnen kümmerten sich um ihn. Er schrieb mir ein paarmal. Er versuchte weiterzuschreiben. Aber das Spiel war aus.«

Ich sah die besten Köpfe meiner Generation vom Wahn zerstört
hungrig hysterisch nackt
im Morgengrauen durch Negerstraßen irrend auf der Suche nach
einer wütenden Spritze ...
arm zerfetzt hohläugig und blau im übernatürlichen Dunkel
von miefigen Slums rauchend saßen sie schwimmend über
dem Häusermeer in Jazzekstasen ...
auf dreckigen Buden im Unterzeug hockend, ihr Geld verbrennend im Papierkorb, lauschend der Angst von nebenan ...

So beginnt das berühmteste Gedicht der neuesten amerikanischen Literatur, das *Geheul* von Allen Ginsberg[9]. Er ist in Paterson geboren. William Carlos Williams hat ein Vorwort zu diesem Gedicht geschrieben, das mit den Worten schließt: »Nehmen Sie die Säume Ihrer Gewänder hoch, meine Damen, wir gehen durch die Hölle.«

9 *Howl.* San Francisco 1956. Deutsch unter dem Titel *Geheul.* Wiesbaden 1959.

Und so gedenkt die Autobiographie der toten und verlorenen Freunde, in einer Litanei von Namen, die verstummt sind: »Pound eingesperrt in einem Irrenhaus in Washington; Hemingway ein populärer Romancier; Joyce tot, Gertrude Stein tot; Picasso zum Keramik-Fabrikanten geworden; Brancusi zu alt, um zu arbeiten; Hart Crane tot; Juan Gris, einst mein Lieblingsmaler, vor langen Jahren gestorben; Charles Demuth tot, Marcel Duchamps müßig in einem Dachboden in der Vierzehnten Straße ohne Telefon in New York; die Baronin tot; Peggy Guggenheim in Venedig als Hausherrin einer Galerie für moderne Bilder, an deren Wert sie nicht glauben soll; Ford Madox Ford tot; Henry Miller verheiratet in der Nähe von Carmel in Kalifornien auf einem Berg, der eine halbe Meile hoch ist und von dem er fast nie herabsteigt; Djuna Barnes verarmt, ohne Adresse, nicht mehr schreibend; Carl Sandburg, abgewandt von der Mühe des Dichtens; Eugene O'Neill schweigend, verstummt.«

Die Einladungen, die Lesungen, die Schallplatten und Ehrendoktorhüte, der späte Ruhm, der ihn heimsuchte: sie vermochten Williams nicht zu trösten. Er nahm sie gutmütig hin, aber sie waren ihm wohl gleichgültig. Seine Zukunft liegt, wie die eines jeden Schriftstellers, in dem, was heute und morgen geschrieben wird. Die Renaissance der amerikanischen Poesie, der scheinbar plötzliche Ausbruch dichterischer Energien, der in den fünfziger Jahren wahrzunehmen war, läßt sich auf die mühseligen und aussichtslosen Kämpfe einer winzigen Minorität zurückführen, die in den zwanziger und dreißiger Jahren in Amerika an der Arbeit war. Wer ihre Vorgeschichte studieren will, muß sich einer beinahe apokryphen Überlieferung zuwenden: den kleinen Flugblättern und Magazinen, die damals in geringen Auflagen, jenseits des offiziellen Verlagsbetriebes und unter schweren, nicht nur materiellen Opfern, unter wenige Leute gebracht worden sind. »Diese kleinen Zeitschriften werden in mir immer einen Fürsprecher haben. Ohne sie wäre ich bald zum Schweigen verurteilt gewesen. In meinen Augen sind sie allesamt ein einziges Unternehmen, eine Zeitschrift, die nie sterben kann: das einzige

Publikationsmittel, das nicht unter der Fuchtel eines Herausgebers steht. Das Kommen und Gehen ihrer Redakteure folgt einem demokratischen Gesetz. Niemand kann diese Zeitschrift beherrschen und sich zu ihrem Alleinherrscher machen. Wenn sie an einem Ort eingeht, so ersteht sie an einem andern, unter anderem Namen, neu: damit gedruckt werde, was neu ist, was in diesem Augenblick geschrieben wird.«

Was damals begonnen wurde, hat heute gesiegt. Eine ganze Generation von jungen Dichtern beruft sich auf Williams. Die verschiedensten Geister einigen sich auf ihn, wenn man sie nach ihren Lehrern fragt. In Donald Allens Sammlung *The New American Poetry 1945–1960*, dem ersten Buch, in dem diese Dichtung in ihrer ganzen Vielfalt sichtbar gemacht wurde, trifft man immer wieder auf seine Spur[10]. Charles Olson, Robert Duncan, Robert Creeley, Allen Ginsberg, Lawrence Ferlinghetti, Le Roi Jones, Denise Levertov und Gregory Corso: klarer als jede Literaturgeschichte bezeugen diese Namen die Leistung eines einzelnen Mannes, der in seiner Kleinstadt nicht nur ein paar hundert Kinder zur Welt gebracht hat, sondern auch einige Gedichte, die das Amerikanische zu einer poetischen Sprache gemacht haben, wie sie auf der ganzen Welt verstanden wird.

10 New York 1960.

Die Aporien der Avantgarde

SELBER ZUR AVANTGARDE sich zu rechnen, das steht schon seit ein paar Menschenaltern einem jeden frei, der leere Flächen einfärbt, Buchstaben oder Noten aufs Papier setzt. Nicht jeder hat Gebrauch von dieser Möglichkeit gemacht. Wer einem Autor wie Franz Kafka unverzagt den Titel eines Avantgardisten anhängt, den überführt bereits das faustdicke Wort der Fahrlässigkeit: Kafka hätte es nie und nimmer über die Lippen gebracht. Weder Marcel Proust noch William Faulkner, weder Bertolt Brecht noch Samuel Beckett: keiner hat, soviel wir wissen, auf eine Vokabel sich berufen, die zwar heute zum Wortschatz eines jeden Waschzettels gehört, auf deren Sinn jedoch, als wäre er ein für allemal ausgemacht, kaum einer unter den allzu vielen reflektiert, die sie im Munde führen.

Das gilt für die Anhänger der Avantgarde so gut wie für ihre Feinde. Sie unterscheiden sich in ihren Urteilen, nicht aber in ihren Prämissen. Unkritisch hingenommen wird, auf beiden Seiten, ein kritischer Begriff, der vor mehr als hundert Jahren in Paris Fortune gemacht und seitdem als ein Probierstein gegolten hat, dem selber keine Probe zuzumuten oder abzufordern wäre. Die Geister, die er scheidet, pflegen sich einem permanenten Streitgespräch zu überlassen, dessen Anfänge im Aschgrauen liegen, und das sich beliebig fortsetzen läßt. Schlagworte und Namen wechseln; unverändert bleibt das Schema. Seit Swifts *Full and True Account of the Battle between the Ancient and the Modern Books* (1710) hat dieser Zwist an Originalität und Brillanz verloren; geblieben ist die bescheidene Begrifflichkeit, mit der er sich von jeher begnügt hat. Die gußeisernen Attitüden der Streiter, gleichviel auf welcher Seite, sind von deprimierender Harmlosigkeit; sie erinnern an Figuren aus dem bürgerlichen Familiendrama, auf dessen längst verjährten Vater-Sohn-Konflikt sie den Gang der Geschichte reduzieren möchten. Redensarten wie die vom ungestümen Wildfang, der sich die Hörner schon noch abstoßen werde; vom Überschwang der Jugend und von der Weisheit der Reifezeit; vom abgeklärten, bewahrenden Sinn des Alters, der schmunzelnd auf die eigene aufrührerische Vergangenheit zurückblickt, bezeichnen die ganze Sphäre solcher Debatten, samt ihrem Mangel an geschichtlichem Sinn. Ahistorisch, und nicht nur abgedroschen, ist das blinde Vertrauen, das sie gern in den fadenscheinigen Begriff der Generation setzen, ganz als unterläge das Leben der Künste, und nicht das der Trichinen, dem biologischen Gesetz des Generationswechsels, oder als ließe der Gehalt einer Hymne von Hölderlin oder eines Stükkes von Brecht sich am »Jahrgang« des Autors ablesen. Wer Alt und Neu, oder Alt und Jung, auf so bequeme Art unterscheidet, ist schon durch die Wahl seiner Kriterien mit dem Banausentum einverstanden. Unzugänglich müssen ihm die einfachsten dialektischen Sätze bleiben. Daß über die Fortdauer alter Kunstwerke immer nur ihre Anwesenheit in der gegenwärtigen Produktion entscheidet, die sie zugleich verzehrt und verjüngt, bleibt unverstanden, ja unverständlich, obschon diese Einsicht am Anfang alles europäischen Denkens zu gewinnen wäre: »Altes ist umschlagend Junges und dieses, zurück umschlagend, jenes.« Der Satz steht bei Heraklit.

Nicht sowohl, weil er sich unaufhörlich, unentschieden und unentscheidbar hinzieht, ist der Wortwechsel zwischen den Parteigängern des Alten und des Neuen unerträglich, sondern weil sein Schema selbst nichts taugt. Die Wahl, zu der es einlädt, ist nicht bloß banal; sie ist von vornherein verfälscht. Den Schein einer zeitlosen Symmetrie, mit dem sie sich umgibt, macht die Geschichte zunichte, die noch jede ahistorische Position überholt und Lügen gestraft hat. Kaum geraten die Künste nämlich ins Gravitationsfeld der totalen Herrschaft, so nimmt das biedere

Hin und Her um die Avantgarde, oder vielmehr: was dafür gehalten wird, mörderische Züge an. Die Symmetrie des Alten und des Neuen, jenes zeitlose Spiegelbild wird brutal entzweigeschlagen, und sein realer Untergrund kommt zum Vorschein. Noch hat keine Avantgarde der Welt nach der Polizei gerufen, um sich ihrer Widersacher zu entledigen. Die »gesunden Kräfte der Beharrung« sind es, die eh und je Zensur, Bücherverbrennung, Schreibverbot, ja Mord als die Fortsetzung ihrer Kritik mit andern Mitteln sanktioniert haben, und die sich liberal nur solange geben, bis die politischen Umstände es ihnen erlauben oder vielmehr gebieten, Fraktur zu reden.

Erst wenn es soweit ist (aber es ist immer schon soweit auf der anderen Seite des Flusses), dann kommen die Kategorien des Progressiven und des Reaktionären in den Künsten zu ihrem Recht. Zwar sind sie kaum weniger fragwürdig und abgeschabt als die des Alten und des Neuen; auch haben so viele Falschspieler mit ihnen operiert, daß ihnen die Zinken des Mißbrauchs für immer einbeschrieben sind. Immerhin können sie sich auf ihre Historizität berufen; sie eignen sich nicht zur Analyse biologischer, sondern geschichtlicher Prozesse. Solange irgendwo auf der Welt ästhetische Fragen mit Gewalt entschieden werden, ja solange damit auch nur, als einer realen Möglichkeit, zu rechnen ist, sind sie unentbehrlich: also überall und auf nicht absehbare Zeit. Sie erfordern keine metaphysische Begründung. Ihr Nutzen ist einzig und allein heuristischer Art[1]. Sie bedürfen daher der ständi-

1 Wo Finsternis mit Tiefe verwechselt wird, pflegt man für Aufklärung das schmückende Beiwort »platt« parat zu haben. In einem solchen geistigen Klima ist vielleicht die Bemerkung nötig, daß der Begriff des Progressiven jeder rosigen Aura entraten kann. Nicht im mindesten setzt er Optimismus oder die Überzeugung voraus, als strebe der Mensch, am Ende gar noch zwangsläufig, der Vollkommenheit zu. Wer an ihm festhält, negiert damit lediglich eine Negation, deren reale Wirkungen angesichts der überall geplanten Rückkehr in das Höhlenzeitalter schwerlich geleugnet werden kann. Schon wer seinen Plan zu behaupten sucht und sich der allgemeinen Regression nicht anschließen möchte, scheint in einer fliehenden Menge vorzudringen: er wirkt als Störenfried. So ist der Begriff des Fortschritts denen ein Hindernis, die den Rückschritt praktizieren.

gen Überprüfung: wie jedes Hilfsmittel, das nicht entbehrt werden kann, gefährden sie den, der sich ihrer bedient, sobald er ihnen blind vertraut. Eben ihr Verhältnis zum Zweifel unterscheidet zutiefst die progressive von jeder reaktionären Haltung. Die Bereitschaft zur Revision aller zementierten Thesen, zur unendlichen Prüfung ihrer eigenen Prämissen, ist für alle progressive Kritik konstitutiv. Dagegen glaubt sich die reaktionäre Kritik sozusagen von Natur aus und jederzeit im Recht. Sie ist der Reflexion auf ihre Voraussetzungen enthoben. So willfährig sie ihr Urteil den Herrschaftsverhältnissen von Fall zu Fall anzupassen weiß, so unzweifelhaft steht ihr fest, was für gesund, schön und positiv zu gelten hat.

Erst nach ihrer Machtübernahme zeigt sie ihr gewalttätiges Gesicht. Bis dahin operiert sie im Unterholz der Konventikel, auf dem unübersichtlichen Terrain der Schulbücher und der Kunsterziehung«; auf freiem Feld beobachtet sie eine gewisse Vorsicht. Unter demokratischen Bedingungen sieht sich die reaktionäre Kritik gezwungen, ihre eigene Existenz zu verleugnen. In ihren Kanon des Unvergänglichen nimmt sie sogar, stillschweigend, auf, was sie früher verfemt hat: sobald ein modernes Werk nicht mehr neu, nicht mehr riskant ist, wird es von eben jener Kritik behende als »Klassiker der Moderne« reklamiert, die jahrzehntelang vergeblich versucht hat, es mit ihren »festen Maßstäben« totzuschlagen. Einmal dem Erbe, das es zu bewahren gilt, zugeschlagen, wird es dann erst eigentlich um sein Leben gebracht, nämlich der Kritik entrückt und als einbalsamierte Reliquie ausgestellt. Was ihm zu unterdrücken nicht gelungen ist, dem biedert der reaktionäre Kunstrichter sich an und glaubt damit auch noch seine Großzügigkeit unter Beweis zu stellen. Solange er seine Doktrin nicht mit Hilfe der Polizei durchsetzen kann, findet er sich gar zum Waffenstillstand bereit, gibt sich als Vermittler und als Mann des *common sense,* der »über den Dingen steht«. Der gesellschaftliche Pluralismus wird, vorläufig, zum ästhetischen Ruhekissen: in der Finsternis der Freiheit sind dann alle Katzen grau. Jedes Werk hat neben jedem andern recht, der

Schund »ergänzt« das *chef d'œuvre*, und mit der Verbindlichkeit aller Urteile soll das kritische Vermögen schlechthin eskamotiert werden.

Neutralität von solchem Schlage, die gern auf den Namen der »Aufgeschlossenheit« hört, richtet sich selbst. Beim ersten Anzeichen dafür, daß ästhetische Fragen fortan von der Staatsmacht erledigt werden, schlägt sie in das um, was sie insgeheim immer schon gewesen ist. Dem Terror gegenüber, mag er von einem Goebbels oder einem Schdanow ausgeübt werden, gibt es keine Toleranz; was für die reaktionäre Kritik soviel bedeutet, als daß Toleranz den Opfern jenes Terrors gegenüber entbehrlich ist. Um so ungestörter kann sie sich auf ihren eigenen Gewißheiten ausruhen, solange sie nur dafür sorgt, daß die Maßstäbe ihrer Beckmesserei stets vorschriftsmäßig geeicht sind.

Diese Vorschriften sind immer dieselben: »Der Akzent muß auf die weltanschaulichen Fragen gelegt werden.« Das Kunstwerk selber ist nichts, es fungiert einzig und allein als »Vertreter« der jeweils verlangten »Weltanschauung«, die es »adäquat zu reproduzieren« hat. »Es kommt nicht auf die spezifische artistisch-formelle Schreibweise an, sondern auf diese weltanschaulich letzte Position.« An den Opportunismus, der's mit den stärkeren Bataillonen hält, wird offenherzig appelliert: »Anschluß an die entscheidenden Tendenzen der Zeit, die früher oder später auch die herrschenden sein werden«, soll der Schriftsteller finden, »auf den Boden« sich stellen, den die reaktionäre Kritik ihm anweist. Die »konkrete Richtschnur«, an der er sich aufhängen kann, ist damit gegeben, und »der berechtigte, für die Kunst außerordentlich fruchtbare weltgeschichtliche Optimismus« wird sich dann schon von selber einstellen. Die Künste sind dazu da, um »lebenswahren Realismus« und »umfassende Positivität« zu liefern und »den Menschen der Zukunft von innen zu gestalten«. »Wille und Eignung zum Schaffen einer solchen positiven neuen Wirklichkeit« erleichtern die »Wahl zwischen sozialer Gesundheit und Krankheit«. »Damit ist« – wörtlich! – »ein derartiges Erhöhen der Warte entstanden«, daß es nicht mehr zweifelhaft sein kann, welche Zwangsjacke der Wärter den Künsten anzulegen gedenkt: Avantgarde, oder was er darunter versteht, ist »dekadent«, »pervers«, »zynisch«, »nihilistisch« und »krankhaft«. Dieses Vokabular ist aus dem *Völkischen Beobachter* in guter Erinnerung, und daß der Geisteszustand, den es ausdrückt, in unserm Land nicht ausgestorben ist, lehrt jeder zweite Blick in die Zeitungen, die zwischen Passau und Bonn erscheinen. Die zitierten Phrasen sind aber nicht auf dem faschistischen Mist gewachsen; sie sind auch nicht dem *Neuen Deutschland* entnommen. Der sie niedergeschrieben hat, gilt als der gescheiteste, vornehmste und mutigste Literaturkritiker, den der Kommunismus überhaupt aufzuweisen hat; sie stehen in Georg Lukács' Buch »*Wider den mißverstandenen Realismus*«[2], das jenseits der Elbe nicht hat erscheinen dürfen, weil es den Kultur-Polizisten, die dort das Wort führen, immer noch nicht reaktionär genug war: er beanstandet zwar, in einer Sprache, die sich auf Schiller und Goethe wohl zu Unrecht beruft, »das immer stärker In-den-Vordergrund-Treten des Pathologischen« in der Literatur, spricht sich aber nicht für die Therapie aus, die solchen Diagnosen zu folgen pflegt und die darin besteht, den Patienten zu liquidieren. Lukács ruft keineswegs nach dem Revolver, wenn er das Wort Kultur hört. Er hat sich einen Rest jenes schlechten Gewissens bewahrt, das die Mitgift ihrer intelligenteren »Vertreter« an die reaktionäre Kritik ist. Es regt sich umsonst.

Das »Kunstwollen« solcher Kritik äußert sich nicht nur darin, daß ihre Sprache, unter welchem Parteiabzeichen auch immer, verlumpt und verrottet. Sie kann auch der Kenntnis dessen, was sie diffamiert, entraten. Der Bock als Gärtner ist auf die Botanik nicht angewiesen. Kraut und Unkraut scheidet er mit den Hörnern. Als gesund passiert am ehesten, was mittelmäßig ist: Theodore Dreiser, Sinclair Lewis, Norman Mailer, Romain Rolland und Roger Martin du Gard gelten Lukács als der Inbegriff der modernen Literatur. Welchem trüben Mißverständnis Thomas

2 Hamburg 1958.

und Heinrich Mann es zu verdanken haben, daß sie in dieser Liste der k. v. Geschriebenen figurieren, bleibt unerfindlich. Krankhaft und dekadent dagegen, im Unterschied zum pausbäckigen Autor des *Erwählten:* Dos Passos und Beckett, Montherlant und Kafka, Proust und Jens Rehn, Koeppen und Jünger, Gide und Faulkner: eine Versammlung von Namen, wie sie unsinniger kaum gedacht werden könnte[3]. Über ein und denselben unsauberen Kamm wird geschoren, was nach Rang und Gehalt, nach Sprache und Herkunft schlechthin unvergleichbar ist. Diesen Taschenkamm nennt Lukács »Avantgardismus« – selbstverständlich ohne sich die Mühe einer Analyse dieses Begriffs zu machen[4]. Nicht schwerer haben sich Hanns Johst und Will Vesper die Kunst der Unterscheidung gemacht.

Weder ihre westlichen noch ihre östlichen Nachtreter, von welchen Warten aus sie ihr Geschäft betreiben mögen, sind einer Kritik der Avantgarde fähig. Ihr Urteil darüber, was gesund und krank, was volksverbunden und entartet ist, muß von der Polizei vollstreckt werden, oder es bleibt bedeutungslos. Mit jedem ihrer Bannflüche bezeugen sie ihre eigene Unzuständigkeit.

Angesichts ihrer Zensuren, die es auf nichts anderes als Zensur abgesehen haben, versteht sich Solidarität von selbst. Jedes Werk verdient gegen seine Unterdrücker verteidigt zu werden: dieser Satz geht aller ästhetischen Prüfung voran, und noch das überflüssigste »Experiment« kann sich auf ihn berufen. Um so schärfer hat eine Kritik, die sich als progressiv versteht, auf ihre

3 Daß alle Klassiker, ohne jede Ausnahme, vor »Gesundheit« strotzen, versteht sich von selbst. Das »Erbe«, von Homer bis Tolstoi, muß als Knüppel herhalten, mit dem der modernen Literatur heimgeleuchtet wird. Aber nicht nur die erlauchten Schriftsteller der Vergangenheit werden als Kronzeugen rekrutiert: Lukács zögert nicht, neben sie den amerikanischen Trivialromancier Louis Bromfield in den Zeugenstand zu rufen, der ihm immerhin gut genug ist, um gegen Proust auszusagen.

4 Diese Fahrlässigkeit rächt sich, wenn Lukács schreibt: »Lenin kritisiert immer wieder den sektiererischen Standpunkt, als ob das, was für eine Avantgarde bereits bewußt geworden ist, von den Massen einfach übernommen werden könnte.« So schnell also ist ein Begriff von seinen Krankheiten zu heilen, wenn die Parteidisziplin es verlangt.

Rechte und Pflichten gerade der avanciertesten Produktion gegenüber zu achten. Begnügt sie sich damit, die Urteilssprüche der Kulturwärter auf den Kopf zu stellen, so gibt sie ihnen damit noch einmal recht. Wer den Vögten der Gewalt die Kompetenz abspricht, kann sich nicht gleichzeitig rechtfertigen, indem er sich auf ihre Sprüche beruft. Solidarität kann in den Künsten nur gelten, solange sie nicht als *carte blanche* benutzt wird. Keineswegs ist gegen Kritik immun, was sich als Avantgarde deklariert. Manches spricht dafür, daß dieser Begriff heute zum Talisman geworden ist, der seine Träger gegen alle Einwände feien und ratlose Rezensenten einschüchtern soll: besonders der Umstand, daß seine Analyse bis heute aussteht. Die sie am liebsten ausmerzen wollen, haben sich nie sonderlich dafür interessiert, was Avantgarde eigentlich ist. Das ist begreiflich. Merkwürdiger dagegen, daß ihre Anhänger zur Bestimmung dessen, was sie bewundern, kaum mehr beigetragen haben als ihre Feinde. Der Begriff der Avantgarde bedarf der Aufklärung.

Hinter dem Stichwort erscheinen in allen Wörterbüchern, zum Zeichen seiner Herkunft aus dem Militärwesen, zwei gekreuzte Degen. Ältere Nachschlagewerke nehmen von der übertragenen Bedeutung keine Notiz:

»*Avantgarde, Vorhut, Vortrab,* diejenige Abteilung eines marschierenden Truppenkörpers, welche dieser (das Gros) auf eine gewisse Entfernung vorschiebt … Eine A. teilt sich nach vorwärts in immer kleiner werdende Abteilungen bis zu der ganz vorn marschierenden *Spitze.* Jede dieser Abteilungen hat den Zweck, der nachfolgenden stärkern eine größere Sicherheit und Zeit zu gewähren … Die vorgeschobenen kleinern Abteilungen haben sich nach der ihnen folgenden größern in betreff der Fortbewegung zu richten« [5].

Auf die Künste wurde die strategische Vorstellung zuerst in

5 Brockhaus' *Konversations-Lexikon.* Vierzehnte Auflage. Zweiter Band. Berlin 1894

den fünfziger Jahren des vergangenen Jahrhunderts, und zwar in Frankreich, übertragen. Die Metapher hat seitdem den ursprünglichen Sinn des Ausdrucks verdrängt und verdunkelt; sie muß es sich jedoch gefallen lassen, daß man sie beim Wort nimmt. Der Einwand, sie sei nicht so gemeint, liegt nahe, aber er verschlägt nicht. In der Sprachfigur ist aufbewahrt, was ihre Benutzer vergessen haben; die Analyse bringt nur an den Tag, welche Voraussetzungen sie mitschleppt. Der Begriff der Avantgarde ist, wie das Wort selber, ein Compositum.

Sein erster Bestandteil gibt keine Rätsel auf. Das Gelände, in dem die Avantgarde sich bewegt, ist die Geschichte. Die Präposition *avant,* im militärischen Fachausdruck eher räumlich gedacht, kommt in der Metapher wieder zu ihrem ursprünglichen zeitlichen Sinn. Die Künste werden nicht als geschichtlich invariante Tätigkeiten des Menschengeschlechts oder als Arsenal der zeitlos existierenden »Kulturgüter«, sie werden als ein stets voranschreitender Prozeß angeschaut, als ein *work in progress,* an dem jedes einzelne Werk teilhat.

Und zwar ist dieser Prozeß eindeutig gerichtet. Das allein macht es möglich, Vorhut, Gros und Nachhut zu unterscheiden. Nicht alle Werke sind gleich weit »vorn«; und es gilt keineswegs als gleichgültig, welche Position sie einnehmen. Das Pathos des Begriffs speist sich aus der Vorstellung, daß der Platz an der Spitze des Prozesses ein Werk auszeichnet, ihm einen Rang verleiht, der anderen Werken nicht zukommt. Verglichen wird dabei nicht so sehr die gegenwärtige Produktion mit der vergangenen. Zwar schließt die Avantgarde-Metapher die subalterne und dumpfe Meinung nicht aus, als ließe sich, was früher entstanden ist, eben deshalb schon zum alten Eisen werfen. Doch läßt sie sich auf vulgäre Anbetung des Neuesten nicht reduzieren. Mitgedacht ist in ihr die Ungleichzeitigkeit des Gleichzeitigen: Vorläufer und Nachzügler sind in jedem Augenblick des Prozesses zugleich anwesend. Äußere und innere Zeitgenossenschaft fallen auseinander. Das *en avant* der Avantgarde möchte gleichsam Zukunft im Gegenwärtigen verwirklichen, dem Gang der Geschichte vorgreifen.

Ihr Recht hat diese Vorstellung daran, daß Kunst ohne ein Moment der Antizipation überhaupt nicht zu denken ist. Es ist im produktiven Vorgang selbst enthalten: dem Werk geht der Entwurf voraus. Er verschwindet nicht in seiner Verwirklichung. Jedem Kunstwerk, und dem *chef d'œuvre* zumal, wohnt etwas Unvollendetes inne, ja dieser notwendige Rest macht seine Dauer aus: erst mit ihm vergeht das Werk. Eine Ahnung davon ist die Bedingung aller Produktivität. Die Idee des Ruhmes hat hier ihren Grund. Er ist von jeher Nachruhm gewesen, unvergleichlich mit dem Erfolg zu Lebzeiten. Erst die Nachgeborenen können das Kunstwerk vollenden, das unabgeschlossen in die Zukunft ragt, die Antizipation durch den Ruhm gleichsam einlösen. In dieser Zuversicht sind die antiken Werke entstanden. Sie äußert sich ausdrücklich in einem verbreiteten literarischen Topos als Anrufung der Nachwelt durch den Dichter.

Mit der Entfaltung des historischen Bewußtseins beginnt dieses Vertrauen auf die Nachwelt zu schwinden. Zwar öffnet sich jedem Werk, auch dem unbedeutendsten, die Aussicht auf eine neue Unsterblichkeit: alles kann, ja muß aufbewahrt, im Gedächtnis der Menschheit aufgehoben werden: aber als »Denkmal«, als Relikt. Damit taucht die Frage der Überholbarkeit auf. Die ewige Fortdauer im Museum wird mit der Aussicht erkauft, daß fortan der Gang der Geschichte über alles, ohne es auszulöschen, hinweggehen kann. Jeder wird sich des voranschreitenden Prozesses bewußt, und dieses Bewußtsein wird seinerseits zum Motor, der den Prozeß beschleunigt. Die Künste finden in ihrer Zukunft nicht mehr Schutz: sie tritt ihnen als Drohung entgegen und macht sie von sich abhängig. Immer rascher verschlingt die Geschichte die Werke, die sie zeitigt.

Von nun an sind die Künste ihrer eigenen Historizität als Stimulans und Drohung eingedenk; aber es bleibt nicht bei dieser Veränderung des Bewußtseins. Der Sieg des Kapitalismus macht aus ihr eine handfeste ökonomische Tatsache: er bringt das Kunstwerk auf den Markt. Damit tritt es nicht nur zu andern Waren, sondern auch zu jedem andern Kunstwerk in ein Verhältnis der Konkurrenz. Der geschichtliche Wettstreit um die Nachwelt wird zum kommerziellen Wettbewerb um die Mitwelt. Der Mechanismus des Marktes imitiert den verschlingenden Gang der Geschichte im Kleinen: kurzatmig, nach dem Augenmaß der Betriebswirtschaft, auf raschen Umsatz bedacht. Das antizipierende Moment der Kunst wird zur Spekulation verkürzt: ihre Zukunft notiert wie die eines Börsenpapiers. Die historische Bewegung wird beobachtet, aufgefaßt und eskomptiert wie ein konjunktureller Trend, von dessen korrekter Vorhersage der ökonomische Erfolg abhängt. Doch begnügt sich die Bewußtseins-Industrie auf die Dauer nicht damit, den Markt der Künste durch ihre Auguren beobachten zu lassen. Sie versucht, sich gegen den Wechsel des Wetters zu versichern, indem sie es selber macht. Der Trend von morgen wird von ihr, wenn nicht geradezu erfunden, so doch proklamiert und befördert. Die Zukunft des Kunstwerks wird verkauft, noch ehe sie eingetroffen ist. Angeboten wird jeweils, wie in anderen Branchen auch, das Modell des nächsten Jahres. Aber diese Zukunft hat nicht nur immer schon begonnen: sie ist auch, wenn sie auf den Markt geworfen wird, jeweils schon vorbei. Das ästhetische Produkt von morgen, heute angeboten, gilt übermorgen als Ladenhüter, der nicht mehr verkäuflich ist und ins Archiv wandert: im Hinblick auf die Chance, daß es zehn Jahre später, als sentimentalisches Remake, noch einmal abgesetzt werden kann. Auch das Kunstwerk wird also dem industriellen Verfahren der künstlichen Alterung unterworfen: sein Nachruhm wird sofort, im doppelten Sinn des Wortes, kassiert; ja er wird, als *publicity*, in Vorruhm verwandelt, der dem Werk zufällt, noch ehe es in Erscheinung tritt. Seine Nachwelt wird industriell hergestellt. Der Satz von der Ungleichzeitigkeit des Gleichzeitigen wird verwirklicht, indem man die Kundschaft zur Vorhut ausbildet, die mit dem Neuesten bedient werden will und Zukunft gleichsam als Konsumgut verlangt.

Als Lieferanten dieser Industrie nehmen Schriftsteller, Maler, Komponisten ökonomisch Angestellten-Züge an. Sie müssen »mit der Zeit gehen« und den Konkurrenten stets um eine Nasenlänge voraus sein. Um an der Spitze sich zu halten, dürfen sie »den Anschluß nicht verpassen«. Daß sich Fünfzigjährige als junge Autoren bezeichnen lassen, hat hier seinen Grund. Selbstverständlich lädt eine solche ökonomische Verfassung zu niederträchtigen Manövern ein. Sie ermöglicht die Entstehung einer Avantgarde als Bluff, als Flucht nach vorn, der das Gros aus Angst, zurückzubleiben, sich anschließt. Der Typus des Mitläufers, der als Vorläufer gelten möchte, tritt in den Vordergrund; im Run auf die Zukunft sieht jeder Hammel sich als den Leithammel. Wer derart auf dem laufenden bleibt, ist allemal Objekt eines Prozesses, den er als Subjekt zu führen glaubt.

Diese ökonomischen Konsequenzen machen aber nur eine Aporie sichtbar, die mit der Vorstellung einer Avantgarde der Künste selber gegeben ist. Fragwürdig ist nicht nur seine industrielle Verwertung, sondern das *en avant*, mit dem sie antritt, überhaupt. Wer nämlich, außer ihr selber, entscheiden soll, was zu jeder Zeit »vorne« ist, das bleibt offen. »Die vorgeschobenen kleinern Abteilungen haben sich«, wenn man Brockhaus glauben darf, »nach der ihnen folgenden größern in betreff der Fortbewegung zu richten«: das heißt aber, sobald die Vorstellung einer räumlichen auf die zeitliche Bewegung übertragen wird, nach einer Unbekannten.

Freilich läßt sich ohne große Mühe die Behauptung verifizieren, daß es zu jeder Zeit eine Arrièregarde gibt. Unfehlbar fällt sie mit dem zusammen, was die reaktionäre Kritik als gesund empfiehlt. Ihre Physiognomie läßt sich bis in die kleinsten Züge beschreiben, weil in ihren Zügen eben nur das historisch Wohlbekannte epigonal wiederkehrt. Ein extremes, recht genau erforschtes Beispiel ist der Trivialroman, der stets ältere Muster abgenutzt und entstellt wiederholt. Dabei sinkt nicht eigentlich ab, was frühere Epochen hervorgebracht haben: abgesunken sind eher die Produzenten dieser Arrièregarde, die sich gern, aber immer zu Unrecht, auf die Tradition beruft. Ihr anspruchsloser, kleinbürgerlicher Flügel ist durch seine Dummheit gegen jeden Einwand geschützt; er erfreut sich in kommunistischen Ländern staatlicher Protektion und beliefert in der neo-kapitalistischen Gesellschaft, von der Öffentlichkeit kaum beachtet, das Proletariat, das auf allgemeinen Wunsch in *lower middle class* umgetauft worden ist. Wie diese Mehrheit der Bevölkerung reibungslos mit Ästhetik aus fünfter Hand versorgt wird, läßt sich an den Katalogen der großen Kauf- und Versandhäuser studieren. Dieser unartikulierten Arrièregarde ist jene »gehobene« an die Spitze zu stellen, die sich aus den »Kulturträgern. zusammensetzt. Ihre Spezialität ist die aristokratische Geste, mit der sie »geistige Belange wahrzunehmen« und »Werte« zu verteidigen meint; ihr jahrzehntelanges Schattenboxen mit der Moderne bedarf keiner Erläuterung, und ihre Standpunkte sind bis zum Überdruß bekannt.

Dagegen läßt sich kein Standpunkt ausmachen, von dem aus zu bestimmen wäre, was Avantgarde ist und was nicht. Alle Versuche der Bewußtseins-Industrie, die historische Bewegung der Künste als Trend zu ermitteln und ihre Prognose zum Diktat zu erheben, schlagen als Spekulation fehl: Treffer erzielt sie bestenfalls im Hasard. Der Prozeß macht nicht nut die ohnmächtigen Versuche der Kommunisten, ihn einzuplanen, sondern auch die gewitzteren Bemühungen der kapitalistischen Wirtschaft zuschanden, die ihn durch Reklame und Marktmanipulationen steuern möchte. Mit Sicherheit kann nur gesagt werden, was »vorne« *war*, nicht was »vorne« *ist*. Das Werk Kleists oder Kafkas ist den Zeitgenossen unsichtbar geblieben, nicht weil diese sich geweigert hätten, »mit der Zeit zu gehen«, sondern weil sie mit der Zeit gegangen sind. Damit ist nicht gesagt, daß in den Künsten verkannt werden müsse, was Zukunft enthält. Ohnehin hat der Begriff des Verkannten eine altmodische Färbung angenommen, seitdem die Kapazität der Reproduktions-Apparate größer ist als die vorhandene Produktivität, seitdem infolgedessen wahllos und auf Verdacht publiziert wird, was überhaupt einer schreibt oder malt. Daß damit jedem Werk, gar dem, das Zukunft vorwegnimmt, Gerechtigkeit geschehe, davon kann keine Rede sein: es gibt keine Instanz, bei der solche Gerechtigkeit eingeklagt oder wie ein Tarifvertrag durchgesetzt werden könnte. Wo das Wort Avantgarde mit dem Präsens konstruiert wird, entsteht ein doktrinärer Satz. Unrecht hat bereits, wer auf objektive Notwendigkeit, Materialzwang und zwangsläufige Weiterentwicklung sich versteift. Jede derartige Doktrin verläßt sich auf die Methode der Extrapolation: sie verlängert Linien ins Unbekannte hinein. Mit diesem Verfahren ist aber nicht einmal einem politischen oder ökonomischen Prozeß beizukommen, weil es nur auf lineare, nicht auf dialektische Vorgänge anwendbar ist: geschweige denn auf einen ästhetischen Prozeß, der durch keine Prognose, nicht einmal eine statistische, erfaßt werden kann, weil in seiner Charakteristik die Sprünge entscheiden. Ihrem spontanen Auftreten ist keine Theorie der Zukunft gewachsen.

Das Modell, an dem sich die Vorstellung der Avantgarde orientiert, ist untauglich. Das Voranschreiten der Künste in der Geschichte wird als lineare, eindeutige übersichtliche und überschaubare Bewegung gedacht, in der jeder seinen Platz, Spitze oder Troß, selber bestimmen könnte. Ungedacht bleibt, daß diese Bewegung vom Bekannten ins Unbekannte führt; daß mithin nur die Nachzügler angeben können, wo sie sind. Was vorn ist, weiß niemand, am wenigsten, wer unbekanntes Terrain erreicht hat. Gegen diese Ungewißheit gibt es keine Versicherung. Mit der Zukunft kann sich nur einlassen, wer den Preis des Irrtums zu erlegen bereit ist. Das *avant* der Avantgarde enthält seinen eigenen Widerspruch: es kann erst *a posteriori* markiert werden.

Die Metapher von der Avantgarde enthält aber nicht nur zeitliche, sondern auch soziologische Bestimmungen. Sie werden im zweiten Bestandteil des Compositums ausgedrückt.

»*Garden* werden außer den Leibwachen der Fürsten in vielen Armeen die durch vorzüglichen Ersatz und besonders glänzende Uniformen ausgezeichneten Elitetruppen (s. Elite) genannt, die meist in den Haupt- und Residenzstädten garnisonieren. Garde bedeutet ursprünglich eine Umhegung ... Als der eigentliche Schöpfer der G. muß Napoleon I. betrachtet werden. Die Überlieferung legt ihrem Führer, dem General Cambronne (freilich mit Unrecht) den Ausspruch in den Mund: ›Die Garde stirbt, doch sie ergiebt sich nicht‹« [6].

Jede Garde ist ein Kollektiv; das ist das erste, was sich diesem Wort ablesen läßt. Zuerst die Gruppe, dann erst der einzelne, auf dessen Entschlüsse es nicht ankommt, wenn die Garde etwas unternimmt: er wäre denn ihr Anführer. Denn zwischen dem Einen, der die Befehle und Parolen des Tages ausgibt, und den Vielen, die sie empfangen, weitergeben und befolgen, wird jede Garde aufs strengste unterscheiden. Gemeinsam ist allen, die ihr angehören, die Disziplin. Ohne Vorschrift und Regel kann sie nicht auskommen. Sie einzuhalten, ist nicht immer leicht, nimmt dem Gardisten aber auch manche Sorge ab. Mit seiner Freiheit delegiert er ans Ganze auch Zweifel, Angst und Unsicherheit: seiner Sache, die nun nicht mehr die seine, sondern die des Kollektivs ist, kann er sich sichrer fühlen. Den Schutz, den die Garde gewährt, genießt zuallererst, wer ihr angehört. Er hat nicht nur Pflichten, sondern auch Rechte, nämlich Vorrechte. Zur Garde zu gehören, ist eine Auszeichnung. Sie ist ein exklusiver Männerbund: das Gehege schließt andere aus. Jede, auch die Avant-Garde, versteht sich als Elite. Stolz ist sie nicht nur darauf, voran- und weiter zu sein als die andern, sondern auch darauf, zu einer ausgezeichneten Minderheit zu zählen.

Die Bestimmung der Garde ist der Kampf. In ihm, und in ihm allein, erweist sich ihr Wert. Nicht Produktivität, sondern Auseinandersetzung ist ihre *raison d'être:* sie ist immer militant. Die Übertragung des Begriffs auf die Künste führt hier zu gewissen Schwierigkeiten. Welchen Gegner meint die Vorhut im Gelände der Geschichte anzutreffen, wenn sie allein, und niemand sonst, in der Zukunft oder in die Zukunft hinein operiert? Welchem feindlichen Heer könnte sie dort begegnen? An Feinden wird es keinem fehlen, der das gesicherte, angeblich so »gesunde« Ter-

6 Op. cit. Siebenter Band. Berlin 1894.

rain des Mittelmaßes verläßt: aber diese Gegner scheinen sich doch eher in seinem Rücken aufzuhalten, und abgesehen davon, daß er seinen Daseinszweck nicht gerade in ihrer Bekämpfung sehen wird, will es nicht recht zu der Idee einer Garde passen, daß ihr einziger Feind der Train desselben Heerwurms sein sollte, den anzuführen sie den Vorzug hat.

Der Begriff der Avantgarde ist nicht nur auf die Künste, sondern, mehr als ein halbes Jahrhundert später, mit mehr Glück und Verstand auch auf die Politik übertragen worden. Im Jahre 1919 hat Lenin die Kommunistische Partei als »Avantgarde des Proletariats« definiert[7]. Diese Formulierung ist in den Sprachgebrauch der Kommunisten in der ganzen Welt eingegangen[8]. Sie bezeichnet auf das schärfste, was in der Avantgarde-Metapher soziologisch mitgedacht oder vielmehr unaufgeklärt mitgeschleppt wird. Welche Rolle Sorels Elitebegriff für die Entwicklung der Leninschen Theorie gespielt hat, ist bekannt. Ganz im Sinn Sorels gilt Lenin die Partei als eine straff organisierte, elitäre Kampfgruppe, der die absolute innere Disziplin selbstverständlich ist; ebenso selbstverständlich steht ihr ein privilegierter Status gegenüber den Außenseitern, der Masse der Nicht-Parteimitglieder zu. Die Avantgarde-Metapher ist hier bis zur schneidenden Konsequenz durchdacht. Nur in einem Punkt weicht die übertragene Bedeutung von der ursprünglichen ab: die kommunistische Avantgarde hat sich nicht nach dem Gros »in betreff der Fortbewegung zu richten«, sondern umgekehrt: sie ist zugleich der Generalstab, nach dessen Plänen sich die ganze Operation zu richten hat: sie setzt nicht nur die Diktatur des Proletariats, sondern auch die Diktatur über das Proletariat durch. Verständlich, daß die Revolution, soll sie namens der Mehrheit, doch gegen deren Willen »durchgeführt« werden, im Gegensatz zu den Musen

7 *Werke*, Band 31, S. 28 f. Berlin 1958. Später unablässig wiederholt.

8 Daher eine amüsante terminologische Schwierigkeit, die sich für alle orthodoxen Marxisten ergibt, wenn sie über ästhetische Fragen schreiben: Avantgarde in den Künsten ist zu verdammen, Avantgarde in der Politik aber als Autorität zu verehren.

einer Leibwache bedarf. In allen anderen Punkten aber ist der kommunistische Avantgarde-Begriff stringent. Was vorn ist, bestimmt ein für allemal eine unfehlbare Doktrin, und der Gegner, auf den sich ihr Vorstoß richtet, ist ausgemacht und realiter vorhanden.

Neben Lenins wohldefinierter Anwendung auf die Politik nimmt sich die Avantgarde-Vorstellung in den Künsten einigermaßen konfus aus. Am allerwenigsten leuchtet ihr kollektiver Zug ein. Natürlich wirken an einem historischen Prozeß viele mit, so viele, daß die Überlegung lächerlich wäre, aus wie vielen einzelnen eine Literatur zu einem gegebenen Zeitpunkt »bestünde«. Aber so wahr jede Literatur eine kollektive Anstrengung ist, so wenig ist sie unter dem Bild einer disziplinarisch organisierten Truppe zu begreifen, die auf eine Doktrin eingeschworen wäre. Jeder, der an ihm teilhat, verhält sich gleich unmittelbar zu dem Prozeß im Ganzen; seine Freiheit und sein Risiko kann er an keine Gruppe delegieren.

An sich enthält die Avantgarde-Metapher nicht den geringsten Hinweis auf eine revolutionäre oder auch nur revoltierende Absicht. Nichts ist auffallender als dieser Mangel. Denn noch jede Gruppe, die bisher von ihr Gebrauch gemacht hat, in den Künsten sowohl wie in der Politik, hat sich als Fronde verstanden und den Umsturz der bestehenden Verhältnisse proklamiert. Kein avantgardistisches Programm, das nicht gegen die Trägheit des bloß Vorhandenen protestiert und versprochen hätte, ästhetische oder politische Fesseln zu lösen, hergebrachte Herrschaft abzuwerfen, unterdrückte Kräfte in Freiheit zu setzen. Freiheit, revolutionär errungen, verheißen alle avantgardistischen Bewegungen. Diesem Anspruch, den er selber gar nicht ausdrückt, mehr als dem auf die Zukunft, mehr als dem, Elite zu bilden, verdankt der Begriff der Avantgarde sein Pathos. Auch in dieser Hinsicht hat Lenin ihn schärfer zu Ende gedacht als alle Schriftsteller und Maler. Wovon und auf welche Weise die kommunistische Avantgarde ihre Anhänger und alle andern befreien möchte, das leidet keinen

Zweifel; ihren revolutionären Charakter wird ihr ärgster Feind nicht leugnen. Vage und verschwommen dagegen bleibt, welche Freiheit die Manifeste der Avantgarde in den Künsten meinen und was das Wort Revolution, so oft es darin auch erscheint, zu bedeuten hat. Allzuoft hören sich diese Manifeste zugleich großsprecherisch und harmlos an, so als wäre es ihnen nur darum zu tun, bürgerliche Konventionen zu verscheuchen, die ohnehin nichts weiter als Gespenster sind. Der Schrei nach absoluter Freiheit nimmt sich sonderbar aus, wenn es sich um die Frage handelt, ob man Fisch mit dem Messer essen darf oder nicht. Die Neigung zur revolutionären Rhetorik offenbart aber nicht nur die peripheren Blößen der Avantgarde, sie verdeckt ihre zentralen Aporien. Nur da, wo sie ihre Ziele und Methoden rücksichtslos formuliert, wie bei Lenin, kommen diese Aporien zum Vorschein.

Nicht anders als der Kommunismus in der Gesellschaft will Avantgarde in den Künsten Freiheit doktrinär durchsetzen. Ganz wie die Partei glaubt sie, als revolutionäre Elite, und das heißt als Kollektiv, die Zukunft für sich gepachtet zu haben. Aufs bestimmteste verfügt sie über das Unbestimmbare. Willkürlich diktiert sie, was morgen gelten soll, und unterwirft sich zugleich, diszipliniert und willenlos, dem Gebot einer Zukunft, die sie selber verhängt. Sie proklamiert als ihr Ziel die totale Freiheit und überläßt sich widerstandslos dem historischen Prozeß, der sie von eben dieser Freiheit erlösen soll.

Diese Aporien liegen im Begriff der Avantgarde selber. Sie lassen sich empirisch an allen Gruppen verifizieren, die sich auf ihn berufen haben; aber sie sind nie eklatanter zum Vorschein gekommen als an dem, was sich heute als Avantgarde ausstellt: am Tachismus, am *art informel* und an der monochromen Malerei; an der seriellen und der elektronischen Musik; an der sogenannten konkreten Dichtung und an der Literatur der *beat generation*[9].

9 Diese Feststellung ist keine pauschale Abfertigung all dessen, was sich zu den erwähnten Gruppen rechnet oder zu ihnen gerechnet wird. In diesem Aufsatz kann sie nur an gewissen literarischen Erscheinungen präzisiert werden; eine Analyse der entsprechenden Sachverhalte in der Malerei

Gemeinsam ist diesen »Bewegungen« die mehr oder weniger lauthals verkündete Überzeugung, »vorn« zu sein; ihr doktrinärer Zug; und ihre kollektive Verfassung. Daß ihre Namen im Laufe weniger Jahre zu Schlagworten, ja Warenzeichen geronnen sind, ist nicht nur auf ihr Einverständnis mit der Bewußtseins-Industrie zurückzuführen: als griffige Losung wurden diese Bezeichnungen von vornherein lanciert. Avantgardismus wird heute als gängige Münze über Nacht in Verkehr gebracht. Um so mehr Grund, die Prägung etwas genauer zu betrachten.

Jack Kerouac, dem Oberhaupt der Beatnik-Sekte, von seinen Anhängern als Holy Jack kanonisiert, ist die folgende Maxime zu verdanken, die er in seinem »Glaubensbekenntnis«, zugleich einer »Liste der unentbehrlichen Hilfsmittel« des Schriftstellers, niedergelegt hat: »Sei immer blödsinnig geistesabwesend!« Der Satz kann der landläufigen Serienproduktion des Tachismus, des *art informel,* des *action painting,* der konkreten Dichtung insgesamt, sowie einem guten Teil der neuesten Musik als Motto dienen. Kerouac fährt fort: »My style is based on spontaneous get-with-it, unrepressed word-slinging ... Beseitige literarische, grammatische und syntaktische Hindernisse! Schlage so tief, wie du schlagen kannst! Visionäre Krämpfe durchzucken die Brust. Du bist allezeit ein Genie« [10]. Mit so viel, sei's auch falscher, Nai-

und der Musik überschritte seine Kompetenz. Über *Das Altern der Neuen Musik* hat Theodor W. Adorno geschrieben. Der Aufsatz steht in der aktuellen Musikkritik durch seinen Scharfsinn und seine Kompromißlosigkeit durchaus einzig da. Er ist abgedruckt in dem Band *Dissonanzen. Musik in der verwalteten Welt.* Göttingen 1956. Zur Problematik des Informel vgl. Hans Platscheks vorzügliche *Versuche zur modernen Malerei: Bilder als Fragezeichen.* München 1962.

10 *Unterwegs.* Roman. Hamburg 1959 (Umschlagtext); ferner *The New American Poetry 1945–1960.* Edited by Donald M. Allen. New York 1960. S. 439.

Der ästhetischen Beliebigkeit entspricht soziologisch die blinde Mobilität, die sich schon im Titel von Kerouacs Roman äußert: der Ortswechsel als Selbstzweck; ferner eine programmatisch geforderte Promiskuität und Obsession mit dem Gebrauch von Narkotika. Die Kehrseite dieser anar-

vität stellt sich die Avantgarde freilich nur zwischen New York und San Francisco bloß. Die harmlose Einfalt, mit der sie die Barbarei proklamiert, wirkt geradezu liebenswürdig im Vergleich zu ihrem europäischen Widerpart. Hier drückt sich Beliebigkeit in einem abgebrühten akademischen Jargon aus, der das Delirium als Seminararbeit auftischt: Die angebotenen Texte bilden »ein System von Worten, Buchstaben oder Zeichen, die erst einen Sinn durch den persönlichen Beitrag des Lesers bekommen ... Sie sind willkürlich in die 16 Richtungen der quadratischen Seite gesetzt und in zufälliger Folge zusammengenutet ..., besitzen Stringenz allein durch die Strudel der Bewegung und kraft der Zustimmung, die sie im Leser evozieren ..., münden bei konsequenter Durchführung ein in den schwarzen Stein, das letzte Stillstehen, als die nicht mehr zu steigernde, komplexe Bewegung. Sind damit konkrete Form, ununterbrochen zentrierter Punkt, objektiver Bestand an Natur (als materia-1 sine qua non) ahne warumbe«[11].

Das liest sich wie eine Übersetzung von Kerouacs Katechismus ins okzidentale Kultur-Rotwelsch. Der Übersetzer hält sich strikt an die Vorschriften des Originals, das zwar mit Bildungsresten geschmückt wird, dessen intellektueller Dürftigkeit er aber durchaus die Treue hält. Die zum Selbstzweck erhobene Mobilität kehrt als »Strudel der nicht mehr zu steigernden, komplexen Bewegung« wieder, und die »visionären Krämpfe« wer-

chischen Attitüde ist der strenge Kodex, dem sich die Angehörigen der Gruppe unterwerfen müssen. Zwischen ihnen und den Außenstehenden, den sogenannten *squares*, wird streng unterschieden. Norman Mailer, der sich der Bewegung angeschlossen hat, ist eine Aufstellung ihrer wichtigsten Regeln in handlicher Tabellenform zu verdanken. Diese Vorschriften erstrecken sich unter anderm auf die Kleidungsstücke, Philosophen, Speiselokale und Jazzmusiker, die der *hipster zu* bevorzugen hat. Dieser Kodex ist durchaus ernst gemeint; Mailer läßt sich keinerlei Ironie zuschulden kommen. Mit der gleichen Konsequenz zelebriert die Gruppe ihre eigens erfundene Geheimsprache, deren Ausdrücke als Losung fungieren. Hier ist keine Abweichung erlaubt, und das »hemmungslose Herumschleudern von Worten« wird zum fixen Ritual.

11 *material* I, Darmstadt 1958.

den zum »schwarzen Stein ahne warumbe«. In beiden Fällen erfordert die Mystifikation »konsequente Durchführung«, und die Vorschrift: »Sei immer blödsinnig geistesabwesend« nimmt Stringenz für sich in Anspruch. Eine Vorstellung davon, welche Möglichkeiten diese Avantgarde eröffnet, gibt der folgende »Text«:

ra ra ra ra ra ar ra ra ra ra ar ar er ir
ra ra ra ra ar ar ar ka ra ra ar ar ar er
ra ra ra ar ar ar ak af ka ra ar ar ar ra
ra ra ar ar ar ak af ab af ka ar ar ra ra
ra ar ar ar ak af ab af ab af ak ra ra ra[12]

Dieses Resultat steht nicht einzig da. Werke von gleicher Beschaffenheit stehen in solcher Zahl zur Verfügung, daß es ungerecht wäre, den Urheber des Beispiels zu nennen, obwohl er sich durch seine Produktion bereits einen gewissen Namen gemacht hat. Da sie indessen von den Hervorbringungen seiner Weggenossen kaum zu unterscheiden ist, kommt als Autor, sofern dieses Wort noch anwendbar ist, eher das Kollektiv in Betracht: in solchen Texten stellt die Garde sich selber her. Auf den ersten Blick ist zu sehen (und dies allein rechtfertigt den Abdruck eines Musters), daß sie die soziologischen Aporien der Avantgarde recht genau formal wiederholen; ja sie erschöpfen sich geradezu in ihrer Reproduktion. Beliebigkeit erscheint als Doktrin, Regression als Fortschritt. Die Milchmädchen-Rechnung gibt sich als Delirium, der Quietismus als Aktion, der Zufall als Vorschrift.

Daß diese Charakteristik nicht nur für die »konkrete Dichtung« und für die Literatur der *beat generation* gilt, sondern für die selbsternannte Avantgarde in allen Künsten, zeigt ein internationales Album, in dem sie sich selbst darstellt und das »Bericht, Dokumentation, Analyse und Programm zugleich« zu sein

12 a.a.O.

beansprucht[13]. Es enthält eine Liste ihrer zentralen Begriffe und Kategorien, die für Literatur und Malerei, Musik und Plastik, Film und Architektur (soweit solche Unterscheidungen noch zugelassen werden) gleichermaßen gelten sollen. Hervorzuheben sind die folgenden: Improvisation, Zufall, Ungenauigkeitsmoment, Austauschbarkeit, Unbestimmtheit, Leere; Reduktion zur reinen Bewegung, reine Aktion, absolute Bewegung, Motorik, *mouvement pur.* Die willkürliche, blinde Bewegung ist der leitende Begriff des ganzen Albums; das geht schon aus seinem Titel hervor. Er ist insofern konsequent, als die Avantgarde von jeher auf Bewegung aus war, nicht nur im geschichtsphilosophischen, sondern auch im soziologischen Sinn. Jede ihrer Gruppen glaubte nicht nur eine Phase im historischen Prozeß vorwegzunehmen, sie verstand sich auch jeweils selbst als Bewegung, *mouvement.* In beiderlei Verstand proklamiert sich diese Bewegung nun als Selbstzweck. Die Verwandtschaft mit den totalitären Bewegungen liegt auf der Hand, deren Zentrum, wie Hannah Arendt nachgewiesen hat, eben die leere Motorik ist, die durchaus willkürliche, ja manifest absurde ideologische Forderungen aus sich heraus- und realiter durchsetzt[14]. Kerouacs Forderung: »Schlage so tief, wie du schlagen kannst!« ist nur deshalb völlig harmlos, weil sie sich gegen die Literatur richtet, und weil die Literatur, wie alle Künste, von seinesgleichen nicht terrorisiert werden kann. Auf die Politik übertragen könnte sie jeder faschistischen Organisation als Wahlspruch dienen. Die ohnmächtige Avantgarde muß sich damit begnügen, ihre eigene Produktion auszulöschen. Folgerichtig stellt der japanische Maler Murakami einen großen, bemalten Papierschirm her, der für sein Werk des »mehrere Löcher in einem Augenblick Schlagens« bestimmt ist: »Das Werk von Murakami machte ein mächtiges Getöse, als es durchschlagen wurde. Sechs Löcher wurden durch den starken

13 *Movens. Dokumente und Analysen zur Dichtung, bildenden Kunst, Musik, Architektur.* In Zusammenarbeit mit Walter Höllerer und Manfred de la Motte herausgegeben von Franz Mon. Wiesbaden 1960.

14 *Elemente und Ursprünge totaler Herrschaft.* Frankfurt 1958.

achtfachen Papierschirm gerissen. Dies geschah mit einer solchen Geschwindigkeit in eben einem Augenblick, daß die Kameramänner [!] den Augenblick verpaßten. Als die sechs Löcher da waren, hatte er einen Anfall von Blutleere im Gehirn. ›Ich wurde ein neuer Mensch seitdem‹, murmelte er später«[13]. Zur Annahme obskurer Heilslehren neigen alle avantgardistischen Gruppierungen. Bezeichnend ist ihre Wehrlosigkeit gegenüber dem Zen-Buddhismus, der sich innerhalb weniger Jahre unter Verfassern, Malern und Musikern dieses Schlages rapide ausgebreitet hat. In seiner importierten Form dient der Zen-Buddhismus dazu, der blinden Aktion zu einer okkulten, quasi-religiösen Weihe zu verhelfen. Die Lehre ist in Beispielen, sogenannten *mondo*, überliefert. Die Pointe der bekanntesten Exempel besteht darin, daß metaphysische Fragen eines Jüngers vom Meister mit Stockschlägen oder Ohrfeigen beantwortet werden. Auch die »Aktion« Murakamis kann als Zen-Beispiel betrachtet werden. Sie weist auf die latente Gewalttätigkeit der avantgardistischen »Bewegungen« hin, die sich freilich zuallererst gegen das »Material« richtet, mit dem sie es zu tun haben: blindlings geschleudert werden Farben, Töne und Wortstümpfe, nicht Molotow-Cocktails oder Handgranaten.

Die Kehrseite dieser Anfälligkeit für extrem irrationale, vorgeblich mystische Lehren ist die gleichermaßen extreme Wissenschaftsgläubigkeit, die von der Avantgarde zur Schau getragen wird. Die Beliebigkeit ihrer »Aktionen« gibt sich stets exakt. Diesen Eindruck versucht sie mit Hilfe einer Terminologie zu erwekken, die aus den verschiedensten Disziplinen zusammengeklaubt ist. Neben Leere und absoluter Bewegung finden sich Stichworte wie die folgenden: Konstellation, Materialstruktur, Korrelogramm, Koordination, Rastermodulation, Mikroartikulation, Phasenverschiebung, Autodetermination, Transformation, und so weiter und so fort. Ein Laboratoriumskittel verhüllt die von visionären Krämpfen durchzuckte Brust; und was die Avantgarde hervorbringt, seien es Gedichte, Romane, Bilder, Filme, Bauten oder Musikstücke, ist und bleibt »experimentell«.

Das »Experiment« als ästhetischer Begriff ist längst in den Sprachschatz der Bewußtseins-Industrie eingegangen. In Umlauf gebracht von der Avantgarde, verwendet als Beschwörungsformel, abgegriffen und unaufgeklärt, sucht es Tagungen und Kulturgespräche heim und setzt sich in Rezensionen und Essays fort. Das obligatorische Adjektiv ist »kühn«; wahlweise ist auch das schmückende Beiwort »mutig« erlaubt. Die bescheidenste Überlegung zeigt, daß es sich um einen simpeln Bluff handelt.

Experimentum bedeutet »das Erfahrene«. In den modernen Sprachen bezeichnet das lateinische Wort ein wissenschaftliches Verfahren zur Überprüfung von Theorien oder Hypothesen durch die methodische Beobachtung von Naturvorgängen. Der aufzuklärende Vorgang muß isolierbar sein. Sinnvoll ist ein Experiment nur, wenn die auftretenden Variabeln bekannt sind und begrenzt werden können. Als weitere Bedingung tritt hinzu: jedes Experiment muß nachprüfbar sein und bei seiner Wiederholung stets zu ein und demselben, eindeutigen Resultat führen. Das heißt: ein Experiment kann gelingen oder scheitern nur im Hinblick auf ein vorher genau definiertes Ziel. Es setzt Überlegung voraus und beinhaltet eine Erfahrung. Keineswegs kann es Selbstzweck sein: sein inhärenter Wert ist gleich Null. Halten wir noch fest, daß ein echtes Experiment mit Kühnheit nichts zu tun hat. Es ist ein sehr einfaches und unentbehrliches Verfahren zur Erforschung von Gesetzmäßigkeiten. Es erfordert vor allem Geduld, Scharfsinn, Umsicht und Fleiß.

Bilder, Gedichte, Aufführungen genügen diesen Bedingungen nicht. Das Experiment ist ein Verfahren zur Herstellung wissenschaftlicher Erkenntnisse, nicht zur Herstellung von Kunst. (Selbstverständlich kann jede Veröffentlichung als ökonomisches und soziologisches Experiment betrachtet werden. Unter diesem Aspekt lassen sich Gelingen und Scheitern recht exakt feststellen, und die meisten Verleger, Kunsthändler und Intendanten zögern nicht, daraus die Theorie und Praxis ihrer Unternehmungen abzuleiten. Freilich ist, so betrachtet, Karl May ebenso experimentell wie Jack Kerouac. Der Unterschied beider Experimente liegt im Resultat, das heißt in den Auflageziffern. Daß solche Experimente ästhetisch relevant sind, kann bezweifelt werden.) Das Experiment als Bluff kokettiert zwar mit der wissenschaftlichen Methode und ihren Ansprüchen, denkt aber nicht daran, sich ernstlich mit ihr einzulassen.[15] Es ist voraussetzungslose »reine Aktion«; irgendwelche Absichten sind ihm nicht zu unterschieben. Methode, Nachprüfbarkeit und Stringenz spielen keine Rolle. Je weiter sie sich von jeder Erfahrung entfernen, desto »experimenteller« sind die Experimente der Avantgarde.

Damit ist erwiesen, daß dieser Begriff unsinnig und unbrauchbar ist. Zu erklären bleibt, was ihn so beliebt macht. Das ist nicht schwer zu sagen. Ein Biologe, der ein Experiment an einem Meerschweinchen vornimmt, kann für dessen Verhalten nicht verantwortlich gemacht werden. Er hat nur dafür zu haften, daß die Versuchsbedingungen einwandfrei eingehalten werden. Das Resultat liegt nicht in seiner Hand; der Experimentator ist geradezu verpflichtet, in den Vorgang, den er beobachtet, so wenig wie irgend möglich einzugreifen. Eben die moralische Immunität, die er genießt, sagt der Avantgarde zu. Sie ist zwar keineswegs bereit, sich an die methodischen Forderungen zu halten, denen der Wissenschaftler sich unterwirft. Sie möchte sich jeder Haftung, sowohl für ihr Verfahren als auch für ihre Resultate, entziehen. Dies hofft sie zu erreichen, indem sie sich auf den »experimentellen« Charakter ihrer Arbeit beruft. Die Anleihen, die sie bei der Wissenschaft macht, dienen ihr als Ausrede. Mit der Bezeichnung »Experiment« entschuldigt sie ihre Ergebnisse, nimmt ihre »Aktionen« gleichsam zurück und schiebt jede Verantwortung dafür auf den Empfänger ab. Jede Kühnheit ist ihr

15 Auszunehmen sind hier die Experimente, die Max Bense und seine Schüler mit Hilfe von elektronischen Rechenanlagen angestellt haben. Diese Versuche genügen wissenschaftlichen Ansprüchen. Begriffe aus der Kombinatorik und der Wahrscheinlichkeitsrechnung werden hier sinnvoll verwendet. Ob die dabei hergestellten »stochastischen Texte« als ästhetische Gegenstände gelten können, ist eine Definitionsfrage. Vgl. *Augenblick*, 4. Jg., 1. Heft. Siegen 1959.

recht, solange ihr nichts passieren kann. Der Begriff des Experiments soll sie gegen das Risiko aller ästhetischen Produktion versichern. Er dient als Handelsmarke und Tarnkappe zugleich.

Was hier untersucht wird, sind die Aporien der Avantgarde, ihr Begriff, ihre Voraussetzungen und Attitüden. Eine solche Analyse zeigt, daß alle Ansprüche, die namens der konkreten Dichtung, der *beat generation*, des Tachismus und anderer heutiger Avantgarde-Gruppierungen kollektiv erhoben werden, samt und sonders hinfällig sind. Dagegen kann sie keineswegs dazu dienen, die Produktion solcher Gruppen in Bausch und Bogen abzuurteilen. Sie stellt doktrinären Schwindel nicht bloß, um ihm ihrerseits zu verfallen. Kein einziges Werk ist zu widerlegen mit dem Hinweis darauf, daß sein Urheber sich zu der oder jener Garde geschlagen habe, und noch das dümmste ästhetische Programm macht nicht *eo ipso* die Potenz derer zunichte, die es unterschreiben. Wer die terminologischen Tricks und die doktrinären Paravents zerstört, mit denen die heutige Avantgarde sich zu decken sucht, erspart sich damit nicht die kritische Prüfung dessen, was sie hervorbringt: er macht eine solche Prüfung allererst möglich. Auf ihr ist um so entschiedener zu bestehen, je avancierter ein Werk sich gibt; und je eifriger es sich auf ein Kollektiv beruft, desto eher muß es sich als einzelnes behaupten. Jeder Heimatfilm verdient mehr Schonung als eine Avantgarde, die zugleich arrogant das kritische Urteil überrumpeln und ängstlich die Verantwortung für ihre eigene Arbeit loswerden möchte.

Die Aporien, die ihn zerrissen und den Hochstaplern überliefert haben, hat der Begriff der Avantgarde von jeher in sich getragen. Nicht erst Mit- und Nachläufer haben sie eingeschleppt. Schon das erste futuristische Manifest von 1909, eines der frühesten Dokumente organisierter »Bewegung«, macht den »dynamisme perpetuel« zum Selbstzweck: »Wir leben«, schreibt Marinetti, »bereits im Absoluten: wir haben die permanente und allgegenwärtige Geschwindigkeit geschaffen ... Wir rühmen die aggressive Bewegung, die fieberhafte Schlaflosigkeit, den

Sturmschritt, die Ohrfeige und den Faustschlag über alles ... Es gibt keine Schönheit außer der des Kampfes ... Nur am Krieg kann die Welt gesunden.« (Der letzte Satz im Original: »La guerre seule hygiène du monde.«)[16]

Im Futurismus hat die Avantgarde sich zum erstenmal als doktrinärer Clan organisiert, und sie hat schon damals die blinde Aktion und die offene Gewalt gepriesen. Daß der Kern der Bewegung 1924 kollektiv ins faschistische Lager überlief, ist kein Zufall. Formal haben die Futuristen, nicht anders als ihre Nachfahren, die Beseitigung aller »literarischen, grammatischen und syntaktischen Hindernisse« verlangt. Sogar das unverbundene Miteinander von Pseudo-Mathematik und zweifelhafter Mystik findet sich bereits bei ihnen. Die Maler der Bewegung haben 1912 erklärt, sie wollten »nach einem Gesetz ihrer inneren Mathematik die Emotionen des Betrachters stärken«; auch von Visionen und Ekstasen ist die Rede. In den futuristischen Texten tauchen neben okkulten Beschwörungsformeln und chaotischen Sprachtrümmern mathematische Formeln auf.[17] Der Katechismus der Avantgarde von 1961 enthält so gut wie keinen Satz, der nicht fünfzig Jahre früher von Marinetti und den Seinen formuliert worden wäre. Nur nebenbei sei vermerkt, daß die wenigen bedeutenden Autoren der Bewegung sie kurz nach der Veröffentlichung der ersten Manifeste verlassen haben, und daß diese Manifeste die einzigen Texte sind, die vom Futurismus geblieben sind. Eine extensive Untersuchung der zahllosen avantgardistischen Kollektive aus der ersten Hälfte des zwanzigsten Jahrhunderts ist hier weder möglich noch geboten. Die Rolle der meisten wird überschätzt. Literatur- und Kunsthistoriker, die bekanntlich leidenschaftlich gern »Strömungen« und Ismen aufzählen, weil sie das der Sorge ums Detail enthebt, haben allzuviele derartige Gruppennamen für bare Münze genommen, statt sich ans einzelne jeweiliger Werke zu halten; ja sie haben sogar *a posteriori*

16 Abgedruckt bei A. Zervos, *Un demi-siècle d'art italien.* Paris 1950.

17 Vgl. *Poeti futuristi.* Herausgegeben von Filippo Tommaso Marinetti. Mailand 1912.

solche Bewegungen gleichsam erfunden. So wurde der deutsche Expressionismus zu einer kollektiven Erscheinung hypostasiert, die es in Wirklichkeit gar nicht gegeben hat: viele Expressionisten haben das Wort Expressionismus, von Hermann Bahr 1914 in die Literatur eingeführt, nie in ihrem Leben gehört; Heym und Trakl sind gestorben, ehe es aufkam; Gottfried Benn hat noch 1955 erklärt, er wisse nicht, was darunter zu verstehen sei[18]; Brecht und Kafka, Döblin und Jahnn haben sich nie einer »Bewegung angeschlossen«, die diesen Namen geführt hätte. Jeder Historiker kann für sich das Recht in Anspruch nehmen, Erscheinungen zu bündeln und Vielfältiges unter einem Namen zusammenzufassen, aber unter der Bedingung, daß er seine Hilfskonstruktionen nicht mit der Realität verwechselt, zu deren Darstellung sie dienen sollen.

Im Gegensatz zum Expressionismus war der Surrealismus von Anfang an ein kollektives Unternehmen, das über eine ausgebildete Doktrin verfügte. Alle früheren und späteren Gruppierungen wirken, mit ihm verglichen, armselig, dilettantisch und unartikuliert. Der Surrealismus ist das Paradigma, das vollkommene Modell aller avantgardistischen Bewegungen. Er hat deren Möglichkeiten und Begrenzungen ein für allemal zu Ende formuliert und alle Aporien entfaltet, die solchen Bewegungen innewohnen.

»Allein das Wort Freiheit kann mich noch begeistern. Ich halte es für geeignet, den alten menschlichen Fanatismus noch auf unbestimmte Zeit aufrechtzuerhalten.« Mit diesen Worten eröffnet André Breton im Jahre 1924 das erste surrealistische Manifest[19]. Am Verlangen nach absoluter Freiheit kristallisiert sich, wie immer, die neue Doktrin. Das Wort Fanatismus deutet bereits darauf hin, daß diese Freiheit nur um den Preis einer absoluten Disziplin erworben werden kann: innerhalb weniger

18 In seiner Einleitung zu der Anthologie *Lyrik des expressionistischen Jahrzehnts.* Wiesbaden 1955.

19 Zitiert nach: *Surrealismus. Texte und Kritik.* Herausgegeben von Alain Bosquet. Berlin 1950.

Jahre spinnt sich die surrealistische Garde in einen Kokon von Vorschriften ein. Je strikter die Bindung an das Kollektiv, um so blinder die »reine Aktion«: »Die einfachste surrealistische Tat besteht darin«, so ist bei Breton zu lesen, »mit Revolvern in der Hand auf die Straße zu gehen und solange wie möglich blind in die Menge zu schießen.« Es sollten noch einige Jahre vergehen, bis diese Maxime in Deutschland verwirklicht wurde; immerhin kam Salvador Dalí schon vor Ausbruch des Zweiten Weltkrieges zu der Erkenntnis: »Hitler ist der größte Surrealist.«[20]

Längst vor der Machtübernahme dieses Surrealisten hatten ihre innern Aporien die Bewegung gesprengt. Ihre Soziologie wäre einer eingehenderen Betrachtung wert. Ende der zwanziger Jahre erreichten die Intrigen, Abfallserklärungen, Streitereien und »Reinigungen« innerhalb der Gruppe, die es von Anfang an gegeben hatte, ihren Höhepunkt. Ihre Entwicklung zu einer bornierten Sekte wirkt lächerlich und tragisch zugleich; sie ist durch die Tatkraft und den Opfermut ihrer Angehörigen nicht aufzuhalten, weil sie notwendig aus den Voraussetzungen der Bewegung folgt[21]. Ihr Oberhaupt nimmt mehr und mehr die Züge eines Papstes der Revolte an; er sieht sich gezwungen, seine Mitstreiter, einen nach dem andern, feierlich zu exkommunizieren. Zuweilen kommt es zu regelrechten Schauprozessen, die sich im Rückblick wie unblutige Parodien der späteren stalinistischen Säuberungen ausnehmen. Bei Ausbruch des Zweiten Weltkrieges hat die surrealistische Bewegung ihre bedeutenden Köpfe ohne Ausnahme verloren: Artaud, Desnos, Soupault, Duchamps,

20 Zu den latenten totalitären Zügen der Avantgarde-Bewegungen äußert sich Hannah Arendt in dem bereits erwähnten Werk *Elemente totaler Herrschaft*, besonders in dem Kapitel über Mob und Elite, S. 90ff. Selbstverständlich waren die gelegentlichen Sympathien der Avantgarde für die totalitären Bewegungen durchaus einseitig, wie das futuristische Beispiel in Italien und Rußland zeigt. Sie fanden keine Gegenliebe, und bald wurde die moderne Kunst, avantgardistisch oder nicht, insgesamt auf den Index gesetzt.

21 Die Einzelheiten dieser Entwicklung schildert Maurice Nadeau in seiner *Histoire du Surréalisme*. Paris 1948.

Aragon, Eluard, Char, Queneau, Leiris und viele andere haben ihr den Rücken gekehrt. Seitdem fristet die Gruppe ein Schattendasein.

Die linientreue surrealistische Literatur ist verblaßt und vergessen; die genannten Autoren haben, mit Ausnahme Bretons, nichts Nennenswertes hervorgebracht, solange sie sich der Disziplin der Gruppe unterwarfen. Dem Surrealismus war eine enorme Wirkung beschieden, aber er ist nur in denen produktiv geworden, die sich von seiner Doktrin befreit haben[22]. Wir sehen keinen Grund, sein Scheitern hämisch auszurufen. Jeder Rückblick auf eine Avantgarde, deren Zukunft bekannt ist, hat leichtes Spiel. An den historischen Erfahrungen des Surrealismus hat heute jeder teil. Niemand hat das Recht, ihm mit Schadenfreude oder Besserwisserei zu begegnen; dagegen ist es unsere Pflicht, aus seinem Untergang die Konsequenzen zu ziehen. Das Gesetz der zunehmenden Reflexion ist unerbittlich. Wer sich ihm zu entziehen versucht, endet im Ausverkauf der Bewußtseins-Industrie. Jede heutige Avantgarde ist Wiederholung, Betrug oder Selbstbetrug. Die Bewegung als doktrinär verstandenes Kollektiv, vor fünfzig oder dreißig Jahren erfunden, um den Widerstand einer kompakten Gesellschaft gegen die moderne Kunst zu sprengen, hat die historischen Bedingungen, die sie hervorgerufen haben, nicht überlebt. Konspiration im Namen der Künste ist nur möglich, wo sie unterdrückt werden. Eine Avantgarde, die sich staatlich fördern läßt, hat ihre Rechte verwirkt.

Die historische Avantgarde ist an ihren Aporien zugrundegegangen. Sie war fragwürdig, aber sie war nicht feige. Nie hat sie sich durch die Ausrede zu sichern versucht, was sie betreibe, sei nichts weiter als ein »Experiment«; nie hat sie sich wissenschaftlich getarnt, um für ihre Resultate nicht einstehen zu müssen. Das unterscheidet sie von jener Gesellschaft mit beschränkter Haftung, die ihre Nachfolge angetreten hat; das macht ihre

22 Vgl. Maurice Blanchots *Réflexions sur le surréalisme*, in: *La part du Feu*, Paris 1949.

Größe aus. Im Jahre 1942, als außer ihm niemand mehr an den Surrealismus glaubte, erhob Breton seine Stimme gegen »alle diejenigen, die nicht wissen, daß es in der Kunst keinen großen Aufbruch gibt, der sich nicht unter Lebensgefahr vollzieht, daß der einzuschlagende Weg ganz offensichtlich nicht durch eine Brustwehr geschützt ist, und daß jeder Künstler allein auf die Suche nach dem Goldenen Vlies ausziehen muß«.

Hier wird für keinen »mittleren Weg« plädiert und keiner Kehrtwendung das Wort geredet. Der Weg der modernen Künste ist nicht reversibel. Auf das Ende der Neuzeit, auf Bekehrungen und »Re-Integrationen« mögen sich andere Hoffnung machen. Nicht daß sie zu weit ginge, ist der heutigen Avantgarde anzukreiden, sondern daß sie sich die Hintertüren offen hält, an Doktrinen und Kollektiven Rückhalt sucht und ihrer eigenen, längst von der Geschichte erledigten Aporien nicht innewird. Sie handelt mit einer Zukunft, die ihr nicht gehört. Ihre Bewegung ist Regression. Avantgarde ist zu ihrem Gegenteil, ist zum Anachronismus geworden. Das unscheinbare, grenzenlose Risiko, von dem die Zukunft der Künstler lebt – sie trägt es nicht.

Die Furien des César Vallejo

SANTIAGO DE CHUCO liegt dreitausendeinhundertundfünfzehn Meter hoch über dem Meer, in einem entlegenen Seitental der peruanischen Cordillera. Eine schmale, staubige Landstraße war vor siebzig Jahren die einzige Verbindung des Ortes mit der Außenwelt. Sie ist es heute noch; über ihre endlosen Haarnadelkurven kriechen die Lastwagen, die das Erz aus den primitiven Kupferminen, den Blei- und Wolframgruben der Provinz zur Endstation der Stichbahn bringen, die fast hundert Kilometer weit talwärts liegt. Die Bahn führt zu einem kleinen Erzhafen an der pazifischen Küste. Auch das Schlachtvieh von Santiago de Chuco wird dort verladen, der Weizen, der Schinken und der Käse; dazu ein paar Kisten voll Strohwerk, Sattler- und Töpferarbeit. Davon leben die Einwohner von Santiago; heute sind es viertausend, gegen Ende des neunzehnten Jahrhunderts waren es halb soviel. Die Reise nach Lima ist weit, sie dauert vier bis fünf Tage; die Hauptstadt liegt fünfhundert Kilometer weit im Süden. Während der Regenzeit gleicht Santiago einer Falle: die einzige Landstraße ist dann wochenlang unpassierbar. Nur vierzehn Häuser haben elektrisches Licht, die allermeisten sind ohne Trinkwasser und Kanalisation. Auf den engen, wirr ineinandergeschachtelten Dächern der Stadt – denn als Stadt fühlt sich Santiago – wächst Gras. Das nächste Telefon steht in Otuzco. Ein guter Reiter kann es in zwei Tagen erreichen.

César Vallejo hat seinen Geburtstag nie gefeiert. Er wußte zeit seines Lebens nicht, wie alt er war. Eine zulängliche Biographie gibt es nicht; sie wird nie geschrieben werden. Weite Strecken dieses legendären und exemplarischen Daseins werden immer in jenem Dunkel liegen bleiben, in dem Vallejo gelebt hat: die im Dunkeln sieht man nicht.

Als sein Name nach dem Zweiten Weltkrieg, nach zehnjähriger Vergessenheit, in einem jähen Nachruhm aufleuchtete, der ihn zuerst über Lateinamerika, dann über die ganze Welt getragen hat, machten sich die Literaturhistoriker des Kontinents an die Arbeit. Schon das erste Datum, mit dem sie es zu tun hatten, zeigte sich widerspenstig. Zwischen 1892 und 1898 schwanken die Angaben über Vallejos Geburtsjahr. Ein zäher Gelehrtenstreit, geführt mit scharfsinnigen Hypothesen, komischer Akribie und pedantischer Erbitterung, heftete sich an dieses Detail; man scheint sich heute auf das Jahr 1892 geeinigt zu haben. Über Tag und Monat aber hadert die Vallejo-Forschung bis heute mit einem Eifer, der astrologisch anmutet. Es ist, als hätte sie sich von ihrem Gegenstand anstecken lassen, als wäre sie vom Dämon jenes Aberglaubens ironisch heimgesucht, den Vallejo, der Atheist, nie aus seinem Gemüt zu vertreiben vermocht hat.

Er war ein Mestize wie die Mehrzahl seiner Landsleute, wie fast alle Einwohner Santiagos. Seine Großmütter waren Indianerinnen vom Stamm der Quechua, seine Großväter aber zwei spanische Priester: Vallejos Stammbaum ist der Stammbaum Perús. Sein doppeltes Erbe hat er nie verleugnet.

Aufgewachsen ist er als der Jüngste von elf Geschwistern im Hause seines Vaters, der ein geringer Verwaltungsbeamter war. Dort war das Leben arm, patriarchalisch, nüchtern, doch nicht ohne Anstand und Wärme. So, zwischen Entbehrung und Würde, Ehrbarkeit und Bedrückung, hat das vorindustrielle Kleinbürgertum, bevor es aufgeschwemmt oder zermalmt wurde, überall, auch in den peruanischen Anden, gelebt.

Mit neunzehn Jahren tauchte er in den Städten auf. »Er glich einem entblätterten Baum«, sagen seine Freunde, und auf alten Fotografien sieht man einen melancholischen jungen Mann, mager, sehr dunkelhäutig, dunkel gekleidet, über dem steifen weißen Kragen eine weiche, pechschwarze, riesige Mähne, das Profil stark und hieratisch, die Hände groß, kalt und knotig, das Gesicht beherrscht von großen schwarzen Augen, glänzend wie Tollkirschen.

Erst in Trujillo, dann in Lima studiert er Literatur und Jurisprudenz. Er zieht in das erste jener elenden Hotels ein, in denen er bis zu seinem Tod leben wird; sein Anzug glänzt, er ist zu oft gebügelt worden; er hat kein Geld. Sein Brot verdient er sich als Volksschullehrer, ab und zu hilft er in einer Zuckerfabrik. Die Salons öffnen sich ihm nicht. Hinter den zauberhaften Fassaden aus der Kolonialzeit ist die triste Arroganz einer anachronistischen Aristokratie zu Hause; der schöne Wappen- und Gitterschmuck der Stadthäuser deckt den bornierten Feudalismus, der Perú regiert. Der Provinzler aus Santiago kommt in die Hauptstadt und findet die Provinz noch einmal, matter und unbarmherziger. Die Universität: ein Museum der kulturellen Verzögerung. Descartes gilt als die avancierteste Position des Rationalismus, Auguste Comte als Ausbund der Gewagtheit und Proudhon als satanischer Ketzer. Hoffnungslos wie die Verhältnisse ist der Widerspruch, der sich gegen sie erhebt: die Bohème von Trujillo und von Lima. Wie ein skandalöses Gerücht vernehmen die akademischen Proletarier des Landes die Stimmen Verlaines und Baudelaires. Sie lesen Whitman, Julio Herrera y Reissig und den Propheten der modernen lateinamerikanischen Poesie, Rubén Darío aus Nicaragua, an dessen lyrische Schattenschwäne, Gold- und Elfenbeintöne mancher Vers in Vallejos erstem Buch erinnert. Bohème aus zweiter Hand, unfruchtbar und ohne Ausweg … Nichts erinnert an ihre vergessenen literarischen Duelle, an ihre betrunkenen Eskapaden, ihre erotischen Abenteuer und ihre Selbstmordversuche. Nur ein Smith & Wesson-Revolver, der sein Ziel verfehlt hat, geistert durch die Erinnerungen seiner Zeitgenossen an Vallejos traurige Jugend.

Um das Jahr 1915 gab es in Perú, wie in allen südamerikanischen Ländern, Dichter zu Hunderten. Damals wie heute zählte die Literatur dort zu den bevorzugten Gesellschaftsspielen. Aber gab es überhaupt eine spezifisch peruanische Literatur? Sie war ein Gespenst. Freilich fehlte es an Versuchen nicht, dem epigonalen Wust, der Imitation europäischer Muster etwas Eigentümliches entgegenzusetzen: *indigenismo* hieß die Parole derer, die es versuchten, das will heißen: eingeborene Literatur. Auch sie war, ohne es zu wissen, ein Derivat europäischer Ideen von Rousseau bis Wundt, nämlich folkloristische Geisterbeschwörung. Der Indio diente ihr als Ornament, das präkolumbianische Zeitalter als Dekor, das Besondere des eigenen Landes als exotischer Reiz à la *Salammbô*.

Als im Jahr 1918 *Die schwarzen Boten* in Lima erschienen, ein Buch (und vielleicht das erste), das wahrhaft Stoff vom Stoff und Geist vom Geist dieses Landes ist, erkannte sich Perú in ihm nicht wieder. Diese Gedichte erschienen trotz der modischen Spuren von Symbolismus, die sich darin finden, fremd und erratisch in den Konventikeln der Hauptstadt. Gerade seine eingeborenen Züge machten sie unkenntlich: ihr grenzenloser, ganz und gar unliterarischer, nämlich indianischer Pessimismus, ihre amorphe und chaotische Stärke, ihre Besessenheit vom Leben der unbelebten Dinge, der animistische Rest, altertümlich und neu. Gewiß, Vallejo spricht die Sprache des Aberglaubens, die Sprache der zerbrochenen Spiegel, der erlöschenden Kerzen, der flüsternden Meerschweinchen. Die Welt voller Zeichen: die Eule auf dem Dach, das Salz auf dem Tisch, der schwarze Karren auf dem Weg, der Hanf, die Glocken, die Spinnen sind Figuren in einem Buch der Natur, das seiner Entzifferung harrt. Vallejo liest darin und schreibt; es wird erzählt, er habe sich als Kind die Mitra gewünscht. Ein Bischof ist nicht aus ihm geworden, aber ein Augur, halb Medizinmann, halb Prophet.

Er ist ein Opfer seiner Ahnungen; von seinem Unheil scheint er zu wissen, längst ehe es eintrifft. Im Juli 1920 kehrt Vallejo nach Santiago zurück, um seine Eltern zu sehen und die Fiesta zu feiern. Er gerät in eine jener blutrünstigen Kabalen, an denen die große und die kleine Politik Lateinamerikas es nie hat fehlen lassen: ein obskurer Skandal, ein korrupter Bürgermeister, betrunkene Gendarmen, eine erregte Menge, ein paar Schüsse, ein paar Kannen Petroleum, schließlich Verhöre, Steckbriefe und Haftbefehle. Neunzehn Einwohner von Santiago werden wegen Raub, Mord, Brandstiftung und Aufruhr angeklagt, unter ihnen César Vallejo. Er flieht und verbirgt sich, er wird ergriffen, ins Gefängnis von Trujillo gebracht und hundertdreißig Tage lang ohne Prozeß gefangengehalten. Dann wird er wegen erwiesener Unschuld freigelassen, das Verfahren schleppt sich noch bis 1929 fort und verliert sich dann im Staub der Akten.

Vom Trauma dieser Erfahrung hat sich Vallejo sein Leben lang nicht befreien können. Eine poetische Ungerechtigkeit liegt darin; daß er, der jede Ordnung, die er fand, als scheinhaft und betrügerisch verwarf, wegen eines Aufruhrs verfolgt wurde, an dem er unschuldig war. Mit dem unverbindlichen Widerspruch der Bohème war es vorbei; aber es ist, als hätte er die anarchistische Revolte nicht gewählt, sondern erduldet: Er ergriff sie nicht, er ertrug sie mit dem abgrundtiefen Fatalismus seiner Rasse.

Das geistige Klima Perús hatte sich zu Anfang der zwanziger Jahre verändert. Die Unruhe Europas war bis in die ferne Echokammer der Provinz gedrungen. Die aufgeweckten jungen Leute von Lima fingen an, von allerlei neuen Ismen zu sprechen: hie Ultraísmo und Creacionismo, hie Futurismus und Dada. Durch die ökonomische Krise, die das Land nach dem Krieg erlitt, schien die alte Herrschaft erschüttert. Die mexikanische Revolution rumorte in den Köpfen. Im Klima einer ungenauen Provinz-Avantgarde sprach sich Vallejos Name zum erstenmal herum: er war berüchtigt, fast berühmt.

Diesen Ruf verdankte er seinem zweiten Buch, einem Gedichtband, der den seltsamen Titel *Trilce* trug, das heißt: drei

Sonnen, auch drei Sonnentaler. Ein Buch des Bruchs, der Revolte; ein Buch, von dessen Explosionen sich die traditionelle Ästhetik in Perú nie wieder ganz erholen sollte. Kein politischer Sinn war ihm auf die Stirn geschrieben. Es ist ein Zeugnis bodenloser Grübelei, selbstquälerischer Enttäuschung und individueller Frustration. Daß es als Angriff aufs Bestehende verstanden wurde, liegt allein an seiner unerhörten Sprache. Sie ist völlig autonom, weder von einheimischen Konventionen abhängig noch von den neuen Mustern der europäischen »Bewegungen«. Sie verstößt gegen alle Regeln, bis zur Gewaltsamkeit. Der Dichter ist nicht ihr Gärtner, er ist ihr Demiurg. *Trilce* ist ein zutiefst erfinderisches Buch. Seine technischen Mittel, bewußter Solözismus, Entstellung gebräuchlicher Wendungen, Doppelsinn, semantischer Sprung und syntaktische Verschiebung, sind überraschend reich und neu. Ein verborgenes System von metaphorischen Schlüsseln geht durch das ganze Buch. Was es vor den gleichzeitigen und analogischen Erscheinungen Europas auszeichnet, ist jedoch die dauernde Spannung zwischen höchst artifiziellen und ganz alltäglichen Momenten in seiner Sprache. Vallejo ist des raffinierten Kunstdialektes spanischer Herkunft, der Sprache Quevedos und Góngoras, ebenso mächtig wie der elementaren Ausdrucksweise der Peones. Das Ineinander von extremer Kunstsprache und vernutzter Redensart ist seiner Poetik nicht äußerlich; es macht ihren Kern aus.

Vallejos Flucht nach Paris, eine Flucht ohne Wiederkehr, war seit 1920 für ihn beschlossene Sache. Die europäische Emigration ist für die schöpferische Intelligenz der südamerikanischen Länder von jeher eine Versuchung gewesen; viel von ihrer Kraft ist an ein vages Weltbürgertum verlorengegangen. Alle Wege scheinen für sie, heute noch, nach Paris zu führen, das in Buenos Aires und La Paz, in Managua und Lima nie aufgehört hat, als das Gravitationszentrum der Alten Welt zu gelten. Vallejo freilich ist nicht vor seiner Herkunft geflüchtet, nicht vor seinem Perú, das Santiago de Chuco hieß, sondern vor Lima, der Hauptstadt aus zweiter Hand, dem trüben Sammelbecken brackigen Ehrgeizes und abgestandener Erfüllungen. Das Wort Provinz hat zwei Bedeutungen, die einander entgegengesetzt sind: es bedeutet das Abgeleitete und Zukurzgekommene, die gesellschaftliche und kulturelle Schimmelbildung – in Vallejos Augen: Lima – und das Autochthone, die Substanz der Herkunft – das war die Landschaft der Sierra und der Alltag der armen Leute in der dünnen Luft der Anden. In diesem Sinn ist César Vallejo ein Provinzler geblieben, solange er lebte. Er war kein Kosmopolit; sein Perú nahm er mit in jedes Exil.

Was ihm bevorstand, er ahnte es: »Gewöhne dich daran«, sagte er zu einem Freund, der ihn begleitete, »wenig zu essen. In Paris werden wir von Steinchen leben.« 1923 kamen sie an, und es begann die fürchterliche Litanei der elenden Hotels, der billigen Quartiere links der Seine: Hôtel Ribouté, Hôtel des Éscoles, rue Garibaldi, rue Molière, rue Delambre, Avenue du Maine; das Ritual jener Misere, die Paris für die Geblendeten bereithält, die sich ihm verschreiben: Petroleumkocher, verschmierte Treppenhäuser, schmutzige Bidets; Verlassenheit und Cafard. Dazu das Joch des Journalismus, in das sich Vallejo begab. Er schrieb für das Bureau des Grands Journaux Latino-Américains. Mochten die Zeitungen groß sein; ihre Honorare waren es nicht. »Briands direkte Diplomatie«, »Der Pariser Autosalon«, »Interview mit Poincaré«, »Isadora Duncans Begräbnis«, »Die Meister des Kubismus« – Artikel zu Hunderten, hastig und febril geschrieben, dazwischen Wochen, in denen er sein winziges Hotelzimmer nicht verließ. Es war freilich die große Zeit der Cafés vom Montparnasse. Im Dôme und in der Rotonde begegnete er Picasso und Gris, Tzara und Diego, Huidobro und Neruda, nahm teil an den Erregungen der Epoche, den konvulsivischen Debatten um den Surrealismus und die Volksfront, saß in der Tischecke dabei, verschlossen, großherzig, ohne Eitelkeit, ein düsteres Kind mit den Augen eines verurteilten Mannes.

Der Kommunismus war für einen Mann wie Vallejo, im Paris der Weltwirtschaftskrise, kein Problem. Er hat ihn nicht gewählt. Der Kommunismus traf ein für ihn wie andere, wie alle seine Ahnungen. Keine Rede von einer Bekehrung; eher ein langsamer, aber unwiderstehlicher Sog, dessen zunehmende Kraft an Vallejos journalistischem Tagwerk ablesbar ist: »Über die proletarische Literatur« (1928); »Die Lektionen des Marxismus« (1929); »An der russischen Grenze« (1929). Er hatte diese Grenze 1928 zum erstenmal überschritten. Ein Jahr später besuchte er die Sowjetunion zum zweitenmal – ohne irgendeine Unterstützung der sowjetischen Regierung anzunehmen, »als parteiloser Schriftsteller«, wie er selber sagt. Aber das Buch, in dem er über diese Reisen berichtet, hat ein Begeisterter geschrieben; einer, der im Kommunismus die einzige Hoffnung sah. (Ursprünglich wollte er es nennen: *Die Entdeckung der Welt*; erschienen ist es unter dem Titel *Rußland 1931. Reflexionen zu Füßen des Kreml* im Madrid der jungen Republik.)

Die Hoffnung galt den andern; für sich selbst hegte er keine. Solidarität war für Vallejo kein Fremdwort, sondern eine Leidenschaft, die bis zum Leiden ging, bis zur Preisgabe seiner selbst. So hat er nicht gezögert, seine Poesie zu verleugnen in dem rührenden Versuch, einen »proletarischen Roman« zu schreiben. *Wolfram* – so heißt er – handelt von den Deklassierten, den Armen und Beleidigten Perús. Es findet sich darin das Gespräch eines Arbeiters mit einem Intellektuellen. Darin scheint der Held des Buches zu seinem Autor zu sprechen:

»Es gibt nur eines, was ihr, die Intellektuellen, für die armen Peones tun könnt, wenn ihr uns wirklich helfen wollt: tut das, was wir euch sagen, hört auf uns, gehorcht unsern Anweisungen und unsern Interessen. Das ist alles. Das ist die einzige Art, auf die wir miteinander reden können, jedenfalls heute. Später werden wir weitersehen. Dann wird es unter uns zugehen wie unter Brüdern. Aber heute müssen Sie wählen. Wählen Sie!«

Vallejo hat gewählt, nicht aus Linientreue, sondern aus Solidarität. Ob er jemals Mitglied der Partei geworden ist, scheint zweifelhaft. Ein Kommunist nach dem Herzen der Kommunisten wäre nie aus ihm geworden. Er wußte nicht, was Taktik war. Seine Naivität war stärker als jede Doktrin. Die politische Lehre war eine Rationalisierung seiner Kondition und seiner stärksten Wünsche, die immer den anderen galten; daher die utopische und religiöse Färbung, die sein Kommunismus verrät. Er ist von seinem eignen, alten und dunkeln Blut getränkt, nicht vom frischen Blut des Stalinismus.

Am 29. Dezember 1929 wies die rechtsgerichtete Regierung Tardieu Vallejo als unerwünschten Ausländer »wegen seiner Zugehörigkeit zu kommunistischen Kreisen« aus Frankreich aus. Er ging mit seiner Frau Georgette nach Spanien.

Seine Madrider Jahre waren vielleicht die glücklichste Zeit seines Lebens. Er entfaltete eine erstaunliche politische und literarische Tätigkeit. Er sah den Sieg der Republik, bei deren Ausrufung er zugegen war; er gewann die Freundschaft von García Lorca, José Bergamin, Rafael Alberti, Antonio Machado, Pedro Salinas und Luis Cernuda; auch Unamuno ist er begegnet. Außer dem Rußlandbuch und dem *Wolfram*-Roman schrieb er eine Erzählung, mehrere Dramen, die nie aufgeführt worden sind, und zahlreiche Essays. Zum erstenmal fühlte er sich auf einem Platz, wo er nützliche und sinnvolle Arbeit leisten konnte.

Was ihm Spanien bedeutet hat, sollte sich 1936 zeigen, als die Faschisten sich gegen die Republik erhoben. Vallejo war nach Paris zurückgekehrt, in die alte Misere. Seine Verträge mit dem Zeitungssyndikat hatte er wegen seiner politischen Haltung eingebüßt. Er lebte monatelang von Reis und Kaffee. Die spanischen Ereignisse verfolgte er, sie verfolgten ihn so erbarmungslos, daß seine Gesundheit zugrunde ging. Die Republik wollte ihn als Propagandisten nach Südamerika entsenden; er weigerte sich, das Geld des kämpfenden Landes anzunehmen, und blieb in seiner Matratzengruft.

Die Poesie, die er jahrelang fast vergessen hatte, brach in dieser Zeit mit vulkanischer Kraft neu hervor. Sie kreiste um Spanien. *Spanien, nimm diesen Kelch von mir* heißt das Buch, das er damals schrieb; die Soldaten der republikanischen Miliz sollen es im Feld gesetzt und auf primitives, selbstgeschöpftes Papier gedruckt haben. Die Rohbogen gingen im Zusammenbruch der katalonischen Front unter.

Das Spanien, von dem diese Gedichte heimgesucht sind, ist keine Figur auf dem Schachfeld der internationalen Politik, sondern ein neues Israel; sie künden nicht von einer ideologischen Auseinandersetzung, sondern von einem Martyrium, von Spaniens babylonischer Gefangenschaft und seiner fernen Erlösung. Ihre Inspiration ist keine Idee, sondern eine Erfahrung: die Erfahrung des Schmerzes.

Keine Philosophie begründet und trägt Vallejos letztes Werk, die *Poemos humanos*. Doch läßt sich nur philosophisch sagen, was der Schmerz darin bedeutet: er ist nicht Thema, sondern Existential, wie Kierkegaards Verzweiflung, Sartres Ekel. Er ist das Wesen aller Furien seines Lebens, die sich in diesen letzten Monaten um sein Bett versammeln. Ihr Blick tilgt aus dem, was er schreibt, die letzte Spur artistischer Attitüden. Das brillante technische Können, das sich in *Trilce* erwiesen hat, ist selbstverständlich geworden, eingeschmolzen im Feuer des Schmerzes. Das ermöglicht Vallejo, bis zum äußersten zu gehen: zum äußersten Pathos, zum äußersten Sentiment, zum äußersten Humor. Diese Gedichte scheinen wehrlos und sind nicht angreifbar, weil darin Poesie und Existenz zur Deckung kommen. Täuschen wir uns nicht: das ist ein sehr seltener Fall. Alle äußeren Bedingungen künstlerischer Produktivität in unserm Jahrhundert sprechen dagegen. César Vallejo ist zutiefst unzeitgemäß. Unzeitgemäß ist nicht allein die Unbestechlichkeit, mit der er seinen Untergang akzeptierte; unzeitgemäß auch seine Unschuld. So hat er auf dem beharrt, was uns, nach zwei Weltkriegen, nur noch ein Achselzucken wert ist: auf der Solidarität der Toten und der Lebendigen; auf der Armut, die wir für erledigt halten, indes zwei Drittel aller Menschen hungern; auf dem Schmerz, von dem zu sprechen uns anstößig scheint; und auf der Hinfälligkeit unserer Ordnungen, die wir, am Vorabend der Katastrophe, für unverrückbar erklären.

Im März 1938 wurde César Vallejo in ein Krankenhaus am Boulevard Arago eingeliefert. Er war erschöpft und hatte Fieber. Blutproben, Analysen, Röntgenuntersuchungen ergaben keinen Befund. Die Krankheiten, an denen Vallejo litt, waren der Medizin unbekannt. Die eine hieß Spanien, die andere, eine sehr alte, sehr ehrwürdige Krankheit, gegen die kein Medikament zu Gebot stand, war der Hunger. Am Karfreitag 1938 ist Vallejo Hungers gestorben.

Der Fall Pablo Neruda

I Ein europäischer Provinzialismus, dessen literarische Topographie sich immer noch auf die maßgeblichen Cafés einiger europäischer Kapitalen beschränkt, hat uns lange Zeit daran gehindert, die Stimmen des iberischen Amerika zu vernehmen. Südamerika, von Rubén Darío bis zu Jorge Luis Borges, ist, allen Einbürgerungsversuchen des letzten Jahrzehnts zum Trotz, die *terra incognita* der modernen Poesie geblieben.

Die mächtigste Stimme dieses Kontinents (und, seit dem Tod García Lorcas und César Vallejos, die einzige von weltliterarischem Klang, die spanisch redet) gehört Pablo Neruda. In seinem Gelingen und in seinem Scheitern präsentiert dieser Mann auch europäischen Gemütern eine Rechnung, die anerkannt werden muß. Ob wir imstande sein werden, sie einzulösen, ist eine andere Frage.

Es ist eine Stimme ebenso leidenschaftlich wie monoton, ebenso gleichgültig wie ergriffen, ebenso einsam wie umfassend. Eine elementare Stimme; sie gleicht dem Meer. Ihre Brandung, ihr Atem ist lang und unaufhaltsam, ihre Resignation ist vollgesogen mit Zorn, Zärtlichkeit und Aufruhr, und sie trägt auf dem Kamm ihrer Verse das Strandgut unserer Existenz einem unerreichbaren Gestade, dem zukünftigen Gedicht, zu:

Mit einmal bin ich es müde, ein Mensch zu sein.
Mit einmal trete ich ein in Schneidereien und Kinos,
undurchdringlich und welk wie ein Schwan aus Filz,
treibe ich hin auf einem Wasser von Ursprung und Asche.

Ein Duft weht aus den Frisiersalons, daß ich schreie vor
Trauer.
Ich will nichts weiter, als ausruhn von Kleidern und Steinen,
und nichts mehr sehen, weder Geschäfte noch Gärten,
keine Waren, keine Aufzüge, keine Monokel …

Es gibt Vögel, wie Schwefel gelb, und abscheuliche Därme,
die im Türstock von Häusern hängen, verhaßten Häusern,
es gibt Gebisse, in Kaffeekannen vergessen,
es gibt Spiegel,
die geweint haben müssen vor Scham und Entsetzen,
überall gibt es Regenschirme, und Nabelschnüre, und Gift.

Ich gehe und trage meine Gelassenheit, meine Augen, meine
Schuhe,
meine Wut, mein Vergessen
quer durch Kanzleien und orthopädische Läden,
quer durch Hinterhöfe, wo Wäsche an einem Draht hängt:
Handtücher, Unterhosen und Hemden weinen dort
ihre langsamen schmutzigen Tränen.[1]

So vieles gibt es, was nicht vergessen werden kann und was diese Stimme uns gleichmütig hinzählt, viel Mühsal, viele Stempel, Fallschirme und Küsse, Münzen und Tränen, Gitarren und Schlüssel … Bis in das Herz der Stoffe und bis ans Gesicht des Todes dringt sie vor, flutet zurück und wirft uns zu »eine tote, bezifferte Taube« und »einen Planeten aus durchbohrten Rosen«.

Diesen Gedichten ist die starre Plastik des Sonetts durchaus fremd; von jenem statischen Formideal, das in Deutschland seit eh und je für »romanisch« gehalten wurde, ist ihnen nichts anzumerken. Sie sind Poesie *in statu nascendi*, will sagen: der Vorgang seiner Entstehung bildet sich fortwährend im dichterischen

1 Aus: *Walking around. Residencia en la tierra* II, 2. Santiago 1947. Deutsch vom Verfasser.

Produkt ab, als ein ständiges Suchen, ein Pochen, ein Wühlen in der versteinerten und ertaubten Sprache:

Es ist weiter nichts als der Schritt eines Tages auf einen andern zu,
eine einsame Flasche, die durch die Meere wandert,
und ein Eßzimmer, in das jemand Rosen bringt,
ein Eßzimmer, übriggelassen
wie eine Gräte: wovon ich rede, das ist
ein zerbrochenes Glas, eine Gardine, der Boden
eines verödeten Zimmers: ein Fluß rollt hindurch
und schwemmt die Steine davon. Es ist ein Haus,
das auf den Wurzeln des Regens steht,
ein zweistöckiges Haus mit vorschriftsmäßigen Fenstern,
das der treue Efeu erstickt.

Ich geh durch den Abend, ich trete ein,
satt von Schmutz und Tod,
ich schwemme die Erde mit und ihre Wurzeln
und ihren maßlosen Bauch, in dem Leichen
beim Weizen schlafen,
Metalle, zusammengebrochene Elefanten.

Aber vor allem ist da ein entsetzliches,
ein entsetzlich verödetes Eßzimmer,
und die Krüge sind schartig,
und der Essig rinnt unter den Stühlen fort,
ein zaudernder Mondstrahl, allerhand
Dunkles: und ich taste und suche
in meinem Innern nach einem Gleichnis:
vielleicht ist es ein Laden mitten im Meer
und Brackwasser, das aus verrotteten Tüchern trieft.
Aber es ist nichts als ein verödetes Eßzimmer da,
und ringsumher dehnen sich Flächen,
ertrunkne Fabriken, Treibholz,

nur ich weiß davon und sonst niemand,
weil ich dunkel bin und unterwegs,
und der Erde kundig, und dunkel bin.[2]

In ihrer eigenen syntaktischen und logischen Bewegung teilen diese Zeilen dem Leser die Unruhe mit, von der sie sprechen, und die Unerreichbarkeit des Zieles, nach dem sie tasten; das Dunkel, in dem sie scheitern und untergehen, ist die Poesie selber. Also keine abstrakte Finsternis, auch nicht das Unerkennbare: vielmehr das Dunkel der Erde, das Alltäglichste und Vertrauteste, das jedem begegnet und dessen doch nur der Dichter kundig ist »und sonst niemand«.

Immer wieder spricht das frühe Werk Nerudas vom Schmutz, von verrotteten, verbrauchten, abgenutzten, zerbrochenen Dingen. *El roto* – das ist die zentrale Metapher dieser Poesie. Das Wort ist zunächst einfach das Partizip des Verbs *romper*, zerbrechen; doch hat es mit ihm eine besondere Bewandtnis. Das Wörterbuch führt folgende Bedeutungen an: entzwei, kaputt, zerlumpt, liederlich; in Chile bedeutet es, als Substantiv, soviel wie Proletarier; diese Bedeutung wird in Argentinien und Perú zu einem Schimpfnamen für die Einwohner Chiles insgesamt verallgemeinert. Charakteristisch für Neruda, daß in seiner zentralen Metapher der provinzielle Aspekt mit dem universellen in eins fällt. Denn das Schmutzige und Kaputte sucht diese Dichtung nicht als *hautgoût*, als jenen ästhetischen Reiz auf, den Baudelaire für die Moderne entdeckt hat. Es gilt ihr als das sichtbarste Zeichen der menschlichen Verfassung überhaupt, nicht nur der gesellschaftlichen. Die Zeit, der Schmerz und der Tod sind nur Modifikationen, allgemeine Erscheinungsformen der Verunreinigung und des Verschleißes, von dem alles Existierende heimgesucht wird, ja das vielleicht die Substanz der Welt selber ist:

2 Aus: *Melancolía en las familias. Residencia en la tierra* II, 2. a. a. O. Deutsch vom Verfasser.

Wenn ihr mich fragt, wo ich gewesen bin,
dann muß ich sagen: Hört mir zu.
Dann muß ich vom Erdboden sprechen, den die Steine
verfinstern,
von dem Fluß, der dauernd in sich selber versickert:
ich weiß nur von dem, was die Vögel verderben,
vom zurückgelassenen Meer, oder meiner weinenden
Schwester.

Wozu diese ganzen Länder? Wozu legt sich ein Tag
auf den anderen Tag? Wozu wächst eine schwarze Nacht
in meinem Mund? Wozu gibt es Tote?

Wenn ihr mich fragt, woher ich komme, so muß ich mich mit
alten Dingen beraten,
mit übermäßig verbittertem Werkzeug,
mit oft vergammelten großen Tieren,
und mit meinem bekümmerten Herzen.

Was da vorübergegangen ist, das sind nicht Erinnerungen,
das ist keine gelbe Taube, die im Vergessen schläft,
sondern Gesichter voll Tränen sinds,
Finger in einer Gurgel,
und das, was aus den Blättern sickert:
die Dunkelheit eines vorübergerollten Tages,
eines Tages, der satt ist von unserem traurigen Blut.[3]

Ästhetisch läuft eine solche Haltung auf die entschiedene Negation aller *poésie pure* hinaus; und in der Tat leitet Neruda in einer seiner wenigen programmatischen Schriften, der Vorrede zu der Madrider Zeitschrift *Caballo verde* (1935), daraus, durchaus kon-

3 Aus: *Non hay olvido (Sonata). Residencia en la tierra* II, 6. a. a. O. Deutsch vom Verfasser.

sequent, eine Reihe von Forderungen an die Dichtkunst ab, deren Wurzel eben der Begriff der Unreinheit ist:

»Es ist gut, sich zu gewissen Stunden des Tages oder der Nacht in den Anblick der unbeweglichen Dinge zu versenken: der Räder, die große Lasten von Früchten oder Gestein über weite Strecken, staubige Strecken befördert haben, der Säcke in den Kohlenhandlungen, der Fässer, der Körbe, der Hefte und Griffe am Werkzeug des Zimmermanns. Sie können dem gefolterten Dichter zur Lehre dienen. Die Erde und die Hand des Menschen haben auf ihnen ihre Spur hinterlassen, er braucht sie nur abzulesen. Die abgenutzten, abgegriffenen Oberflächen solcher Gegenstände sind mit einer Aura umgeben, die oft etwas Tragisches hat und immer das Herz ergreift. Wer sie nicht geringschätzt, wer sich ihrem Schwerefeld ergibt, nähert sich der Wirklichkeit dieser Welt.

Das unreine, das vermischte Wesen des Menschengeschlechts ist ihnen anzumerken, die Struktur der Stoffe, ihr Gebrauch und ihr Brachliegen, die Fährten von Fuß und Fingern, der beständige Geruch menschlicher Gegenwart, der sie von innen heraus und von außen her sättigt und tränkt.

So soll die Dichtung aussehen, die wir suchen: verwüstet von der Mühe der Hände wie von einer Säure, vom Schweiß und vom Rauch durchdrungen, eine Dichtung, die nach Urin und nach weißen Lilien riecht, eine Dichtung, in der eine jede Verrichtung des Menschen, erlaubt oder verborgen, ihre Spuren hinterlassen hat.

Eine Dichtung, unrein wie ein Anzug, wie ein Körper, von Speisen befleckt, eine Dichtung, die Handlungen der Scham und der Schande kennt, Träume, Beobachtungen, Runzeln, schlaflose Nächte, Ahnungen; Ausbrüche des Hasses und der Liebe; Tiere, Idyllen, Erschütterungen; Verneinungen, Ideologien, Behauptungen, Steuerbescheide.

Die geheiligte Vorschrift des Madrigals; die Gesetze des Tastens, Riechens, Schmeckens, Sehens und Hörens; das Verlangen nach Gerechtigkeit; das sexuelle Verlangen; das Geräusch des Meeres; ohne die Absicht, irgend etwas auszuschließen, ohne die

Absicht, irgend etwas gutzuheißen; der Eintritt in die Tiefe der Dinge in einem Akt jäher Liebe, und das dichterische Produkt: von Tauben, von Fingerabdrücken besudelt, mit den Spuren von Zähnen und Eis übersät, möglicherweise angenagt von Schweiß und Gewohnheit, bis es die zarte Glätte eines rastlos geführten Werkzeugs, die überaus harte Sanftmut von abgenutztem Holz, von hochmütigem Eisen erreicht hat. Auch die Blume, den Weizen und das Wasser zeichnet diese Tastbarkeit, diese einzigartige Konsistenz aus.

Und vergessen wir niemals die Melancholie, die verschlissene Sentimentalität, Früchte wunderbarer, vergessener Kräfte des Menschen, unrein, vollkommen, weggeworfen vom Wahn der Literaten: das Licht des Mondes, der Schwan in der Dämmerung, ›Herz, mein Herz‹: das ist ohne Zweifel elementare und unausweichliche Poesie. Wer sich vor dem Geschmacklosen fürchtet, den holt der Frost«[4].

Das ist ein Programm, so fern wie nur möglich allem Kalkül, allen Gags und Schablonen – auch den Schablonen einer abgelebten Avantgarde; ein Programm der Vielfalt. Nicht nur darin, daß Nerudas Poesie alles, was sie auf der Welt vorfindet, mit einer

4 *Sobre una poesía sin pureza.* In: *Las furias y las penas y otros poemas.* Santiago 1947. Deutsch vom Verfasser. Ein Gedicht von Brecht, das erst aus dem Nachlaß veröffentlicht worden ist, weist auf die innere Verwandtschaft der beiden Dichter hin:

Von allen Werken die liebsten
sind mir die gebrauchten.
Die Kupfergefäße mit den Beulen und den abgeplatteten Rändern
die Messer und Gabeln, deren Holzgriffe
abgegriffen sind von vielen Händen: solche Formen
scheinen mir die edelsten. So auch die Steinfliesen um alte Häuser
welche niedergetreten sind von vielen Füßen, abgeschliffen
und zwischen denen Grasbüschel wachsen, das
sind glückliche Werke.
Eingegangen in den Gebrauch der vielen
oftmals verändert, verbessern sie ihre Gestalt und werden köstlich
weil oftmals gekostet ...
(Von allen Werken. Gedichte III. Frankfurt 1961)

elementaren Kraft mitschwemmt; Vielfalt auch in der formalen Beschaffenheit des Verses. Neruda verschmäht die Technik des Mosaiks; er hat sich nie auf das Puzzlespiel der Montage, nach dem Vorgang Ezra Pounds, eingelassen. Das Disparate wird nicht, Ausschnitt gegen Ausschnitt, zur Collage vereinigt, sondern mit einer Gelassenheit aufgezählt, die indianisch anmutet[5]. Nerudas Gedichte wenden sich immer an das Ohr eines Zuhörers, nie an das Auge eines Lesers. Eine uralte poetische Kategorie, die von der klassischen Ästhetik seit jeher ignoriert worden ist, kommt darin zu ihrem Recht: die des Tonfalles. Kein metrisches Gesetz, sondern der Tonfall bestimmt den Rhythmus dieser Texte. Er wechselt fortwährend, auch innerhalb des Gedichtes; Feststellung, Vorschlag, Parenthese, Bericht, Beschwörung, Frage, Anrufung, Litanei, zweifelnde und meditierende, brütende und bohrende, klagende, fordernde, suchende Stimme: ein und dieselbe in fortwährender Verwandlung. Zuweilen ist ihr Tonfall fast getragen, sublim, feierlich wie in den Gesängen des Saint-John Perse; aber unbestechlich, unbeirrbar hebt sie in der folgenden Strophe, mit derselben Kraft, die Banalität auf, den Schnürsenkel, den Besen, das Buntpapier. Ein wilder Humor, weit entfernt von den Berechnungen des Witzes, sitzt in den Fugen der Gedichte, wo der Tonfall umschlägt. So heißt es zu Anfang der großen *Ode an Federico García Lorca:*

> Könnte ich heulen vor Furcht in einem leeren Gebäude,
> könnte ich mir die Augen ausraufen und sie verzehren,
> ich täte es um deine Stimme, eine Orange in Trauertracht,
> und um dein Gedicht, das schreiend zu Tag tritt.
>
> Denn um deinetwillen färben sich die Spitäler blau,
> und die Treppen wuchern, und die Viertel am Hafen,
> und es befiedern sich die verwundeten Engel,

5 Über diese Erscheinung hat sich Leo Spitzer in seinem Buch *La enumeracion caótica en la poesía moderna* ausführlich geäußert. Buenos Aires 1945.

und die Fische schuppen sich in ihrem Brautbett,
und zum Himmel auffahren die Igel:
und deinetwillen füllen die Schneiderstuben,
von schwarzem Schweiß bedeckt, mit Löffeln sich und mit
Blut
und verschlingen verschlissene Bänder und küssen sich tot
und kleiden sich ganz in Weiß.[6]

Und mitten in den herzzerreißenden Klagestrophen des Gedichtes *Walking around* stehen die folgenden Zeilen:

Freilich wäre es köstlich,
mit gezückter Lilie einen Notar zu erschrecken
oder mit einer Maulschelle eine Nonne zu töten.
Es wäre herrlich,
mit einem grünen Messer durch die Straßen zu laufen
und bis zum Erfrieren die Luft mit Schreien zu füllen.[7]

Vieles ist der Vielfalt dieser Poesie zugute gekommen. Whitmans Atem, der gewaltige Blasebalg einer neuen Poetik ohne metrisches Asthma, durchweht das ganze Werk. Majakowski wäre zu nennen, der explosivste unter den modernen Russen; Lautréamonts Traumgelatine und ihre Entwicklung durch die Surrealisten. Die Spanier des goldenen Jahrhunderts, Quevedo und Góngora, sind untergründig am Werk. Die süße Unaufhörlichkeit der Romanceros der Alten und der Neuen Welt tönt durch Nerudas Gedicht, die Lieder der Hirten und der Kesselschmiede, der Zigeuner und der Banditen sind hier transponiert, fern von romantischer Folklore. Der Schatten der Liturgie, der das Blut der spanischen Sprache gefärbt hat, fällt über Nerudas Werk, und endlich wirkt, im Verborgenen, das mächtige Residuum des indiani-

6 *Oda a Federico García Lorca.* In: *Residencia en la tierra* II, 5. a. a. O. Deutsch vom Verfasser. Vollständig abgedruckt im *Insel-Almanach,* Wiesbaden 1958.

7 a. a. O.

schen Erbes mit. Man weiß aus der modernen mexikanischen Malerei, wie tief die ausgelöschten und erniedrigten königlichen Völker dieses Kontinents in der Kunst weiterleben. Nerudas indianisches Blut ist nie stumm gewesen.

II

Im Jahre 1953 ging Pablo Neruda als Träger des Stalin-Preises durch die Spalten der amerikanischen und europäischen Presse. Der Fall Neruda, der hier aufgerollt werden soll, ist indessen älter: er ist so alt wie der Dichter Neruda. Die Verleihung des sowjetischen Literaturpreises hat ihn nur besiegelt. Aus diesem Grunde ist es nötig, dem Leben dieses Mannes einige Aufmerksamkeit zu schenken.

Während der Unruhen des Jahres 1920, die im politischen Leben Chiles eine Epoche bezeichnen, riefen die revoltierenden Studenten in den Straßen der Hauptstadt ein Flugblatt aus, dessen Text das Gedicht eines kaum siebzehnjährigen jungen Mannes aus der Provinz war. Der Verfasser, im tiefen Süden der Republik, im araukanischen Distrikt Cantín als Sohn eines kleinen Bahnbeamten geboren, hieß Néftali Reyes Basualto, nannte sich nach einem halbvergessenen tschechischen Autor Neruda und studierte Philosophie und Literatur. Wenige Jahre später, 1923, wurde sein Gedichtband *Crepusculario* von der Kritik des iberoamerikanischen Kontinents als eine bedeutende Leistung begrüßt.

1927 wurde er, auf Grund dieser Veröffentlichung, zum chilenischen Konsul in Rangoon bestellt. Die Sitte, den in der modernen Gesellschaft ortlos gewordenen Dichter mit diplomatischen Ämtern zu betrauen, mutet uns märchenhaft an. Sie ist jedoch in der iberischen Welt verbreitet und bewährt. So lebt, um nur ein Beispiel zu nennen, Octavio Paz, der bedeutendste Poet des heutigen Mexico, als Botschafter in New Delhi; im übrigen wäre an zwei große europäische Dichter, an Paul Claudel und an Saint-John Perse, zu erinnern, die ebenfalls im diplomatischen Dienst tätig waren. Offensichtlich genießt in manchen Ländern die Dichtung ein öffentliches Ansehen, das sich nicht in der Verteilung von Fördererpreisen erschöpft; man ist vielmehr der Meinung, das eigene Land sei durch einen Mann, der seiner Sprache mächtig ist, besser vertreten als durch beamtete Funktionäre.

In Burma hat Neruda die ersten Gedichte seines Hauptwerkes, der *Residencia en la tierra,* geschrieben[8]. 1928 ging er als Konsul nach Ceylon, es folgten Berufungen nach Singapore, Djakarta und Buenos Aires. Eine entscheidende Wendung bedeutet die Versetzung nach Spanien. Federico García Lorca, Miguel Hernández und Rafael Alberti treten in Nerudas Gesichts- und Freundeskreis ein. In den Spalten der Zeitschrift *Caballo verde por la poesia* finden sich die revolutionär gestimmten Poeten zusammen. Als 1936 der Bürgerkrieg ausbricht, besteht kein Zweifel daran, auf welcher Seite Neruda stehen wird. Er hat Spanien im Herzen, und diesen Titel, *España en el corazón,* trägt das Buch, das er unter Bedingungen, die denen der französischen Résistance-Dichtung während des Zweiten Weltkrieges ähneln, 1937 für die republikanischen Soldaten veröffentlicht. Es ist neben Picassos Guernica-Bildern, den Gedichten César Vallejos und Hemingways Roman das wesentliche künstlerische Zeugnis für die spanische Tragödie geblieben.

Von diesem Augenblick an ist der Schritt über die *poésie impure* hinaus zur *poésie engagée* getan. Wie für einen großen Teil der europäischen Intelligenz war Spanien Nerudas Wendepunkt. Das Gedicht handhabt er fortan wie einen Karabiner. Leicht fällt diese Entscheidung nicht. Neruda spürt die Notwendigkeit, sie zu rechtfertigen. Er tut es in dem Gedicht *Erklärung einiger Dinge* von 1936:

Du wirst fragen: Und wo ist der Flieder?
Und die Metaphysik von Mohn zugedeckt?
Und der Regen, der oft die Trommel

8 Deutsch unter dem Titel *Aufenthalt auf Erden* von Erich Arendt. Hamburg 1960.

seiner Worte schlägt und sie füllt
mit Leere und Vögeln?
Ich will dir jetzt alles sagen, was mir geschieht.

Ich pflegte in einem Viertel
von Madrid zu leben mit Glocken,
mit Uhren, mit Bäumen.
Von da konnte man
das trockene Antlitz Kastiliens sehen
wie einen Ozean aus Leder ...

Dunkles Getöse
von Füßen und Händen erfüllte die Straßen,
Maße, Liter, scharfe Essenz
des Lebens, gestapelter Fisch,
Geweb von Dächern mit kalter Sonne, in der
der Pfeil ermüdet,
wahnsinniges zartes Elfenbein von Kartoffeln,
Tomaten immer wieder hinab zur See.

Und eines Morgens brachen Flammen aus allem,
und eines Morgens stiegen lodernde Feuer
aus der Erde ...

Generäle
Verräter:
seht mein totes Haus,
seht mein zerbrochenes Spanien:
doch aus jedem toten Haus schießt brennendes Metall
anstelle von Blumen,
aus jedem Loch in Spanien
springt Spanien empor,
aus jedem ermordeten Kind wächst ein Gewehr mit Augen,
aus jedem Verbrechen werden Kugeln geboren,
die eines Tages den Sitz eures Herzens finden werden.

Ihr fragt, warum seine Dichtung
uns nichts vom Traum erzählt, von den Blättern,
den großen Vulkanen seines Heimatlandes?

Kommt, seht das Blut in den Straßen,
kommt, seht
das Blut in den Straßen,
kommt, seht doch das Blut
in den Straßen! [9]

In den folgenden Jahren wird Neruda endgültig zum Mitstreiter der Aragon und der Ehrenburg. Die äußeren Stationen dieses Weges sind rasch notiert: 1937 Organisation der Massenflucht spanischer Emigranten nach Chile, 1943 Wahl zum Senator im chilenischen Parlament mit den Stimmen der KP Chiles, wenige Monate später Eintritt in die Partei. 1948 zwingt ihn ein Staatsstreich zur raschen Flucht. Er verbirgt sich im Innern des Landes und schreibt dort im Lauf eines Jahres, immer von der politischen Polizei verfolgt, den *Canto general.* 1949 taucht er in Paris auf, kurz darauf ist er Gast der Sowjetunion, Rotchinas und Indiens. Auf den Weltjugendfestspielen in Ostberlin erscheint er 1951. Es folgen weitere ausgedehnte Reisen, bei denen er als repräsentative Figur des Weltkommunismus auftritt. Nach Chile zurückgekehrt, lebt er inmitten seiner Muscheln und Bücher; eine legendäre Gestalt und eine politische Größe von kontinentalem Format, auf der Isla Negra. Während der letzten Jahre der stalinistischen Ära geht aus seiner Feder ein Strom von Parteilyrik, von polemischen Tiraden und platten Hymnen hervor, immer wieder durchgeistert von Reflexen seines einstigen Ingeniums, ständig anschwellend an Umfang und an Dichte sich mindernd, bis er auf das offizielle Niveau der albanischen oder ostdeutschen Barden herabsinkt: »Menschen Stalins!« heißt es in einem Text aus dem Jahr 1952,

9 *Explico algunas cosas.* In: *Españna en el corazón.* Madrid 1937. Deutsch von Erich Arendt und Stephan Hermlin, unter dem Titel *Spanien im Herzen.* Berlin 1956.

Menschen Stalins! Wir tragen mit Stolz diesen Namen.
Menschen Stalins! Das ist die Rangordnung unserer Zeit!
Arbeiter, Fischer, Musiker Stalins!
Ärzte, Salpeterbrecher, Dichter Stalins!
Gelehrte, Studenten und Bauern Stalins!
Handwerker, Angestellte und Frauen Stalins!
Gruß euch an diesem Tag! Das Licht ist nicht entschwunden,
nicht entschwunden ist das Feuer,
doch sich mehren soll
das Licht, das Brot, das Feuer und die Hoffnung
der unbezwinglichen Stalin-Epoche! [10]

Ein Kapitel des Buches, in dem diese Worte stehen, trägt den Titel *Der Honig Ungarns*. Das Blut auf den Straßen von Budapest hat Neruda nicht gesehen.

III Dies ist, wie er sich in den Fakten seines Lebens abbildet, der Fall Neruda. Angesichts der dichterischen Potenz, der wir uns gegenübersehen, ist es weder erlaubt, ihn totzuschweigen, noch ihn zu bagatellisieren. Was liegt hier vor? Wie ist die Selbstverstümmelung eines solchen Mannes möglich? Die geläufigen, in unserm Teil der Welt naheliegenden Begründungen scheiden von vornherein aus. Den stalinistischen Terror hat Neruda nie am eigenen Leib erfahren; was er tat, tat er freiwillig. Keine Kontrollkommission hatte die Macht, ihn zu zwingen. Auch der Verdacht des Opportunismus ist von der Hand zu weisen. Eine glänzende diplomatische Karriere stand dem Chilenen offen, hätte er sich nur zu berechnender Vorsicht verstehen wollen. Sein Übertritt zum Kommunismus war mit Gefahren verbunden; er hat ihm keineswegs von Anfang an ein bequemes Leben verschafft, vielmehr erheblichen Mut und

10 Aus: *Las uvas y el viento*, VI. Buenos Aires 1954. Deutsch von Erich Arendt unter dem Titel *Die Trauben und der Wind*. Berlin 1955.

erhebliche Opfer erfordert. Auch eine dritte Erklärung, die in solchen Fällen rasch zur Hand ist, versagt: für Neruda hat der Kommunismus nie die Anziehungskraft eines geschlossenen Glaubenssystems gehabt. Weder die innere Stimmigkeit der marxistischen Theorie noch die quasi-religiöse Aura, mit der sich die stalinistischen Dogmen zu umgeben wußten, gab für Neruda den Ausschlag. Dieser Mann ist zu ungläubig, um je einen Konvertiten abzugeben, und zu wenig intellektuell, um der Verführung durch die Doktrin zu erliegen.

Nerudas Gründe sind zugleich einfacher und komplexer, also in jedem Falle lehrreicher als die der meisten Partei-Dichter: einfach, was die politischen, komplex, was die künstlerischen Motive für seine Haltung betrifft.

Zunächst wird es geboten sein, angesichts der alteingesessenen Ignoranz, die sich bei uns so gern mit abendländischen Feldzeichen schmückt, an einige einfache Tatsachen zu erinnern, die für unsern Fall von Bedeutung sind. Der Kommunismus war nie, auch nicht zu Zeiten Stalins, da er in Moskau noch als katholische und allgemein verbindliche Lehre definiert wurde, eine einheitliche Erscheinung. Die Vorstellung, ein Besuch in Kottbus genüge zum Verständnis seiner asiatischen, afrikanischen oder südamerikanischen Varianten, ist zwar weitverbreitet, aber ganz und gar falsch. Ein Gang durch die Straßen von Santiago de Chile oder ein Blick in die Statistik über die dort übliche Verteilung des Volkseinkommens ist hier dienlicher als alle ideologischen Redensarten. Die sogenannte soziale Frage ist in einem Land wie Chile kein bloßer Wahlslogan, sondern eine buchstäblich blutige Realität. Ausländische Investitoren und die »dreihundert Familien« verfügen über den Löwenanteil am nutzbaren Grundbesitz und am Sozialprodukt: er wird mit 70–80 % angegeben. Die Erziehungs- und Fürsorgegesetzgebung steht größtenteils nur auf dem Papier. Die demokratische Maschine läuft mit dem Öl der Oligarchie. Zahl und Elend der *rotos*, der Enterbten, sind in einem der reichsten Erdteile unvorstellbar groß. Es ist klar, daß der Kommunismus in Südamerika andere Möglichkeiten und Methoden, aber auch andere

Beweggründe und Parteigänger hat als in den hochindustrialisierten Ländern West- und Nordeuropas mit ihren mehr oder weniger weitgehend nivellierten Einkommen und der dauernden Reduktion aller offenen Armut. Durch seine Herkunft bereits, den Ort und das Datum seiner Geburt, ist Neruda für den Kommunismus also schier prädestiniert. Auf der Seite der *rotos* war er von jeher gestanden. Der Krieg in Spanien war nur das auslösende Moment, nicht die Ursache für seine politische Parteinahme.

Was den Fall indessen exemplarisch macht, ist das künstlerische Drama, das sich vor diesem Hintergrund von brutaler Eindeutigkeit abspielt. Die kubanischen Ereignisse haben gezeigt, wie verbreitet in der südamerikanischen Intelligenz die Neigung zum Kommunismus ist. Die Problematik des Falles Neruda geht über diese allgemeine Erscheinung hinaus. Ihr Schlüssel liegt in der gesellschaftlichen Situation der modernen Dichtung schlechthin. Diese Lage ist uns geläufig. Sie verurteilt den Dichter, zwischen seinem Publikum und seiner Poesie zu wählen. In jedem Fall sondert er sich von einer Grundbedingung seiner Arbeit ab. Dieser Dialektik ist Neruda niemals ausgewichen; man kann sagen, daß sie ihm zum Verhängnis geworden ist, weil er ihr nicht gewachsen war. Zunächst hat er versucht, aus dem Dilemma gleichsam mit Gewalt auszubrechen. Das zeigen seine Invektiven gegen den bürgerlichen Literaturbetrieb:

Was tatet ihr denn, Gideaner,
ihr Intellektualisten, Rilkeaner,
Verdunkler des Daseins, unwahre existenzialistische
Gaukler, surrealistische
Blüten des Mohns, im Grab nur
entflammte, europäisierende
Modekadaver,
bleiche Maden im Käse
des Kapitalismus …[11]

11 Aus: *Canto general,* V. Deutsch unter dem Titel *Der Große Gesang* von Erich Arendt. Berlin 1953.

Ein Beispiel für die weitverbreitete Tendenz der Intellektuellen, die Intelligenz zu denunzieren. Die alte Geschichte: Vulgärmarxisten und rechte Reaktionäre schaufeln einträchtig an der Grube, die sie der »entarteten« Kunst zugedacht haben. Bei dem verräterischen Zitat könnte man es bewenden lassen, wäre ihm sein defensiver Zug nicht so deutlich auf die Stirn geschrieben. Neruda beschimpft darin weniger die Gegenwart der andern als seine eigene Vergangenheit; die verzweifelte Polemik gegen sein früheres Werk geht bis zum Selbstzitat: die Mohnblüte ist eine der wichtigsten Chiffren seiner Poesie gewesen, und was die »Verdunklung« des Daseins betrifft, so findet sie in den beiden Bänden der *Residencia en la tierra* ihren großartigen dichterischen Ausdruck. Diese Preisgabe des eigenen Werkes bedarf einer fortwährenden Rechtfertigung. Das ist mit Schimpfworten nicht getan. Einen Schritt weiter führt die folgende Passage, in der Neruda dem autobiographischen Aspekt der Sache nicht länger ausweicht:

> Als ich Verse der Liebe schrieb, die mir
> überall erblühten, und ich sterben wollte vor Traurigkeit,
> umherirrend, verlassen, am Alphabete nagend, da
> sagten sie mir: »Wie groß bist du, o Theokrit!«
> Ich bin kein Theokrit …
> Ich ging hin durch die Gassen der Salpetergruben,
> zu sehen, wie andre Menschen leben.
> Und als ich herauskam mit schmutz- und schmerzbefleckten Händen,
> hob ich sie empor … und sprach: »Ich nehme nicht teil am Verbrechen.«
> Sie hüstelten, ihr Ärger war groß, sie verweigerten mir den Gruß,
> nannten mich nicht mehr Theokrit und kamen dahin,
> mich zu verleumden und auszusenden den ganzen Troß der Polizei,

um mich einzukerkern, weil ich mich nicht mehr
ausschließlich um metaphysische Dinge sorgte.[12]

Nicht anders hat sich Brecht geäußert. Die Parallele zu dem berühmten »Gespräch über Bäume« liegt auf der Hand, und die Gedichte *Schlechte Zeiten für Lyrik* und *Verjagt aus gutem Grund* sprechen das gleiche Dilemma, freilich ungleich schärfer und tiefer, aus wie Nerudas erklärende Verse. Nur daß Brecht, vermöge seiner angeborenen List, seiner dialektischen Kraft, seiner undurchdringlichen Weisheit sich vor dem Untergang zu retten vermochte. Daneben wirkt Neruda unbeholfen, oft geradezu grobschlächtig, aber auch wieder wehrlos und naiv. Schier unschuldig mutet die Vorstellung an, die letzten Endes seine Wahl bestimmt hat und der er, als künstlerische Person, zum Opfer gefallen ist; die Vorstellung einer Poesie, die das geistige Brot aller Menschen ist, auch der Armen und der Ungebildeten, sein sollte, der Poesie als eines Fermentes universeller Brüderschaft. In diesem Wunschtraum verquicken sich romantische und marxistische Züge – und vergessen wir nicht, daß der klassische Marxismus aus dem Haupt der Romantik entsprungen ist! –: ihn versucht das ganze Spätwerk Nerudas zu verwirklichen, gleich als stünde es in der Macht eines einzelnen, die zweitausendjährige Geschichte einer Kunst, die für die wenigen gemacht worden ist, von einem Tag auf den andern umzukehren.

»Wir schreiben für einfache Menschen«, sagte Neruda in einer Rede über *Das Dunkle und das Klare in der Dichtung*, gehalten vor dem Kulturkongreß zu Santiago im Jahre 1953, »für Menschen, die so anspruchslos sind, daß sie sehr, sehr oft nicht lesen können. Aber die Poesie war auf der Erde, bevor man lesen und drucken konnte. Deshalb wissen wir, daß Poesie wie Brot ist und von allen geteilt werden muß, von Gelehrten und Bauern gleicherweise, von unserer ganzen unermeßlichen, wundervol-

12 a. a. O. XII, *Brief an Miguel Otero Silva.*

len, außerordentlichen Familie der Völker[13].« Nicht die politische Tagessituation in seiner Heimat, nicht einmal der faschistische Überfall auf das republikanische Spanien, sondern eine so beschaffene Auffassung vom Wesen der Poesie ist der letzte Beweggrund für Nerudas Entscheidung. Fügen wir hinzu, daß es eine paradoxe Entscheidung ist. Paradox, weil die äußerste Verkürzung, Verfremdung und Entstellung der Sprache Grundelemente der Poetik sind, die Neruda für sich entwickelt hatte. Ihre Negation läuft auf die Zerstörung der historischen Wurzeln hinaus, aus denen seine Dichtung lebt, auf die Stornierung ihrer eigenen Geschichte. Das ist natürlich ein Ding der Unmöglichkeit, und es liegt eine bösartige Ironie darin, daß der selbstmörderische Versuch, auf eigene Faust die geschichtlichen und gesellschaftlichen Bedingungen der Literatur aufzuheben, zu dem der Marxismus Neruda verführt hat, durch die einfachste marxistische Überlegung zu widerlegen ist. Er mutet an wie eine düstere Donquijoterie. Eine Ahnung davon überkommt den Autor angesichts der Schwierigkeiten, denen er begegnet. In der zitierten Rede kommt er zu dem Schluß: »Es war eine große Anstrengung für mich, das Dunkel der Klarheit zu opfern, denn Dunkelheit der Sprache ist das Privileg einer Literaturkaste bei uns geworden ... In jenen Tagen der Verfolgung kämpfte ich gegen das Dunkel in meinem Innern und in meinem Buch, während dieses Gestalt annahm; aber ich glaube nicht, daß ich den Kampf gewonnen habe. Ich habe beschlossen, in meinen neuen Gedichten immer einfacher, jeden Tag einfacher zu werden.«

Das Buch, auf das Neruda anspielt, ist der *Canto general*[14]. *Der Große Gesang* ist ein Gedicht von über 10000 Zeilen, eine Aeneis des südamerikanischen Kontinents, beginnend mit einer leuchtenden Kosmogonie, die große indianische Vergangenheit ins Gedächtnis rufend, berichtend vom blutigen Schauspiel der Conquista, und, Scheitel und Sinn des Ganzen, von der Befrei-

13 *Neue deutsche Literatur*, II, 4. Berlin 1954. Deutsch von Elisabeth Schlieper.

14 Santiago de Chile 1950. Deutsch a. a. O.

ung des Landes von den Kolonialherrn, als deren Nachfahren natürlich die *gringos,* die nordamerikanischen »Dollar-Imperialisten und Ausbeuter« erscheinen. Das Werk endet in hymnischen Anrufungen Stalins, der Kommunistischen Partei und der nahenden Revolution.

Das Gedicht, das in einer zuverlässigen deutschen Übersetzung vorliegt, hat in der modernen Dichtung wenig Vergleichbares. Ehrgeiz, Format und Atem rücken es in die Nähe der *Anabase* von Saint-John Perse, der *Pisan Cantos* von Ezra Pound und des *Paterson* von William Carlos Williams. Der Vergleich kann nur auf die Größenordnung des *Großen Gesanges* hinweisen. Das Werk ist als Lehrgedicht an Empedokles und Lukrez geschult; als Heldenepos ein anachronistischer Rückgriff auf antike Formen; als patriotisches Preislied voller Reminiszenzen an Whitman; als Historiographie ein Versuch poetischer Weltgeschichte; dazu Landschafts-Epopöe, genealogischer Katalog, Requiem auf Vorfahren und Freunde; schließlich lyrische Summa aller früheren Arbeiten Nerudas; politisches Pamphlet; revolutionäres Oratorium im Sinne Majakowskis. Die Kritik an diesem Buch wird zugleich ein Urteil im Fall Neruda zu fällen haben. Ein zweischneidiger und paradoxer Fall, ein zweischneidiges und paradoxes Urteil. Ein Werk, überwältigend gelungen, wo das Ingenium des Autors über seine ideologischen Fixierungen, über seine hilflosen Vorsätze, über seine absichtsvolle und verräterische Plattheit den Sieg davonträgt: und es gibt Passagen darin, die den Gedichten der *Residencia* in nichts nachstehen, ja die, angereichert von historischer und mythologischer Substanz und von jahrelanger Arbeit geglüht und gehärtet, in einem metallischeren Glanz leuchten. Mißraten, wo der Dichter seinen Beschlüssen Geltung verschafft hat, Beschlüssen, wie sie auf Kongressen fallen, aber nicht im poetischen Bewußtsein. Lange Seiten sind das Ergebnis, auf denen die Rapporte von Gewerkschaftsfunktionären, erfüllte Vierjahrespläne, ja noch die Verbrechen der stalinistischen Epoche holprig gefeiert werden, und die in ihrer Phraseologie an das Gebell einer linientreuen Presse erinnern.

Klarheit? Die Klarheit, die da um den Preis der dichterischen Integrität geschaffen wird, ist die totalitärer Plakate: eine Simplizität, die nur Genossen kennt und Untermenschen, und deren Schrecklichkeit uns die Geschichte hinlänglich gelehrt hat. So rächt sich an einem mutigen Mann der Irrtum, die Poesie sei ein Instrument der Politik, weit bitterer als der wohlfeile Köhlerglaube, es gäbe eine unpolitische Dichtung, an tausend Feiglingen. Und wenn er ihm zum Opfer gefallen ist, so hat Pablo Neruda das Dilemma, an dem er gescheitert ist, doch wenigstens gesehen.

Auf den Dichter, der die Zwickmühle sprengt, der weder die Dichtung um ihrer Zuhörer noch ihre Zuhörer um der Dichtung willen verrät, und der nicht die Poesie zur Magd der Politik, sondern die Politik zur Magd der Poesie, will sagen, zur Magd des Menschen macht: auf diesen Dichter werden wir vielleicht noch lange, und vielleicht vergeblich, warten müssen.

Poesie und Politik

DIESER ALPTRAUM ist so alt wie das Abendland: Was die Dichter schreiben dürfen, was nicht, darüber entscheidet die Staatsraison. Zucht und Anstand müssen gewahrt bleiben. Die Götter sind immer gut. Über Staatsmänner und Vorgesetzte darf öffentlich nichts Ungünstiges gesagt werden. Helden sind unter allen Umständen zu rühmen. Die Untaten der Herrschenden sind kein Gegenstand der Dichtung, sondern ein Thema für Ausschußsitzungen hinter verschlossenen Türen. Die Jugend darf nicht gefährdet werden! Also keine Darstellung ungezügelter Leidenschaften, mit Ausnahme derjenigen, welche die Staatsmacht konzessioniert. Ironie ist unzulässig. Verweichlichung hat nicht stattzufinden. Dichter sind geborene Lügner, sie werden deshalb der Propaganda-Kompanie zugeteilt. Die Kontrollkommission weist nicht nur die Themen an. Sie verfügt auch, welche Formen zulässig, welche Tonfälle erwünscht sind. Verlangt wird Harmonie um jeden Preis: »also Wohlredenheit und Wohlklang und Wohlanständigkeit und Wohlgemessenheit«, mit einem Wort, das Positive. Schädlinge werden verbannt oder ausgemerzt, ihre Werke verboten, zensiert, verstümmelt.

Diese vertrauten Maximen, vor mehr als zweitausend Jahren in einem Balkan-Kleinstaat formuliert, stehen am Anfang der europäischen Diskussion über Poesie und Politik[1]. Sie haben sich seitdem über die ganze Erde ausgebreitet. Mit der entsetzlichen Regelmäßigkeit eines Dampfhammers schallen sie durch die Geschichte, stumpf, monoton, gewalttätig. Was Poesie sei, danach

1 *Politeia*, besonders 377–401 und 595–608.

fragen sie nicht; das Gedicht gilt ihnen als bloßes Instrument zur Beeinflussung der Beherrschten, das je nach den Interessen der Herrschaft beliebig verwendet werden kann. Daher das zähe Leben jener Sätze. Wozu sie das Gedicht machen wollen, das sind sie selber: Werkzeuge der Gewalt. Deshalb gehen sie, wie Keulen, von Hand zu Hand durch die Geschichte, sind fungibel, mühelos ablösbar vom Holz der Philosophie, aus der sie geschnitzt sind. Sie dienen nicht nur dem Platonismus als Prügel gegen Aischylos und Homer, sondern jeder politischen Herrschaft. Das Christentum, der Feudalismus, die absolute Monarchie, der Kapitalismus, der Faschismus, der Kommunismus: sie alle haben sich Platons Lehre adaptiert, und selbst in den freiesten Ländern vergeht zu unsern Lebzeiten kein Monat, ohne daß die Poesie, nach platonischem Rezept, wegen Gotteslästerung, Zuchtlosigkeit oder Staatsgefährdung der Prozeß gemacht würde. In Wahrheit ist dieser Prozeß seit Platons Tagen anhängig, und die Verschiedenheit der inkriminierten Werke beweist, daß er nicht über dieses oder jenes einzelne Gedicht, sondern über die Poesie schlechthin eröffnet worden ist. Er schleppt sich nur von Fall zu Fall, von Instanz zu Instanz weiter fort. Nichts spricht dafür, daß er sich seinem Ende nähert. Immer dieselben Reden werden zwischen Anklage und Verteidigung gewechselt, und immer wird vor unzuständigen Gerichten und Kommissionen plädiert. In diese Verfahren einzugreifen ist ein Gebot der Notwehr, also eine traurige Notwendigkeit. Zum tausendsten Mal die platonischen Thesen zu widerlegen, die längst zum Unrat verkommen und aufs Niveau der Leitartikler, sei's im *Rheinischen Merkur*, sei's im *Neuen Deutschland*, herabgesunken sind: es ist ein Geschäft von der bittersten Langenweile. Poesie und Politik, das war und ist, in Deutschland zumal, ein immer leidiges, zuweilen blutiges Thema, getrübt von Ressentiment und Untertanengeist, Verdächtigung und schlechtem Gewissen.

Um so weniger haben wir das Recht, die Sache auf sich beruhen zu lassen. Vielmehr scheint es an der Zeit, die vergifteten Begriffe zu filtrieren und die alten Fragen auf neue Wege zu bringen. Notwehr genügt nicht. Widerlegung der Büttel, die sie verfolgen, klärt noch nicht auf, wie sich die Poesie zur Politik verhält. Nützlicher vielleicht, darüber nicht allein ihre Ankläger und Verteidiger, sondern sie selber zu befragen; denn ihre Anwälte sind allemal sprachloser als sie. Je dunkler das Thema, desto durchsichtiger sollte die Methode der Untersuchung sein. Begnügen wir uns also vorläufig mit den einfachsten Auskünften, betrachten wir die Oberfläche der Sache, und erörtern wir, was auf der Hand liegt: das politische Gedicht. Gerade dort, wo sich die Poesie nicht von Anfang an der platonischen und allen folgenden Simplifikationen verweigert, wo sie ihr politisches Wesen offen ausspricht, ist zunächst Rat zu suchen.

Nicht anders als die politische Herrschaft beruft sich die Poesie in ihren Anfängen darauf, göttlichen Ursprungs zu sein. Beider gemeinsame Wurzel ist der Mythos. Die frühesten Gedichte verewigen Götter und Heroen. Die Vorstellung von ihrer Unsterblichkeit kommt aus dem Dunkel des Totenkults. Einzig und allein die Poesie vermag sie ins Licht des Ruhmes zu retten. Er ist eine Erfindung der Griechen. Erst bei den Römern wurde das einzigartige Vermögen der Poesie, Vergängliches zu verewigen, zum Politikum. Mit Vergil und Horaz beginnt die Geschichte der Poesie als politischer Affirmation in allem Ernst: fortan trachten die Herrschenden, damit die Mitwelt pariere, sich der Nachwelt zu versichern. Zu diesem Ende müssen sie sich den Dichter dienstbar machen. Damit bildet sich ein eigenes Genre politischer Poesie heraus, das sich als literarische Institution bis in unsere Zeiten behauptet hat, nämlich das sogenannte Herrscherlob. Eine gründliche Untersuchung dieser Erscheinung steht merkwürdiger- und vielleicht nicht zufälligerweise bis heute aus. Hier nur ein paar Andeutungen zur Geschichte der Gattung. Die antike Literaturtheorie ist bekanntlich ein Derivat der Rhetorik. In ihr nimmt seit dem Hellenismus die Lobrede eine zentrale Stellung ein. Sie wird dort, entsprechend der Praxis der professionellen Rhetoren, nicht von mythischen Ursprüngen oder aus der alten

Kunst der Hymne abgeleitet, sondern vom öffentlichen Vortrag der Sophisten, also im wesentlichen von der Leichen- und Gerichtsrede. »Sie wurde politisch bedeutsam in der Kaiserzeit. Lateinische und griechische Lobreden auf die Herrscher waren eine Hauptaufgabe der Sophisten. Das Herrscherlob (basilikos logos) wurde damals als eigene Gattung eingeführt«[2].

Das blieb nicht ohne Folgen für die Poesie. Im zweiten nachchristlichen Jahrhundert kam es so weit, daß Hermogenes von Tarsos, einer der wichtigsten rhetorischen Lehrschriftsteller, sie geradezu als Panegyrik definieren konnte. Die Technik des Herrscherlobs wurde zu einem schulmäßigen System von Topoi ausgebaut, die sich, wie wir sehen werden, ohne große Mühe bis ins zwanzigste Jahrhundert verfolgen lassen. Die rhetorischen Regelbücher haben die Tradition des Herrscherlobs dem Mittelalter überliefert. Die Gattung breitete sich über ganz Europa aus, verband sich mit feudalen Vorstellungen und hielt sich an den Höfen bis an die Schwelle der Gegenwart: heute noch existiert in England und Schweden das Amt des königlichen Hofdichters.

Wie verhält sich die Poesie zur Politik? Daß ein Blick auf die Geschichte des Herrscherlobs (und seiner, freilich weit seltnern, Kehrseite, des Herrschertadels) für jeden, der sich diese Frage stellt, lehrreich sein muß, das liegt auf der Hand; denn wie auch immer jenes Verhältnis aussehen mag, hier wird es auf die Spitze getrieben, hier erscheint es explizit, konkret und unverhüllt im Text.

Die frühesten politischen Gedichte in deutscher Sprache, die Sprüche Walthers, geben dafür ein Schulbeispiel ab. Im Laufe von knapp zwanzig Jahren hat der Autor drei Kaisern gedient, erst dem Staufer Philipp, dann dem Welfen Otto, schließlich dem Staufer Friedrich II. Der zweimalige Wechsel seiner politischen Loyalität scheint ihm nicht schwer gefallen zu sein: ohne sichtbare Anstrengung seines Gewissens verherrlicht Walther von

2 Dies und das folgende nach Ernst Robert Curtius, *Europäische Literatur und lateinisches Mittelalter.* Bern 1948. Siehe dort besonders die Kapitel 8 und 9.

der Vogelweide zu jeder Zeit den siegreichen Fürsten. Er verhehlt durchaus nicht, daß seine Huldigungen dem Gebot der Opportunität gehorchen: im Gegenteil, er spricht diesen Zusammenhang offen aus.

Wie solt ich den geminnen der mir übele tuot?
mir muoz der iemer lieber sîn der mir ist guot,

so heißt's im Friedrichston[3]. Zu deutsch: Ich werde den loben, der sich angemessen zu revanchieren weiß. Solche Offenherzigkeit ist nicht mit Naivität zu verwechseln; sie ist taktisch sehr wohl bedacht. »Wirf von dir milteclîche!« – noch die rüdesten Bettelstrophen sind durch die ökonomische Abhängigkeit des Dichters von dem Herrscher, den er lobt, nicht hinreichend erklärt[4]. Ihre Unverschämtheit, ihr Mangel an Gêne, das gute Gewissen, mit dem sie ausgesprochen werden, eben das, was uns an ihnen peinlich oder unverständlich anmutet, ist charakteristisch. Nicht nur bezeichnet es genau ein Grundverhältnis der feudalen Gesellschaft, das zwischen dem Herren und seinem Vasallen, als eine gegenseitige Abhängigkeit, die auf Geben und Nehmen beruht. Der drohende, um nicht zu sagen: erpresserische Unterton gewisser Strophen besagt noch mehr: nämlich, daß der Dichter, seiner ökonomischen Abhängigkeit zum Trotz, politisch durchaus nicht ohnmächtig war. Der Fürst hatte ein Lehen zu vergeben, der Dichter aber den Ruhm – oder die Schande der üblen Nachrede, die keineswegs leicht zu ertragen war. Der Herrscher war auf sein Lob geradezu angewiesen, nicht aus Eitelkeit, sondern aus politischen Gründen; ganz als hätte seine Herrschaft der Beglaubigung durch die Poesie bedurft. So unbestreitbar das Sprichwort, Kunst ginge nach Brot, so wenig reicht es hin, die uralte Einrichtung des Patronats begreiflich zu machen, das die Regierenden den schönen Künsten, vor allem aber der Poesie ge-

3 Lachmann 26,10.
4 A. a. O. 17,6. Zum folgenden siehe vor allem 19,17; 17,11; 31,23; 26,23; 26,33; 28,1; 28,31.

genüber übernommen und traditionell behauptet haben. Ihr Dasein verdankt sich keineswegs einer besonderen Vorliebe, die sie für die Dichter gefaßt hätten: die mäzenatische Geste hat immer etwas von frommem Betrug, wenn sie *ex officio* geübt wird. Nicht der Kunstsinn oder die Großmut der Herrschenden macht ihre Wahrheit aus: sie dient letzten Endes dazu, den Schirmherrn vor seinem Protegé zu schützen, vor der Bedrohung seiner Herrschaft, die von der Poesie selber ausgeht. Eine Ahnung davon hat sich die feudale Gesellschaft immer bewahrt: noch in der ödesten Routine des Herrscherlobs, im Wust der servilsten Widmungsstrophen ist sie zu spüren. In einem großen Wort, geprägt am Ausgang der feudalen Epoche, ist diese Ahnung zu Ende gedacht. Der Graf von Gneisenau schrieb damals an seinen Prinzipal, einen gewissen Friedrich Wilhelm, der ihm eine Denkschrift mit der Bemerkung zurückgegeben hatte, sie sei »als Poesie gut«: »Auf Poesie ist die Sicherheit der Throne gegründet.«

Um diese Sicherheit war es bald geschehen. Die historische Ironie des Satzes blieb seinem Autor ebenso verborgen wie seinem Adressaten. Sie liegt darin, daß er ausgesprochen ward, als es zu spät war. Die Poesie sollte fortan die Kehrseite jener gründenden Macht offenbaren, die sie seit Vergil bewiesen hatte – jene Kehrseite, der das Mißtrauen und die heimliche Furcht ihrer Patrone von jeher gegolten hatte: statt ihrer gründenden also die sprengende, die stürzende Macht, statt der Affirmation die Kritik. An der Krise des Herrscherlobs und an seiner Agonie ist diese Wende abzulesen.

Goethe hat sich der herkömmlichen Hofpoesie nicht durchaus versagt. Er hat sich ihr als einer Fleißaufgabe unterzogen. Die devoten, glatten und kalten Strophen, die er an regierende Häupter gerichtet hat (etwa an den Kaiser und an die Kaiserin von Österreich), verraten keine Regung, es sei denn geheime Verachtung. Keine von ihnen hat Goethe in die Ausgabe letzter Hand aufgenommen. Sie sind der Niederschlag eines Arrangements, das jeder öffentlichen oder gar politischen Verbindlichkeit entriet, und eben darauf, die eigene, private Existenz aus dem Nexus der feudalen Gesellschaft auszusparen, waren sie abgesehen. Goethes Herrscherlob ist (soweit es nicht der Freundschaft zu dem jungen Carl August entspringt) durchaus zwielichtig und läßt bereits die souveränen Hintergedanken des Nachlasses ahnen:

Leider läßt sich noch kaum was Rechtes denken und sagen
Das nicht grimmig den Staat, Götter und Sitten verletzt[5].

Die letzten poetisch legitimen Verse, die sich als Herrscherlob charakterisieren lassen, wurden in Deutschland zu eben der Zeit niedergeschrieben, da der Graf von Gneisenau seinen Landesherrn vergebens auf die politische Bedeutung der Poesie für das *ancien régime* aufmerksam zu machen suchte. Sie stammen von Heinrich von Kleist. Das Gedicht *An Franz den Ersten, Kaiser von Österreich* aus dem Jahre 1809 versammelt in sich, noch einmal, und zum letzten Mal, die reinsten Kräfte jener Gattung, die es zugleich transzendiert:

O Herr, du trittst, der Welt ein Retter,
Dem Mordgeist in die Bahn;
Und wie der Sohn der duftgen Erde
Nur sank, damit er stärker werde,
Fällst du von neu'm ihn an!

Das kommt aus keines Menschen Busen
Auch aus dem deinen nicht;
Das hat dem ewgen Licht entsprossen,
Ein Gott dir in die Brust gegossen,
Den unsre Not besticht.

5 Aus dem Umkreis der *Venezianischen Epigramme*. Artemis-Ausgabe II, 177. Zürich 1950.

O sei getrost; in Klüften irgend
Wächst dir ein Marmelstein;
Und müßtest du im Kampf auch enden,
So wirds ein anderer vollenden,
Und dein der Lorbeer sein! [6]

Von den Requisiten und Kunstgriffen, wie sie die Rhetorik des Herrscherlobs parat hat, macht das Gedicht in mancher Weise Gebrauch: es nennt Marmor und Lorbeer als Insignien des Ruhms, scheut nicht den obligaten mythologischen Vergleich (hier mit Antäus), und gibt den Fürsten, an den es sich wendet, gleichsam für einen Messias aus, von dessen Erscheinung nicht die Rettung einiger europäischer Kleinstaaten, sondern gleich der ganzen Welt abhängt. Noch einen anderen alten Topos scheint Kleist in dem Gedicht aufzunehmen: Herrschaft verdankt sich, wie die Poesie, der Inspiration; beide sind von gleichem Ursprung, nämlich von Gottes Gnaden. Aber der Gott, von dem hier die Rede ist, hat mit den alten Göttern nichts gemein. Das Gedicht verschweigt seinen Namen. Er ist kein anderer als der der Geschichte. Der Herrscher nämlich tritt als Person überhaupt nicht mehr auf; keiner der Verse spielt auf seine Vorfahren, auf sein Leben, auf seine Persönlichkeit an. Wer Franz der Erste ist, weiß der Dichter nicht; es ist gleichgültig. Denn der Herrscher ist kein Cäsar mehr, sein Geheimnis liegt nicht länger in seiner Person: er ist weiter nichts als der Statthalter der Geschichte, der Vollstrecker des Weltgeistes. Nach seinem Fall »wirds ein andrer vollenden«, gleichviel welchen Namens und welcher Dynastie. Kleists Gedicht ist ein Abgesang. Er vollendet das Herrscherlob und vernichtet es zugleich. Fünfundzwanzig Jahre später schreibt Georg Büchner im *Landboten:* »Der Fürst ist der Kopf des Blutigels, der über euch hinkriecht.«

6 *Sämtliche Werke und Briefe.* Herausgegeben von Helmut Sembdner. Band I, 28. München 1961.

Damit ist es mit dem Herrscherlob in der deutschen Literatur vorbei. Der Rest ist Farce oder Niedertracht. Dieser Rest ist beträchtlich. Ungezählte haben, im Lauf der letzten hundertfünfzig Jahre, versucht, die tote Gattung fortzuführen. Sie taten es um den Preis ihrer Autorschaft. Seit Kleist schlägt jedes Huldigungsgedicht an die Herrschenden auf den zurück, der es verfaßt hat, und gibt ihn dem Hohn oder der Verachtung preis. Ein Opfer unter vielen und wohl das argloseste war Fontane, der kurz vor der Jahrhundertwende schrieb: *Wo Bismarck liegen soll.*

Nicht in Dom oder Fürstengruft,
Er ruh' in Gottes freier Luft
Draußen auf Berg und Halde,
Noch besser: tief, tief im Walde;
Widukind lädt ihn zu sich ein:
»Ein Sachse war er, drum ist er mein,
Im Sachsenwald soll er begraben sein.«

Der Leib zerfällt, der Stein zerfällt,
Aber der Sachsenwald, der hält;
Und kommen nach dreitausend Jahren
Fremde hier des Weges gefahren
Und sehen, geborgen vorm Licht der Sonnen,
Den Waldgrund im Efeu tief eingesponnen
Und staunen der Schönheit und jauchzen froh,
So gebietet einer: »Lärmet nicht so! –
Hier unten liegt Bismarck irgendwo«[7].

Der unfreiwillige Humor dieser Strophen, der sich im Irgendwo der letzten Zeile geradewegs zu einem Friederike-Kempner-Effekt steigert, beweist die katastrophale Unmöglichkeit dessen, was Fontane sich, gewiß guten Glaubens, vorgesetzt hat: ein mo-

7 Geschrieben am 31. Juli 1898. Zitiert nach der Jubiläums-Ausgabe, I. Band. Berlin 1919.

dernes Herrscherlob zu verfassen. Weniger glimpflich sind spätere Versuche verlaufen, die Gattung zu neuem Leben zu erwekken. Vor ihnen versagt jede Ironie; sie sind entsetzlich nicht nur, weil sie ihre Urheber als geistige Personen gleichsam auslöschen. An Beispielen ist kein Mangel. Den Hitler-Hymnen der Gaiser, Seidel und Carossa läßt sich eine Probe wie die folgende ohne weiteres zur Seite stellen:

Als es geschah an jenem zweiten März,
Daß leiser, immer ferner schlug sein Herz,
Da war ein Schweigen wieder und ein Weinen,
Um Stalins Leben bangten all die Seinen.

Und als verhaucht sein letzter Atemzug,
Da hielt die Taube ein auf ihrem Flug
Und legte einen gold'nen Ölzweig nieder.
Die Völker sangen alle stille Lieder.

Den Namen Stalin trägt die neue Zeit.
Lenin, Stalin sind Glücksunendlichkeit.
Begleitet Stalin vor die Rote Mauer!
Erhebt Euch in der Größe Eurer Trauer!

Seht! Über Stalins Grab die Taube kreist,
Denn Stalin: Freiheit, Stalin: Frieden heißt.
Und aller Ruhm der Welt wird Stalin heißen.
Laßt uns den Ewig-Lebenden lobpreisen.[8]

8 Zitiert nach *Die Zeit* vom 9. Februar 1962. – An der Existenz der Hitler-Gedichte von Gerd Gaiser und Hans Carossa haben manche Kritiker Zweifel erhoben. Gaisers Gedicht *Der Führer* ist in seinem ersten Buch, *Reiter am Himmel*, nachzulesen, das 1941 erschienen ist; der Text von Carossa steht in einer »Tornisterschrift des Oberkommandos der Wehrmacht (Abteilung Inland). Zum Geburtstag des Führers 1941. Heft 37«; das Werk trägt den Titel *Dem Führer. Worte deutscher Dichter.*

Dieser Text wird nicht um des Ekels willen zitiert, den er erregen mag; nicht einmal sein Verfasser, ein Mann namens Becher, ist für unser Vorhaben von Belang. Der Text interessiert nur als Symptom. Er erfüllt auf das genaueste die platonischen Vorschriften: »Aber des Kronos Taten und was ihm wieder von seinem Sohne begegnet, sollte wohl, denke ich, auch wenn es wahr wäre, unverständigen und jungen Leuten nicht so unbedacht erzählt werden, sondern am liebsten verschwiegen bleiben ... Wir wollen also ja nicht das glauben oder erzählen lassen, daß irgendein Heros es über sich gebracht habe, Ruchloses oder Frevelhaftes auszuüben, sondern wir wollen die Dichter nötigen zu erklären, daß solches nicht dieser Männer Taten sind, aber nicht zu sagen, daß Heroen um nichts besser sind als Menschen ... In den Staat ist nur der Teil von der Dichtkunst aufzunehmen, der Gesänge an die Götter und Loblieder auf hervorragende Männer hervorbringt«[9]. Bechers Text erfüllt zweitens, nicht weniger beflissen und bis zur Lächerlichkeit exakt, die Vorschriften der alten Rhetorik für das panegyrische Gedicht: Die Klischees, aus denen er montiert ist, sind samt und sonders in zweitausendjähriger Übung vernutzt worden. Ölzweig, Taube, ewiges Leben, »die Völker alle«: »Eine ... Wertsteigerung der zu preisenden Person wird (seit dem frühen Mittelalter) dadurch erreicht, daß man mitteilt, alle nähmen teil an der Bewunderung, Freude, Trauer ... Man wagt die Behauptung: ›alle Völker, Länder, Zeiten besingen den N. N.‹ ... Das Schema ›der ganze Erdkreis besingt ihn‹ wurde fester topos. Häufig wenden ihn die karolingischen Dichter auf Karl an«[10]. Die kopistenhafte Sorgfalt, mit der Becher, vermutlich ohne es zu ahnen, drittrangige Hagiographen und Grammatiker des lateinischen Mittelalters ausgeschrieben hat, ist verblüffend. Den Skandal, der darin liegt, daß Bechers Produkt überhaupt existiert, vermag sie nicht zu erklären. Er ist keine Frage des Handwerks. Der Text wäre

9 *Politeia* 378 a; 391 cd; 607 a.
10 Curtius, a. a. O. S. 169 f.

auch durch keinen Kunstgriff zu retten, nicht durch den Verzicht auf die dümmlichen Vergleiche, die lügenhaft aufgeblasenen Metaphern, nicht durch syntaktische Nachhilfe. Widerwärtig sind nicht die Schnitzer, widerwärtig ist das Dasein jener Zeilen.

Warum? Dieser Frage wollen wir auf den Grund gehen; denn sie ist fundamental. Sie ist ferner bisher in ihrem vollen Ernst noch nicht gestellt und beantwortet worden, und zwar vermutlich deshalb nicht, weil es keiner kritischen Anstrengung bedarf, Hervorbringungen von jener nur allzu vertrauten Sorge zu erledigen. Sie richten sich selbst. Die Versuchung liegt nahe, es dabei bewenden zu lassen und sich die Begründung jenes Urteils zu ersparen. Wo sie aber versucht wird, greift sie in aller Regel zu kurz. Der Grund des Skandals liegt nämlich nicht dort, wo man ihn gewöhnlich vermutet: er liegt weder in der Person des Lobenden noch in der des Gelobten.

Der Rekurs auf die Gesinnungen und Beweggründe des Autors, der sich in den letzten Jahrzehnten überall eingebürgert hat, wo vom Verhältnis der Poesie zur Politik die Rede ist, kann eine Erscheinung wie das Ende des Herrscherlobs nicht aufklären. Er ist selber der Aufklärung bedürftig. Daß wir uns angewöhnt haben, nach der politischen »Zuverlässigkeit« oder gar »Tragbarkeit« eines Schriftstellers zu fragen, ist zwar angesichts der Erfahrungen, die wir mit unserer Literatur gemacht haben, begreiflich, doch zeigt sich schon an der Terminologie solcher Fragestellungen, daß sie die Kritik mit der totalitären Substanz ihrer Todfeinde zu infizieren drohen.

Der Hinweis auf die Parteiabzeichen, Ergebenheitsadressen und Staatsämter gewisser Autoren verschafft der Kritik Indizien, weiter nichts. Zu einem Urteil genügt er nicht. Kein einziges Gedicht von Benn, kein einziger Satz von Heidegger ist auf solche Weise zu widerlegen. Diese Feststellung entschuldigt nicht den mindesten Akt der Barbarei. Sie wird nicht getroffen, um die Festredner Hitlers oder Stalins der Kritik zu entziehen. Es handelt sich im Gegenteil darum, sie einer Kritik allererst zu überliefern, die sich ihre Arbeit nicht zu leicht macht. Kritischer Schärfe begibt sich, wer nach den Motiven auch nur fragt, die beispielsweise Becher zu seiner Stalin-Hymne bewogen haben. Ob er sie aus Dummheit oder aus Opportunismus, freiwillig oder unter Druck geschrieben hat, das alles ist durchaus gleichgültig. Das gleiche gilt für die Sentiments in Bechers Brust: gläubige Überzeugung oder zynisches Blinzeln, mühseliger Selbstbetrug oder augurenhafter Schwindel – das gilt gleichviel. Herrscherlob und Poesie sind unvereinbar: der Satz gilt für Fontane so gut wie für Becher, also unabhängig von der Person des Autors, der ihm zuwiderhandelt, aus welchen Gründen und Gesinnungen auch immer.

Unabhängig nicht nur vom Subjekt, sondern auch vom Objekt des Herrscherlobs. Wiederum trifft jede Erklärung zu kurz, die sich an die Person des Gepriesenen heftet. Nicht Stalins Verbrechen disqualifizieren Bechers Text; es genügt, daß er sich überhaupt an einen Herrschenden richtet. Der Vergleich mit Fontanes harmlosem Elaborat ist auch in dieser Hinsicht lehrreich. Das Gedicht kann sich an keinen Staatsmann mehr wenden, ganz gleichgültig, wie wir ihn beurteilen. Poesie, die sich an Adenauer wendet, ist ebenso unvorstellbar, sie widerlegt sich ebenso selbst, als besänge sie Hitler, Kennedy oder de Gaulle. Es handelt sich um eine Erscheinung, die mit ideologischen oder moralischen Begriffen nicht zu fassen ist. Dafür spricht nicht nur die Tatsache, daß kein Autor von einiger Bedeutung einen solchen Versuch aus freien Stücken unternommen hat. Der Beweis läßt sich *ex contrario* führen: mit der Möglichkeit des poetischen Herrscherlobs ist auch die Möglichkeit der Schmähung geschwunden. Diese Erfahrung hat schon Heine gemacht[11]. Es gibt kein poetisch legitimes Werk, das Hitlers Namen aufbewahrt. An dem Versuch, ihn im Gedicht zu schmähen, ist sogar Brecht gescheitert, ebenso wie an dem Gedicht *Die Erziehung*

11 Etwa in den ironischen *Lobgesängen auf König Ludwig* (1841); der Vers verkommt zu mittelmäßigem Kabarett, ja zum Bierulk, sobald der Name eines Herrschers fällt.

der Hirse, in dem der Name Stalins fällt, und an einer *Kantate zu Lenins Todestag*[12].

Dieses Scheitern ist durch und durch politischer Natur. Das Gedicht sträubt sich gegen Herrscherlob und Herrscherschmähung nicht etwa aus einem allgemeinen Zwang zur Abstraktion. Nicht daß sie konkret, beim Namen, genannt werden, zerstört alle Gedichte auf Hitler oder Stalin: nicht Personennamen schlechthin verwirft die Poesie, nur die der Herrschenden. Auf jeden andern einzelnen sind Gedichte möglich wie eh und je: auf eine Frau, auf einen Freund, auf einen Taxi-Chauffeur, auf einen Gemüsehändler. Nicht wenige Grundtexte der modernen Poesie richten sich an Personen: Lorca hat den Stierkämpfer Ignacio Sanchez Mejías in einem Oratorium beklagt, Supervielle hat eine Ode an Lautréamont und Auden ein Memorial für William Butler Yeats geschrieben, und keinem dieser Namen verweigert sich die dichterische Sprache, sie gehen alle in den Text ein, ohne ihn zu sprengen[13].

Was ist mit diesen Überlegungen gewonnen? Das Ende des Herrscherlobs, also einer extrem politischen Erscheinung in der Poesie, widersetzt sich jeder Erklärung aus der Politik, aus der Psychologie oder der Soziologie. Es handelt sich um einen objektiven Sachverhalt: die poetische Sprache versagt sich jedem, der sie benutzen will, um den Namen der Herrschenden zu tradieren. Der Grund dieses Versagens liegt nicht außerhalb, sondern in der

12 Das Wort Hitler erscheint nur in zwei Gedichten Brechts, dem *Lied vom Anstreicher Hitler* und den *Hitler-Chorälen* (*Gedichte* III, S. 35 ff., Frankfurt 1961). Beide stammen aus dem Jahr 1933. Später hat Brecht den Namen konsequent getilgt und an seiner Statt Umschreibungen wie »der Trommler« oder »der Anstreicher benutzt. (Zum Beispiel a. a. O. IV, S. 10 f., 16, 100 usw.) Es handelt sich hier keineswegs um eine Äußerlichkeit. Die wirksamsten Angriffe Brechts auf den Faschismus vermeiden jede Anspielung auf Hitler. – Die beiden Lenin-Gedichte stehen a. a. O. IV, S. 59 f. und S. 91 ff. – *Die Erziehung der Hirse*. Berlin 1951.

13 Die genannten Gedichte finden sich im *Museum der modernen Poesie*. Frankfurt 1960.

Poesie selbst. Damit ist ein entscheidender Punkt erreicht, und wir können das Beispiel des Herrscherlobes fallenlassen: wir haben es nur als Brecheisen benutzt, um die Krusten aufzustemmen, unter denen verborgen liegt, was Poesie mit Politik verbindet und was sie von ihr scheidet.

Das Beispiel lehrt: Der politische Aspekt der Poesie muß ihr selber immanent sein. Keine Ableitung von außen vermag ihn aufzudecken. Das spricht der marxistischen Literaturlehre, wie sie sich bis heute versteht, das Urteil. Ihre Versuche, den politischen Gehalt eines poetischen Werkes zu isolieren, gleichen Belagerungen. Sie umzingeln das Gedicht von außen; je stärker es ist, desto weniger läßt es sich zur Übergabe zwingen. Aus welcher Klasse ist der Autor hervorgegangen? Wie hat er seinen Stimmzettel ausgefüllt? Welche Note verdienen seine ideologischen Äußerungen? Wer hat ihn bezahlt? Für welches Publikum hat er geschrieben? Hat er Schlösser oder Baracken bewohnt? Wofür hat er sich »eingesetzt«, und wogegen? Berechtigte Fragen, hochinteressante, gern vernachlässigte Fragen, aufschlußreich, nützlich – nur den Kern der Sache erreichen sie nicht. Sie wollen von ihm nichts wissen. Literaturkritik als Literatursoziologie wird blind für ihren Gegenstand, nimmt an ihm nur noch wahr, was ihm äußerlich ist, und gibt ihr Urteil über die Qualität der Werke, mit denen sie sich befaßt, schon mit der Wahl ihrer Kategorien preis, noch ehe es ergangen ist. Daher ihre Vorliebe für die Klassiker; sie erspart die lästige Frage nach dem Rang des Werks, an dem sie sich versucht. So hat die marxistische Kritik die Urteile des bürgerlichen Literatur-Kanons von jeher ohne Widerspruch übernommen und sich mit ihrer Umfunktionierung begnügt. Die Kehrseite dieser »Pflege des Erbes« ist die verheerende Unsicherheit angesichts der aktuellen Produktion. Marx hat sich nur über einen einzigen zeitgenössischen Roman ausführlich geäußert: das waren *die Geheimnisse von Paris*, ein Trivialroman von Eugène Sue[14]. Die Theorie des Realismus, die

14 In: *Die heilige Familie*, Kapitel V und VIII. Frankfurt 1845.

Engels entwickelt hat, geht von der Diskussion einer längst verschollenen englischen Kolportagegeschichte aus[15]. Was Marx und Engels über die Tragödie zu sagen haben, knüpft an Ferdinand Lassalles Drama *Franz von Sickingen* an; über Büchners Werk, das im selben Jahrzehnt erschien, kein Wort[16]. Ganz genau so wahllos geht, hundert Jahre später, Georg Lukács mit der zeitgenössischen Produktion um: er spielt, auf dem Schachbrett seiner Realismus-Theorie, Romain Rolland und Theodore Dreiser beherzt gegen Proust, Joyce, Kafka und Faulkner aus, ohne daß ihm auch nur der geringste Verdacht käme, eine solche Partie von Bauern gegen Könige und Damen könnte den Herausforderer lächerlich machen[17]. Glücklicherweise haben sich weder Marx noch Lukács über die Poesie geäußert; was uns dadurch erspart geblieben ist, läßt sich nur mutmaßen. Während die orthodoxe Literatursoziologie sich nämlich in das Innere eines Romans oder eines Dramas über die Eselsbrücke der Handlung noch halbwegs Einlaß verschaffen kann, schließt das Gedicht solche Zuwege von vornherein aus. Ein anderer Zugang als der über die Sprache ist nicht möglich. Deshalb ignoriert Lukács die Poesie.

Solche Borniertheit spielt jener bürgerlichen Ästhetik in die Hände, die der Poesie jeden gesellschaftlichen Aspekt absprechen möchte. Die Verfechter der Innerlichkeit sind allzumal reaktionär. Politik möchten sie als Spezialität, die am besten den Fachleuten überlassen bliebe, von allem andern menschlichen Handeln reinlich abscheiden. Der Poesie raten sie, bei jenen Leisten zu bleiben, über die sie von ihnen geschlagen wird, also beim höhern Streben und bei den ewigen Werten. Solche Enthaltsamkeit wird mit der Verheißung zeitloser Gültigkeit prämiiert. Hinter

15 Entwurf eines Briefes an Margret Harkness, in: Karl Marx und Friedrich Engels, *Über Kunst und Literatur.* Berlin 1949.

16 Ebendort. Über *Marx, Engels und die Dichter* siehe das so betitelte Buch von Peter Demetz, das auch ein ausführliches Kapitel über Lukács enthält. Stuttgart 1959.

17 Georg Lukács, *Wider den mißverstandenen Realismus.* Hamburg 1958.

diesen hochtrabenden Verkündigungen verbirgt sich eine Verachtung der Poesie, nicht geringer als die des landläufigen Marxismus. Die politische Quarantäne, die über sie im Namen der ewigen Werte verhängt werden soll, dient nämlich selber politischen Zwecken: ihnen soll das Gedicht, gerade dort, wo seine Gesellschaftlichkeit geleugnet wird, hinterrücks dienstbar gemacht werden, als Dekoration, als Paravent, als Ewigkeitskulisse. Einig sind sich beide Seiten, sind Weidlé und Lukács (beispielsweise) sich darin, daß Poesie, als das, was sie an sich selber ist, und besonders moderne Poesie, stört, nicht ins Konzept paßt, weder ins eine noch ins andere, weil sie niemands Magd ist.

Die Verwirrung der Begriffe ist allgemein und nahezu vollkommen. Auf der Suche nach Feinden und Bundesgenossen werden die Tagebücher und die Briefe, die Meinungen und die Lebensläufe der Dichter durchforstet – daß sie sich nebenbei auch noch mit Poesie beschäftigt haben, wird zur *quantité negligeable.* Einige Beispiele dieser trostlosen Konfusion:

So weit von einer progressiven Literaturkritik bei uns die Rede sein kann, hat sie von eh und je die deutsche Romantik für eine Agentur der Reaktion gehalten[18]. Sie hat davon gehört, daß es unter den Romantikern Gutsbesitzer und Antisemiten gab; sie hat aber nicht davon gehört, daß von Novalis und Brentano, diesen politisch unzurechnungsfähigen Söhnen des deutschen Bürgertums, eine poetische Revolution ausgegangen ist, mit der die Moderne beginnt und ohne die, was Trakl und Brecht, Heym und Stadler, Benn und Arp, was Apollinaire und Eluard, Lorca und Neruda, Jessenin und Mandelstam, Eliot und Thomas geschrieben haben, überhaupt nicht gedacht werden kann. Sie hat sich damit begnügt, die Romantik ideologisch abzufragen, sie als konterrevolutionäre Bewegung zu denunzieren und damit ein un-

18 Zwei große Ausnahmen: Benjamin und Adorno. Benjamins frühe Abhandlung über den *Begriff der Kunstkritik in der deutschen Romantik* (*Schriften* II, Frankfurt 1955) und Adornos Aufsatz *Zum Gedächtnis Eichendorffs* (*Noten zur Literatur* I, Frankfurt 1958) könnten ein wahres Verständnis romantischer Poesie begründen.

entbehrliches, mächtiges Element der modernen Tradition dem Nationalismus, später dem Faschismus zu überantworten. Dafür stellte sie den Herwegh, Freiligrath und Weerth, also einer durchaus mediokren, epigonalen Poesie gute, fortschrittliche Noten aus. Die Folgen sind heute noch der vermeintlich revolutionären Goldschnittlyrik anzumerken, die in Dresden und Leipzig geübt wird.

Umgekehrt: Ein Kritiker der deutschen Rechten, der das träge, hauptsächlich mit Verdauung beschäftigte geistige Klima in der Bundesrepublik (er nennt es »postrevolutionär« und gibt damit zu erkennen, daß seine Vorstellung von Revolution sich auf die Hitlerei beschränkt) – der dieses Klima mit einem allgemeinen Weltzustand verwechselt, ein bürgerlicher Kritiker also versucht im Jahre 1961 Baudelaire und Eliot als brave Konservative für sein schrumpfendes Lager zu reklamieren, indem er gegen umstürzende Werke reaktionäre Ansichten ihrer Verfasser ausspielt. Allerdings hat Baudelaire in sein Tagebuch die entsetzliche Phrase geschrieben: »Belle conspiration à organiser pour l'extermination de la Race Juive« [19]. Macht dieser Satz *Les Fleurs du Mal* zu einer SS-Postille? Allerdings hat sich T. S. Eliot zur Monarchie und zur anglikanischen Kirche bekannt. Wird dadurch *The Waste Land* zum erbaulichen Plädoyer für eine Literatur von vorgestern? Können Ansichten den poetischen Aufruhr jener Verse an die Kette legen? Freilich, Ansichten sind den selbstbestallten ideologischen Wächtern, seit Platons Tagen, immer wichtiger gewesen als der objektive gesellschaftliche Gehalt der Poesie, der nirgends sonst als in ihrer Sprache zu suchen ist. Ihn ausfindig zu machen, setzt allerdings Gehör voraus. Fragwürdig bis zur Unbrauchbarkeit wird unter solchen Auspizien der Begriff des politischen Gedichts. Was er besagt, meint jeder zu wissen. Sieht man näher zu, so findet man ihn fast ohne Ausnahme angewandt auf Texte, die agitatorischen oder repräsentativen Zwecken dienen. Für sie gilt aber, was sich am Beispiel des Herrscherlobes gezeigt hat. Der Be-

19 *Journaux intimes. Mon coeur mis à nu.* LXXXIII.

fund läßt sich verallgemeinern auf Kampfgesänge und Marschlieder, Plakatverse und Hymnen, Propaganda-Choräle und versifizierte Manifeste, gleichgültig, wem und welcher Sache sie nützen sollen. Sie sind entweder unbrauchbar für die Zwecke ihrer Auftraggeber, oder sie haben mit Poesie nichts zu tun. Eine Nationalhymne, die ein legitimes Gedicht wäre, ist im zwanzigsten Jahrhundert nicht geschrieben worden: sie kann nicht geschrieben werden. Der Versuch ist strafbar, durch Lächerlichkeit. Wer's nicht glauben will, vergleiche zwei Bemühungen aus der jüngsten deutschen Vergangenheit:

Auferstanden aus Ruinen
Und der Zukunft zugewandt,
Laß uns dir zum Guten dienen
Deutschland, einig Vaterland.[20]

So heißt es in der Nationalhymne der DDR, die Johannes R. Becher im Jahre 1950 angefertigt hat. Für die Bundesrepublik hingegen hat Rudolf Alexander Schröder eine Hymne entworfen, der das damalige Staatsoberhaupt freilich den altbewährten, immer wieder aktuellen Fallerslebenschen Text vorgezogen hat. Schröder schlug zu Anfang der fünfziger Jahre die folgenden Verse vor:

Land der Liebe, Vaterland,
Heilger Grund, auf den sich gründet,
Was in Lieb und Leid verbündet
Herz mit Herzen, Hand mit Hand:
Frei wie wir dir angehören
Und uns dir zu eigen schwören,
Schling um uns dein Friedensband,
Land der Liebe, Vaterland![21]

20 *Auswahl in sechs Bänden.* I. Berlin 1959.
21 *Fülle des Daseins.* S. 106. Frankfurt 1958.

Ungeachtet der ideologischen Differenz zwischen den beiden Verfassern sind ihre Werke austauschbar. Phrasierung, Prosodie und Sprachvorrat sind identisch. Von politischen Gedichten wird man in beiden Fällen kaum sprechen können, da diese Hymnen mit Poesie nicht mehr gemein haben als jeder beliebige Reklamespruch der Margarineindustrie. Ihren politischen Auftrag erfüllen sie: durch Lügen. Dem gegenüber ein Gedicht von Brecht, *Der Radwechsel:*

Ich sitze am Straßenhang.
Der Fahrer wechselt das Rad.
Ich bin nicht gern, wo ich herkomme.
Ich bin nicht gern, wo ich hinfahre.
Warum sehe ich den Radwechsel
Mit Ungeduld? [22]

Ein politisches Gedicht? Die bloße Frage zeigt, wie wenig mit dieser Kategorie auszurichten ist. Ein Rad wird gewechselt. Sechs Zeilen, in denen vom Vaterland nicht weiter die Rede ist, auch von keinem Regime; sechs Zeilen, vor denen der Eifer der ideologischen Splitterrichter stockt. Auch sie sehen den *Radwechsel* mit Ungeduld, denn für ihre Zwecke läßt sich das Gedicht nicht ausmünzen. Es sagt ihnen nichts; dazu ist es zu vielsagend. Geschrieben ist es im Sommer des Jahres 1953. Ein politisches Gedicht oder nicht? Das ist ein Streit um Worte. Bedeutet Politik Teilhabe an der gesellschaftlichen Verfassung, die sich Menschen in der Geschichte geben, so ist *Der Radwechsel,* wie jedes nennenswerte Gedicht, von politischem Wesen. Bedeutet Politik den Gebrauch der Macht zu den Zwecken derer, die sie innehaben, so hat Brechts Text, so hat Poesie nichts mit ihr zu schaffen. Das Gedicht spricht mustergültig aus, daß Politik nicht über es verfügen kann: das ist sein politischer Gehalt.

22 *Ausgewählte Gedichte.* S. 49. Frankfurt 1960.

Damit ist ausgemacht: mit blanken, linearen Thesen ist das dunkle Thema nicht zu erschöpfen. Aufs Ganze gesehen, nicht vom einzelnen Text her, auf dies oder ein anderes Gedicht hin formuliert, stehen uns über Poesie und Politik nicht viel Sätze zu Gebote, die einfach wären. Auf ihnen ist zu bestehen, nicht weil sie neu sind, sondern weil sie, als wohlbekannte, jederzeit vergessen werden: Poesie und Politik sind nicht »Sachgebiete«, sondern historische Prozesse, der eine im Medium der Sprache, der andere im Medium der Macht. Beide sind gleich unmittelbar zur Geschichte. Literaturkritik als Soziologie verkennt, daß es die Sprache ist, die den gesellschaftlichen Charakter der Poesie ausmacht, nicht ihre Verstrickung in den politischen Kampf. Bürgerliche Literaturästhetik verkennt oder verheimlicht, daß Poesie gesellschaftlichen Wesens ist. Entsprechend plump, entsprechend unbrauchbar die Antworten, die beide Lehren vorzuschlagen haben auf die Frage, wie der poetische zum politischen Prozeß sich verhalte: total unabhängig hier – total abhängig dort. Einerseits Parteikalender, andererseits Zeitlosigkeit. Unerforscht, ja ungefragt bleibt, worauf es ankäme. Für das, was zu sagen bleibt, sind wir auf Vermutungen und Postulate angewiesen. Keine Wissenschaft springt ihnen bei.

»Wegen ungünstiger Witterung fand die deutsche Revolution in der Musik statt«[23]. Dieses bitterböse Wort von Tucholsky, Historikern unserer politischen Geschichte als Motto dringend zu empfehlen, sagt mehr, als ihm auf den ersten Blick anzumerken ist; mehr vielleicht, als sein Urheber im Sinn hatte. Revolutionen werden nicht nur in der Politik gemacht. »Dieses müssen die Vorsteher der Stadt vor allen Dingen verhüten, daß irgend etwas geneuert werde in der Musik gegen die Einrichtung, vielmehr diese aufs möglichste aufrecht halten ... Denn Gattungen der Musik neu einzuführen, muß man scheuen, als wage man dabei alles; weil nirgends die Gesetze der Musik geändert werden, als nur zugleich mit den wichtigsten bürgerlichen Ordnungen ...

23 *Gesammelte Werke* III, S. 656. Hamburg 1961.

Hier also müssen die Wächter ihre Hauptwacht erbauen: in der Musik schleicht sich diese Gesetzwidrigkeit gar leicht ein und unbemerkt, als wenn es nur Scherz wäre und gar nichts Böses daraus entstünde. Es entsteht aber nichts anderes daraus, als daß sie nach und nach sich festsetzend allmählich in die Sitten und Gewöhnungen einfließt, aus diesen dann versteigt sie sich schon größer in die Geschäfte der Bürger miteinander, und von diesen Geschäften kommt sie dann an die Gesetze und die Verfassung mit großem Übermut und Üppigkeit, bis sie endlich alles, das gemeinsame Leben und das besondere, umgekehrt hat«[24]. Einsichtiger als Platon hat kein Feind der Poesie ihre Wirkungen beschrieben: unabsehbare Wirkungen, für niemand, auch für den Dichter nicht, kalkulierbar, wie die eines Spurenelements oder einer Ausschüttung von winzigen Sporen. Platons Warnungen sehen schärfer als alle bisherige Literaturwissenschaft: sie beziehen sich nicht auf manifest politische Meinungen und Inhalte, sondern auf den Kern des poetischen Prozesses, der sich der Kontrolle durch die Wächter zu entziehen droht: seine politischen Folgen sind nirgends gefährlicher als dort, wo sie dem poetischen Handeln gar nicht zur Richtschnur dienen.

Platons totalitäre Schüler haben für diesen Zusammenhang, ihrer barbarischen Unwissenheit zum Trotz, einen sichreren Instinkt bewiesen als die Ästhetiker aus Profession; ihre Schrifttumskammern haben nicht allein Tendenzen und Inhalte, sie haben, platonisch gesprochen, »Vortragsweisen« und »Tonarten«, also Abweichungen in der poetischen Sprache selbst als Staatsgefährdung verboten, und noch vor wenigen Jahren hat das Politbüro eines mitteleuropäischen Kleinstaates einem Dichter die makabre Reverenz erwiesen, ihn zu einer Änderung der Interpunktion zu zwingen, die er für seine Texte gewählt hatte: im Namen der Staatsraison ward ihm auferlegt, die Punkte und

24 *Politeia* 424 a–e. Wie es griechischer Auffassung entspricht, faßt Platon unter den Begriff der Musik, was wir den Rhythmus und die metrische Figur, auch Tonfall und Phrasierung des Gedichts nennen würden. Das geht auch aus dem Kontext hervor: siehe besonders 398 c–401 a.

Kommata, die er fortgelassen hatte, wieder einzusetzen. Wer darüber lacht, ist schlecht beraten. Der Vorfall, so gering er scheint, zeigt, was buchstäblich wahr ist und doch nicht wahrgenommen wird, obwohl an jeder Straßenecke der Kultur davon die Rede ist: in der Poesie selbst gibt es konservative und revisionistische, revolutionäre und reaktionäre Momente. Was bedeuten diese Worte, wenn man sie auf den poetischen Prozeß bezieht? Um sie dem Geschwätz zu entreißen, um ihnen zur Genauigkeit zu verhelfen, hätte man sich allerdings nicht auf ideologische Reaktionen, sondern auf Werke, nicht auf Ansichten, sondern auf Sprache zu berufen. Mancher königstreue Landedelmann erschiene dann als Umstürzler, mancher politische Jakobiner als poetischer Dunkelmann. Der revolutionäre Prozeß der Poesie entfaltet sich, so steht es zu vermuten, eher in stillen, anonymen Wohnungen als auf den Kongressen, wo dröhnende Barden in der Sprache dichtender Kaninchenzüchter die Weltrevolution verkünden.

Einsicht, die weiter reichen möchte in das, was Poesie mit Politik verbindet, was Poesie von Politik scheidet, kann sich nicht mit Beweisen rüsten und ist nicht ohne Risiko, will heißen, nur als Vermutung und Postulat, zu gewinnen. Drei Thesen über die Entfaltung des poetischen Prozesses in der Geschichte und über das Verhältnis, das zwischen ihm und dem politischen stattfindet, sollen schließlich vor- und angeschlagen sein.

I. Auf dem Recht ihrer Erstgeburt muß Poesie aller Herrschaft gegenüber unbestechlicher denn je beharren. Seit hundert Jahren kommt, was ihn vom politischen unterscheidet, im poetischen Prozeß immer deutlicher zutage. Je größer der Druck, dem das Gedicht sich ausgesetzt sieht, desto schärfer drückt es diese Differenz aus. Sein politischer Auftrag ist, sich jedem politischen Auftrag zu verweigern und für alle zu sprechen noch dort, wo es von keinem spricht, von einem Baum, von einem Stein, von dem was nicht ist. Dieser Auftrag ist der schwierigste. Keiner ist leichter zu vergessen. Niemand ist da, um Rechenschaft zu fordern;

im Gegenteil wird belohnt, wer ihn ans Interesse der Herrschenden verrät. In der Poesie aber gilt kein mildernder Umstand. Das Gedicht, das sich, gleichviel ob aus Irrtum oder Niedertracht, verkauft, ist zum Tod verurteilt. Pardon wird nicht gegeben.

II. Herrschaft, ihres mythischen Mantels entkleidet, ist mit Poesie nicht länger zu versöhnen. Fortan ist, was früher Inspiration hieß, auf den Namen der Kritik getauft: Kritik wird zur produktiven Unruhe des poetischen Prozesses. Das Gedicht ist, in den Augen der Herrschaft, die außer ihr selber keine ἀρχή anerkennen kann, anarchisch; unerträglich, weil sie darüber nicht verfügen kann; durch sein bloßes Dasein subversiv. Es überführt, solange es nur anwesend ist, Regierungserklärung und Reklameschrei, Manifest und Transparent der Lüge. Sein kritisches Werk ist kein anderes als das des Kindes im Märchen. Daß der Kaiser keine Kleider trägt, zu dieser Einsicht ist kein »Engagement« vonnöten. Genug, daß ein einziger Vers das sprachlose Gejohl des Beifalls bricht.

III. Poesie tradiert Zukunft. Im Angesicht des gegenwärtig Installierten erinnert sie an das Selbstverständliche, das unverwirklicht ist. Francis Ponge hat bemerkt: seine Gedichte seien geschrieben als wie am Tage nach der geglückten Revolution. Das gilt für alle Poesie. Sie ist Antizipation, und sei's im Modus des Zweifels, der Absage, der Verneinung. Nicht daß sie über die Zukunft spräche: sondern so, als wäre Zukunft möglich, als ließe sich frei sprechen unter Unfreien, als wäre nicht Entfremdung und Sprachlosigkeit (da doch Sprachlosigkeit sich selbst nicht aussprechen, Entfremdung sich nicht mitteilen kann). Solches Vorgreifen schlüge ihr zur Lüge aus, wäre es nicht zugleich Kritik; solche Kritik, wäre sie nicht Antizipation im gleichen Atemzug, zur Ohnmacht. So bedroht, so schmal ist der Weg der Poesie, und so gering, nicht größer als das unsere, doch deutlicher, ihr Glück.

Register

Die Wahrheit der Nebensachen

Die in den »Einzelheiten« gesammelten Essays entstanden zwischen 1957 und 1962. Sie stammen also alle aus den deutschen Wiederaufbau- und Wirtschaftswunder-Jahren, ja, sie bilden diese in einer luziden, analytischen, aber auch hinterhältig-vergnüglichen Weise ab. Der junge Enzensberger, damals in seinen späten Zwanzigern, nahm sich das Triviale wie das Hohe der gerade etablierten Bundesrepublik vor, er untersucht die Gruppe 47 genauso wie den Neckermann-Katalog, er analysiert die Schlagzeilen der »Frankfurter Allgemeine Zeitung« jener Jahre, nahm den Massentourismus oder den Taschenbuchmarkt unter die Lupe, die Käufer, die Programme, den Apparat. Und er zeigt schon damals die Qualitäten, die ihn seither als alle überragenden Könner der essayistischen Form in der deutschen Nachkriegsliteratur ausweisen: Er ist genau, er ist beweglich, er ist tänzelnd leicht. Er schreibt, wie Muhammad Ali boxte, als er noch Cassius Clay hieß. Beide feierten ihre frühen Siege etwa zur gleichen Zeit.

Als einer der Ersten überhaupt beugte sich Enzensberger über das, was er »Bewußtseins-Industrie« nannte, jenes komplexe Erzeugungssystem von Meinungen, intellektuellen Strategien, Propaganda und Diskursen, das den Marx'schen Überbau mitkonstituierte, und von den Kulturkritikern um Adorno und Horkheimer als »Verblendungszusammenhang« oder »falsches Bewußtsein« kritisiert wurde. In seinen Erkundungen geht Enzensberger mäandernd vor. Er stürmt nicht sofort dem Feldherren-Sessel der Theorie zu, sondern er erkundet das Gelände. Er mischt sich unter die Leute, buchstäblich, er ist mittendrin.

Wenn er etwa den gerade massenhaft siegenden Taschenbuchmarkt beschreibt, steht er mit den Kunden am Drehregal, und die Bilder, die er erzeugt, sind in ihrer Eindrücklichkeit die eines Lyrikers. »Harmlos, beinah leichtfertig, wie ein anmutiges Spielzeug steht der neue Baum der Erkenntnis vor den gläsernen Ladentüren … Ein Fingerdruck versetzt es, wie ein kleines Karussell, in sanfte Rotation. Seine bunt lackierten Früchte gleiten einladend vorbei.« Ein paar Absätze lang hängt diese Lust am Mobile über den Sätzen, und mit jedem Kreisen ergibt sich ein neuer Gedanke, eine neue Komplikation, eine neue Deutung, bis es schließlich Zeit wird für ein paar zusammenfassende Feststellungen. Zum Beispiel die: »Auffällig ist an ihr (der Taschenbuchindustrie) zunächst, daß der Passant mit dem Bücherständer völlig allein ist. Das Blechgestell ist sein einziger Gesprächspartner. Der Buchhändler hat sich zurückgezogen.« Das ist die Lage, heute erst recht. Das Buch ist Ware, es verlässt sich auf den flüchtigen Reiz seines Umschlags, es richtet sich an den zerstreuten Vorübereilenden. »Das Buch kommt dem Laufkunden auf die Straße entgegen.«

Immer geht es Enzensberger nicht nur um die Generalthese, sondern um das interessante Detail. Am Ende dieses Essays wissen wir, dass unter den ersten tausend Nummern von Reclams Universal-Bibliothek Schillers »Wilhelm Tell« mit einer Auflage von über einer Million Exemplaren an der Spitze steht, und wir haben uns nebenbei mit W. H. Smiths Londoner Bahnhofsbuchhandlung, Rowohlts Monografien, amerikanischen pocket books, mit Faulkner, Döblin und Buddha bekanntgemacht. In Partikeln der Trivialkultur, schon damals, entdeckte Enzensberger oft mehr Wahrheit als im Staatsakt. Später sollte er seine linke Gefolgschaft genau mit dieser Methode provozieren. Die Reinheit der Theorie war bei ihm immer getrübt durch die Erfahrung des Alltags, durch dessen Verführungen und Lügen und Annehmlichkeiten. Enzensberger war viel zu sehr Künstler, um je den Versuchungen zu erliegen, die von den Herrschaftsposen der Dogmatiker ausgingen.

Das heißt nicht, dass nicht auch Enzensberger zu Rigorismus in der Lage war. Im Gegenteil. Das berühmte Kernstück der »Einzelheiten« ist ohne Zweifel seine Untersuchung »Die Sprache des *Spiegel*«, in der er unserem Magazin die Leviten liest. Er ist sich der Virtuosität seiner Mittel bewusst. Er ist der Kritiker des Journalismus und er führt gleichzeitig überaus elegant vor, wie sich dessen Bestecke handhaben lassen: die Recherche, die Analyse, die Glosse. Die Aufbereitung des Materials und die überraschende Wendung. Kein Wunder, dass sich Rudolf Augstein, der SPIEGEL-Herausgeber, die Pointe nicht entgehen ließ, Enzensbergers zunächst als Radio-Dialog veröffentlichten Beitrag im SPIEGEL selber abzudrucken.

Kein Wunder auch, dass sich Enzensberger immer wieder gern überreden ließ, für eben den gescholtenen SPIEGEL als Kolumnist zu arbeiten. Bis in die jüngste Zeit hinein, etwa mit dem großartigen Essay über die Psychologie der »radikalen Verlierer«, der islamistischen Selbstmordattentäter, hat Enzensberger die großen Themen der Zeit immer wieder in Aufsätzen für den SPIEGEL behandelt.

Damals, Ende der fünfziger Jahre, ist er dafür als inkonsequent kritisiert worden. Er antwortete mit der ihm eigenen Geschmeidigkeit. Warum solle man seine Kritik nur in den der reinen Linie verpflichteten Rand-Medien äußern, wenn man stattdessen das ganz große Megafon zur Verfügung gestellt bekommt? Die *Spiegel*-Kritik als Essay im SPIEGEL – Augstein hat diese Ironie sosehr genossen wie Enzensberger. Natürlich könne er für den SPIEGEL arbeiten, beschied Enzensberger seine Kritiker. Schließlich habe sich seine vernichtende Analyse der SPIEGEL-Sprache auf jene nicht namentlich gezeichneten Beiträge bezogen, die damals die Hauptsache des Heftes ausmachten – an der Bedeutung des SPIEGEL selber habe er nie gezweifelt.

Tatsächlich war Enzensbergers Kritik sehr genau. Er beschrieb die eigens im SPIEGEL erfundene Sprache und ihre Funktionen. Es war eine oft sehr unterhaltsame, polemische, interessante Kunstsprache, die sich, wie Enzensberger feststellte, ihre Leser regelrecht erzog. Bis weit in die achtziger Jahre hinein war es nicht üblich für Redakteure, ihre Beiträge namentlich zu kennzeichnen. Ja, bisweilen bestand die Wucht von SPIEGEL-Auftritten gerade darin, dass sie von einem anonymen Kollektiv – also dem gesamten SPIEGEL-Apparat – ausgewiesen wurden.

Die Anonymisierung wurde zunächst im Kultur-Ressort aufgehoben, im Rezensionsbetrieb also, wo sich der einzelne Kritiker mit seinem Urteil zum neuen Walser-Roman, zum Enzensberger-Gedichtband, zum Boulez-Konzert herauswagen muss. Ende der neunziger Jahre, als der subjektive Reportage-Journalismus auch im SPIEGEL Fuß gefasst hatte, wurde die Anonymisierung auch in allen anderen Ressorts aufgehoben.

Nicht nur der SPIEGEL jedoch bekam sein Fett ab. Auch die »FAZ« musste sich den von ihr damals gepflegten Kommuniqué-Stil und die Erratik ihrer Schlagzeilengestaltung um die Ohren hauen lassen – Enzensberger nahm sich neun aufeinanderfolgende Ausgaben vor und verglich sie mit der Weltpresse, und kam zu vernichtenden Urteilen. Enzensberger kam zu einem verblüffenden Befund: Rein stilistisch gab die Aufmachergestaltung keine großen Unterschiede her zwischen »FAZ« und »totalitärer Propaganda« im anderen Teil Deutschlands.

So ganz zu sich selbst kommt seine Sprache, wenn es um poetologische Fragen geht, um das Verhältnis von Politik und Lyrik, wenn er die Geschichte des Herrscherlobs untersucht und die totalitären Schüler Platons mit den »politisch unzurechnungsfähigen Söhnen des deutschen Bürgertums« vergleicht und keinen Zweifel daran lässt, dass seine Sympathie den Letzteren gehört, den nicht domestizierbaren, den nicht »brauchbaren« Trakl und Stadler und Mandelstam und Eliot.

Enzensbergers Essays lassen sich bis heute mit Gewinn lesen. Sie haben den Test der Zeit bestanden, nicht zuletzt, weil sie neben dem Interesse, das sie an ihren Gegenständen wecken, immer auch mit der Geschmeidigkeit ihres Stils beeindrucken – mit einer Eleganz, die auch heutzutage ein seltener Glücksfall ist.

Matthias Matussek

HANS MAGNUS ENZENSBERGER, geboren 1929 in Kaufbeuren im bayerischen Allgäu, wuchs mit drei jüngeren Brüdern in einem bürgerlichen Elternhaus auf. Im Winter 1944/45 an die Front geschickt, holte er 1949 sein Abitur nach. Er begann ein Studium der Literaturwissenschaften, Sprachen und Philosophie an verschiedenen deutschen Universitäten und an der Pariser Sorbonne, das er 1955 mit der Promotion abschloss. Er wurde Mitglied der legendären Gruppe 47 rund um Hans Werner Richter und arbeitete zunächst als Redakteur des Süddeutschen Rundfunks in Stuttgart. Zwischen 1956 und 1979 war er als Gastdozent in Ulm, Frankfurt und Connecticut tätig und arbeitete für zwei Jahre als Verlagslektor. Verschiedene längere Aufenthalte führten ihn immer wieder in die USA, nach Mexiko, Norwegen, Italien und später auch nach Kuba, bevor er sich als freier Schriftsteller in München niederließ.

Enzensberger ist Begründer der kritischen Zeitschrift »Kursbuch«, die während der Studentenbewegung und in der Zeit nach 1968 ein meinungsbildendes Forum darstellte. Von 1985 an gab Enzensberger gemeinsam mit dem Buchgestalter und Künstler Franz Greno »Die Andere Bibliothek« als besonders bibliophil gestaltete Buchreihe heraus. Seit mehr als fünf Jahrzehnten ist Enzensberger vor allem als Lyriker, Essayist, Dramatiker und als einer der großen Intellektuellen Deutschlands fesselnd, provozierend und zugleich überraschend geblieben.

Für sein Werk wurde er mit zahlreichen Ehrungen ausgezeichnet, unter anderem 1962 mit dem Literaturpreis der Deutschen Kritiker, 1963 mit dem Georg-Büchner-Preis, 1967 mit dem internationalen Lyrikerpreis, 1985 mit dem Heinrich-Böll-Preis, 1997 mit dem Ernst-Robert-Curtius-Preis für Essayistik und 2002 mit dem Ludwig-Börne-Preis.

Die folgende Titelauswahl aus seinem Gesamtwerk ist lieferbar:

Verteidigung der Wölfe
Bibliothek Suhrkamp 1957

Museum der modernen Poesie
Suhrkamp Verlag / Suhrkamp Taschenbuch 1960/2002

Politische Brosamen
Suhrkamp Verlag / Suhrkamp Taschenbuch 1982/2002

Ach Europa! *Wahrnehmungen aus sieben Ländern.*
Suhrkamp Verlag / Suhrkamp Taschenbuch 1987/1989

Der Fliegende Robert Gedichte Szenen Essays
Suhrkamp Verlag / Suhrkamp Taschenbuch 1989/1992

Aussichten auf den Bürgerkrieg
Suhrkamp Verlag / Suhrkamp Taschenbuch 1996

Die Elixiere der Wissenschaft *Seitenblicke in Poesie und Prosa*
Suhrkamp Verlag / Suhrkamp Taschenbuch
2002/2004

Josefine und ich Eine Erzählung
Suhrkamp Verlag 2006

Gedichte 1950–2005
Suhrkamp Taschenbuch 2006

SPIEGEL Edition DIE BESTSELLER.

01 *Javier Marías* Mein Herz so weiß
02 *Günter Grass* Das Treffen in Telgte
03 *Golo Mann* Wallenstein
04 *Wolfgang Büscher* Berlin–Moskau
05 *Leon de Winter* Hoffmans Hunger
06 *John Updike* Ehepaare
07 *Nelson Mandela* Der lange Weg zur Freiheit
08 *Marion Gräfin Dönhoff* Kindheit in Ostpreußen
09 *Ian McEwan* Abbitte
10 *Thomas Brussig* Helden wie wir
11 *Samuel P. Huntington* Kampf der Kulturen
12 *Oliver Sacks* Der Mann, der seine Frau mit einem Hut verwechselte
13 *Saul Bellow* Herzog
14 *J. M. Coetzee* Schande
15 *Willy Brandt* Erinnerungen
16 *Stephen Hawking* Eine kurze Geschichte der Zeit
17 *Philip Roth* Der menschliche Makel
18 *Max Frisch* Montauk
19 *Sebastian Junger* Der Sturm
20 *Sigrid Damm* Christiane und Goethe

21 *Isabel Allende* Das Geisterhaus

22 *Martin Walser* Ein fliehendes Pferd

23 *Victor Klemperer* Ich will Zeugnis ablegen bis zum letzten

24 *Hans Magnus Enzensberger* Einzelheiten I & II

25 *Christoph Ransmayr* Die letzte Welt

26 *Milan Kundera* Der Scherz

27 *Martin Doerry* »Mein verwundetes Herz«

28 *Erich Fromm* Haben oder Sein

29 *Michail Bulgakow* Der Meister und Margarita

30 *Salman Rushdie* Des Mauren letzter Seufzer

31 *Joachim Fest* Hitler

32 *Barbara Tuchman* Der ferne Spiegel

33 *Michel Houellebecq* Plattform

34 *Heinrich Böll* Ansichten eines Clowns

35 *Jörg Friedrich* Der Brand

36 *Bill Bryson* Eine kurze Geschichte von fast allem

37 *Zeruya Shalev* Liebesleben

38 *Peter Handke* Der kurze Brief zum langen Abschied

39 *Rüdiger Safranski* Nietzsche

40 *Marcel Reich-Ranicki* Mein Leben